CDRF
中国发展研究基金会
China Development Research Foundation

林业可持续生计
毕节经验与启示

Sustainable Forestry Livelihoods: Bijie's Experience and Inspiration

中国发展研究基金会　著

中国发展出版社
CHINA DEVELOPMENT PRESS

图书在版编目（CIP）数据

林业可持续生计：毕节经验与启示 / 中国发展研究基金会著 .—北京：中国发展出版社，2023.2

ISBN 978-7-5177-1337-1

Ⅰ . ①林… Ⅱ . ①中… Ⅲ . ①林业经济—经济可持续发展—研究—毕节 Ⅳ . ① F326.277.34

中国版本图书馆 CIP 数据核字（2022）第 222320 号

书　　名：林业可持续生计：毕节经验与启示
著作责任者：中国发展研究基金会
责 任 编 辑：吴　佳　张　楠
出 版 发 行：中国发展出版社
联 系 地 址：北京经济技术开发区荣华中路 22 号亦城财富中心 1 号楼 8 层（100176）
标 准 书 号：ISBN 978-7-5177-1337-1
经　销　者：各地新华书店
印　刷　者：北京市密东印刷有限公司
开　　本：787mm × 1092mm　1/16
印　　张：25
字　　数：360 千字
版　　次：2023 年 2 月第 1 版
印　　次：2023 年 2 月第 1 次印刷
定　　价：108.00 元
联 系 电 话：（010）68990625　82097226
购 书 热 线：（010）68990682　68990686
网 络 订 购：http://zgfzcbs.tmall.com
网 购 电 话：（010）68990639　88333349
本 社 网 址：http://www.develpress.com
电 子 邮 件：15210957065@163.com

课题组成员

顾问

方　晋　中国发展研究基金会副理事长兼秘书长

李来来　财新公益基金会理事，斯德哥尔摩环境研究院研修员

课题组组长

俞建拖　中国发展研究基金会副秘书长

课题组协调人

都　静　中国发展研究基金会研究三部主任

课题组成员

朱美丽　中国发展研究基金会研究三部副主任

李姚姚　中国发展研究基金会研究三部项目主任

何　伟　中国发展研究基金会研究三部项目主任

赵崧妍　中国发展研究基金会研究三部项目副主任

范振婷　中国发展研究基金会研究三部博士后

课题组外部专家

刘民权　北京大学经济与人类发展研究中心教授

何友均　中国林业科学研究院林业科技信息研究所研究员

刘　勇　北京林业大学林学院教授，森林培育与保护教育部重点实验室主任

武曙红　北京林业大学生态与自然保护学院教授，低碳认证技术委员会委员

薛永基　北京林业大学经济管理学院教授

　　　　农林业经营管理虚拟仿真实验教学中心执行主任

白韫雯　北京绿色金融与可持续发展研究院自然资本投融资中心主任、高级研究员

任晓冬　贵州师范大学自然保护与社区发展研究中心主任、教授

课题报告执笔人

俞建拖　都　静　朱美丽　范振婷　何　伟　李姚姚　赵崧妍

序 言

PREFACE

实现全面脱贫是国家全面建成小康社会的重要任务之一。从20世纪80年代中期起，我国就开始了大规模的扶贫工作，成效显著。党的十八大以后，扶贫开发面临新形势新任务，为了在确定时间内实现全面脱贫的目标，国家于2015年颁布《中共中央 国务院关于打赢脱贫攻坚战的决定》，正式吹响脱贫攻坚的号角。贵州省毕节市作为我国西部贫困地区的典型，一直是脱贫攻坚的重点对象。1988年，国务院批准在毕节成立以“开发扶贫、生态建设”为主题的试验区，经过30多年的建设，试验区已全面消除绝对贫困，实现森林生态环境的系统性改善，成为兼顾经济发展和生态环境保护的成功典范。但从长远的可持续发展需求来看，毕节试验区仍然面临相对贫困、返贫、生态巩固等巨大压力，推动生态环境保护与当地居民生活水平提升之间形成有效的相互支持机制，成为促进毕节试验区实现可持续脱贫的重要途径。

在上述背景下，中国发展研究基金会于2020年11月成立“毕节试验区林业可持续生计研究”课题组，开展专题研究、案例分析、国际比较及实地调研，从制度体系建设、保障措施以及发展规划等方面总结毕节试验区经济发展和生态修复的主要做法和经验，对毕节试验区林业可持续生计潜力和应用前景展开评估。负责各专题的专家团队均出色地完成了研究报告，包括：《专题一 可持续生计与可持续林业》（刘民权、赵阳）、《专题二 毕节试验区扶贫开发与生态建设并行发展的经验总结》（刘勇、何斌）、《专题三 新时期中国林业保护发展政策回顾与展望》（何友均、赵晓迪）、《专题四 毕节试验区森林质量及林下经济发展评估》（薛永基、杨晨钰婧）、《专题五 毕节试验区林业可持续生计潜力及应用前景评估》（何友均、窦亚权）、《专题六 中国清洁生产制度与可持续生计》（何伟）、《专题七 国际林业碳汇发展对中国欠发达地区的启示——以毕节为例》（白韫雯、宋惠敏）、《专题八 碳中和背景下毕节试验区森林碳汇交易的模式设计》（武曙红、陈睿）、《专题九 林业可持续生计的利益相关方参与式发展——以毕节市大方县为例》（任晓冬、刘志）。中国发展研究基金会研究三部牵头完成了实地调研、座谈交流以及数据资料收集整理等工作。

在上述 9 个领域的专题研究及实际调研的基础上，课题组进一步完成了本项研究的总报告，回顾总结毕节试验区 30 多年来开发扶贫与生态建设的历程与经验，指出新时期可持续发展面临的机遇与挑战，并在此基础上引出林业可持续生计理念，剖析毕节试验区林业可持续生计的潜力与不足。此次出版的《林业可持续生计：毕节经验与启示》，汇总了总报告以及上述专题报告的最终成果。

本课题的顺利完成，离不开课题组全体成员的辛勤付出，以及众多专家与单位的鼎力支持。感谢儿童投资基金会（英国）为本课题研究提供了捐赠支持。李来来（财新公益基金会理事、斯德哥尔摩环境研究院研修员）、李怒云（中国绿色碳汇基金会执行副理事长）、柯水发（中国人民大学农业与农村发展学院教授）、陈菲烟（贵州省人民政府发展研究中心农村经济与生态发展研究部二级调研员）等专家为课题提供了研究支持。贵州省生态环境厅大气处副处长薛友梅，贵州省林业局规划财务处四级调研员梁军，贵州省发展改革委资源节约和环境保护处三级主任科员赵晨旭，贵州省人民政府发展研究中心办公室副主任刘云、农村经济与生态发展研究部一级主任科员姜贵和，毕节市人民政府副秘书长兼市政府办公室党组副书记刘庆，毕节市发展改革委总规划师张家富、规划科科长苏健，毕节市林业局党组成员、副局长糜小林及办公室人员李正等为课题提供了调研支持。在课题组内部的工作中，中国发展研究基金会副秘书长俞建拖对课题的研究设计给予了宝贵建议，并带领项目组成员都静、朱美丽、范振婷、何伟、李姚姚、赵崧妍共同完成了研究及组织协调工作。

希望这项研究成果，能够为毕节试验区在林业可持续发展上的政策制定提供有益参考。同时，也期待能够引起更多的专业人士、政府部门及行业企业等就此进行更深入的研讨。值本书付梓之际，我谨代表中国发展研究基金会，对课题组全体成员以及为课题研究提供支持、帮助的单位与个人，表示诚挚的感谢。

中国发展研究基金会副理事长兼秘书长　方晋

目 录

CONTENTS

总报告

兼顾脱贫攻坚与生态建设：毕节林业可持续生计实践*

一、引言

2021年2月25日，习近平总书记在全国脱贫攻坚表彰大会上郑重宣布，我国脱贫攻坚战取得了全面胜利，现行标准下9899万农村贫困人口全部脱贫，832个贫困县全部摘帽，12.8万个贫困村全部出列，区域性整体贫困得到解决[①]。改革开放40年来，中国贫困人口减少了近8亿，占同期全球减贫人数75%以上，提前10年实现了联合国可持续发展目标的减贫目标[②]。在一个有着14亿人口的大国实现全面消除绝对贫困，这是人类发展史上前所未有的壮举和成就。

---

* 本报告作者为中国发展研究基金会俞建拖、都静、朱美丽、范振婷、何伟、李姚姚、赵崧妍。

① 习近平：《在全国脱贫攻坚总结表彰大会上的讲话》，《人民日报》，2021年2月26日。

② 国务院发展研究中心，世界银行：《中国减贫四十年：驱动力量、借鉴意义和未来政策方向》，中国发展出版社，2022。

与减贫相比，中国在过去40多年里取得的另一项成就同样是历史性的：全国森林覆盖率从1981年的12%增加到2018年的22.96%[①]，中国也由此成为同期世界上森林增长最快的地区。据第九次全国森林资源清查结果，中国森林面积32.73亿亩[②]，每公顷森林蓄积78.17立方米，人工林面积12亿亩，成为全球森林资源增长最多和人工林面积最大、贡献度最大的国家，对全球植被增量的贡献比例居世界首位。在世界上很多国家和地区，大规模的经济开发总伴随着森林生态的破坏，而中国却实现了两者兼容并进。

在中国所取得的这两大历史性成就中，位于中国西南的贵州省毕节市也做出了重要的贡献。虽然从国土面积看，毕节仅占全国的2.8‰，但是，2016年底的一组数据显示，中国每50名脱贫人口中就有1名来自毕节[③]（约占2%）；1988年以来毕节新增的森林面积占全国同期新增森林面积的1.156%[④]。

毕节曾经以极度的贫困和严重的森林生态退化而闻名，国家于1988年在毕节成立以“开发扶贫、生态建设”为主题的试验区。在全国832个贫困县中，有9个县在最后一批脱贫摘帽，其中有3个来自毕节。不仅如此，由于毕节是典型的喀斯特地貌，过度开垦带来严重石漠化，历史上当地森林生态严重破坏，生态环境严重超载，被联合国有关组织和专家认定为“不适宜人类生存的

---

① 根据第二次全国森林清查结果数据（1977—1981），全国森林覆盖率为12.0%。根据第九次全国森林清查结果数据（2014—2018），全国森林覆盖率为22.96%。数据来源于《中国森林资源报告》（2014—2018）。

② 1亩≈666.667平方米。

③ 《从“试验区”到“示范区”——中国减贫事业的“毕节巨制”》，毕节市人民政府网，2021-02-05。

④ 根据《中国统计年鉴》《毕节市2018年生态环境状况公报》《贵州毕节：守住绿水青山 换来金山银山》数据进行计算，计算过程：全国森林面积由1988年的12465万公顷增长至2018年的22044万公顷，新增9579万公顷；毕节市森林面积从601.2万亩增加到2018年的2261万亩，折合40万公顷增加到150.73万公顷，新增110.73万公顷。经过计算，1988年以来毕节新增的森林面积占全国同期新增森林面积的1.156%。

区域”。

毕节在如此恶劣的发展条件下如期实现全面消除绝对贫困，同时实现森林生态环境的系统性改善，为“中国奇迹”添上了浓墨重彩的一笔，堪称“毕节奇迹”。那么，毕节是如何实现这一切的，对国内外其他地区的发展有何启示？在新的历史时期，毕节实现可持续脱贫并向共同富裕迈进，面临哪些机遇和挑战？林业如何在促进经济落后地区居民的生计发展及实现可持续减贫和发展中发挥支撑作用？这些是本书所重点关注和试图回答的问题。

本报告余下部分安排如下：第二部分介绍毕节试验区的两大支柱性任务及其成效，并结合中国整体的减贫以及森林保护发展进程总结经验；第三部分讨论毕节在新时期巩固脱贫攻坚成果及实现更高水平发展所面临的机遇与挑战；第四部分基于可持续生计的框架，分析林业在支撑毕节农村居民生计中的作用和存在的短板；第五部分提出高水平协同推进林业可持续生计和可持续发展的建议。

二、毕节试验区的开发扶贫与生态建设

（一）毕节试验区成立背景和发展进程

毕节是贵州省西部的地级市，地处川、滇、黔三省交界，是珠江、乌江、北盘江和赤水河发源地，属典型的喀斯特岩溶地貌，山高谷深，土地破碎，切割度大，平均海拔 1600 米，最高点海拔 2900.6 米，最低点海拔 457 米，国土面积 2.69 万平方千米[①]。

人多地少、生态环境严重退化、极度贫困是 20 世纪 80 年代毕节的三大特

① 《毕节市简介》，多彩贵州网，2018-12-04。

征。虽然毕节市地处中国西南边陲，但是试验区成立时（1988 年）人口密度却为每平方千米 218 人，比全国平均水平高出 94 人，自然增长率达 21.8‰。人力资本积累薄弱，当时全部人口中青壮年文盲就有 95 万人[①]。长期以来，由于人多地少，土地贫瘠，为了满足不断增长的人口带来的粮食需求，当地群众把"上山开荒"和"多子多福"视作解决长远生计问题的唯一出路，"开荒开到边，种地种到天"，超过极限的垦荒严重破坏了毕节的生态环境。过度垦殖的后果是，当时毕节土地垦殖指数高达 46.2%，水土流失面积达 16725 平方千米，占全区总面积的 62.28%[②]，森林覆盖率仅为 14.94%[③]，石漠化面积占毕节总面积的 1/4[④]。在当时标准下，毕节农民年人均纯收入为 182 元，贫困人口高达 345 万人，占总人口 2/3，人均占有粮食 192 千克，全区 8 个县除金沙、黔西两县外，有 6 个县被中央列为国家级贫困县，是全省最贫困的地区之一。为了解决数量如此庞大的贫困人口的温饱问题，国家每年从邻省向毕节市调运的救济粮食高达 1.5 亿千克[⑤]。毕节陷入"越穷越生、越生越垦、越垦越穷"的恶性循环怪圈。

为了从根本上改变毕节市贫困落后和生态环境退化的面貌，在时任贵州省委书记胡锦涛同志的倡导下，国务院于 1988 年批准成立毕节试验区。这是中国第一个以消除贫困、坚持可持续发展为突出特征的农村改革试验区，开启了中国在最贫困区域"开发扶贫和生态建设互相促进"的改革试验。

毕节试验区的发展大致可以划分为 4 个阶段：

探索起步阶段（1988—1994）：毕节制定了《毕节开发扶贫、生态建设试验区发展规划》，探索变"输血"为"造血"的开发扶贫模式和"五子登科"

① 数据来源：本书专题二。

② 《一幅美丽和谐的生态文明画卷——毕节试验区生态建设纪实》，试验区之窗，2017-06-18。

③ 《一进一退，石山刻下毕节的绿色奇迹》，国家林业和草原局政府网，2014-08-18。

④ 数据来源：本书专题二。

⑤ 参考本书专题二整理。

的生态建设模式。

全面推进阶段（1994—2009）：这一阶段，国家开展实施《国家八七扶贫攻坚计划》，借此机会，毕节试验区重点推进农业产业化，打造造血式扶贫模式；立足资源禀赋，推动能源、电力、交通等相关重大基础设施建设和重大开发项目。

深化提升阶段（2009—2018）：大力推进“三化一基”建设，即工业化、城镇化、农业产业化和基础设施建设；实施“以工哺农、以城带乡、以外促内”的开放带动战略，统筹城乡经济社会发展。

高质量发展阶段（2018 年至今）：在毕节试验区成立 30 周年之际，习近平总书记对毕节试验区的发展作出重要指示，赋予试验区新的定位和历史使命。习近平总书记强调，要确保毕节试验区按时打赢脱贫攻坚战。同时，要着眼长远、提前谋划，做好同 2020 年后乡村振兴战略的衔接，着力推动绿色发展、人力资源开发、体制机制创新，努力把毕节试验区建设成为贯彻新发展理念的示范区[①]。

（二）毕节试验区的减贫进展

毕节试验区在建立之初是一个极度贫困区域。按照 1988 年的农村绝对贫困线标准（年收入 236 元 / 人）测算，农村绝对贫困人口高达 312.2 万人，贫困发生率高达 57.65%。试验区成立以来，毕节试验区政府通过实施“开发扶贫、生态建设、人口控制”等一系列政策措施，试验区经济社会发展发生了巨大变化[②]。到 2010 年，按当时的 1196 元的贫困线标准测算，贫困人口已降低至 93.81 万人。

---

① 《习近平对毕节试验区工作作出重要指示》，新华网，2018-07-19。

② 《毕节试验区设立 30 年 累计减少贫困人口 594 万人》，《贵州都市报》，2018 年 11 月 14 日。

2011 年，中国政府调整了贫困线划定标准，当年测算的毕节试验区贫困人口规模为 250.05 万人。2012 年毕节市的贫困人口仍然超过 200 万人，同时贫困发生率约为全国平均水平的 3 倍（见图 1、图 2）。这意味着，毕节市要实现脱贫攻坚目标，几乎要以全国平均水平 3 倍的速度完成减贫[①]，对于经济社会发展基础本就薄弱的毕节来说，无疑是十分艰巨的挑战。但是在"十二五""十三五"期间，在国家和贵州省的大力支持下，毕节市当地政府在产业化扶贫模式、劳务经济推动模式、非农产业助推模式、城镇经济拉动模式、农村能人带动模式、社会帮扶促进模式、科技扶贫开发模式、易地搬迁扶贫开

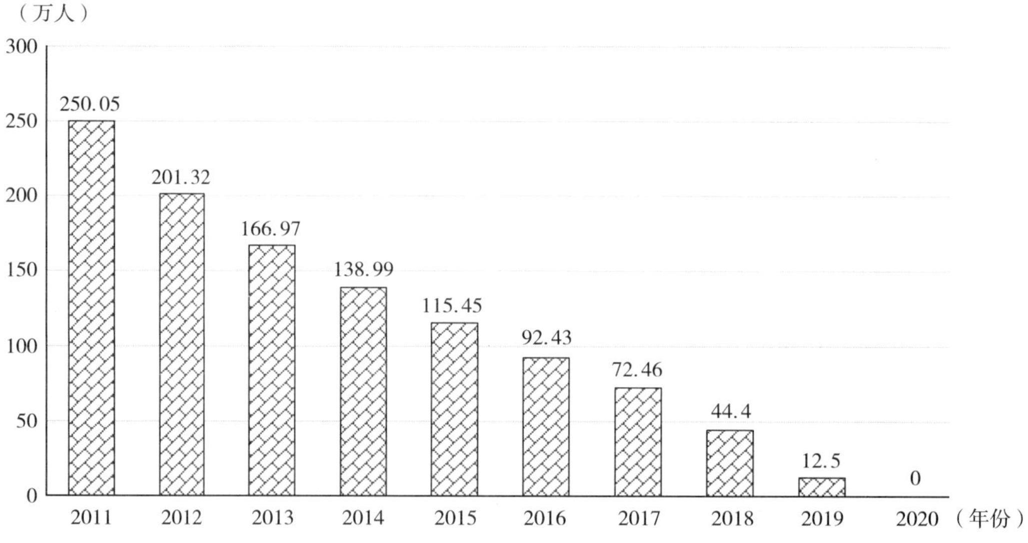

图 1　2011—2020 年毕节试验区贫困人口数量变化趋势

资料来源：历年《毕节市国民经济和社会发展统计公报》

① 全国很多地方实际上提前完成了脱贫摘帽的任务。

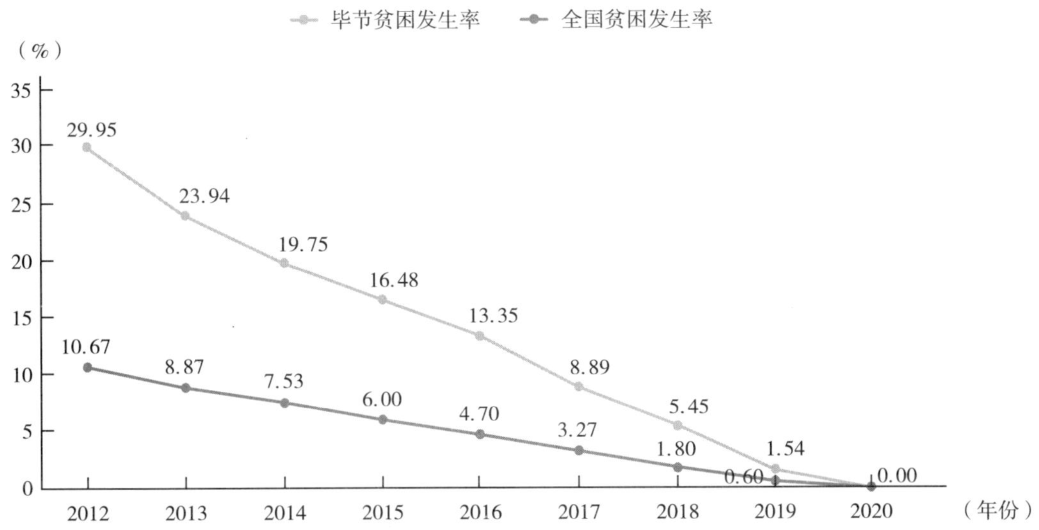

图 2　2012—2020 年毕节市与全国整体的贫困发生率变化趋势对比

资料来源：《2020 中国农村贫困监测报告》、历年《毕节市国民经济和社会发展统计公报》

发模式等方面的政策实施发力，贫困人口数量由 2012 年的 201.32 万逐步下降至 2019 年的 12.5 万，贫困发生率也由 2012 年的 29.95% 下降到 2019 年的 1.54%[①]。2020 年，毕节市取得了脱贫攻坚的全面胜利，按照每人每年 4000 元（相当于 2010 年 2300 元不变价）的农村贫困标准计算，农村贫困人口全部脱贫，贫困发生率降为 0%，151 个贫困村全部出列，纳雍县、威宁县、赫章县等 3 个深度贫困县全部脱贫摘帽。

值得一提的是，自从《中国农村扶贫开发纲要（2011—2020 年）》实施以来，中国的贫困标准就已经不是单纯的收入标准，而是兼顾基本生存和发展需求的多维贫困标准。这一标准通常被概括为“两不愁，四保障”，即对于根

① 数据来源：2012 年和 2019 年《毕节市国民经济和社会发展统计公报》。

据精准扶贫要求划定的建档立卡贫困户，实际执行中要做到：①人均收入不低于 2011 年的 2300 元 / 年。②不愁吃。建档立卡户全面实现不愁吃，平常能吃得饱且能适当吃好。③不愁穿。建档立卡户全面实现不愁穿，国家贫困县和非国家贫困县的建档立卡户一年四季都有应季的换洗衣物和御寒被褥。④义务教育。建档立卡户义务教育阶段适龄少年儿童全面实现义务教育有保障。⑤基本医疗。建档立卡贫困人口通过参与城乡居民基本医疗保险制度或大病医疗救助计划，全面实现基本医疗有保障。⑥住房安全。建档立卡户通过危房改造、易地扶贫搬迁等全面实现住房安全有保障。⑦饮水安全。建档立卡户全面实现饮水安全有保障，达到当地饮水安全标准。⑧基础设施。贫困村实现村村通硬化路面，有条件的地方硬化路面通到小组和户。考虑到实际政策执行中覆盖了如此多的维度和较高的标准，包括毕节在内的中国农村减贫标准高于世界银行的每人日均 1.9 美元的标准。

毕节的减贫不是救济式减贫，而是内嵌于当地经济社会发展整体进程中的开发式减贫，因此具有良好的发展基础和可持续性。2000—2020 年，毕节市国内生产总值（GDP）由 120.9 亿元逐渐上升至 2020.39 亿元（见图 3），增长了约 15.71 倍；人均 GDP 由 1782 元增长到 29300 元（见图 4），增长了约 15.44 倍。农村居民收入和生活消费水平也普遍提升，农民人均纯收入由 2001 年的 1344 元增长到 2020 年的 11238 元（见图 5），增长了约 7.36 倍；农村居民人均生活消费支出由 2004 年的 1160.94 元逐步上升至 2019 年的 9866 元（见图 6），增长了近 7.50 倍[①]。

① 根据前文查找获取的基础原始数据计算而得。

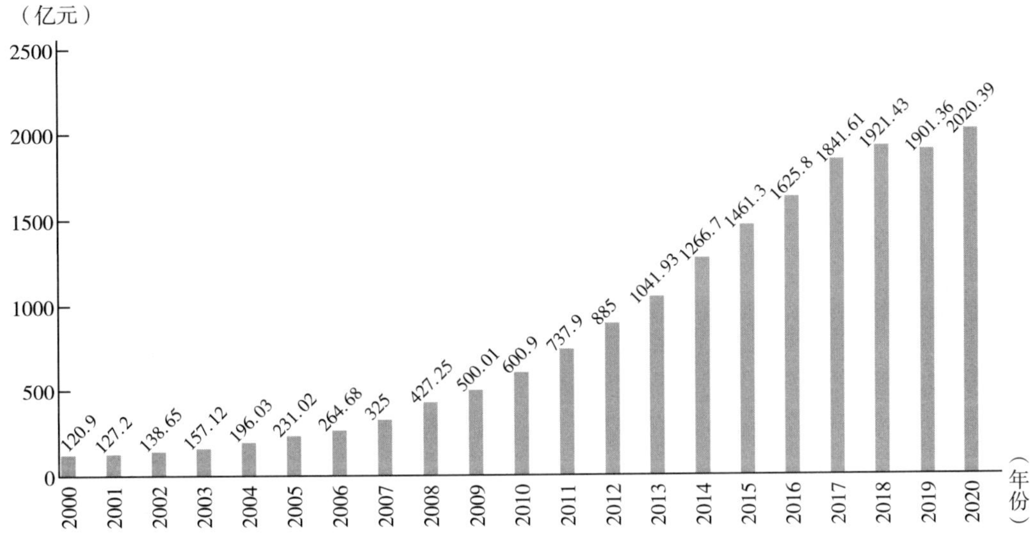

图 3　2000—2020 年毕节试验区生产总值增长趋势

资料来源：中经数据

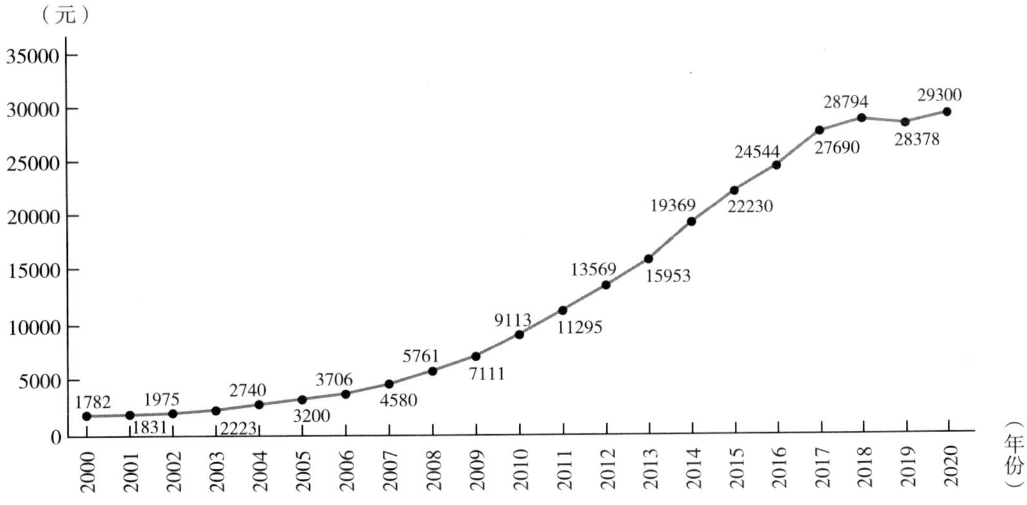

图 4　2000—2020 年毕节试验区人均生产总值增长趋势

资料来源：中经数据

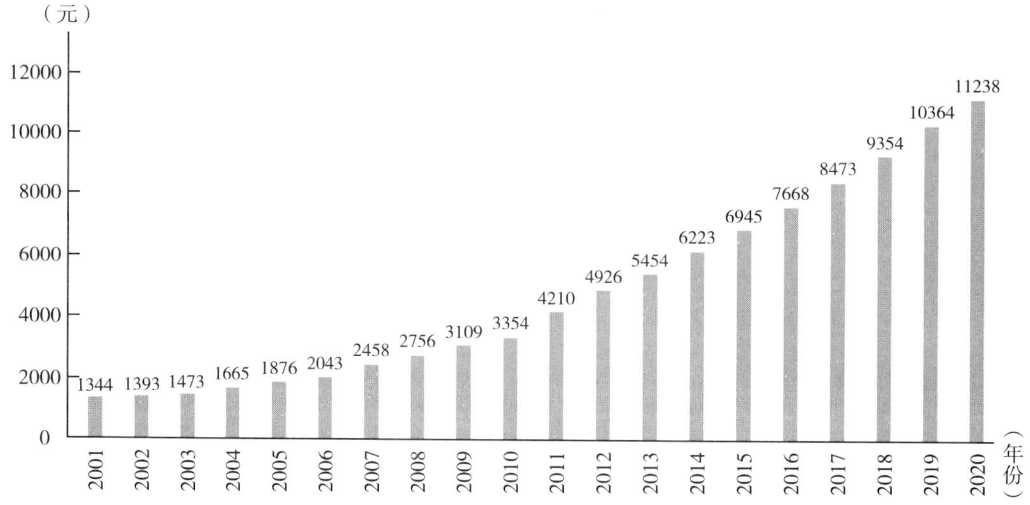

图 5　2001—2020 年毕节试验区农村居民人均可支配收入变化趋势

注：2001—2012 年的数据为农民人均纯收入；2013—2020 年的数据为农民人均可支配收入。

资料来源：历年《毕节市国民经济和社会发展统计公报》

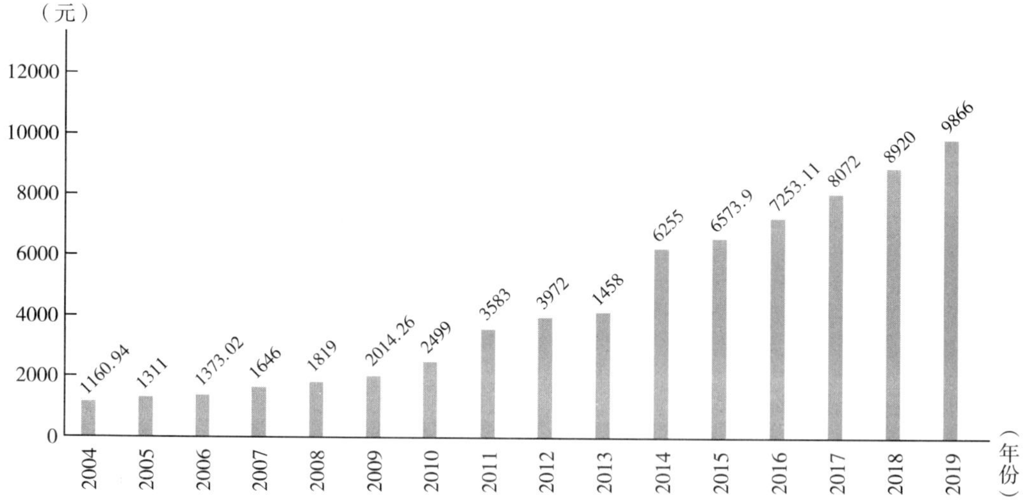

图 6　2004—2019 年毕节试验区农村居民人均生活消费支出变化趋势

资料来源：历年《毕节市国民经济和社会发展统计公报》

（三）毕节试验区的生态建设

毕节试验区地处长江、珠江上游，是中国喀斯特地貌发育最典型的地区之一。试验区建立后，地方政府围绕“生态建设”主题，借助国家和各省支持试验区发展的机遇，大力实施生态修复工程，通过领导干部任期造林绿化目标和签订“责任状”的管理机制，积极落实工作目标。从试验区建设之初的1988年到2020年，30多年持之以恒，先后实施了“中国3356”“长防”“长治”“退耕还林（草）”“水保”“天保”“石漠化治理”等国家重点生态建设工程（见专栏一），林业生态建设取得了显著成效。

专栏一　毕节实施的生态建设工程

“中国3356”：是指“3356工程”项目，是世界粮食计划署（WFP）向中国贵州省纳雍、织金两县提供的以粮食援助形式，帮助恢复生态的项目。旨在通过造林、种草、坡改梯等措施，缓减日趋加重的水土流失，改善生态环境和农业生产条件，控制水土流失，促进山区经济发展和农户生活改善。项目涉及毕节试验区纳雍、织金两县原64个乡，413个村。该项目以植树造林为主，同时进行种草养畜，修筑石埂梯田、乡村道路等，实施期为5年，1988年12月1日工程正式启动，就此拉开了毕节试验区生态扶贫建设的序幕。

“长防”：是指“长江流域防护林体系建设工程”，是全球第一个进行大江、大河全流域治理的世界超级生态工程，是继三北防护林体系建设工程之后，中国启动的又一大型重点林业生态工程，被列为世界八大生态工程之一。1989年启动了长江流域防护林体系建设一期工程，规划造林任务 648.4 万公顷；二期工程（2001—2010 年）建设范围扩大到长江、淮河、钱塘江流域，涉及 17 个省（市）的 1035 个县（市、区），规划造林任务 687.72 万公顷；三期工程（2011—2020 年）规划造林任务为 530.21 万公顷。“长防”工程实施 30 多年来，累计完成造林 1184 万公顷。

“长治”：是指“长江上游水土保持重点防治工程”，于 1988 年经国务院批准并在次年正式启动。“长治”工程以大流域为依托，以县为单位，小流域为单元，实施山水林田路综合治理，工程措施、植物措施、农耕措施有机结合，生态效益、经济效益和社会效益相得益彰，走出了一条贫困山区改造山河、发展经济的成功之路，为全国水土保持生态建设提供了宝贵经验。

“退耕还林（草）”：是指“中国退耕还林还草工程”，是中国在世纪之交着眼中华民族长远发展和国家生态安全所做出的重大决策。退耕还林还草从保护和改善生态状况出发，将水土流失严重的耕地，沙化、盐碱化、石漠化严重的耕地及粮食产量低而不稳的耕地，有计划、有步骤地停止耕种，因地制宜地造林种草，恢复植被。截至 2020 年，中央财政累计投入 5353 亿元，在 25 个省（区、市）2435 个县实施退耕还林还草 5.22 亿亩（其中退耕地还林还草 2.13 亿亩），占同期全国重点工程造林总面积的 40%，有 4100 万农户 1.58 亿农民直接受益，工程建设取得了巨大成效，每年产生的综合效益达 2.41 万亿元，为建设生态文明和美丽中国做出了突出贡献[①]。

---

① 李世东：《世界著名生态工程——中国“退耕还林还草工程”》，《浙江林业》2021 年第 8 期。

“水保”：是指“国家水土保持重点建设工程”，是中国政府第一个由中央安排财政专项资金，在水土流失严重的贫苦地区和革命老区，开展水土流失综合治理的水土保持重点工程。该工程由水利部、财政部组织，分期规划，1983 年开始实施，工程建设取得了显著成效。2008 年 9 月—2010 年 9 月，根据国务院批示精神，相关部委组织编制了《国家水土保持重点建设工程省级实施规划（2013—2017 年）》。该规划按照突出重点、分步实施、续建优先、避免重复的原则，以水土流失为重点，以经济社会发展之后的一类和二类革命老区县为重点，惠及 20 个省（区、市）的 279 个县。

“天保”：是指“天然林资源保护工程”，该工程从 1998 年开始试点。2000 年 10 月，国务院批准了《长江上游、黄河上中游地区天然林资源保护工程实施方案》和《东北、内蒙古等重点国有林区天然林资源保护工程实施方案》。工程建设期为 2000—2010 年，工程区涉及长江上游、黄河上中游、东北、内蒙古等重点国有林区 17 个省（区、市）的 734 个县和 167 个森工局。长江上游地区以三峡库区为界，包括云南、四川、贵州、重庆、湖北、西藏 6 省（区、市）；黄河上中游地区以小浪底库区为界，包括陕西、甘肃、青海、宁夏、内蒙古、山西、河南 7 省（区）；东北、内蒙古等重点国有林区包括吉林、黑龙江、内蒙古、海南、新疆 5 省（区）。工程建设的目标和任务：一是切实保护好长江上游地区、黄河上中游地区 9.18 亿亩现有森林，调减商品材产量 1239 万立方米，新增森林面积 1.3 亿亩，工程区内森林覆盖率增加 3.72 个百分点，分流安置 25.6 万富余职工。二是东北、内蒙古等重点国有林区的木材产量调减 751.5 万立方米，使 4.95 亿亩森林得到有效保护，48.4 万富余职工得到妥善分流和安置，实现森工企业的战略性转移和产业结构的合理调整[①]。

“石漠化治理”：是指“岩溶地区石漠化综合治理工程”，2008 年国务院批复了国家发展改革委会同林业局[②]、农业部[③]、水利部共同编制的《岩溶地区石漠化综合治理规划大纲（2006—2015 年）》（以下简称《规划大纲》），启动了工程建设。自启动以来，截至 2015 年，316 个重点县已累计完成中央预算内专项投资 119 亿元，地方投资 20.1 亿元，完成岩溶土地治理面积 6.6 万平方千米，石漠化治理面积 2.25 万平方千米。在专项投资的带动下，451 个石漠化县积极整合退耕还林、天然林保护、长江防护林、珠江防护林、农业综合开发、土地整治等相关方面的中央资金规模达 1300 多亿元，初步完成石漠化治理面积 4.75 万平方千米，工程建设取得了显著的成效。

森林生态的恢复是毕节生态建设的关键。经过 30 多年的持续努力，毕节试验区森林面积增长明显，由建立之初的 601.2 万亩上升到 2020 年的 2416 万亩；

① 《十年建设挺起林业生态脊梁 天保绿荫庇护秀美山川大地》，《中国绿色时报》，2008 年 11 月 27 日。

② 2018 年 3 月，根据第十三届全国人民代表大会第一次会议批准的国务院机构改革方案，将国家林业局的森林、湿地等资源调查和确权登记管理职责整合，组建中华人民共和国自然资源部；将国家林业局的森林防火相关职责整合，组建中华人民共和国应急管理部；将中华人民共和国国家林业局的职责整合，组建国家林业和草原局，由中华人民共和国自然资源部管理；不再保留国家林业局。

③ 现为农业农村部。

森林覆盖率也稳步提升，从1988年的14.94%[①]持续增长到2020年的60%[②]，提升了45.06个百分点。分阶段来看，各时期内毕节试验区的森林覆盖率也明显高于全国和贵州省（见图7）。

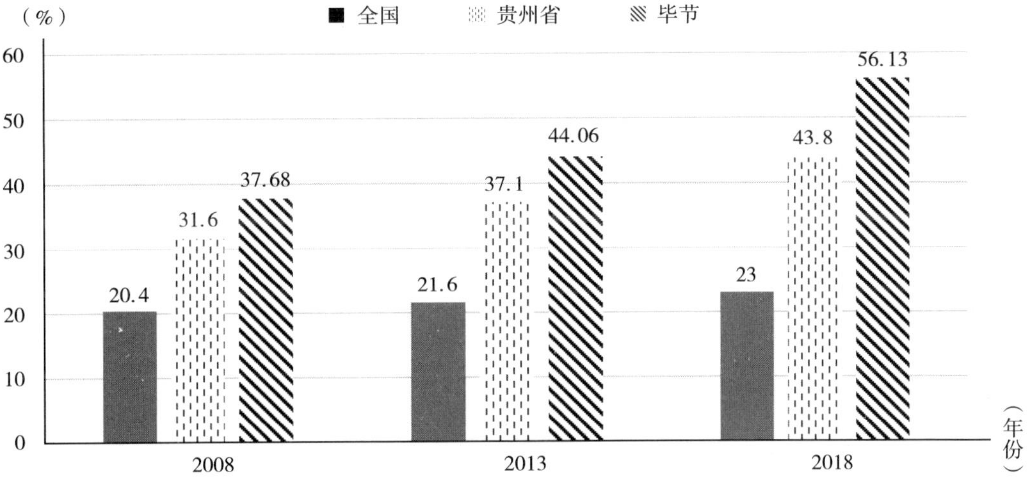

图7 毕节市与全国、贵州省森林覆盖率变化趋势对比

资料来源：全国、贵州省的森林覆盖率指标数据来源于《国家统计局》，毕节市森林覆盖率指标数据来源于《毕节市2008年生态环境状况公报》《毕节市2013年生态环境状况公报》《毕节市2018年生态环境状况公报》

专栏二 毕节生态建设中的平民英雄

在毕节生态建设中涌现出了一大批平民英雄，他们的事迹成为毕节人在扶贫开发与生态建设中的一道道亮丽风景线和影响全国的“毕节名片”。

① 《一进一退，石山刻下毕节的绿色奇迹》，国家林业和草原局政府网，2014-08-18。

② 《毕节市2020年生态环境状况公报》，毕节市人民政府网，2021-06-04。

文朝荣：毕节试验区赫章县海雀村党支部书记

海雀村位于贵州省赫章县河镇乡东北部，距乡政府所在地 12 千米，距县城所在地 110 千米，平均海拔 2300 米。在 20 世纪 80 年代，全村森林覆盖率不足 5%，生态环境恶劣，自然灾害频繁，年人均纯收入 33 元，人均占有粮食 107 千克。面对如此现状，海雀村党支部书记文朝荣认为海雀村的贫困不是村民不够勤劳，而是刀耕火种导致了森林生态植被的巨大破坏，导致了严重的水土流失，土壤过于贫瘠，长不出庄稼。因此，他决心带领村民植树造林、改变原来那种生态恶化、贫穷落后的面貌。1987 年冬天，文朝荣带着 200 多名青壮年劳动力上山种树。经过多年的艰苦奋战，海雀村 30 多个“和尚坡”变成了万亩林海。2016 年，海雀村实现贫困村退出，曾经的“和尚坡”已经变成了“绿色银行”，且荣获“全国绿化千佳村”称号，林木经济估值达 4000 多万元。2020 年末，全村农民人均可支配收入增加到 16200 元，村集体经济积累达 150 万元，森林覆盖率达到 82.5%[①]。

冯长书：毕节试验区黔西县古胜村村干部

古胜村地处贵州省毕节市黔西县素朴镇，属于典型的喀斯特山区，石漠化严重。20 世纪 90 年代，人们为了填饱肚子，不得不毁林开荒，随着开垦不断加剧，到处是光秃秃的石山坡。过度的毁林开荒，让古胜村陷入了越垦越穷、越穷越垦的恶性循环怪圈，人均收入不到 286 元，属于国家一类贫困村。2006 年，在外打工的冯长书返乡担任村干部，在

① 中共贵州省委：《中共贵州省委关于开展向文朝荣同志学习活动的决定》，《当代贵州》2014 年第 16 期。

毕节试验区专家顾问组根据国家“星火计划”项目将古胜村确定为定点帮扶村的契机下，冯长书带领全体村民在高海拔的地方（山顶）进行自然恢复；在中海拔的地方（缓坡地带）退耕还林；在低海拔的地方（稍微低矮平整的地方）种经果林。经过 14 天的工作，全村种下樱桃、李子、桃子等 260 亩经果林和 710 亩柏枝树，古胜村从此迈向了“畜牧富村、经果强村、旅游带村”的发展之路。古胜村森林覆盖率从试验区成立之初的不到 10%，增长到现在的 89.68%，荣获“第一届阿拉善生态田野奖”和毕节市“绿化毕节示范村”等称号。全村农民人均纯收入从 1987 年的 174 元上升到 2017 年的 8100 元，户均纯收入达 5.6 万元[①]。

王华文：毕节试验区大方县羊场镇村民

王华文所在的山林位于贵州乌蒙山深处的毕节市大方县。20 世纪七八十年代，当地人地矛盾突出，偷采盗伐树木严重，自然生态不断恶化。直到 1986 年，国家承包林政策落实到乡村，30 余岁的王华文放弃了教师职业，第一个开始承包山林。为了管护好山林，王华文在离坡头组有 1000 多米的山顶上搭起了一个窝棚居住。山上的海拔很高，气候很恶劣，夏天湿度高，冬天温度低，他在这山上一住就是十几年，他所承包的山林没有发生过大规模的火灾，山上的树木最大的已有 5 尺多粗，造就了大方县羊场镇穿岩村千亩生态森林[②]。

① 李金贵，李霓，陈再雄：《在“石头开花”的地方建起“绿色银行”——毕节试验区专家顾问组与古胜村的绿色致富路》，《源流》2021 年第 3 期。

② 《毕节王华文：植树造林保护生态的先行者》，中国文明网，2012-09-06。

此外，截至2020年底，毕节累计治理石漠化土地面积1878.64平方千米，生态环境大为改善[①]，先后被列为“长江经济带试点城市”“全国生态保护与建设示范区”“全国林业生态建设示范区”。

（四）毕节试验区开发扶贫和生态建设的经验

毕节开发扶贫是中国整体扶贫的有机组成部分，但也有鲜明的自身特色。毕节开发扶贫的基本经验，既有与全国其他地区共性的部分，也有源于毕节当地经济社会和地理文化背景的独特经验。

从共性方面看，毕节与中国整体的开发扶贫得益于以下因素：一是明确持久的政治承诺。中央、地方各级政府对消除贫困高度重视，将减贫置于政策议程的优先位置，并几十年如一日地为之努力。

二是系统和渐进优化的政策框架。自《国家八七扶贫攻坚计划》开始，中国陆续出台了全国性和地方性扶贫开发政策纲要，科学合理地设定不同阶段的政策目标，广泛吸取国内和国际减贫的经验，形成了完善合理的减贫政策框架，为各个时期的扶贫开发工作提供了清晰的指引。

三是科学合理的扶贫开发理念和方法。中国始终坚持开发式扶贫为主、救济式为辅的扶贫理念，强调“授人以鱼不如授人以渔”。开发式扶贫重视贫困农户能力的提升，积极改善公共基础设施和提供基本公共服务，鼓励贫困农户积极参与发展过程并享受发展成果。在毕节，这突出地反映在人力资本的普遍改善上。自试验区成立以来，人均受教育年限从3.6年提高到8.9年，教育“两基”实现全覆盖，义务教育基本均衡发展通过国家评估验收[②]。在政策

① 《1878.64平方千米！毕节石漠化治理成效显著》，澎湃新闻，2021-06-01。

② 《累计减贫630.9万人！31年来，毕节试验区建设实现了“三个重大跨越”》，澎湃—贵州发布，2019-08-22。

实践过程中，不断改进方法，通过扶贫对象精准、项目安排精准、资金使用精准、措施到户精准、因村派人精准、脱贫成效精准，改善扶贫政策的瞄准机制。

四是充分利用市场经济改革带来的普遍机会开放。随着市场经济改革的推进，户籍的藩篱被逐步打破，劳动力及各类生产资源要素可以更加自由地在地区、行业间流动和配置。普遍的能力提升和普惠的公共服务支持，使得贫困地区的居民也能共享改革开放带来的发展机遇，并且通过参与经济发展进程持续提升生活水平。通过毕节农村居民收入结构可以直观地看到经济机会开放的成效。2007 年，毕节市农村居民平均工资性收入占比、家庭经营纯收入占比、财产性纯收入占比、转移性纯收入占比分别为 32.4%、59.4%、1.2% 和 7%；到 2020 年，工资性收入占比、家庭经营纯收入占比、财产性纯收入占比、转移性纯收入占比分别为 42%、33%、5% 和 20%。2007—2020 年，工资性收入占比、财产性纯收入占比、转移性纯收入占比分别增加了 9.6 个百分点、3.8 个百分点和 13 个百分点；家庭经营性收入占比反而降低了 26.4 个百分点。这表明毕节农村居民显著地增加了来自非农就业机会的收入，降低了对农业经营收入的依赖。作为贵州省人口最多的地级市，毕节在过去 30 多年经历了快速的城镇化，并向全国其他地区劳务输出，2020 年全市农民工总量 245.82 万人，其中外出农民工 187.69 万人，本地农民工 58.13 万人[①]。经济结构、收入结构和人口分布的改变极大地缓解了毕节人与土地资源以及区域生态环境之间的紧张关系。

五是政府对最脆弱的地区和人群提供积极的兜底保障。对于那些失去或尚未获得经济参与能力的人群，政府通过最低生活保障、大病救助等手段为最贫困弱势人群提供生活支持。在图 8 中可以看到，2020 年毕节农村居民收入结构

① 数据来源：2007—2020 年的《毕节市国民经济和社会发展统计公报》。

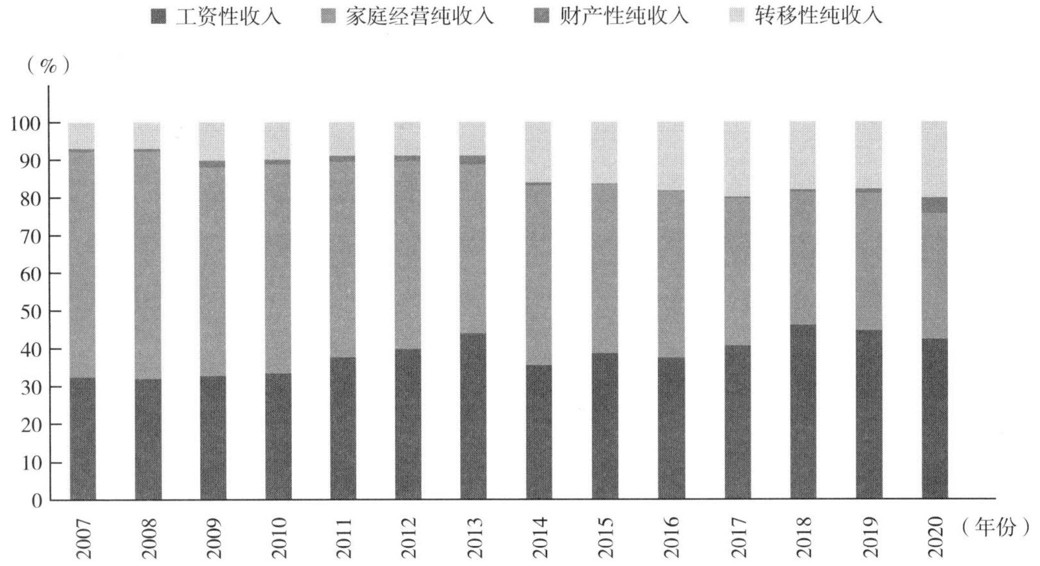

图 8　2007—2020 年毕节试验区农村居民收入结构变化趋势

资料来源：历年《毕节市国民经济和社会发展统计公报》

中，转移性纯收入的比例高达 20%，比 2007 年高出 13 个百分点。来自公共部门的转移性纯收入对贫困居民脱贫起到了重要的支撑作用。

六是强大的组织体系和不断提升的国家治理能力。依托从中央到村的党政组织体系，中国得以动员规模巨大的人员、资金、物资到贫困地区。通过加强考核和问责，提高政策透明度，加强政策制定过程中的广泛社会参与，及时回应社会需求，使政策的影响能够触达社会的各个角落。

除了以上共性的经验之外，毕节的扶贫开发和生态建设也带有鲜明的特色，突出表现在以下几个方面：

一是坚持“开发扶贫、生态建设”的主题主线。毕节试验区自设立之时就明确以“开发扶贫、生态建设”为主题，并在长期的扶贫开发实践中坚持这一主题，将生态环境的恢复和保护融入地方的减贫政策框架中。寓开发扶贫于生态建设之中，以生态建设促进开发扶贫和经济发展。着力发展生态林业、民生林业，探索出针对不同区域的水土条件、生态承载力和居民生活水平的封山育林与人工促进主导型、植被恢复与特色产业主导型、森林景观资源开发与生态旅游主导型、水土保持与基本农田建设主导型生态建设综合治理模式，取得了良好的生态、经济综合效益①。

二是发挥试验区的优势，用好政策与制度创新的集成。试验区是中国特色的发展与改革模式，通过主题清晰、范围可控的试验，积累经验和教训，广泛分享地方知识，推动全域的改革。在改革开放后设立的众多试验区中，毕节是全国少数坚持 30 年不动摇的主题试验区。依托试验区的政策框架，毕节不仅大力植树造林，还争取到了“中国 3356”工程、“长防”工程、三江源工程、退耕还林工程、石漠化治理工程、中德财政合作项目、全球环境基金（GEF）项目、小流域治理工程等项目支持。不仅如此，毕节市适时推动国有林场改革，在林业生态建设中所探索出的具有毕节特色的县、乡（镇、街道、国有林场）、村（社区）三级林长制组织体系，为国家在相关领域的改革提供了宝贵的经验。也正因为如此，毕节先后被列为“长江经济带试点城市”“全国生态保护与建设示范区”“全国林业生态建设示范区”。

三是多党合作服务地方发展的“毕节经验”。毕节试验区的建立是一个重大创举，经过多年建设发展，逐步形成了具有鲜明时代特点和统战特色的“毕节经验”，其核心内容是：以民主党派参与为主体，智力支持为主要内容，共同、持久帮助支持贫困的毕节，优化智力、资源和政策等优势组合，促进毕节经济发展，改善民生和环境。脱贫攻坚战打响以来，中央统战部延续已有的结

① 付开萍，聂祥军，吴道能：《全面深化林业改革助推毕节绿色发展》，《林业经济》2016 年第 1 期。

对帮扶制度，明确毕节试验区各县、区的脱贫攻坚帮扶责任，中央统战部、台盟中央帮扶赫章县；民革中央帮扶纳雍县；民盟中央、致公党中央帮扶七星关区；民建中央帮扶黔西县；民进中央帮扶金沙县；农工党中央帮扶大方县；九三学社中央帮扶威宁自治县；全国工商联帮扶织金县；中华职教社帮扶金海湖新区。各民主党派以统一战线帮扶毕节试验区的“同心工程”为品牌，以项目扶持的形式探索多党合作服务改革发展实践经验，在“助推发展”“智力支持”“改善民生”“生态建设”“示范带动”等方面实施帮扶项目 952 个，协调投入资金 468.86 亿元[①]。

四是充分激活和调动社区内生动力和私人部门的力量。在毕节生态建设的过程中，通过改革国有和集体林业制度，引入市场经济力量，调动社区中个体的积极性，发扬先进模范人物的奉献精神和榜样力量，使毕节的森林覆盖率在短时期内得到了显著的提升。不仅如此，在国家对口帮扶制度框架下，毕节市积极引入社会力量支持本地的扶贫开发，形成了诸多具有特色的品牌项目，发展了一批有竞争力的产业，为可持续的脱贫打下良好的基础。

五是开创了生态建设与经济发展良性互动的科学发展模式。毕节试验区所取得的生态建设与开发扶贫“双赢”成果，一定程度上得益于立足自身客观现状，正确处理人地发展关系。如利用毕节山地资源优势建立“立体式”[②]农业发展模式，实现了山水林田路的综合治理，兼顾生态效益、经济效益和社会效益；同时，通过破除林业发展的体制机制障碍、创新林业经济政策工具和森林防火

---

① 《毕节努力在多党合作服务改革发展实践中探索新经验》，《毕节日报》，2017 年 10 月 10 日。文中数据由毕节日报中相关数据整理计算得到。

② 利用山地资源优势，根据山体不同部位的不同特性探索出了“山顶植树造林戴‘帽子’；山腰种地坎树、搞坡改梯拴‘带子’；坡地种牧草、绿肥铺‘毯子’；山下大办乡镇企业、庭院经济、多种经营抓‘票子’；大田大坝改造中低产田土，兴修水利，推广农业实用技术收谷子”的“五子登科”立体生态建设模式。见本书专题二。

管理机制，加速推进毕节试验区绿化进程，壮大林下经济发展力量，并提高森林保护管理水平，促进生态建设和经济发展实现有机融合、良性互动。

三、新时期毕节试验区可持续发展的机遇与挑战

随着毕节试验区完成开发扶贫和生态建设的阶段性历史使命，毕节也进入新的发展阶段。在短期，毕节需要持续巩固脱贫攻坚的成果，避免出现规模化、系统性的返贫。在中长期，毕节需要进一步加快经济社会发展，跟上全国向共同富裕迈进的步伐，并且在践行新发展理念、实现联合国可持续发展目标中做出毕节独特的贡献。实现这些短期和中长期的目标，毕节既具有一定的条件和机遇，也面临诸多挑战。

（一）毕节试验区可持续发展的条件和机遇

经过 30 多年试验区的建设和发展，特别是国家实施脱贫攻坚行动以来，毕节在人力资本、物质资本、自然资本等方面都有了一定的积累，为后续的发展提供支撑。

人力资本。据毕节市第七次人口普查部分数据统计（见图 9），2020 年底，全市年末户籍人口 950.29 万人，常住人口 689.96 万人，人口总数在贵州省所有地级城市中排名第 1 位，在全国 343 个城市中排名第 53 位。常住人口城镇化率为 42.12%，乡村人口所占比例为 57.88%，60 岁以上人口数量所占比例为 13.84%。从年龄结构看，毕节人口结构相对年轻。通过不断提高医疗卫生服务水平和人口的教育水平，毕节人力资本得到大幅度的改善。根据毕节市第七次人口普查数据，毕节 15 岁以上人口的平均受教育年限达到 7.71 年。教育体系的不断完善，教育机会的均等化，有力地支撑毕节的人力资源开发。毕节市学

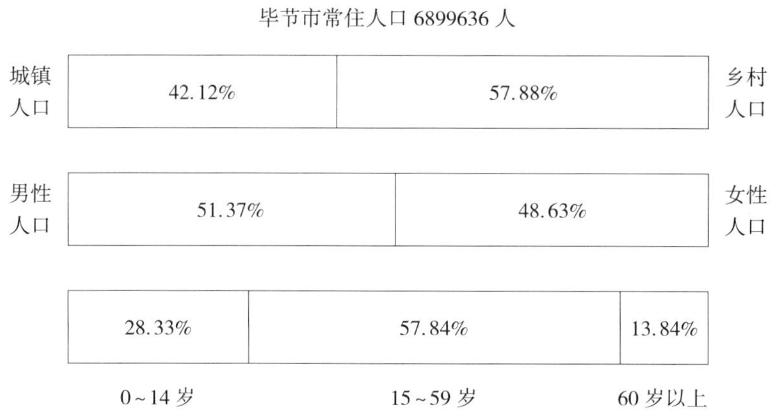

图 9　毕节市第七次人口普查部分数据

资料来源：（中国）贵州省第七次全国人口普查公报—红黑统计公报库

前教育 3 年毛入园（班）率 90.17%，小学适龄儿童入学率 99.80%，初中阶段毛入学率 106.08%，高中阶段毛入学率 91.07%，高等教育毛入学率 45.80%，“三残”儿童少年毛入学率 95.23%。

物质资本。物质资本的提升主要体现在基础设施方面。2016 年以来，毕节市建成通村油路（水泥路）1.12 万千米，全面完成 14640 千米农村“组组通”硬化路建设任务，实现 30 户以上自然村寨 100% 通硬化路目标，农村连户路和院坝“两硬化”基本实现全覆盖；实施农村饮水安全项目 1273 个，解决了农村居民 149.77 万人的饮水安全问题；农村电网改造、通信设施、4G 网络，美丽乡村建设均已实现全覆盖。在交通运输方面，已经初步形成了交通运输网络。到 2020 年，毕节市公路通车里程为 33706 千米。按技术等级划分，高速公路 981 千米，一级公路 145 千米，二级公路 1582 千米，三级公路 1183 千米，四级公路 25374 千米，等外级公路 4441 千米。毕节市水域总面积约 300 平方千米，水运通航总里程 399.02 千米，其中等级航道 388 千米。毕节市水运货物周转量 10.33 万吨。道路运输平安运送旅客 1635.3 万人次，铁路 360 万人次，公交出行量 2.01 亿人次[①]。

此外，毕节在通信基础设施上也具备良好的基础。毕节市年末电话用户 648.18 万户，固定互联网宽带接入用户 109.34 万户，移动互联网用户 522.57 万户。毕节市广播综合覆盖率 92.14%，其中农村广播综合覆盖率 92.10%。电视综合覆盖率 95.22%，其中农村电视综合覆盖率 95.13%。这些都有助于毕节在新时期的发展中克服信息鸿沟。

自然资本。2020 年，毕节市森林面积约为 161.13 万公顷，营造林面积为 15.61 万公顷，活力木蓄积量约为 6210 万立方米，经济林面积 14994 公顷，占比约为 0.93%[②]。试验区森林资源的建设开发，为毕节生物多样性保护和林下经济发展奠定了良好基础。

（1）生物多样性资源丰富。毕节试验区拥有多个自然保护区及森林公园。截至 2019 年，毕节试验区共建成 10 个自然保护区，总面积为 53932.4 公顷，占全市总面积的 2.01%，保护着高原湿地生态系统及黑颈鹤、白头鹤等 7 种国家一级保护鸟类；国家野生动物 315 种，国家珍稀或濒危植物 42 种。毕节试验区共建有 12 个国有林场，总面积为 4.2 万公顷，国有林场内树种以松、杉等为主，植物资源较为丰富。试验区先后获国家林业和草原局保护森林和野生动植物资源先进集体称号[③]。

（2）中药材及林下经济产业资源禀赋优势突出。毕节市具有发展中药特色产业的得天独厚优势，有中药材品种 1672 种，其中植物药 1577 种，动物药 79 种，矿物药 16 种。主要种植天麻、半夏、续断、苦参、黄柏等 60 余种中药材，

① 数据来源：《毕节市 2020 年国民经济和社会发展统计公报》。

② 数据来源：《毕节市 2020 年国民经济和社会发展统计公报》。

③ 资料来源：本书专题四。

大方天麻、圆珠半夏，赫章半夏、织金续断均已获得国家地理产品标志保护产品认证。中药材种植面积近100万亩，已形成以七星关、大方为主的天麻产业带，以赫章、威宁为主的半夏产业带，威宁党参产业带3个重点单品产业带；天麻种植面积13.81万亩，占全省种植总面积的47.6%；半夏种植面积4.48万亩，占全省种植总面积的83.74%，其中赫章县3.5万亩，在国内有较高知名度和影响力；威宁党参种植面积1.75万亩，占全省种植总面积的47.54%，大方天麻、赫章半夏核心产区全国闻名①。现阶段，毕节试验区以药材，食用菌，蔬菜，茶叶，林下养殖禽类、畜类、蜜蜂等种植养殖为主，并利用森林公园、自然保护区、国有林场、湿地公园、休闲果园、城郊农家乐等开发利用森林景观，基本形成了“西部党参、半夏种植和森林景观利用”“中部天麻种植和森林景观利用”“南部竹荪种植和森林景观利用”“东部林下养殖和森林景观利用” 4个林下经济布局分区②。

除了以上基础条件之外，从宏观层面看，毕节也面临新的发展机遇：

一是经济社会发展水平提升和发展需求的结构性变化。中国经济有望在“十四五”时期迈入高收入国家门槛，国民的消费能力也将稳步提高，社会对于旅游休闲、生态环境、高品质特色农产品的需求不断提升。毕节拥有得天独厚的特色旅游资源，生态环境质量持续提升，将有助于推动毕节相关产业和行业的发展，提升城乡居民的生活水平。以旅游业为例，在过去5年，毕节市累计接待游客3.53亿人次，实现旅游总收入3025.46亿元，年均分别增长30%以上，显示出消费升级的潜力③。

二是国家宏观政策的引导和支持。随着中国特色社会主义现代化建设进入

① 《毕节市推动中医药事业传承创新高质量发展》，《潇湘晨报》，2021年12月13日。

② 陈泽劲：《唱绿色戏 织生态梦 ——毕节市林业生态建设成效扫描》，《源流》2021年第3期。

③ 《贵州毕节：发展旅游产业化实现富民增收》，《潇湘晨报》，2021年12月22日。

新阶段，高质量发展成为经济社会发展的主题主线，绿色发展成为主动的政策选择，这将带来全社会对生态环境价值的系统性重估。特别是在国家明确提出碳达峰、碳中和目标之后，低碳发展成为主流共识，碳汇市场不断完善，这些将大大有助于激活毕节的生态环境资源，促进地区间生态转移支付，实现从资源到资产、从资产到收入的转变。

三是国家对解决“三农”问题的战略规划。近年来，国家陆续发布《乡村振兴战略规划（2018—2022年）》《中共中央 国务院关于做好2022年全面推进乡村振兴重点工作的意见》《数字乡村发展战略纲要》《“十四五”国家信息化规划》《关于建立健全生态产品价值实现机制的意见》《2022年数字乡村发展工作要点》等新发展时期解决“三农”问题的规划性文件和指导性意见，在完善乡村振兴制度框架和政策体系、构建现代农业经济体系、信息化和数字化赋能乡村产业振兴、乡村绿色金融产品创新模式支持、现代乡村治理能力升级等方面确立了发展目标，为推动我国农业农村可持续发展和农民生活水平提升起到了规划先导作用。

专栏三 中国碳汇市场建设

碳汇市场作为一种经济刺激型的政策手段，可为绿色转型提供持续的动力，是实践“绿水青山就是金山银山”的绿色发展理念目标要义和探索生态资源价值实现机制的典范，同时也将是中国努力在2060年实现碳中和目标的重要途径之一。2011年，国家发展改革委办公厅发布了《关于开展碳排放权交易试点工作的通知》，将北京市、天津市、上海市、重庆市、广东省、湖北省、深圳市等作为开展碳排放权交易的试点地区。

2013年以来，深圳市、上海市、北京市、广东省、天津市、福建省等相继进行碳汇市场建设的实践探索。如，2014年7月21日，广东长隆碳汇造林项目通过国家发展改革委的审核，成功获得备案，是全国首个可进入碳市场交易的中国林业温室气体国家核证自愿减排量（CCER）项目，首期签发的5208吨CCER已由广东省粤电集团以20元/吨的单价签约购买。2017年底，中国启动碳排放权交易。2018年，北京市碳排放交易市场共计挂牌4个林业碳汇项目；福建省三明市推出了林业“碳票”，在生态产品价值实现机制上迈出了改革创新步伐。整体而言，我国碳汇市场建设正处于探索阶段，从碳汇交易量看，上海的碳汇交易量显著较高，但是价格水平相对较低，北京的碳汇交易量相对较高，但是与欧盟相比较，碳汇交易价格却显著较低。

2021年《政府工作报告》再次提出“加快建设全国碳排放权交易市场”。2021年7月16日，全国碳排放权交易市场启动上线交易，交易中心设在上海，登记中心设在武汉，发电行业成为首个纳入全国碳市场的行业，纳入重点排放的单位超过2000家，我国碳市场将成为全球覆盖温室气体排放量规模最大的市场[①]。截至2021年12月31日，全国碳市场已累计运行114个交易日，碳排放配额累计成交量1.79亿吨，累计成交额76.61亿元[②]。

自毕节试验区成立30多年来，毕节市林业增长迅速，先后通过实施国家储备林建设、荒山造林、退耕还林、天然林资源保护、石漠化综合

① 《权威快报丨全国碳市场上线交易启动》，新华网，2021-07-16。

② 《累计成交额76.61亿元！全国碳市场第一个履约周期顺利结束》，人民网，2022-01-05。

治理等10多项生态建设工程，实现了全市范围森林覆盖率年均增长1%的目标，昔日的“荒山秃岭”已变成当今的“绿色银行”。毕节试验区已经具备开展碳汇交易的物质基础和产品供给能力。

（二）毕节试验区可持续发展面临的突出挑战

从巩固脱贫攻坚成果、更长远的可持续发展和共同富裕的目标要求看，毕节也面临多重突出的挑战。

一是发展基础与全国平均水平相比还比较薄弱。2019年，毕节市人均GDP仅为全国水平的40.44%，为贵州省平均水平的68.30%。毕节农村居民可支配收入仅为全国平均水平的64.69%（见图10），农村居民消费支出仅为全国平均水平的74.02%（见图11）。毕节在其他许多方面也存在发展短板。从城镇化水平看，毕节常住居民人口城镇化率为42.12%，户籍人口城镇化率38.20%，分别比全国平均水平低约20个百分点和7个百分点[①]。

二是面临中长期发展方式转型以及新冠肺炎疫情的冲击。农民工外出务工对毕节试验区农村减贫的贡献非常大。曾有当地媒体报道，“劳动力输出200万人，每月40亿外出务工收入成脱贫攻坚重要支柱”[②]。2007—2020年毕节试验区农村居民的工资性收入比重由32.4%上升到42.0%，约上升了10个百分点[③]。但是，作为减贫重要支撑的劳务输出和非农经济收入正面临考验。面对新冠肺

① 根据国家统计局、《毕节市国民经济和社会发展统计公报》数据分析得出。

② 《毕节：劳动力输出200万人 每月40亿外出务工收入成脱贫攻坚重要支柱》，多彩贵州网，2020-04-29。

③ 2007—2020年的《毕节市国民经济和社会发展统计公报》。

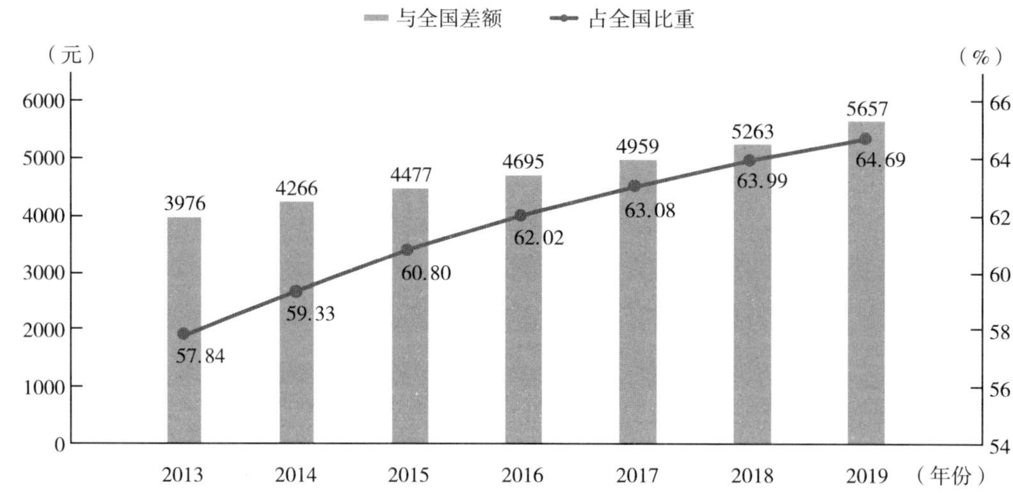

图 10　毕节试验区农村常住居民人均可支配收入与全国平均水平的比较

资料来源：国家统计局、《毕节市国民经济和社会发展统计公报》

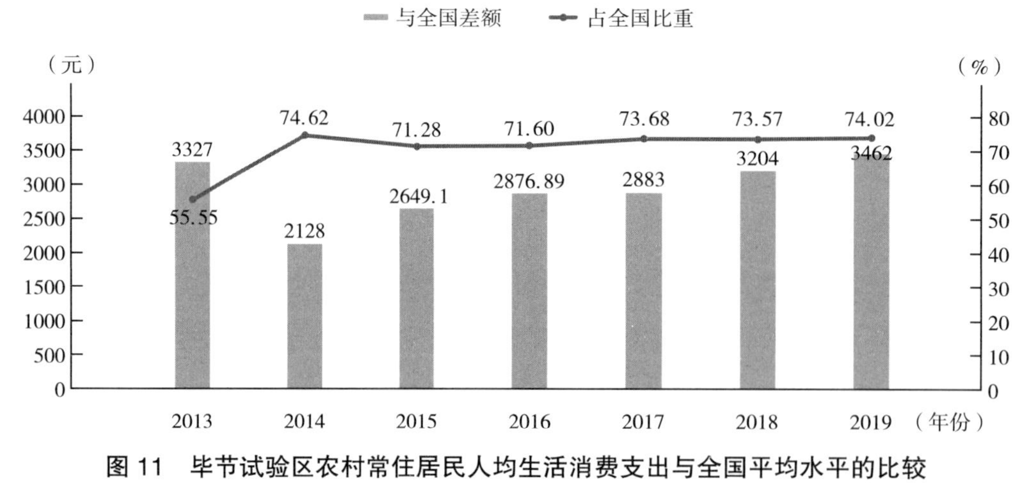

图 11　毕节试验区农村常住居民人均生活消费支出与全国平均水平的比较

资料来源：国家统计局、《毕节市国民经济和社会发展统计公报》

炎疫情冲击带来的就业机会减少以及对跨地区人员流动的限制、沿海地区制造业向自动化和数字化转型、大国竞争带来的全球供应链转移，这些因素将不同程度地对毕节试验区的农民工外出就业规模产生负面影响。《毕节市 2020 年国民经济和社会发展统计公报》显示，2020 年毕节全市农民工总量 245.82 万人，同比仅增长 1.0%。其中，外出农民工 187.69 万人，同比增长 3.6%；本地农民工 58.13 万人，同比下降 6.6%。

三是生态环境约束的强化对制造业类型以及规模造成限制。随着生态环境保护标准的提升，碳中和政策目标和实施路径逐步清晰，原来对毕节经济、就业和财政起着重要支撑作用的煤炭、矿产资源和化工行业也面临紧迫的转型升级任务。不仅如此，像毕节这样生态脆弱的西部地区，很难复制改革开放早期阶段沿海地区的工业化路径，沿海地区产业升级释放出来的中低端制造业产能很难转移到中西部地区，这也限制了毕节制造业以及相关服务业的发展，不利于本地居民就业以及收入水平的提升。

四是地方政府财政能力有限，政府债务居高不下。2021 年，毕节全市的地区生产总值为 2181.48 亿元，地方政府债务余额 1118.12 亿元，政府债务余额与 GDP 之比为 51.26%。但是，和全国平均水平比，毕节地方经济发展的税收汲取能力是非常有限的。2021 年全市一般公共预算收入 123.82 亿元，仅为 GDP 的 5.68%，而当年一般公共预算支出 675.4 亿元，收支缺口主要由上级政府转移支付弥补。不仅如此，当年地方政府一般债券还本支出 126.43 亿元，已经超过了一般公共预算收入。公共财政能力薄弱使得未来毕节在可持续领域的投资严重依赖于中央以及省级的转移支付[①]。

① 《毕节市 2021 年全市和市本级预算执行情况与 2022 年全市和市本级预算草案的报告》。

四、林业可持续生计助力毕节试验区可持续发展

可持续生计（Sustainable Livelihoods）是一种基于可持续减贫目标的理论和政策框架，也是国际发展和全球减贫的重要议题之一[①]。当一种生计能够应对压力和冲击并从中恢复，在当前和未来都能保持或提高其能力和资产，同时不破坏其自然资源基础时，它就是可持续的[②]。可持续生计研究强调“以人为本”，拓展了对贫困的研究边界，加入了对家庭如何维持生计、福祉、体面生活的能力等问题的探讨，推进了对发展与贫困的全面探索。可持续生计的分析框架对于探讨毕节如何通过林业生态建设为可持续的脱贫和发展提供支撑，具有积极的意义。

（一）林业可持续生计

基于可持续生计的概念，英国国际发展部（DFID）提出了一个可持续生计分析框架（SLA）。该框架分别从贫困人口自身和外部环境视角阐释了贫困的多种影响因素，分析在脆弱环境下，贫困人口根据自身生计资本如何选择不同生计策略，最终产生不同的生计结果。

其中脆弱环境主要是指人们面临的外部冲击、社会发展动态等风险性环境。外部冲击包括病痛、家庭矛盾、自然灾害等事件带来的冲击；社会发展动态包括国家政策变化、经济形势变化、人口增长趋势，以及生产、就业等因素的周期性变化。

---

① 不同组织和机构对可持续生计的定义并不统一，当前国际上广泛认可的是1998年英国国际发展部提出的可持续生计概念：生计包括确保个人生活资料所需的能力、资产（包括物质资源和社会资源）和活动。

② Carney，D.（1998）. Sustainable Rural Livelihoods：What Contribution Can We Make？ London：DFID.

生计资产是人们进行生计选择的基础，主要包括人力资本、社会资本、自然资本、物质资本和金融资本。人力资本主要取决于劳动力的数量和质量，社会资本指人们实现生计目标所需要的社会资源，自然资本是可以利用的自然资源，物质资本指维持生计活动所需要的工具、基础设施等，金融资本是人们持有的、在生产和消费中可用到的金融资源。

生计策略是人们依靠生计资本选择参与不同的生计活动，创造生存所需要的物质和精神资料，包括直接从事农业生产和非农就业等多种形式。

生计结果是生计策略的产出和成果，主要包括物质和精神资料的增加，环境脆弱性的改善以及自然资源的可持续利用等。

林业可持续生计是以生计为基本出发点，探讨林业与可持续生计以及脱贫之间的关系。在森林资源丰富的林地山区，森林能提供基本的生计和环境服务（如森林和树木对农业生产力的贡献），满足对各种木材和非木材森林产品（如食物、饲料和药用植物）的需求，为社区居民的生计提供支持，助力社区的可持续发展。在一些发展中国家，通过完善林业管理和治理模式，积极发挥森林生态在支持社区生计中的作用，取得了良好的效果。

专栏四　尼泊尔的林业可持续生计案例

尼泊尔属于南亚山区的内陆国家，森林覆盖率25%，低于世界平均水平（31%）。1957年，尼泊尔新法律规定私有林国有化，导致村民丧失了对森林的管理权与经营权，引发了当地村民与林业部门之间的矛盾，催生了非法采伐活动。1976年，尼泊尔政府开始引入社区林业政策，颁布新的法律，承认村民是保护森林的重要力量，并在1993年正式认可社区林业的法律地位。目前，尼泊尔的社区森林管理已达到世界领先水平。社区林业模式的主要特点是：坚持“谁建设、谁受益，谁保护、谁获利”原则，鼓励村民保护和合理利用森林资源；注重森林使用者小组和社区森林使用者小组联合会的建设；注重政府“权力下放”或“分权式管理”；注重村民“参与式管理”。从可持续生计视角来看，社区林业发展主要取得以下成效：一是促进了林地、水、野生动植物、生物多样性、环境与非木质林产品等自然资源的保护与生产；二是提升了饮用水、灌溉、环境卫生、能源、交通、通信、住房等基础设施建设水平；三是提高了村民特别是贫困人口信息与技能等各方面的素质；四是通过在地区与国家层面创建社区森林使用者小组联合会，增强了森林使用者的凝聚力和对权利及义务的认知；五是通过出售林产品、接受各类捐助、开展森林旅游等积累金融资本[①]。

专栏五　泰国的林业可持续生计案例

较高的人口增长率、贫困人口多、自然环境恶劣等现实使得泰国在抵御外来风险、应对气候变化中表现尤为脆弱。在林业发展方面，国家对森林资源保护和利用关系的处理缺乏协调，引起了国家利益与社区利益之间的冲突。国家公园中存在的非法使用木材现象，直接影响着这些地区依赖木材资源生存的200万林农生计。为改善林农生计状况，并获得可持续发展，泰国采取了以下生计策略：一是制定

① 《社区林业：政府权力下放 村民参与式管理》，《中国绿色时报》，2019年3月20日。

政策计划。泰国政府从 1967 年开始实施营林村发展计划，旨在将已退化的固有森林内及其周围以刀耕火种为生的游耕农户迁居到一起，进行以营林为主，辅以农林间作、农牧结合的生产劳动，从而减少对森林的破坏，保护现有森林，增加森林资源，恢复不适于发展农业的森林植被，提高人民生活水平。二是提供项目支持。在政府、自然资源环保部（MONRE）和非政府组织的努力下，实施了为数较多的社区森林项目，力求通过社区对生物多样性和森林资源进行有效管理。三是加大资金投入。作为中等收入国家，社区林业很难获得大规模国际投资，目前泰国社区林业的相关投资来源比较广泛且种类繁多，包括公共基金、国际援助、私人投资等多种途径。四是加强能力建设。通过社区林业分享知识、传播技术以及社区共管，极大提升林农管理森林、维护持续改善民生的能力。泰国通过实施以上策略，扩大参与式管理，提升人们对森林重要性和可持续发展的认识，缓解了国内林产品供给能力明显下降和国内需求不断上升的矛盾。社区林业的发展影响了林农的生计策略，维持生计的资产状况也相应地发生了变化①。

（二）毕节试验区森林生态提供可持续生计的现状与潜力

毕节试验区地处滇东高原向黔中山地过渡的斜坡地带，平均海拔 1400 多米，境内山峦重叠，地势陡峭，多地为喀斯特地貌类型，形成集山地、丘陵、谷地、洼地于一体的典型高原山区地貌。近年来通过实施天然林保护、退耕还

① 丁娜，高力力：《泰国社区林业对于林农生计改善的启示——基于 DIFD 可持续生计框架的应用》，《林业经济》2015 年第 5 期。

林、石漠化综合治理、森林植被恢复费项目等一批国家和省市重点营造林工程，大力推进绿化造林，森林面积、森林覆盖率、森林蓄积量等实现了同步增长，森林资源质量稳步提升，这为毕节市农民改善生计提供了诸多可能。目前，发展经果林和林下经济、森林旅游业已经是当地农民重要的生计来源，随着“双碳”目标的推进，毕节市在提供林业碳汇上也展示出一定的潜力。

1. 特色经果林

近年来，毕节市林业系统始终将林业产业发展作为乡村振兴、结构调整和助推脱贫攻坚的重大任务来抓。最具典型性和示范性的有赫章、威宁的核桃产业，七星关、大方、黔西、金海湖新区的刺梨产业，黔西、织金的皂角产业，威宁的苹果产业，总溪河及六冲河流域的玛瑙红樱桃，赤水河流域的柑橘、鲜果产业等特色经果林板块。成功打造出“中国核桃之乡”“中国樱桃之乡”等知名品牌，大力开展特色经果林种植助推农业产业结构调整。全市经济林面积达669.73万亩。2020年全市完成刺梨、皂角种植各50万亩，完成核桃改良100万亩，覆盖贫困户0.82万户、3.51万人。全市产皂角刺70.3吨，皂荚63.96吨，生产加工皂角精1388吨，产值达4.19亿元[①]。

专栏六　毕节市织金县皂角产业[②]

产业概况：皂角（林下套种银杏）。

分布区域：主要分布在布底、文丰、小河、大陌、台子、马场、马家屯、鸡场坝、陈家寨、过弓、龙井等11个村居。

① 数据来源：毕节市林业局提供的资料《毕节市林业产业工作开展情况》。

② 专栏六至专栏十一的数据均来源于实地调研中毕节市人民政府相关部门提供的资料。

产业规模：种植面积5200亩，主要种植在马场镇鸡场坝村、龙井村、文丰村、台子村、马家屯村等。

农户参与情况：覆盖农户6636户23782人，其中贫困户1497户6471人。

效益分析：在良好的水肥管理条件下，种植的皂角大苗养根两年，第三年后开始有收益，当前药用皂刺市价每千克160元左右，鲜荚市价每千克16元左右。每亩按37株计算，初产平均每株产刺0.2千克，亩产值1184元，5200亩皂角初产刺年产值约616万元；皂角10年后进入盛产期，平均单株产刺2千克、荚20千克，亩产值达23680元，5200亩皂角年产值约12313.6万元。林下产业种植银杏，每亩按8000株密植，打顶矮化，当年可收取银杏叶。银杏黄酮是心脑血管药物的主要原料，每亩平均产叶1500千克，市价每千克2.6元，亩产值3900元，5200亩银杏年产值约2028万元。

农户参与方式：示范点建设将农村“三变”改革与脱贫攻坚结合起来，通过“三变”实现“三增”，农户以土地经营权占股49%，企业投入资金占股51%。前3年农户增收体现在每年每亩劳务收入平均在1700元以上，加上每年每亩土地入股最低保底分红440元，每亩增加收入2140元以上，5200亩林下种植银杏可增加农户收入1112.8万元。皂角投产后，按照持股进行分红，群众收入逐年增加，皂角和银杏种植可提高年人均纯收入6000元以上，强力推动项目区贫困户脱贫致富、乡村振兴。

皂角精加工厂：织金县猫场镇采取“公司+合作社+贫困户”“大户+农户”等多种形式把分散种植、分散加工和分散经营组织起来，形成统一的市场合力，努力提高皂角产业组织化程度和市场竞争力。目前已有皂角精加工厂数十家，年生产皂角精上千吨，主要经营皂角精、皂角精华洗衣液、皂角精粹沐浴露、三物羹等产品，有效地带动了当地群众增收致富。

专栏七　毕节市赫章县核桃产业

产业类别：现代山地特色高效农业。

产业简介：赫章县是“中国核桃之乡”，贵州省核桃第一大县，现种植面积163万亩，目标200万亩；现挂果面积30万亩，产量3.75万吨，全部挂果后，产量将达到30万吨以上。赫章核桃具有仁饱满、仁饱白、易取仁、味香纯、含油量高等特点，成功入选2008年北京奥运会推荐果品。2016年3月，国家林业局对第二批国家级核桃示范基地认定进行了公示，拟认定35个核桃基地为第二批国家级核桃示范基地，其中贵州省入选3个，均落户毕节，分别是赫章县朱明乡核桃基地、赫章县财神镇核桃基地和金沙县马路乡核桃基地。依托赫章核桃原产地优势、产业基础优势，对核桃进行全产业链开发，将种植优势转化为产业优势，形成规模经济效应。满足市场供给和多样性需求，带动精准扶贫工作的开展，促进当地经济的发展。

优惠政策：享受国家西部大开发等相关优惠政策，《国务院办公厅关于同意深入推进毕节试验区改革发展规划的函》《关于支持毕节试验区现代农业加快发展的指导意见》、贵州省委、省政府《关于进一步支持毕节试验区全面深化改革发展的若干意见》以及《毕节市招商引资优惠政策》。

市场前景：核桃营养价值丰富，蛋白质与脂肪含量高，有益智健脑的作用，有“万岁子”“长寿果”“养生之宝”的美誉。由于核桃适应性强、病虫害少、管理省工、寿命期长、果实贮运方便，是非常适宜山区开发的经果林树种。核桃全身都是宝，有丰富的碳水化合物与人体所需的钙、磷、铁等多种微量元素，核桃壳可以做活性炭，核桃仁可以做核桃露，提炼完核桃油还可以再做核桃蛋白粉。随着国内外核桃需求量的不断增加，核桃产业已经成为贫困群众稳定脱贫、长久致富的阳光产业。

2. 林下经济

作为国家林业和草原局首批“国家林下经济示范基地”，毕节试验区充分利用了山区资源优势，积极引导农民发展林药、林菌、林菜、林茶等林下种植业，林禽、林畜、林蜂等林下养殖业，打造森林景观综合利用模式，逐步形成林下种、养、加工、旅游、循环经济等多位一体的综合利用开发模式，提升了经济效益，实现了林业增效、农民增收的目标。截至 2020 年，全市发展林下经济面积达 368.29 万亩，产值达 40.86 亿元。其中：林下种植 70.37 万亩、实现产值 16.87 亿元；林下养殖利用林地面积 127.11 万亩、实现产值 9.38 亿元；森林景观利用林地面积 70.07 万亩、实现产值 10.49 亿元；林产品采集加工利用林地面积 100.74 万亩、实现产值 4.12 亿元。通过发展林下经济带动农村人口 35.41 万人增收，助推 11.80 万贫困人口脱贫[①]。

① 数据来源：毕节市林业局提供的资料《毕节市林业产业工作开展情况》。

专栏八　毕节市大方县对江镇龙场村食用菌林下种植场

基本情况：全镇林地约 1 万亩，2002 年退耕还林期间在龙场村开始利用高郁闭度的乔木林进行食用菌大球盖菇的林下种植，主要树种为柳杉。已种植面积为 70 余亩，预期扩大到 200 亩。

菌菇种植及采摘：全年种植期为 6 个月，每 3 个月更换一次菌床，播种后气温适宜的情况下采收需 35 天，3 个月作为一茬，其间无须补种可持续采收，全年可种两茬。温暖时，菇农一天需采收两次，防止菌菇生长过度影响品质。

种植场产值：种植场一亩年产约 4000 斤[①] 鲜菇，一斤鲜菇市场价为 10 元，对应的成本支出包括工人工资、种子采购、运输费用等约为 12000 元，折合每亩净利润为 28000 元左右。重庆、深圳、成都、昆明等地是当前菌菇的主要市场。

种植场优势：一是生态友好。种植场计划借鉴广西等地的经验延长种植生态链，利用农作物秸秆进行大球盖菇的种植，完成大球盖菇的采收之后在菌床中培育蚯蚓以恢复土壤状况，作为绿色饲料饲养鸡，同时利用蚯蚓进行土壤改良后的林地可再种植中药材。二是可种植时间相对较长。大球盖菇的种植最早引自广西，但广西部分季节日间温度高于 20℃，不利于大球盖菇的生长。与广西相比，大方县的优势在于拥有较长的产菇时间。三是无残留、可出口。农作物种植全程未使用农药、化肥，因此利用秸秆种出的菌菇无有害化学物质残留，可以达到出口标准。四是菌菇品质良好。

① 1 斤 =500 克。

相比于大棚种植的菌菇，种植场的菌菇肉质、单株干重、香气等明显更为优质，优品率高，受到了采购商的高度欢迎。

与当地农户关系：林地权属于农户，农户进行土地入股，种植和加工活动主要依靠周边年龄较大的建档立卡户，每日工资为70~80元，每天约30人参与工作。销售盈利后会给入股农户分红，每户分红约2000元。种植场希望通过本地产业，解决劳动力流出以及附带的空巢老人和留守儿童等社会问题。

专栏九　贵州同威天麻生产基地

基本情况：农工民主党引进党员企业贵州同威生物科技有限公司投资建设的中药材示范基地，基地是贵州同威生物科技有限公司的全资子公司，成立于2011年6月，坐落于贵州大方经济开发区（药品食品园区）神农大道6号，注册资金8500万元。

建设方式及利益联结：基地建成后，将为5000亩种植基地提供麻种、菌种，采取“龙头企业＋村社一体专业合作社＋农户”模式，带动15个以上专业合作社500余户种植天麻，实现农民增收2500余万元。

项目进展：目前已在大方县安乐乡流转土地进行天麻品种的良种选育和繁育基地建设，完成天麻种植示范基地300亩，推广种植1000亩，同时在其他乡镇（羊场镇、果瓦乡）推广种植700亩，带动合作社7个，通过土地流转、务工，推广种植及原材料采购等方式带动农户400余户，户均增收5000元以上，其中建档立卡贫困户370户。

项目特色：大方县安乐乡采取“党支部领办合作社＋龙头企业＋贫困户”的产业发展模式，通过示范带动和开展技术培训，大力发展天麻产业，并实行统一回收、统一销售，让老百姓种植的天麻“种得下、卖得出”。

专栏十　毕节市大方县黄泥塘镇鸡场社区林下养蜂基地

基本情况：基地采取育种、养殖、采蜜一体化，与昆明学院等单位建立了科研合作关系。现有蜂农 27 户，秉承“真心爱蜜蜂，耐心养蜜蜂，诚信产蜂蜜，成品保质量”的养殖原则。

蜜蜂养殖：蜂种是合作社在当地中华蜜蜂的基础上根据采蜜、飞行、抗病力等综合能力自主选育的优良品种，得到了农业农村厅的种源补助项目 10 万元资金支持。

蜂蜜生产：每年产蜜期约为 3 个月。大方县生态资源良好，蜜蜂可在自然环境中采集百花蜜，采蜜范围为 3~4 亩。优质的蜜源使合作社每年可产 100 余箱，总计 3000~4000 斤蜂蜜，市场价最低为 150 元 / 斤。

大方县蜂蜜生产优势：①生态改善保障优质蜜源：退耕还林、植被恢复等措施促进了生态环境改善，山上花的种类和数量逐渐变多，能够充分保障蜜蜂生产所需的优质蜜源。②资源占用少：养蜂不需要占用太多土地，蜂农们每年在大方县雨冲乡采蜜只用到了当地自然资源的冰山一角。③产品污染低、质量高：大方县的污染程度较低，蜜蜂的生存状况好，产出的蜂蜜质量也高。此外，昼夜温差较大使大方县的蜂蜜口感也要优于其他地区。④特色农产品与蜂蜜生产互相增益：受农产品种植影响，蜜蜂可以产出皂角花蜜、玛瑙红樱桃蜜等特色蜂蜜。在此过程中，也可以实现蜂农帮助果农授粉，果农帮助蜂农产蜜的双向创收。

3. 森林旅游业

毕节试验区依托全市 12 个森林公园、8 个湿地公园发展生态旅游和森林康养，促进第三产业快速发展。全市共建成 5 个“国家级森林康养试点基地”和 7 个“省级森林康养试点基地”，累计建成 7 个省级森林城市、56 个森林乡镇、207 个森林村寨、1766 户森林人家。毕节国家森林公园被列入森林体验国家重点建设基地，百里杜鹃国家森林公园被列入森林养生国家重点建设基地，百里杜鹃花海和阿西里西韭菜花海入选 2019“最美花海”。2020 年全市森林旅游累计接待游客 762.11 万人次，森林旅游综合收入 45.68 亿元，覆盖贫困群众 582 人，带动贫困人口增收 1047.6 万元[①]。

专栏十一　毕节市织金县凤凰生态公园

公园简介：织金县凤凰生态公园是织金县水环境综合治理工程的重要组成部分，占地总面积为 131.55 公顷，建设内容包括公园、游客接待中心、文化休闲广场、主题雕塑、停车场、商业店铺等。湿地公园是织金县全域旅游的重要组成部分和展现织金文化元素的重要载体。

① 数据来源：毕节市林业局提供的资料《毕节市林业产业工作开展情况》。

园区划分：在规划设计上，凤凰生态公园充分利用织金河水系现状建设滨水景观廊道。公园园区分为“一带、一谷、四区”，即滨水景观带，养生谷，游览服务区、运动休闲区、生态环保示范休闲区、山地游憩区。项目设计融合了科普教育、民族文化、休闲游憩、康体养生、山地竞技、特产购物、民俗体验、农业休闲及城市形象展示等多种功能，着力打造人与自然和谐共处的织金城市生态空间。

功能设计：该公园为湿地型公园，用地性质以荒地及旱地为主，按照设计形成8个湖区，从南到北依次排列，工程建成后生态蓄水量达27.84万立方米左右。除形成大的蓄水及补水湖体外，项目在陆地绿化区、驳岸、硬化区均考虑了以净化功能为主的海绵城市建设理念，通过干式植草沟、雨水花园、输水管网、透水性铺装、透水园路、木质铺装、生态停车场等海绵城市相关措施的采用，提高了工程区对径流雨水的渗透、调蓄、净化、利用和排放能力，大大减少了环境污染，有效地改善了园区土壤环境，合理利用水资源，达到小雨不积水、大雨不内涝的生态环境条件①。

候鸟栖息地项目概况：位于凤凰生态公园入口右侧，属织金县水环境综合治理（景观）工程PPP项目子项目，长345米，最宽处220米，最窄处120米，总面积5.56公顷，总投资2046.26万元，主要建设内容包括电力设施迁改、场地塑形、截污管安装、植物栽植、喷灌管安装等。该项目结合当地现状水塘、天然泉点、浅水沼泽等自然资源优势，建设成为错落的岛屿湿地，同时设置专门的招引区，种植鸟嗜植物，招引迁徙水禽和涉

① 《织金凤凰生态公园 治理一条河 妆美一座城》，《毕节日报》，2020年10月26日。

水禽在湿地内觅食、越冬，逐渐恢复该处湿地生态景观与功能。同时，招引区外围栽种带刺灌木与竹林相结合的沿湖林带以做自然屏障，隔离外界过多干扰，仅在靠近凤凰生态公园凤舞广场一侧结合缓坡地形，留有局部游客观鸟休闲草坪，充分营造出了“竹青草绿白鹭乡，轻烟薄雾鲤悠塘，鹭鸟纷飞鸭戏水，野趣画韵笔难详”的意境。

4. 林业碳汇

2021 年 7 月 16 日，全国碳交易正式启动。我国政府已经将林业 CCER 作为抵消机制纳入国家碳排放权交易体系，为林业发展带来了新的发展机遇。毕节市始终把生态修复作为林业生态建设的首要任务，造林经验丰富且效果显著，为实施碳汇交易奠定了良好的基础。如果以杉木和毛竹作为对象，以退耕还林地作为项目造林面积，根据中国核证自愿减排量交易信息平台及中国知网相关数据，如果按项目计入期均为 20 年、CCER 交易价格为 30~60 元 / 吨计算，假设杉木林平均单位面积年均减排量为 0.5~1.0tCO_2e/ 亩，毛竹林平均单位面积年均减排量为 0.4~0.8tCO_2e/ 亩，若将退耕还林地 488.4913 万亩全部用来营造碳汇林，则该林业碳汇项目 20 年的减排量为 3907.93 万 ~ 9769.826 万吨，累计可为当地造林户增收 11.72 亿 ~ 58.62 亿元，平均每年预计增收 0.59 亿 ~ 2.93 亿元[①]。

按照近 5 年《毕节市生态环境状况公报》生态环境质量林业生态建设中统计的森林蓄积量结果，以及毕节乔木林的平均碳密度，对毕节试验区 2016—

① 数据来源：本书专题七测算结果。

2020年森林年均碳汇量进行估算。结果显示，2016—2020年，毕节试验区森林乔木林的年均碳汇量为240万吨，2016—2020年累计增汇量达962万吨[①]。

根据《碳排放权交易管理办法（试行）》，参照CCER林业碳汇项目的开发条件和自全国碳市场上线交易以来全国碳市场碳排放配额收盘价（54元/吨），以及上述2016—2020年毕节试验区森林碳汇量估算结果，毕节试验区森林碳汇资源在全国碳排放权交易市场中可获得的交易价值最多可达5.2亿元，平均每年增收1.3亿元。

此外，毕节试验区的森林碳汇资源中，其他不满足CCER项目开发条件的资源也还有可能作为碳汇资产，开发成其他碳金融产品，获得收益。根据毕节试验区现有森林面积和单位面积的蓄积量水平，2020年试验区的森林碳储量为5948万吨，按国内现有非履约企业开展碳中和活动的均价32元/吨估计，目前毕节试验区森林碳汇资产累计价值约19亿元[②]。

（三）毕节试验区发展林业可持续生计面临的挑战

虽然毕节的森林资源在支持本地居民生计上已经有良好的基础，展示出提供多元化价值的前景，但其潜力的发挥还面临诸多挑战。

1. 生态环境依然脆弱，生态建设压力大

近年来，毕节市实施天然林保护、退耕还林、石漠化治理等一系列林业生态重点工程，被国家林业和草原局认定为“全国林业生态建设示范区”“全国防治石漠化示范区”。但调查结果显示，毕节市仍有1365万公顷石漠化土地，水土流失隐患等级重度和极重度所占比例依然较高，对森林生态环境的保护和健康发展造成严重威胁，亟待治理，生态脆弱、人口资源环境压力大的状况没有

① 数据来源：本书专题八估算结果。

② 数据来源：本书专题八。

得到根本改变，需要持续进行生态修复。

2. 森林资源总量不足、质量不高，持续发展受限

毕节试验区森林资源存在总量不足和质量不高的问题。全市人均森林面积仅为2.11亩、活立木蓄积仅2.60立方米/亩，低于全国人均2.25亩和5.90立方米/亩的水平①；退耕还林工程存在投资标准偏低、林农补助期限过短以及林业收入缺乏长期性等问题，影响林农的林业生产积极性，一定程度上限制了林业资源的持续发展。

3. 林业产业结构单一，规模效应尚未形成

受长期以来重生态效益、轻经济效益的传统林业发展观念影响，当前林业产业发展集约化、组织化、精细化、市场化管理程度低，产业链短、产业幅窄、附加值不高、品牌效应不强。企业大多为自产自销的初级发展模式，结构单一，缺乏林业龙头企业带动，发展后劲不足。由于产业规模尚未形成，很多林业合作社（企业）的生产规模、销售网络构建受到限制。

4. 管理机制不健全，产品竞争力差

社会化服务体系建设仍然存在困难，农民林业专业合作组织运作不规范，大多是以村干部带头、专业大户牵头、技术能手牵头、农村能人牵头、依托龙头企业等形式组建，多数没有严格按照《中华人民共和国农民专业合作社法》和《农民专业合作社示范章程》规范运行，导致林产品附加值不高、产品较为单一，且质量不高。此外，林权管理服务机构缺失，造成县（区）指导林地、林权管理，指导农村林业改革发展等相关工作不到位。

5. 小微企业聚集，投资融资渠道狭窄

毕节市大多数林业经营主体属于小微企业，缺乏龙头企业示范带动，也缺

---

① 数据来源：本书专题五。

乏新技术、新设备，同时创新能力不强，科技支撑不够，吸引社会资源能力弱，金融支持门槛高，投融资渠道狭窄，经营者缺乏启动资金，或是项目启动后，缺乏流动资金，融资又困难，导致许多林下经济经营者在发展初期就受到资金方面的限制，产业发展运行缓慢，发展后劲不足，极大限制了经营主体的壮大。另外，林业产业行业抱团发展机制不够健全，尚未建立相关林业产业联盟，林业企业信息沟通和掌握不够好，对接市场能力弱，抗风险能力差，企业发展难度大。

6. 生产技术力量较薄弱，缺少专业人才

毕节市大多数农村集体经济组织领头人缺乏对集体经济组织的经营管理知识以及相关的专业技术知识，大部分经营主体通过打工获得启动资金，在没有成熟的种植养殖技术、不了解市场前景的条件下即开始发展林下经济，造成资金、资源、人力物力的浪费，影响林业产业工作的进度与质量。虽然近年来毕节市坚持“科教兴林”“人才强林”战略以增加林下经济发展的技术含量，但人才问题仍未得到有效解决。

7. 林农生计资本相对脆弱

当前毕节市大多数林农生计资本脆弱，自身发展能力不足。一是自然资本利用率不足。毕节市可利用的自然资源有限，森林资源成为多数林农最重要的生产生活资源。虽然全市森林数量资源丰富，但其利用率较低，尚未较好地将资源转化为资本。二是人力资本开发不足。毕节市林农平均受教育年限偏短，且大专及以上学历比例较低，这将严重影响林农自身发展能力以及抵抗市场风险的能力。三是社会资本存量不足。毕节市农村社会是以婚姻血缘、宗族关系为纽带形成，以农业为核心的网络社会。多数林农以农耕为生，由于土地无法搬动，人不会有太多流动，社会资本非常有限。此外，多数家庭里青年人进城务工，妇女、儿童和老人留守农村，家庭交际能力大大降低，社会资本流失也比较严重。

8. 林业碳汇交易存在诸多潜在性问题，环境与市场政策不确定性较大

一是当前国家自愿碳交易市场仍未重启，自愿减排管理办法的重大修改具有不确定性。二是可交易的林业碳汇项目占比低。在已备案的CCER项目中，林业碳汇项目占比较小，主要原因在于林业碳汇项目的开发难度以及开发成本高，需要对方法学的适用性以及项目减排额外性做出清晰的论证；此外，目前全国碳市场配额的活跃程度还有待提升。三是监测报告与审定报告间存在较大差异。碳汇造林项目在前期处于造林建设期，大多数树种处于幼年阶段，生长速度相对缓慢，所产生的碳减排量较小。随着建设期的完成、树种的生长以及经营管理能力的加强，碳减排量逐步提高，使得以监测前期数据计算所得单位面积年均减排量偏小。由于气候、立地条件等差异，审定报告中事前预计减排量不能完全代表项目树种的实际生长情况。四是碳汇实际交易价格具有市场风险。林业碳汇价格受政策因素、碳汇市场供求关系、供求双方议价能力等多重复杂因素的影响。目前保险公司所承保的农产品的价格风险主要通过期货市场进行对冲，这种模式短期较难在林业碳汇项目上复制。

五、促进毕节试验区林业可持续生计发展的政策建议①

（一）完善森林开发保护理念和政策框架，提升森林资源质量

森林资源的保护和开发并进是实现可持续林业生计的重中之重。促进林业可持续发展，要全面准确理解森林保护的概念。改变过去森林保护就是封林、禁止开发的落后理念和机械保护的行为，要在重视森林质量提升的同时，兼顾

① 参考本书专题五归纳总结。

实现森林资源的综合经济价值、社会价值、生态价值、文化价值，通过科学合理的开发，让相关利益主体能够从森林中受益，拓宽生计来源。

在完善森林保护政策和管理方面，要加强对破坏森林资源违法违纪案件的查处，坚决打击乱砍滥伐林木、乱征乱占林地、破坏野生动物资源等违法犯罪活动，依法保护森林资源，严格执行征占用林地补偿和森林植被恢复制度，确保森林资源总量不断增加。同时实行森林资源保护和发展目标责任制，坚持把林地保有量、森林覆盖率、造林面积、限额采伐等森林资源保护和发展任务作为工作目标进行考核。此外，要加强森林经营工作，抓紧进行森林抚育和改造，调整森林结构和类型，改善林木生长发育的生态环境，促进森林资源质量提升。增加森林管护基础设施建设投入，完善森林管护制度，提升管护人员的专业素质，提高森林管护效能。

（二）引导服务机构和市场建设，建立社会化服务体系和交易体系

要实现农民增收，必须建立起与现代林业发展相适应的社会化服务体系。如引导建立多种形式的林业组织，实现林业集中化管理，并为林农、企业和林业组织建立起沟通渠道，共享市场信息和先进技术等资源。同时要加强林业科技服务机构建设，构建政府部门、研究院所、涉林企业等多元主体相联系的平台，加快科技转化为生产力进程，并根据实际需求逐步拓宽服务面，形成林业科技综合服务体系。此外，可以推行社会林业的发展模式，开展参与式造林，使村民直接参与到林业的规划、管理等建设活动中，与其经济利益直接挂钩，充分调动民众的林业建设积极性，提高村民收益。

为充分实现森林资源的商品价值，要构建完善的林业交易体系。完善林地产权法律法规，形成高效的法律支撑与保障，健全交易规章制度，规范林权变更登记与交易方式、范围、程序，形成简洁明晰、严谨合规的标准化林权

交易细则，加强流转管理和监督。同时建立起森林资源价值评估、法律及政策咨询等中介服务机构，发展出让、股份经营、联营、抵押、拍卖等灵活多样的产权交易方式，实现林业资源商品化经营。此外，要积极培育林业产品市场，并搭建市场需求信息公共服务平台，健全流通网络，开拓林业产品销售渠道。大力培育区域企业品牌、产品品牌，加强林业产品包装和广告宣传策划，提高产品竞争力，积极开展或参与“直播带货”“线上销售”“茶叶博览会”等交易活动。

（三）优化生态补偿机制和税收管理，夯实林业生计的金融资本基础

在林业可持续生计的发展过程中，政府要给予足够的财政支持，将森林生态补偿资金纳入财政预算，以保障农民持续稳定的收益。设立公益基金，将社会各界的捐赠纳入基金，作为森林生态补偿的补充资金。同时要加快推动开展碳汇交易、碳交易，建立市场化补偿机制，在保护生态的前提下实现增收。引入和培养碳汇领域人才，结合生态产品价值实现机制，探索碳汇价值实现路径，引导碳汇资源全面快速产品化，组织碳汇项目的开发和管理，并引入林业保险为林业碳汇项目保驾护航。

此外，要通过优化税收政策，减轻林业税收负担，如制定统一、规范的税费征收标准，并维护其稳定性，对于养林、护林、造林等有益活动给予税收优惠。整顿林业收费，加强规范化设计和公开化管理，以保护农民利益为出发点，完善监管程序，接受社会监督。推动农业发展银行等相关金融机构与政府管理部门协同合作，为林业发展提供优质、透明的金融服务。

（四）加强思想意识建设和技能培训，增强林农生计能力

林业相关的发展主体要转变“等、靠、要”的思想，增强自身发展动力。

充分利用现有林下及林地资源，加大劳动力、资金等生产性投入，积极发展天麻、皂角等林下种植产业，有效拓展蜜蜂、土鸡等林下养殖产业。此外，还应提高自主学习能力，多角度、多渠道、多方位利用广播、文化站、图书馆等途径，学习先进的理论知识和技术，提高自身在生产生活中的实践能力，从而有效提升可持续生计能力。

针对技术人才缺乏的现状，政府须进一步推进林业相关技能培训的开展，提高农户专业技能水平。建立健全农民科技培训机制，大力开展针对性强、覆盖面广、实用有效的技能培训，充分落实企业、政府或协会组织的科技援助。此外，也要注重综合素质的提高，尤其要加大对年轻人的培养和教育，提升综合能力，为当地建设做出贡献。在自身生计能力增强的基础上，要鼓励实现生计多样化，拓宽增收渠道。在开展农林业活动之余，通过适当参加一些非农业活动提高自身家庭收入，为家庭生计提供更多保障。同时还可以拓宽社交网络，增加家庭社会资本存量。

（五）优化林业产业结构，推动产业集群和创新发展

林业的健康发展是林农生计稳定的基石和保障。通过调整优化林业产业结构，可以促进林业收入多样化。要加强培育大径材、无节材和混交林等森林资源，扩大油茶、核桃等特色经果林种植面积，推广林下菌类、中药材等林下经济模式，做稳做特“一产”；推动林产品精深加工，延伸产业链条，产出多样化优质林产品，做大做强“二产”；积极发展森林康养、森林生态旅游，做优做旺“三产”。此外，要建立产业示范园区，集合各种生产要素，促进生产加工精细化、专用化，发展园区内循环产业，实现经营集约化、产品系列化、产业一体化发展，提高产业竞争力。以市场为导向，扶持发展森林食品、花卉苗木等特色优势产业，推进产业基地化、集聚化建设。加快省级林业龙头企业培

育发展，加强林业经营体系建设，以林业龙头企业引领带动林业产业持续健康发展。

从产业创新角度来看，可以深入挖掘毕节市丰富的林下中药资源潜力，研究林业与中药产业、旅游业等的交流合作及整合，实现跨界融合。还要积极探索林业与“互联网 +”“物联网 +”“5G+”融合创新发展新模式，促进智慧林业发展。同时鼓励林业生产租赁业务，探索众筹、定制等林业新业态，助力乡村振兴。

专题一

可持续生计与可持续林业*

可持续生计是自 20 世纪 80 年代以来国际发展及全球减贫的重要内容。可持续生计研究推进了对发展与贫困的全面探索，摆脱了传统的“自上而下”的宏观研究路径，强调“以人为本”，侧重于个人、家庭或社区如何根据各种资产谋生；并不断扩展贫困的研究边界，使对于贫困问题的讨论不仅包含基于收入和资产的讨论，也包含对家庭如何维持生计、维持福祉和维持体面生活的能力等问题的讨论。

林业与可持续生计和脱贫的关系是相关研究的重要内容。在森林资源丰富的林地山区，森林能提供基本的生计和环境服务（如森林和树木对农业生产力的贡献），满足对各种木材和非木材森林产品（如食物、饲料和药用植物）的需求，并直接为世界各国收入和数百万人的生计做出贡献。中国森林资源丰富，林业山区人口众多，强调林业的自然价值与生计价值对我国具有现实意义。

---

* 本专题作者为北京大学经济与人类发展研究中心教授刘民权，伦敦大学学院巴特莱特规划学院博士研究生赵阳。

一、可持续生计与发展

（一）可持续生计概念的来源

自20世纪90年代以来，可持续生计成为国际发展的重要议题，这一趋势植根于全球发展理念的几大转变。

其一，从宏观叙事向以人为本的转变。20世纪80年代以前，一国的发展战略往往强调宏观层面的规划布局、资源配置，包括工业化战略及其他产业政策（industrial policy）、地区政策，以及相应的资源调动。这些宏观层面的决策也决定了一国发展的大格局和主要轨迹，成为发展经济学的主要研究内容和强调重点。关于减贫问题，一些学者也提出了基于部门视角（sector-wide approach）的研究（Cassels，1997）。这种视角建立于宏观经济思想之上，强调在单一规划中整合政府和私营部门的资源，在部门层面搭建管理和预算框架，以此提升贫困人口的生计能力（Peters 和 Chao，1998；Goldman 等，2000）。然而，这一关于发展的主流思想在20世纪80年代遭到了以阿马蒂亚·森为代表的学者的批判。这些学者认为，这一视角忽视了人的主体地位和要求。他们代之倡导可持续生计，主张以人为中心来思考发展问题（Sen，1999；Anand 和 Sen，2000）。这里需要特别注意两点：一是其中的“人”是指微观层面的人，即个人或家庭，有时也指社区；二是主张发展的目的就是在这些层面帮助人们解决生计问题以摆脱贫困。发展的手段则是在同样的层面通过政府和市场为贫困人群调动各种资源（capital 或 asset）。

其二，可持续发展理念的作用被不断强调。1987年世界环境与发展委员会的报告《我们共同的未来》正式提出了可持续发展这一概念，该报告也标志着“可持续发展”正式进入国际政策议程（Emas，2015）。值得注意的是，该报告也对生计问题进行了讨论，提出了可持续生计安全的概念。生计被定义为满足基本需要的食物和现金储备或现金流。通过保障一个家庭对土地、牲畜或树木的所有权，放牧、捕鱼、狩猎或采集的权利，有足够报酬的稳定就业，或参与各种活动，使得该家庭可以获得可持续的生计（Brundtland 和 Khalid，1987）。

其三，减贫工作成为重点。在 20 世纪 90 年代，减少贫困成为许多国际发展工作的焦点（Grindle，2004；Brocklesby 和 Fisher，2003），不少国际机构和地区性组织开始有针对性地开展减贫工作。联合国、世界银行等国际机构以及亚洲开发银行、非洲开发银行等地区性组织通过设定减贫目标、提供贷款和国际援助等方式参与全球减贫。例如，1999 年，世界银行和国际货币基金组织推出了《减贫战略文件》。

（二）可持续生计的概念与分析框架

什么是可持续生计？ Chambers 和 Conway（1992）提出了他们的理解。

生计包括生活手段所需的能力、资产（储备、资源、索取权和获取权）和活动：生计是可持续的，它能够应对压力和冲击并从中恢复，保持或提高其能力和资产，并为下一代提供可持续的生计机会；而且在地方和全球层面短期或长期为其他个人的生计做出净贡献（Chambers 和 Conway，1992）。

这一定义试图从理论上扩展可持续生计的讨论边界，从以人为本、可持续发展以及减贫角度对这一概念进行讨论。同时，这一定义强调生计能够从“压力和冲击”中得到恢复，而且需要维持和加强未来的能力和资产。这种对压力和冲击的“复原力”的强调派生出了对“生计”要素多样化的追求。此外，该定义纳入了能力、资产、公平、可持续性等基本思想，从而拓展了该概念的广度。

当前围绕可持续生计的定义仍存在争议（Ellis，2000；Scoones，1998）。在各种定义中，Chambers 和 Conway（1992）的研究被认为是根本性的。一些政府部门、国际机构和非政府组织，例如英国国际发展部（DFID）、联合国开发计划署（UNDP）、乐施会（Oxfam），采用自己对这一概念的理解，并采用了相应的可持续生计促进方法来帮助项目区农村进行发展实践（Carney et al., 1999）。1998 年，英国国际发展部将生计概念与可持续性进行融合，提出了当前广为认可的可持续生计概念（Carney，1998）。

生计包括确保个人生活资料所需的能力、资产（包括物质和社会资源）和活动。当一种生计能够应对压力和冲击并从中恢复，在现在和将来都能保持或提高其能力和资产，同时不破坏其自然资源基础时，它就是可持续的（Carney，1998）。

根据以上生计概念，DFID 提出了一个五边形的可持续生计框架（见图 1-1），

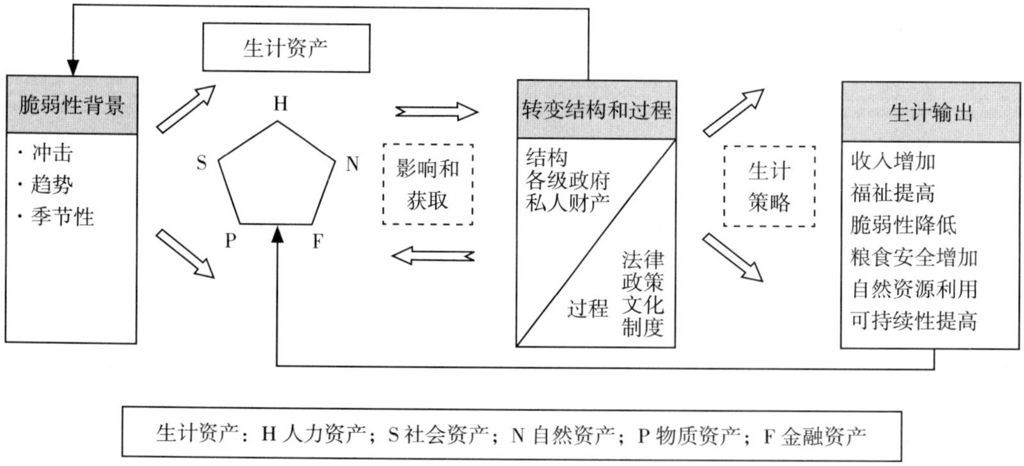

图 1-1 DFID 可持续生计框架

资料来源：Ashley, C., & Carney, D.（1999）. Sustainable Livelihoods: Lessons from Early Experience（Vol.7, No.1）. London: Department for International Development.

DFID（1999—2001）. Sustainable Livelihoods Guidance Sheets. Department for International Development. Retrieved October 4, 2021.

并得到了最为广泛的采纳和应用。整个分析框架由脆弱性背景、生计资产、转变结构和过程、生计策略和生计输出 5 部分组成。这个框架提出了一些影响生计的因素并明确了各因素之间的关系，被认为抓住了生计概念的核心（Baumgartner 和 Högger，2004）。该框架确定了 5 类资产，即自然、社会、物质、金融和人力资产。尽管后来的调整增加了其他内容（如政治资产），但这 5 类资产确定了可持续生计的基本组成要素（DFID，1999—2001）。DFID 框架指出，获取这些资产的途径是通过转变结构（即各级政府、私营部门、公民社会的作用）和过程（即法律、政策、文化、机构、权力关系）来实现，这些也被认为是造成生计脆弱性的因素。该框架蕴含的根本原则是：可持续发展视角必须以消除贫困为基础，出发点应该是致力于实现穷人的生计利益最大化。

这一框架对帮助人们建立对生计问题的正确理解、确保外部支持与人们的生计策略和优先事项相一致，是必要的。它强调了各种生计要素的重要性，包括：人们自己确定的优先事项；为实现这些优先事项而采取的策略；机构、政策和组织的作用；对社会、人力、物质、金融和自然资产的获得；人们将这些资产用于生产的能力；以及人们所处的环境，包括外部趋势（经济、技术、人口等）、冲击（自然的或人为的）和季节性。基于 Scoones（1998），Carney（1998）为 5 类资产分别提供了一个具体清单（见表 1–1）。

此外，不少研究者还从不同角度对可持续生计进行了解读。Scoones（1998）在对农村可持续生计框架的研究中整合了可持续发展和可持续生计的概念，提出了其可持续生计框架（见图 1–2）。这一框架以一种系统性的方式将消除贫困、保障可持续性和赋权 3 个过程的问题结合起来。与其他框架不同，该框架并非仅专注于减贫问题，而较多强调了解人们的生计和他们生活的环境，以便通过改变制度和组织使之采取适当措施来减少贫困并确保可持续生计。

表 1–1　可持续生计 5 类资产清单

分类	内容
人力资产	技能、知识、健康水平和工作能力
社会资产	社会资源，包括相互信任的关系、参与决策的机制、非正式网络、正式团体成员和促进合作的关系
自然资产	自然资源及其产出，如土地、土壤、水、森林和渔业、野生动植物、生物多样性等
物质资产	基础设施，如道路、水和卫生设施、学校、信息和通信技术；用于生产的商品，包括工具和设备
金融资产	金融资源，包括储蓄、信贷，以及就业、贸易和汇款的收入

资料来源：Scoones，I.（1998）. Sustainable Rural Livelihoods：A Framework for Analysis. Carney，D.（1998）. Sustainable Livelihoods. Sustainable Livelihoods：What Contribution Can We Make.

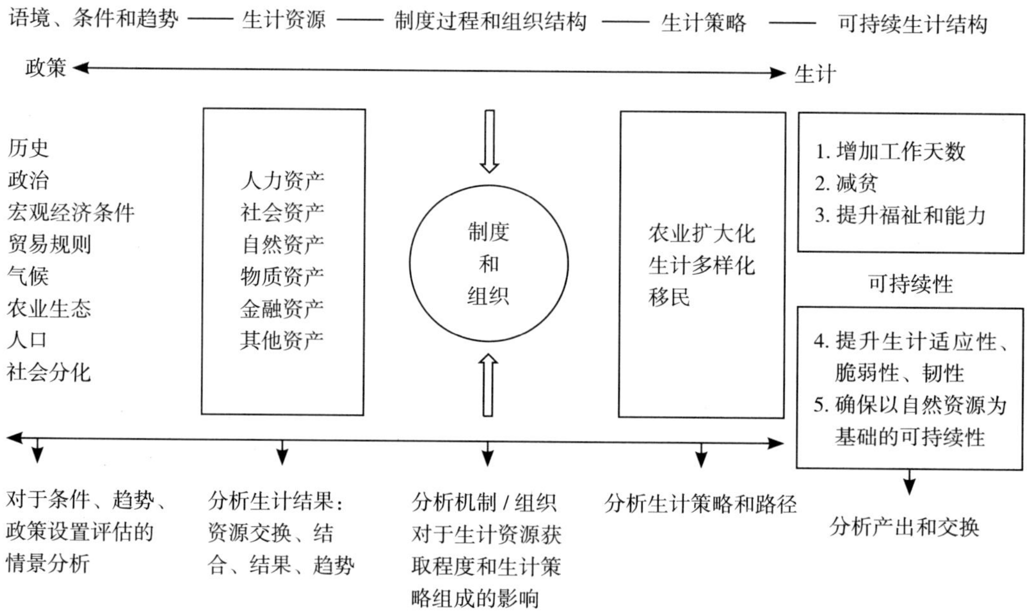

图 1–2　Scoones 可持续生计框架

资料来源：Scoones，I.（1998）. Sustainable Rural Livelihoods：A Framework for Analysis.

Bebbington（1999）则设计了一个线性、仅包含较少规定的生计分析框架（见图 1–3）。该框架将个人和家庭如何获得 5 种“资本”资产（生产性的、人力的、社会的、自然的和文化的）的问题作为核心：①上述资产如何通过某些组合和转化创造生计；②上述资产如何通过由国家、市场和公民社会决定的与其他行为者的关系而扩展；③如何提高能力并让生活更有意义，提高个人对资源管理的影响，并将资源转化为收入。Bebbington 认为，社会资产在其中具有尤其重要的作用，可以决定和扩大获得其他资产和资源的程度，并影响行为者行为。

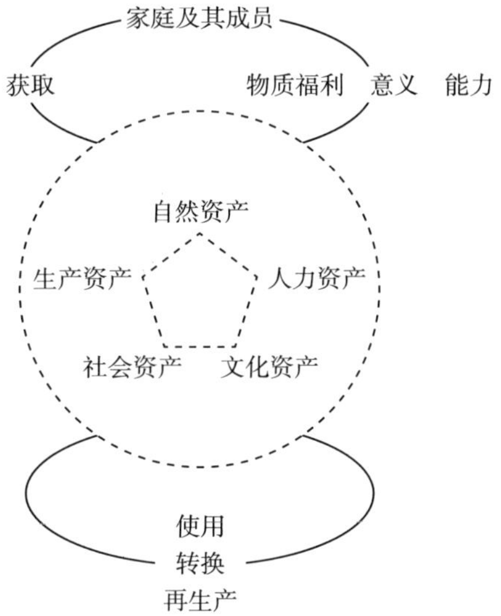

图 1–3　资产、生计和贫困框架

资料来源：Bebbington，A.（1999）. Capitals and Capabilities：A Framework for Analyzing Peasant Viability，Rural Livelihoods and Poverty. World Development，27（12），2021—2044.

Ellis（2000）根据非洲农业社区的发展，提出了关于农村生计的微观政策分析框架（见图 1–4）。这一框架强调微观政策对于支持生计多样化的重要性。Ellis 认为生计战略和结果基于 5 种资产（人力资产、社会资产、自然资产、物质资产和金融资产）的平台，而这些资产的获取受各种社会关系（性别、阶层、年龄、宗教）、制度（规则和习俗、土地保有权、市场）和组织（协会、非政府组织、地方行政部门）的影响。也就是说，生计是基于各种自然资源和非自然资源组成的多样化活动，不同的资源水平会对生计安全和环境可持续性产生影响。Ellis（Ellis 和 Allison，2004）进一步提出，多样化是降低脆弱性、支持资产建设和减少贫困的积极策略。多样化减少了当地资源的压力，增加了人们的选择，建立了个人的人力资产，增加了流向农村地区和农村地区内部的现金流，并促进了“空间上的多样化交易”。

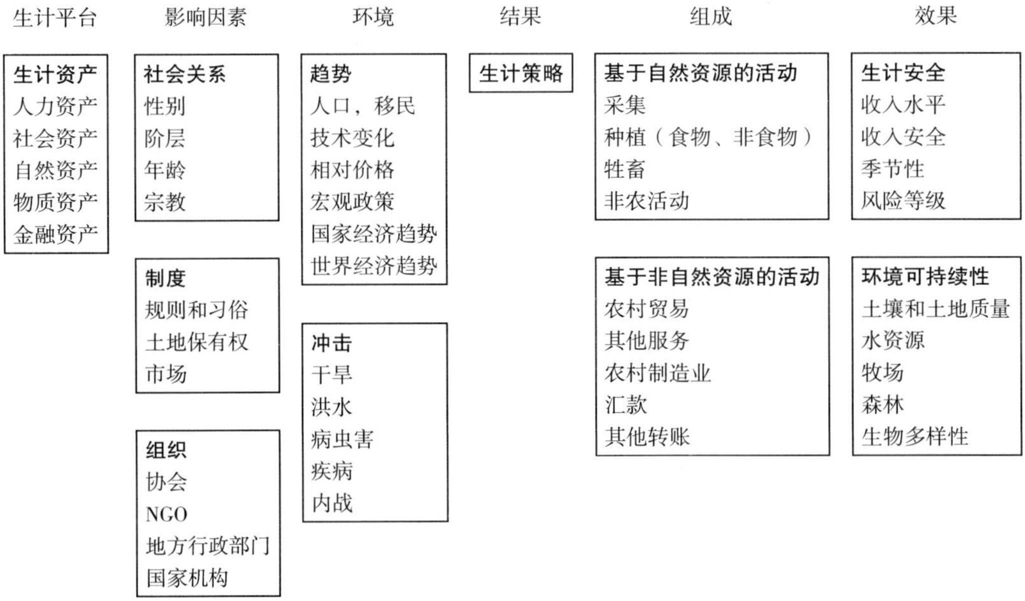

图 1–4　农村生计的微观政策分析框架

资料来源：Ellis, F.（2000）. Rural Livelihoods and Diversity in Developing Countries. Oxford University Press.

（三）可持续生计的原则

可持续生计的目的是帮助穷人实现可持续减贫，其前提包括（Ashley 和 Carney，1999）：

对贫困及其原因进行系统的且可加以干预的分析。

对发展活动的机会、其可能产生的影响和“潜在风险”采取更广泛、更明智的分析。三者应与生计实践更好地匹配。

这些分析和目标设定应该以人为本，将人们确定的优先事项置于分析和目标设定的中心位置。

为了更好界定可持续生计的范畴并指导具体实践，DFID 在其可持续生计分析框架中提出了可持续生计的 6 项原则（Ashley 和 Carney，1999），这些原则是广为认可的。该框架认为以扶贫为主的发展活动应该满足：

以人为本：只有当外部支持集中在受援人口所真正关切的事情上，并了解不同人群之间的差异，且以符合他们目前的生计策略、社会环境和适应能力的方式与他们合作，才能可持续地实现消除贫困。

响应和参与：贫穷人口自己必须是确定和解决生计优先事项的关键行为者，外界需要采用相应的程序来倾听并响应他们的要求。

多层次：消除贫困是一项巨大的挑战，需要在多个层面同时发力，包括确保微观层面的活动能影响政策制定和造就一个有助于减贫的环境，而宏观层面的结构和进程也支持人们利用自己的力量来实现减贫。

伙伴关系：公共和私营部门之间合作。

可持续：可持续性有 4 个关键方面，即经济、体制、社会和环境的可持续性。这 4 个方面都很重要，所以需要在它们之间寻求平衡。

动态性：外部支持必须认识到生计战略的动态性，灵活应对情况的变化，并制定长期的计划。

（四）可持续生计的重要性和意义

作为国际发展问题的重要议程，对于可持续生计的讨论有重要的价值。

就其理论而言，可持续生计研究代表对贫困问题和穷人生计的全面探索，表现为不断扩展对贫困的研究边界，使得对于贫困问题的讨论不仅包含对基于收入和资产的讨论，也包含对生计、福祉，以及家庭如何维持体面生活等问题的讨论。其中，Scoones（1998）强调了贫困问题在福祉的水平和质量等方面的复杂性。不少研究还将福祉不可量化以及非物质的特性加入到对于贫困的定义中（Bhandari 和 Grant，2007）。

相关研究促进了对贫穷和发展关系的思考。一方面，可持续生计从资产和能力的视角对如何实现发展进行了解读（Sen，1999；Scoones，2015）；另一方面，可持续生计为理解发展增加了新的视角，使这一过程超越了单纯的“识别问题—寻找方案”方式的局限，从而不再仅仅关注发展项目的投入、产出以及它们之间假定的机械联系，而更多注重发展本身的过程和各种灵活切入点（Serrat，2017）。

自 20 世纪 80 年代以来，可持续生计所代表的“自下而上”的思想逐渐取代了宏观叙事逻辑下的“自上而下”的政策观点，对于贫困和生计问题的讨论重点从国家维度向社区维度转变，研究视角也相应更加注重穷人与被边缘化的群体（Dobbie 等，2018）。

就可持续生计的实践而言，相应的框架被用于研究一系列具体问题，并在实践中不断发展调整。例如，Ashley（2000）借鉴 DFID 框架设计出了一个可持续生计框架简化版，用以评估不同类型的旅游业对人们的资产基础、各种活动组合、所追求的具体结果，以及对外部组织的各种积极和消极影响。Mbaiwa 和 Sakuze（2009）则运用 Ashley 的简化版可持续生计框架分析了文化旅游如何使得奥卡万戈三角洲赛赛村（Xaixai）的生计多样化。Wang 等（2018）同样以此为理论框架，研究了中国自然资源保护区的居民在自然资源保护区的建立和旅游业的发展过程中是如何保障他们的生计的。

此外，可持续生计的理念被应用于不同的语境，为各类问题提供了多样的分析思路，包括：长期冲突情况下的生计（Longley 和 Maxwell，2003），社区能源发展项目（Hinshelwood，2003），城市人口和城市规划（Redwood，2012；Lloyd-Jones 和 Rakodi，2014），艾滋病与食品安全和生计的关系（Loevinsohn 和 Gillespie，2003），旅游业对生计的影响以及应对措施（Simpson，2007；Munanura 等，2016）。此外，可持续生计框架也被用来探讨生态系统保护、气候变化、陆地和海洋生物多样性保护措施等问题（如 Egoh 等，2012；Ferrol-Schulte 等，2013）。Van Ginkel 等人（2013）对可持续生计与农业生态系统进行了综合研究，提出了通过以横向—纵向相结合的框架对全球干旱地区进行干预的建议。

同时，可持续生计框架也与其他科学领域进行了广泛的融合，得到了尤为重要的成果。Haan（2002）将可持续生计与全球政治发展结合起来，分析了全球化与地区化背景下可持续生计面临的发展机遇和挑战，同时提出，全球治理应该在促进生计的可持续性方面发挥重要作用。通过引入农业生态学的相关概念，Glencross（2016）提出了适用于太平洋岛屿的可持续分析框架。此外，还有学者尝试在规模弹性的理论基础上，构建森林社区的弹性评估体系（Rawat，2016）。

（五）存在的问题

尽管可持续生计的思想不断发展，但是依然存在一些批判声音。早期对可持续生计的批判包括：可持续生计实践过程存在较高的潜在成本（Norton 和 Foster，2001）；过分强调可持续生计的框架和原则，其中使用复杂而抽象的资本概念牺牲了对价值的讨论和对当地实践的探索（Arce，2003）；可持续生计在现实生活中需要额外的工具和技能来补充原有框架，因此需要变革（Ashley和Carney，1999）；无法以时间为线索捕捉资产的变动等（Small，2007）。

随着相关实践的发展，更多的问题得以讨论。从理论层面而言，可持续生计并没有与宏大的社会或经济变革理论结合起来，而是依赖于一系列当前的国际发展概念和价值观，导致可持续生计思想并没实现整体性的结合和统一（Small，2007）。从实践层面而言，不少研究强调了可持续生计长期的可持续性问题与脆弱性问题。一些研究者对实现可持续生计的战略提出了分类，例如农业集约化或扩大化、生计多样化和移民（Scoones，1998），基于自然资源的活动和非自然资源的活动（Ellis，2000）等。然而，值得注意的是，这些战略主要集中在农业、林业、畜牧业等产业中（Ellis，2000），这些产业的可持续发展贡献依然有待更为详细地评估。并且，生计对环境变化和农村经济发展带来的长期影响也值得在未来的应用中给予更多关注（Scoones，2009；Jiao等，2019）。此外，就可持续生计的手段而言，根据非洲、亚洲等多地的实践经验，实现生计的手段并没有充分强调农村人口的脆弱性；地方政府“自上而下”的干预影响了社区和人们的主观能动性，这一特点降低了社区这一微观概念在生计思想中的地位和应用（Brocklesby和Fisher，2003；Serrat，2017）。

二、可持续生计与保护

促进保护手段（conservation）的提升和保护地当地社区（community）的发展是可持续生计概念的一个重要实践领域（Brockington和Igoe，2006）。这是因为可持续生计概念可以为研究如何保护和发展当地社区提供一个广泛的分析框架：有助于了解生计成果和生物多样性保护之间的平衡方式；从微观到宏观层面考察各种措施对生计资产、活动和结果的影响，尤其是与生计相关的政策、机构和过程对当地居民的影响。另外，可持续生计框架也可为保护地的进一步研究提供切入点。

（一）框架与实践

当前，以保护地社区为保护和发展对象的可持续生计研究框架主要包括：海岸带综合管理（ICM）、基于社区的适应性管理（CBAM）、基于社区的自然资源管理（CBNRM）、基于社区的共同管理（CBCM）、基于社区的野生动物管理（CBWM）、基于社区的旅游（CBT）、基于社区的生态旅游（CBET）、综合自然保护和发展项目（ICDP），以及对保护区的开采（如 Murphy 和 Roe，2004；Tyler，2006；Coad 等，2008；Vallega，2013）。不同手段的目标应用场景和实践各不相同。Dyer 等（2014）研究了非洲南部 3 个基于社区的自然资源管理（CBNRM）项目，强调联合森林管理（JFM）模式与社区管理对于可持续生计战略的实施具有重要作用。Masud 等（2017）基于对马来西亚半岛海洋保护区的研究表明，基于社区的生态旅游不仅有助于确保社区的有效参与和可持续管理，也支持了当地农民的生计收入。Kontogeorgopoulos 等人（2014）研究了泰国的基于社区的旅游。他们认为，得天独厚的地理条件、外部支持和变革性的领导力是决定泰国基于社区的旅游成功的最重要因素。García-Amado 等人（2013）对墨西哥 La Sepultura 生物圈保护区的综合自然保护和发展项目进行了评估，分析了项目的资金分配。因为提升了当地居民的环境意识，促进了长期保护、生产能力和与社会资本相关的建设，ICDPs 项目受到了肯定。但他们的结果表明，真正的问题不单纯是生态系统服务补偿与 ICDPs，而是如何将它们结合起来，找到适当的顺序，同时强调基于内在价值的考量。

相应的框架也被应用于中国的可持续生计与保护案例之中。Li（2004）观察到，尽管学者们对中国的社区旅游问题进行了探讨，但他们主要关注的是社区对旅游经济效益的参与，没有涉及社区旅游的复杂性。相关的深度研究之后不断增加。Herrold-Menzies（2006）针对中国贵州草海国家级自然保护区的综合自然保护和发展项目进行了研究，发现实施这些项目对项目区利弊兼有，但这些项目成功地促进了当地人和自然保护区管理人员之间的合作。Chen 和 Innes（2013）以中国甘肃白水江国家级自然保护区为案例，论证了基于社区的共同管理（CBCM）有助于保护区内长期生计改善和森林资源保护的观点。相关框架也被广泛应用于农村地区的生计战略研究，如关于林业、农业、旅游业、混合产业等领域的研究（Toillier 等，2011；Vallega，2013）。为了使相应的框架更加适用于中国语境，Ye 等（2014）开发了含 32 个适合中国沿海城市的指标体系，并采用主成分分析法（PCA）作为加权方法来综合评价海岸带综合管理在中国的应用情况。利用“驱动力—压力—状态—影响—反应”模型，他们的研究分析了海岸带综合管理、沿海环境和社会经济可持续性之间的关联性。基于这一框架，Ye 等（2015）的研究指出在采取海岸带综合管理后，相关区域内的治理、环境和社会经济方面表现均有所改善，表明海岸带综合管理可以有效促进中国沿海城市的整体可持续性。最新的一项研究（Zhang 等，2021）评估了社会资本对中国一些旅游社区的社会影响，涵盖集体效能、社区归属、传统社会法规、社区凝聚力、社会网络和社区能力。该研究认为，社区旅游发展能促进社区内社会资本的积累，提高居民对社区问题的责任感，增强居民对社区的归属感，进而形成良好的社会秩序。

（二）积极影响

根据研究，可持续生计对于保护地区的社区发展有积极的作用，具体体现在多个方面：

为当地社区提供环境支持。例如，保护生物多样性、增加渔业产量、净化水质、保护生态完整性、恢复退化土地。虽然保护这些地区是有益于生态的，涉及较大的范围，但保护成本只由周边区域承担（Kumar 等，2011），会阻碍保护区贫困人口共享全社会经济发展的红利。为解决这一问题，需要在各个层面建立更强的生物多样性意识，为保护区贫困人口创造理想的发展机会，为减贫创造有利条件（政策、机构、市场），包括重新审视有关资源获取权利的政策，并通过基于市场的保护方法（即环境服务、传统知识、生态旅游、转让机制）建立经济激励。进一步地，需要确立更好、更公平的减贫战略，将生物多样性纳入考虑范围，包括将生物多样性纳入发展和减贫工作的主流议程，审查生物多样性功能分类如何能使农村穷人受益并提高他们的生计，与私营部门建立强有力的伙伴关系，加强关于消费对生物多样性影响的教育，并通过改进方法进一步进行经验的比较研究（Koziell，2001；Naughton-Treves 和 Barandon，2008）。

促进产业发展。与农村减贫相关的产业包括农业、林业、渔业、采矿业等（Allison 和 Horemans，2006；Rasmussen 等，2017；Oldekop 等，2020），可持续生计分析框架（SLA）已被广泛用于与上述产业相关的研究，并为发展计划的设计提供了信息支撑。以旅游业为例，旅游业已被越来越多地用于发展中国家的农村减贫实践中（Shen 等，2008）。旅游业为旅游地及其居民做出了收入、就业、能力建设、职业和创业支持、文化重估、改善自然资源治理、提高对自然资源价值的认识等多种贡献（Murphy 和 Roe，2004）。Lowe 和 Tejada（2019）研究了奥斯洛布潜水旅游业的发展。他们认为，该地鲸鲨旅游为 177 名渔民提供了新的生计，并使整个社区的生计多样化，减少了捕鱼量，改变了生计策略，减少了对珊瑚礁资源的破坏。然而，虽然旅游业正在稳步增长，但目前基于社区保护地的旅游战略往往受益范围有限。因此，为达到减贫效果，发展旅游业过程要考虑到包括所有权结构、就业水平、基础设施、治理和可持续生计等多个方面。Hota 和 Behera（2015）运用可持续经济理论和可持续生计分析框架分析了印度东部采矿业发展，分析煤炭开采活动对矿区农村家庭产生的正面和负面影响。研究结果表明，矿山的扩张提供了直接以及间接雇用当地人的机会，也有助于增加当地金融和物质资本。

增加就业与收入。衡量可持续生计的重要指标之一就是分析当地的就业情况与收入变化。可持续生计方式可以通过促进农业、林业、旅游业、矿业、渔业等相关行业的发展，从而改善所在地社区的就业情况和人民的收入（Coad 等，2008）。同时，增加就业与收入可与其他机制共同发挥作用，起到促进产业发展和推动减贫事业的效果。例如，根据 Smith（2004）对灌溉农业的研究，减贫过程是通过 4 个机制共同作用完成的：提高灌溉区农户和农业劳动力的生产力、就业和收入水平；农业集约化对更广泛的经济产生连锁和乘数效应；为农村生计的多样化提供机会；灌溉设施的多用途。

推动地方社区治理。可持续生计方法和减贫对地方治理也有重要的作用，包括增加对治理的参与、提高社区组织能力、增加社区复原力和适应性、推动性别平等、减少文化损失、增加社区文化资本等（Abbott 等，2015）。通过对奥斯洛布潜水旅游的研究，Lowe 和 Tejada（2019）认为，旅游业的发展为当地人提供了新的生计方式，增加了渔民及其家庭的食品安全。更为重要的是，新的生计方式改善了社区的福利，激发了渔民和他们的社区改变行为并集体参与管理，并且实现了当地农民与政府之间的良性合作。此外，当地社区文化影响着可持续生计的推进。而可持续生计项目的实施有助于凝聚当地社区的身份认同以及促进文化多样性（Daskon 和 Binns，2010）。

（三）潜在风险

与此同时，可持续生计的实践也面临着不少潜在的风险。

对地方社区的破坏。例如，人们流离失所、失去对资源的获取和对传统活动的支持、与野生动物的冲突等。具体而言，在当地社区拆迁并建设保护区的过程中，原有的当地生计、生产和社会政治组织系统有时会遭受不同程度的破坏（Hulme 和 Murphree，2001；Robbins，2004）。以保护为目的的迁移有时会导致当地社区失去对传统土地和森林资源的使用权（Krueger，2009），而在新建保护区中，不少原有居民被限制进入，导致原住民流离失所。一些保护区以法律为中心，增加了对农村贫困人口利益的排斥，有时更是将他们从自己的土地上赶走，以扩大和/或建立保护区。例如，一些保护区废除了原住民对原有共同产权的使用（Neumann，1990；Cernea，2006），使得原住民根本无法回归原有土地，导致他们失去土地、生计手段、社会支持系统和原来的生活方式。

生计选择的局限。生计自由选择是生计可持续性研究中使用的指标。它不仅指在生计选择中的选择自由，也指在必要时从一种生计策略转移到另一种的能力（Wu 和 Pearce，2014）。Su 等人（2019）使用混合方法分析了中国安徽省河图镇的旅游和农村生计。研究发现，旅游业的发展提升了整体生计的可持续性。然而，由于从事新生计的自由度存在差异，那些资产有限的人很难参与到旅游业中，并因此加大了社区的收入差距。

土地保有权的转变。土地保有权（land tenure）通常指人与土地之间的关系。土地保有权决定了谁可以使用土地、使用多长时间以及在什么条件下使用土地等问题。土地保有权对生计有重要影响。例如，土地保有权可能会增加贫富差距。富裕家庭更可能实现土地利用的良性循环，实现农业和非农业收入来源的多样化，而贫困家庭则可能更加贫困（Ellis 和 Freeman，2004）。此外，土地保有权也会影响生计策略与相关资本的价值。例如，Guo 等（2019）采用偏最小二乘法—结构方程模型，基于240个农村家庭的调查数据，系统地解释了中国四川山区和丘陵地区的生计资本、生计策略和农地流转的互动机制。他们得出结论，土地保有权的转变对当地生计策略有明显负面作用，而受影响的生计策略也将对土地保有权反向造成负面影响。

可持续生计相关产业的利益有限或利益的不平等分配。相关讨论见 Vaughan 和 Katjiua（2003），Murphy 等（2004），Coad 等（2008）。Su 等（2016）讨论了中国的案例。作者使用可持续生计框架对中国山东省长岛县[①]的两个渔村的渔家乐产业进行了研究。渔家乐旅游利用现有的渔业和海水养殖资源，社区层面的生计得到了提高，创造了就业和收入来补充传统生计。然而，经营者之间缺乏合作，导致旅游利益分配不均。又由于财政投入的限制，使得那些拥有更多资源的人能够更早参与进来，从而获得更高的利益，而穷人则基本上被排除在外。此外，部分产业明显受到自然条件与季节的影响，使得人们获得生计的利益减少。基于对中国广西的一个乡村旅游区的研究，Su 等（2019）发现，以旅游收入为导向的生计资本指数（Livelihood Capital Index，LCI）较高，且在旺季参与旅游的家庭的 LCI 表现好于不参与的家庭。然而，淡季时参与旅游的家庭数量几乎减半。从业者主要被分流到临时工的工作中，这使得旅游家庭生计资本效率低下。

地区差距加大。Su 和 Xu（2016）认为在中国的一些地区，旅游业已在很大程度上取代了传统的生计手段，成为了社区重新安置的主要生计策略。在黄土高原，包括修建梯田、退耕还林还草在内的生计实践对环境变化产生了积极影响（Tang，2013）。但是，地区内部和地区之间存在明显的差异。Ding 等（2018）对中国内蒙古地区 5 种生态类型（草甸、沙漠、沙地、森林和荒漠草

① 长岛县于2020年经国务院批复撤销，原行政区域划归蓬莱区。

原）的牧民的不同生计资本进行了评估。他们认为，牧民家庭的生计资本存量存在着明显的地区差异，从东到西呈带状横向减少。总体来说，可持续生计的实践对于农民的生计资产、环境保护、社区发展等诸多方面产生了积极影响，然而，东西部地区农村生计指数（生态安全、经济效率和社会公平）的差别明显（You 和 Zhang，2017）。

（四）主要影响因素

基于可持续生计所带来的积极影响与潜在风险，可以看出，影响可持续生计结果的主要因素包括：

赋权（包括土地使用、资源获取、社会保护）。增加当地居民土地使用权、提升人们获取资源的权利是一种赋权过程。这种过程往往带有民主化的趋势，把决策权交给当地人民是促进民主和建立社会资本和公民社会的重要方式。对人们的生计而言，赋权的方式使自然资源的管理和获取直接与人们关联起来，使当地人们在可持续生计实践过程中获得更多的主动性和能力，从而实现更好的参与（Murphy 和 Roe，2004；Tyler，2006；Coad 等，2008；Harvey 等，2008；Chen 等，2012）。因此，在许多国家，政府和捐助方资助的项目都把参与权力下放和社区管理作为重要的保护和发展战略。

综合性管理和治理的有效性（Tyler，2006；Coad 等，2008；Bennett 和 Dearden，2014；Harvey 等，2008）。有时政府的干预存在片面性和滞后性，从而在某种程度上造成了可持续生计影响的弱化。Bauchet 等（2015）研究了印度南部一项生计计划创新随机试验。他们发现，政府的干预并没产生应有的效果。在政府生计策略干预之前，该地区对雇佣劳动的依赖程度较高，而在干预之后，农村劳动力市场的工资有了稳步上升，导致许多参与者基本上都退出了该项目，而那些留下来的人则面临着巨大的机会成本，为流离失所创造了条件。

在中国，政策制定呈现“自上而下”的特点。旅游业的发展经常由与政府有密切联系的外部公司承担，在外部经济利益的要求下，地方利益经常被忽视（Qin等，2011），这一过程负面影响了可持续生计的有效性。

参与式、跨学科、行动导向、地方导向的实践。具体而言，可持续生计策略的实施需要以具体的地方情况为依据。国际发展研究中心（IDRC）基于社区的自然资源管理（CBNRM）行动研究项目回顾了11个案例研究中关于生计、治理和政策制定的经验，强调了本土知识、农业生态系统、跨学科、生计和集体行动是社区自然资源管理行动研究框架的基础（Tyler，2006）。

地方知识和社会文化价值。地方知识和可持续生计的结合可以使研究与当地成果紧密联系起来，增加互动和相互学习的机会，改进有利于保护的数据，支持当地利益，从而起到支持保护成果、发现保护举措新方向的作用，并在当地范围内开展工作来支持保护工作和生计策略（Fortmann，2008）。而社会文化价值的重要性在于尊重和声誉，是在可持续生计策略中被执行和判断的，并在这样的判断下可持续生计的价值得到更为多元的体现，而非仅仅被简化为金钱收入。因此，相应的政策应该关注特定范围内的文化价值和实践。可持续生计获得成功的前提是政策应该支持而不是危害当地人们的社会文化价值（Pugholm，2009）。

多样化的自然资源。自然资源是可持续生计策略的直接基础，存在多种使用价值，包括直接使用价值（生存和交易）、间接使用价值（环境服务和信息）和非使用价值（留给未来的选择和存在）。它们是开展可持续生计的基础性资源（Ellis和Frank，2004；Rahn等，2014）。Koziell（2001）提出在各个层面树立生物多样性意识，为穷人创造理想的发展机会，将生物多样性纳入发展和扶贫工作的主流，同时分析生物多样性功能的各个分类如何使农村穷人受益并提高他们的生计。

社会包容程度、社区参与和凝聚力（O' Garra，2007；Coad 等，2008；Bennett 和 Dearden，2014）。社区参与是设计、规划和实施可持续生计的关键投入，它对可持续的资源保护和人们的生计改善至关重要。例如，人们对项目的参与会影响到生计策略的选择和持续使用，有助于确保可持续性、提高接受度，使环境政策更具成本效益和效率（Ferranti 等，2010）；减少与地方政府的冲突（Newig 和 Fritsch，2009），促进更好的治理；在社区和机构之间建立信任，培养责任感（Agrawal 和 Gupta，2005）。联合国开发计划署的报告（2002）提出了 7 条促进农村生计策略，其中强调了让所有利益相关方参与项目规划以及社区、非政府组织和政府之间合作[①]。

融资支持力度。融资支持一般来自于政府部门、企业、非政府组织（NGO）以及其他组织。相对强的融资支持可以为可持续生计策略的实施提供重要的物质基础，提高相关策略的可实施性，例如补贴当地居民的损失、完善相关基础设施建设、提供社会保障等（Leisher 等，2007）。

由此可以看出，自然资源条件是实现可持续生计的基础条件，而相应的政策、经济与社会条件也对生计结果有着重要的影响。

三、可持续生计与林业

可持续林业（Sustainable Forestry）是可持续生计的重要内容。伴随可持续发展理念的流行，可持续林业逐步成为发展和研究的重要内容之一。早在 1992 年，联合国环境与发展大会便通过了《关于森林问题的原则声明》，概述了保

---

① 7 条策略包括：可持续生计项目的整个周期需要持续的共同融资；加强人和机构执行政策和倡议的能力；相关国家政策、计划和法规以自然和社会科学研究为依据；让所有利益相关方参与项目规划中，强调社区、非政府组织和政府之间合作的重要性；考虑可持续生计项目对社会、经济和环境长期的影响和价值；强调当地实践和本土知识的价值；加强公民社会和公共及私营部门组织的意识。

护世界森林的17类准则和方法。自此，森林发展与管理得到重视，世界各国开始进行区域和国际的标准和指标的制定，以此衡量和监测实现可持续森林发展情况。根据联合国粮食及农业组织（FAO）倡议，可持续林业管理的方式和速度应能保持其生物多样性、生产力、再生能力、活力及其在现在和未来在地方、国家和全球范围内实现相关生态、经济和社会功能的潜力，并且不对其他生态系统造成损害。当前，多个国际可持续发展议程再次强调了它们在可持续发展过渡中的作用。通过作用于生态系统服务、绿色经济机会以及社会和环境正义议程，可持续林业发展可以与多数可持续发展目标联系起来（Timko等，2018）。此外，可持续林业对于《巴黎协定》《2020年后全球生物多样性框架》等国际发展议程也至关重要（Butchart，2015；Grassi等，2017）。

对森林的突出关注表明了林业发展与可持续发展之间的密切联系。一方面，林业为生态环境改善创造价值，起到维护全球生态系统稳定性的作用。通过森林保护、恢复和造林，森林为缓解气候变化，保护地球生物多样性创造了关键的前提条件（Flannigan等；2000；Thompson等，2009；Bastin，2019）。另一方面，对可持续生计而言，由于不同类型的村庄（平原村、丘陵村和山地村）在资源禀赋、区位等条件上的差异，农村家庭的生计资产结构和生计策略选择也存在差异，生计策略对各类生计资本的敏感度也不同（Fang等，2014）。对于森林资源丰富的林地山区，森林为他们提供基本的生计和环境服务（如森林和树木对农业生产力的贡献），提供各种木材和非木材森林产品（如食物、饲料和药用植物），并直接为国家收入和全世界数百万人的生计做出贡献（Rasmussen等，2017；Oldekop等，2020）。

从林业与可持续发展的关系可以看出，林业的研究可以分为两个角度。一是从自然角度对森林管理进行探讨。二是从生计角度出发，探讨林业与可持续生计以及脱贫之间的关系。

（一）可持续森林管理

可持续森林管理（Sustainable Forest Management，SFM）是支撑现代林业实践的一个关键概念，它强调平衡森林的社会、生态和经济产出。这是因为长期的工业活动和人类活动加剧了森林退化和生物圈平衡的丧失，并最终导致气候变化。因此，国际社会开始呼吁可持续森林管理。这一概念早在 1992 年联合国环境与发展大会通过的《关于森林问题的原则声明》文件中已经有了定义：

可持续森林管理是指“在对森林和林地的使用以及对其开采中，确保其生物多样性、生产率、再生能力、生命力和潜力都能在当前和今后，在地方、国家和全球层面发挥其应有的生态、经济和社会功能，并不对其他生态系统造成破坏”。

自此，国际社会开始了关于可持续森林管理的研究，其中联合国粮农组织于 1992 年发起了一系列倡议，以促进各国在开发和保护森林方面采取可持续的做法，其对可持续森林管理下的定义就是以上定义。

此外，联合国开发计划署还将可持续森林管理定义为保护森林的一种手段，但该手段同时也能为人们和环境提供直接利益，包括有助于当地的生计和提供环境效益，后者如碳封存、水土保护、生物多样性。

可持续森林管理是森林保护的一种手段，同时为人们和环境提供直接利益，包括促进当地生计和提供如碳封存、水土保护、生物多样性等环境效益。

标准和指标（Criteria and Indicators，C&I）是可持续森林研究的重要内容，也是可持续森林管理得以实施的基础。相关的标准和指标主要用于国家、区域和森林经营单位层面实施可持续森林管理原则的工作中。在关于可持续森林管理的各项倡议中，蒙特利尔进程（the Montreal Process）是影响力最为广泛的议程。该议程工作组包含12个成员国①，成员国的总森林面积包括了世界上90%的温带森林和寒带森林，49%的世界森林总面积。该议程提出了可持续森林管理的7项标准，也是国际接受度最高的标准，包括：

保护生物多样性；

维护生产性生态系统的生产能力；

维护森林生态系统的健康和活力；

保护和维护土壤和水资源；

维护森林对碳循环的贡献；

维护和提高长期社会经济效益以满足社会需求；

为森林保护和可持续管理制定法律、制度和经济框架。

除了国际性标准之外，一些地区还共同制定了地区性的森林管理标准。欧洲森林管理指标在欧洲森林保护部长级会议（MCPFE）第三届里斯本会议上获得通过，共包含35项泛欧指标，以衡量该区域44个国家在可持续森林管理方面取得的进展。

上述国际和区域标准旨在利用森林的科学、商业和社会价值，推动可持续森林管理的进展。在评估和分析指标方面日益丰富的经验表明，相应的指标和参数反映了人们对将生态和人类系统相结合的可持续森林管理的复杂性认识的进步（Prabhu等，2001）。

同时，不少学者也指出，随着森林管理系统的不断细化，当前的指标设计应进一步完善。例如，森林管理认证可提供独立的第三方验证，以验证参与者遵守管理标准的程度（Clark和Kozar，2011）。一些作者强调了环境/生态指标的因果关系（Niemeijer和de Groot，2008），他们使用网络分析的方法强

① 12个成员国包括：阿根廷、澳大利亚、加拿大、智利、中国、日本、韩国、墨西哥、新西兰、俄罗斯、美国和乌拉圭。

调了国家行政规划层级对指标的作用，认为地方一级应该制定更为细致的区域内指标（Wolfslehner 等，2005）。也有学者从某一特定领域出发对指标设计进行了细化。例如，Rammer 等（2013）以气候变化为出发点，开发了一个决策支持系统（decision support system，DSS）工具箱，以完善森林优化管理体系的指标设计。

对于可持续森林管理的研究是多个角度的。就开采手段和管理手段而言，不少研究强调可持续森林采伐的重要性，这是因为受管理的林地对生态过程具有控制性影响，直接影响生物连接、水棚功能和碳固存。从 20 世纪 80 年代初开始，不断改进的森林采伐技术被称为减少环境影响的采伐（Reduced Impact Logging，RIL）。其主要目标是提高森林采伐的效率，将选择性采伐对环境和社会的影响降到最低（Schwab 和 Pulkki，2001）。其中，选择性采伐管理（Selective Logging）得到多数研究者的关注。这种方法被认为可以解决与木材产品需求增长相关的一些挑战，同时避免热带森林的碳排放增加，并减缓陆地生物多样性损失的趋势（Köhl 等，2015；Pearson 等，2017）。

就自然角度而言，多数研究者支持将基于干扰的森林管理方法（Disturbance-Based Forest Management）作为可持续森林管理方法。该方法强调自然干扰（Natural Disturbance），即在干扰和长期发展过程之后，避免形成物种不适应的环境，弥补当前生态系统的不足，避免生物多样性保护和森林管理之间的矛盾可能导致的冲突。这种方法的目标是增加森林结构的复杂性、维持景观连通性和异质性，以及保护或恢复河岸和流域的完整性（North 和 Keeton，2008）。

从信息技术和监测角度来说，研究者们希望通过推动技术发展来实现可持续管理，例如计算机技术、雷达技术、GIS 技术、遥感技术、未来景观情景的现实三维可视化等。相应的技术能确保空间分布异质信息的使用，为可持续森林管理体系提供技术工具（Franklin，2001）。

与此同时，人们呼吁在森林规划过程中更多地纳入人们的价值观。这是因为可持续森林管理依赖于利益相关方的支持和投入，这样的管理方式也有助于增加公众对森林管理的理解和支持（Raison 等，2001；Chambers 和 Beckley，2003），其中参与式森林管理（Participatory Forest Management，PFM）是一种重要方式。PEM 的目的是加强森林保护、减少贫困和实现农村发展（Agrawal 和 Gibson，1999；Agrawal 等，2008；Somanathan 等，2009）。通过当地社区管理当地森林，并从参与森林管理中获得直接利益，最有可能实现可持续森林管理（Agrawal 和 Ostrom，2001）。正因如此，参与式森林管理的成功与否取决于当地社区获得森林产品的权利或森林产权的程度、赋予的森林管理任务和决策权，以及和社区建立可行机构的能力。Schlager 和 Ostrom（1992）定义了以下类型的权利。

进入权。谁被允许进入森林？

取用权。谁被允许采伐哪些产品？能否为销售而采伐，或仅为自用而采伐？

管理权。谁来确定规章制度并负责执行？

排除他人的权利。谁负责排除哪些人进入森林？

转换、出售或转让土地的权利。谁可以决定土地的替代用途？

许多研究表明，参与式森林管理有助于森林保护（Blomley 等，2008；Takahashi 和 Todo，2012）。但是这种管理方式可能对农村生计带来潜在风险。具体来说，参与式森林管理方式通常会制定诸如限制采伐的政策和条例来保护森林资源（Takahashi 和 Todo，2012），这可能会导致基于森林的收入下降。为了平衡采伐限制，一些项目引入了创收活动以增加森林的价值（如生态旅游），开发森林产品和收入的替代来源，或补偿损失（Gobeze 等，2009）。Savari 等人（2020）基于 SPSS 数据分析研究了伊朗参与式森林管理的主要影响因素。他们认为，在 25 个研究变量中，10 个变量（教育、地方社区的参与、森林养护方法的扩展、对可持续管理有利的态度、减少对森林的生计依赖、增加非森林收入、间接使用、提高开发者的知识水平和意识、信息渠道和资源、明确森林边界）对可持续森林管理影响显著，占因变量总差异的70%。然而，也有研究者质疑参与式森林管理的价值。例如，Carter和Gronow（2005）强调，从穷人的角度来看，可持续的森林管理只能为解决生计问题提供某种程度的贡献，而非全部解决。这种方式对提高农村家庭生活水平的作用是有限且短暂的（Jumbe和Angelsen，2007）。

（二）可持续林业生计

该部分回顾关于林业生计的决定因素、产权、产出、面临的风险与挑战等的研究。

1. 林业生计的决定因素

生计框架的重点是家庭获得5种资产，即自然资产、人力资产、物质资产、社会资产和金融资产（Scoones，1998；DFID，1999）。追求不同战略的能力取决于拥有或获得这些资产，并从这些资产中获取各种生产流并构建生计。考虑到资源禀赋、家庭特征和外在因素，农村家庭从事与森林有关的活动是其追求生计的一种经济选择。Babulo等人（2008）从埃塞俄比亚北部提格雷地区的360个样本家庭中收集了环境增强型家庭收入数据。他们认为，获得生计资产的机会或禀赋决定了家庭林业生计战略的选择。农村家庭获取以上5种资产的能力决定了他们选择的与林业相关的生计策略。此外，这些政策还受到地方政策决策过程与自然环境（如季节、人口趋势、自然冲击等）的影响。而林业生计的产出又会反过来影响5种资产的获取情况和居民的选择。

不少研究就其中某些具体因素进行了研究。Shackleton等（2007）得出结论，影响南非农村林业生计的主要原因是自然因素，具体来说，森林通常在偏远地区，因此相关基础设施、市场准入、就业和政府服务（包括教育设施）有限，而不是森林本身直接限制了生计机会。Persha 等（2011）则认为，社会资本作用重要，林业生计参与者们积极参与当地林业治理、政策制定过程是获取积极成果的前提之一。Nygren 等（2006）认为，加强地方生产者协会建设可以促进金融资本的增加，实现设备资本支出的共享，为协调小规模贷款创造机会，从而减少强势的政治和经济经营者制定森林使用条款，保护农户的生计安全。

Zenteno 等（2013）认为，如果想要促进林业生计的发展，就需要注意给予农户充足的资产获取途径。不应仅仅强调自然资源的公平共享，或促进某些生计战略，而应有利于机会的公平，改善金融服务的获取，并赋予社会上处境不利的家庭权利。此外，还有必要对整个社区而不是家庭的资源利用效率进行衡量，以便为成员设计补偿机制。Kaskoyo 等（2017）研究了印度尼西亚楠榜省社区森林的林业生计和决定因素，发现避免土地耕种者与政府官员之间的“赞助人—客户”关系，以及减少对农民附加收费的方式，社区农民的资本得到了增加，这为农民生计带来了积极影响。

2. 林地产权

林地产权影响森林资源管理效率、植树、投资和林地分配（Mendelsohn，1994；Deacon，1994）。诸多学者认为，保障土地产权可以提高森林管理的效率（Mendelsohn，1994）。通常情况下，较长的期限和更明确的产权可为其持有者提供更多的经济利益，并通过鼓励家庭投资和优化林业劳动力配置等措施显著提高森林产出（Yang 等，2021）。而不稳定的林业产权分配则是森林资源发展的重要阻碍。土地私有化有利于促进森林资源的利用，一定限度的私有森林份额对于支持竞争性木材市场和可持续林业十分重要。这是因为，产权期限决定了农民的种植意愿以及种植作物的种类，即种树还是种植短期作物。

总体来说，许多国家已经通过权力下放和授权实施了林地保有权改革，确认或转让林地给当地社区（White 和 Martin，2002）。这种共同管理的模式，即政府与当地森林使用者共享权力和责任，是建立和发展伙伴关系的体现，在世界范围内已变得越来越重要。以下举几个例子：

印度的联合森林管理。2006 年随着《森林权利法》的颁布，印度首次承认以前征用林地涉及“历史不公正”，认可居住在森林中的在册部落和其他传统森林居民的权益。国家将森林决策权和管理权从中央政府和地方政府下放，转移给有关公民，使他们管理和使用森林的方式合法化（Bose 等，2012）。

尼泊尔的社区林业。在林业资源丰富的尼泊尔，国家将所有的林地移交给特定团体，由他们以社区为单位进行保护和利用。通过社区林业，政府给予用户群体进入、使用、排除和管理的权利，但保留了土地的所有权。因此，社区林地不能出售或转让。每个团体在申请社区森林产权移交时都会制定自己的章程和森林运营计划。尽管尼泊尔的《森林法》和《森林规则》都没有对社区林业作出任何地理上的区分，但在实践中，政府的意见有着重要影响。例如，尼泊尔南部山区的开发提案通常无法被通过，部分原因是政府认为尼泊尔的森林资源位于中部山区，而南部地区的森林不适合发展社区林业（Iversen 等，2006；Thoms，2008）。

加拿大的皇家林地租赁。超过 3/4 的加拿大森林由省级控制，省级森林政策对鼓励国家森林的可持续管理至关重要。加拿大允许私营部门管理公共森林资源的森林使用权。作为对独家木材采伐权的回报，私营部门向政府支付特许权使用费、立木费、土地租金和其他税费，由此增加政府收入，并承担不同程度的森林管理责任（Haley 和 Nelson，2007）。

中国自改革开放以来，集体林权制度经历了几次改革。改革内容包括将林地分配到户，并确定农民对林地的使用权和管理权。此外，还包括林权抵押贷款、林业保险和林业合作组织的建立与发展（Zhang 等，2017；Yang 等，

2021）。目前，森林、林木和林地的所有权有3种形式，即国家所有权、集体所有权和个人对林木的所有权。其中，农户获得了对林地的使用权和对森林的所有权、经营权和处置权（Zhang等，2019）。Zhang（2008）认为林业产权制度改革对提高农民的生计利益起到了重要作用。在这一过程中，不仅农民会从改革中受益，村委会、合作社和林产品制造商也会从中受益。Chen和Innes（2013）基于中国福建永安和江西铜鼓的两个案例，考察了林业制度改革后中国南方集体林区存在的问题（如继续非法采伐和盗伐木材、资金供应不足和与森林有关的政策不一致）。他们认为，制约中国可持续森林管理的8个问题包括资金有限、基础设施和运输系统不发达、森林保有权不安全、森林政策不一致、认识水平低、非法森林管理行为、缺乏地方合作组织，以及知识和技术转让不足。而新的森林保有权改革和林业产权市场已基本实现其最初目标，并有能力协助解决改革前森林面临的问题。

3. 林业产出

土地和森林资源决定了农村生计的质量，它们对于确保农村贫困人口的食品安全具有伦理价值、经济价值和环境价值（Vedeld等，2007）。森林提供的生态系统服务可作为就业、文化和审美、生存用途以及直接或间接收入的来源。具体来说，林业主要可以从以下两个方面满足人们的生计需求。

森林开采与木材产品。森林开采以及木材产品是森林资源最为直接的利用方式之一。这是因为木材资源不仅是森林中最具价值的商业产品之一，也是经济活动的重要催化剂，大量木材开采被视为参与经济活动的重要资本和资源。

根据Vedeld等（2004）的研究，农村贫困人口往往过度依赖森林资源，使森林资源成为他们生计的重要来源。定期使用森林资源并将其用于家庭直接消费的家庭通常可以因此节省大量的现金。Sundelin等（2005）认为，有两种森林开发和木材生产模式有助于为贫困人口提供生计。其一是由森林村民管理天然森林。然而，该模式的生计潜力可能会受到地方精英、法律和法规、烦琐的官僚主义和上游产业的控制等因素的影响而削弱。其二是由小农户种植树林，并产生大量收入。该模式的前提是森林地区的小农户拥有土地的使用权。同时，一般小农林业种植与农业一起构成了不少农村社区的生计支撑。这样的实践存在于不少发展中地区，如东南亚地区、非洲、拉丁美洲等森林资源与农业资源并存的地区（Ndoye 与 Tieguhong，2004；Doppler 等，2006）。Dev 等（2003）认为，社区林业对生计有直接和间接的影响。直接影响是改善自然资产。随着社区林业的发展，森林资源得到了有效的管理和保护，并推动森林再生。随着森林的再生，森林产品的数量和安全性也随之增加。间接影响包括社会、物质、金融和人力的改善，以及生计多样化机会的提升。

在中国，森林往往是农村生计的重要组成部分（Appiah，2009）。在对中国林业与生计进行系统文献回顾的基础上，Timko 等人（2010）基于政府数据和 8 个省份 276 个家庭调查的数据分析，得出结论：在中国的林区，森林对家庭收入的贡献很大；与森林有关的收入贡献率平均在 10%～20%；在少数研究地区，森林收入占家庭收入的主要份额。

非木材林产品。Arnold 和 Ruiz-Pérez（2001）将非木材林产品（Non-timber Forest Product，NTFP）定义为“除木材以外的任何依赖森林环境的产品”，包括水果、种子、树脂、药物、野生动物肉、副产品等。非木材林产品一直是可持续森林管理（SFM）倡议的重点。有学者认为，非木材林产品可以为贫困农村社区提供切实的经济利益，可以被视为全球贫困人口“最后的就业手段”（Angelsen 和 Wunder，2003），具有重要的安全网功能（McSweeney，2004；Pandit 和 Thapa，2004）。

具体来说，非木材林产品在传统体系中被视为共有财产资源或开放资源，获取难度较低。同时，非木材林产品的加工技术与成本较低，参与难度较低。

例如，基于对中国西南边陲农村森林地区的研究，Hogarth 等人（2013）发现，这些地区的大部分与森林有关的收入来自于栽培的非木材林产品，这些产品的年度收获周期与季节性农业相吻合。同时，非木材林产品可以保护生物多样性，进而可以对可持续林业管理做出积极贡献（Belcher，2003）。例如，印度通过对非木材林产品的可持续管理与对市场结构的调整来减轻林地居民的贫困并保护野生动物（Mahapatra 和 Mitchell，1997）。

此外，许多非木材林产品的使用与文化因素而非商业因素相关。在这方面，最引人注目的例子是对“药用植物”的需求，这些植物主要是被用于文化而非药用目的。Cocks 和 Møller（2002）发现，药用植物总价值的约 30% 可归于文化用途。Cocks 和 Wiersum（2003）认为，其他资源也有明确的文化意义，包括木桩，以及仅用于特定仪式和典礼的某些薪材品种。在他们的研究中，农村家庭每年收获的直接使用价值有一半以上是用于文化目的。

基于对孟加拉国保护区内和周围以森林为基础的农村生计的研究，Mukul 等人（2016）发现，非木材产品不仅为当地居民带来了生计来源，而且 27% 的家庭从无关税产品的采集、加工和销售中获得了可观的现金收入。此外，非木材产品还提高了家庭的复原力和韧性。然而，Dove（1993）指出，在非木材产品具有高价值且市场力量不断密集化的情况下，它们往往被拥有更多权力、更多资产的非贫困人口所占有。Homma（1992）建立了一个经济模型，其分析表明，对非木材产品的高需求随着时间的推移可能会损害自然资源，并且加剧与合成替代品之间的竞争。

4. 林业生计的风险与挑战

一些研究认为森林对减贫的贡献潜力有限（Wunder，2001）。

森林位于农村和偏远地区。这些地区在基础设施、市场、政府服务、就业和卫生设施方面都相对欠发达。偏远的位置、崎岖的地形、低人口密度、有限的通信和交通基础设施、贫瘠的土壤和不利的气候等因素都能限制对森林的采伐和将森林转化为农业用地。因此，生活在林区及其周围的当地社区一直面临着高度的贫困和有限的生计机会（Shackleton 等，2007）。地理环境的劣势也限制了生活在该地区的人们的经济机会（Wunder，2001）。通常情况下，森林资源丰富地区的居民缺乏对资源的所有权和控制权，也缺乏将森林资源转化为发展的条件与知识，没有机会进入市场或没有利用这些机会所需的技能和关系。因此，维护以森林为生的人们的生计，或者给他们提供其他选择，以减少他们对森林的依赖，是一个巨大的挑战。尽管如此，对森林资源的使用还是为依赖森林的人们提供了替代性生计来源（无论是现金、直接使用价值还是间接使用价值）。

自然资源的劣势地位与地方政府的强势干预形成对比。通常情况下，社区森林用户群体由当地精英主导，他们可选择当地社区林地的使用方式。例如，在加里曼丹（Dove，1993；Dove 和 Kammen，2001）和泰国（Vandergeest 和 Peluso，1995）等地，地方政府将土地使用权转让给投资者以便在短期内推动林业开采和经济发展，而很少关注对当地人的长期生计和经济影响。当地人获取资源的途径被限制了，支撑他们生计的物质资源基础遭受了打击（Potter 和 Lee，1998；Porter–Bolland 等，2012）。林区的大规模资源开采、森林改造和其他发展项目往往很少给以森林为生的社区带来直接利益，更不会产生不可逆转的危机。此外，上述的管理方式带来了严重的社区差异和贫富分化。Thoms（2008）对尼泊尔的社区林业进行了研究，他发现，尽管社区林业在保护林业资源方面相当成功，但社区成员之间仍然存在巨大的财富差距，不少人获得重要森林产品的机会有限，社区森林使用者群体内部存在巨大的权利差距。这种不公平的状况可在社区林业政策和实践中不断恶化，严重挑战社区控制自然资源的发展潜力。想要解决上述问题，需要政策的不断调节优化。

四、结论

本专题回顾了当前关于可持续生计与林业的研究，梳理了相关理论的发展脉络与主要研究关切，以及部分案例研究，旨在说明可持续生计与林业研究在中国语境下的理论和实践价值。

在理论上，可持续生计分析框架是20世纪90年代末，由世界银行、英国国际发展部等一些国际组织推动形成的，并且逐步成为发展干预的重要工作方法。可持续生计的理论为正确理解贫困人口的生活提供了一个系统的、整体的、行为者导向的框架。同时，可持续生计的理论将微观个体与宏观政策融合起来，有助于微观—宏观研究的结合。在实践中，可持续生计方法已经被应用于不少地区的减贫实践中，有助于寻求这些地区的保护措施和当地社区的发展之间的关系，受到研究者的高度关注。实证研究强调的重点集中于减少贫困、林业生计、食品安全、旅游发展、渔业生计等方面。从相关研究中可以看出，可持续生计策略对于实现减贫、完善政策设计、促进地方发展发挥了重要的作用。值得注意的是，可持续生计策略并非普适的解决办法，不能公式化应用到实践中去，而应因地制宜加以应用。

在可持续生计的各项领域中，可持续林业至关重要。可持续林业涵盖了自然资源管理与生计两个方面。森林作为地球上一种重要的自然资源，可持续森林管理为平衡其社会、生态和经济产出，维护生物多样性，减缓气候变暖提供了有效且科学的管理办法。作为一种重要的经济资源，林业也可为林区人们的生计提供重要资源，即林业生计。林业生计受到包括自然、人力、物质、社会、金融等多种因素的影响。通过森林开采，林业可以为人们提供众多林业产品，而通过林业种植业、采摘业等产业，林业也可提供大量非林业产品。实证研究表明，可持续林业为偏远地区的人们提供了有效的脱贫手段；种类众多的林业产出也为人们提供了多样的谋生手段，提高了人们的收入。然而，林业可持续发展也存在着一些亟待强调的内容，例如恶劣的自然开发条件、较高的准入门槛、缺乏有效且统一的政策、缺乏社区参与的渠道、贫富差距等。这些问题的存在不仅影响着林业生计的产出效率，也对森林作为一种自然资源产生不可避免的破坏。中国森林面积广阔，山区人口众多，关于可持续林业的研究无疑能为中国林地的脱贫和发展提供重要的经验和教训。

专题二

毕节试验区扶贫开发与生态建设并行发展的经验总结*

毕节位于川、滇、黔三省交界处，属于典型的喀斯特地貌，山高谷深、水土流失严重、贫困严重，曾被联合国有关组织以及专家认为是世界上最不宜人类生存的地方之一。经国务院批准，中国第一个以消除贫困和可持续发展为目标的综合改革试验区——毕节“开发扶贫、生态建设”试验区于1988年6月建立。30多年来，在党中央、国务院的亲切关怀下，在全国人大常委会、全国政协、中央统战部、各民主党派中央、全国工商联、专家顾问组以及国家有关部委的大力支持下，在省委、省政府的坚强领导下，毕节试验区从实际出发，解放思想、积极探索、锐意改革，坚持科学发展之路，探索了一条“治穷致富”的新型道路。

* 本专题作者为北京林业大学林学院教授、博士生导师，森林培育与保护教育部重点实验室主任刘勇；贵州工程应用技术学院生态工程学院教授何斌。

一、毕节试验区建立的背景及变化

（一）毕节试验区建立的背景

毕节地处川、滇、黔三省交界之处，是珠江、乌江、北盘江、赤水河等河流的发源地，属于典型的喀斯特地貌，山高谷深、切割度大，平均海拔 1400 米，相对高差达 2443 米，占地面积 26853 平方千米。1988 年以前的社会经济状况如下：人口密度为 218 人 / 平方千米，高出全国平均水平 94 人，人口自然增长率高达 21.8%；全部人口的 2/3 为贫困人口（345 万），其中中青壮年文盲高达 95 万人；农民年人均纯收入 182 元，人均占有粮食 192 千克，土地垦殖率高达 46.2%，水土流失面积达 16830 平方千米，占全区总面积的 62.67%，森林覆盖率仅为 14.94%，石漠化面积占毕节总面积的 1/4；全区 8 个县除金沙、黔西两县外，其余 6 个县被中央列为国家级贫困县，是贵州省最贫困的地区之一；国家每年需要向毕节调运 1.5 亿千克粮食来解决当地老百姓的温饱问题。当地老百姓受到传统思想和生产观念的影响，把“上山开荒”和“多子多福”作为解决长远生计问题的唯一出路，造成了毕节“开荒开到边，种地种到天”的极限垦荒现象和“竭泽而渔、竭草而牧、竭地而耕”的落后生产方式，使毕节的三大突出问题“经济贫困、生态恶化、人口膨胀”相互交织在一起，导致了复杂而艰巨的经济社会形势，陷入了“越穷越生、越生越垦、越垦越穷”的恶性循环怪圈[①②]。在此背景下，联合国通过组织相关专家实地考察、调研后，认为毕节交通闭塞、文化落后、生产力水平低下，不适宜人类生存。

---

① 吕翔，刘克仁：《毕节试验区绿色减贫对策探析》，《贵州工程应用技术学院学报》2018 年第 1 期。

② 商莹：《毕节试验区建设三十周年回眸与展望》，《贵州社会主义学院学报》2018 年第 3 期。

（二）毕节试验区的建立

1985 年 5 月底，新华社记者刘子富深入到毕节市赫章县河镇彝族苗族乡海雀村采访，被老百姓生活的贫困状况所震惊，以《赫章县有一万二千多户农民断粮，少数民族十分困难却无一人埋怨国家》为题的文章在 6 月 2 日的新华社《国内动态清样》（第 1278 期）发表，文中详细描述了海雀村村民们的贫苦状况，其中一句是这样描述的，“没有一家有活动钱，没有一家不是人畜同室居住的，也没有一家有像样的床或被子；有的钻草窝，有的盖秧被，有的围火塘过夜”[①]。这篇报道不仅刺痛了许多国家领导人[②]，而且引起了许多国家领导人的关注，时任中共中央政治局委员、中央书记处书记的习仲勋作出批示[③]。

当天，中共中央办公厅就用明传电报将习仲勋同志的批示传到贵州省委，时任贵州省委书记的朱厚泽同志连夜召开紧急会议，要求贵州省委办公厅将批示和报道立即电传给各地、州、市委负责同志，同时抽调得力干部星夜兼程前往赫章县海雀村，查看具体情况，迅速组织粮食，就地开仓放粮，及时赈济饥民，一次发放了 20 万斤[④⑤]。

1985 年 7 月 24 日，胡锦涛同志赴贵州任省委书记仅 3 天就分别赴毕节、六盘水、黔西南等地区调研，先后走访了 12 个县，其中专程深入赫章县海雀村走访慰问了 12 户村民[⑥]。此后两年多时间，胡锦涛同志走遍了贵州省的 86 个县市，深入调研贵州省广大农村存在的问题，寻找一条符合贵州省实际情况的科

---

① 赵虎，程垚：《毕节试验区开发扶贫与生态建设的辩证分析》，《贵州社会主义学院学报》2016 年第 1 期。

② 李灿：《毕节试验区决战脱贫攻坚决胜同步小康的重大意义》，《贵州社会主义学院学报》2020 年第 2 期。

③ 《奏响“脱贫攻坚 毕节率先”最强音》，中国共产党新闻网，2016-05-16。

④ 《文朝荣精神形成综述：做一个敢于担当的领导干部》，中工网，2015-01-08

⑤ 苏昌强：《浅述毕节试验区生态扶贫》，《贵州社会主义学院学报》2017 年第 4 期。

⑥ 苏昌强：《浅述毕节试验区生态扶贫》，《贵州社会主义学院学报》2017 年第 4 期。

学发展道路。1988 年 1 月，胡锦涛同志带领贵州省委、省政府一班人，在深入调研的基础上，广泛吸收人类优秀文明成果，创造性地提出用灵活的梯度政策来弥补日益扩大的效益差距，探索贵州省经济社会发展新路子的问题，即以改革统揽全局，坚持从贵州实际出发，坚持生产力标准，采取一切有利于消灭贫困落后的特殊措施，探索解决贫困和生态恶化的新途径，提出建立毕节“开发扶贫、生态建设”试验区的战略构想。同年 3 月 9 日，在胡锦涛同志主持召开的贵州省委常委扩大会议上，讨论通过了《关于建立毕节地区开发扶贫、生态建设试验区的意见（讨论稿）》，并上报国务院。4 月 9 日，赴国务院向相关领导汇报了建立毕节试验区的相关情况，得到了肯定；同时也获得了各部委的一致赞同和支持。在北京贵阳饭店，贵州省委、省政府邀请中央统战部、国家民委、各民主党派中央和全国工商联进行座谈，介绍建立毕节“开发扶贫、生态建设”试验区的构想，恳请中央智力支边协调小组给予指导。5 月，中央统战部派出了由各民主党派组成的 17 人工作组，深入毕节进行考察调研。调研结束后，工作组向党和国家有关领导人做了汇报，认为“建立毕节试验区是一项战略任务、它将为我国西部地区的开发扶贫、生态建设探索新路子，积累新经验”[①]。同年 6 月，国务院批准建立了毕节“开发扶贫、生态建设”试验区[②]。

1988 年 6 月 8 日，毕节“开发扶贫、生态建设”试验区工作会议指出贫困和生态恶化仍然是严重困扰贵州经济社会发展的两大突出问题。加快毕节开发扶贫、生态建设试验区的建设步伐，应着重把握好以下 5 点：牢牢把握开发扶贫、生态建设这个主题；以改革总揽全局，加快改革步伐；注重智力开发和培养引进人才；全方位扩大开放；发扬艰苦奋斗、扎实苦干精神[③]。1989 年 1 月，

① 赵德虎：《多党合作服务改革发展的毕节实践》，《贵州社会主义学院学报》2019 年第 3 期。

② 包俊洪：《合作与奉献：毕节试验区专家顾问组 20 年》，中央编译出版社，2009。

③ 《〈胡锦涛文选〉第一卷介绍：相当一部分是首次公开发表》，《人民日报》，2016 年 9 月 21 日。

贵州省委、省政府召开会议，明确将毕节试验区的主题确定为“开发扶贫、生态建设、人口控制”，由此拉开了毕节脱贫攻坚的大幕[①②]。

（三）毕节试验区 30 多年的发展变化

与深圳特区及沿海开发区要在短时间内实现经济繁荣的目的不同，毕节试验区建立的初衷就是，如何在喀斯特地貌上克服困难、摆脱束缚、实现跨越，探索出一条科学发展的道路，最终实现人与自然的和谐发展。自毕节试验区成立以后，多位党和国家领导人深入毕节地区视察调研，为脱贫攻坚把脉；多次作出重要批示，对毕节地区给予极大的关怀与鼓励；多次召开统一战线联席会议，对参与、支持毕节试验区建设的工作进行总结和部署，助力毕节试验区的建设与发展。毕节试验区紧紧围绕开发扶贫、生态建设、人口控制“三大主题”，探索出了一条“治穷致富”新路，实现了经济社会发展的历史性跨越。

一是实现了人民生活从普通贫困到基本小康之变。30 多年来，毕节试验区以促进人的全面发展、脱贫摘帽为目标，以改变贫困面貌、解决温饱问题为基础，以修复生态、改善生存环境为主线，勇于改革创新，努力工作，同心同德，实现了人口经济和资源环境的协调发展，人民生活水平从普遍贫困走向了基本小康。截至 2020 年底，毕节的经济实力从贵州省倒数第一跃居到了第三，全市社会生产总值从 17.8 亿元增加到 2020.39 亿元，城镇常住居民人均可支配收入从 795 元增加到 34274 元，农村常住居民人均可支配收从 184 元增加到 11238 元；所有贫困人口全部脱贫，贫困发生率从 56% 降为 0[③]；乡村基础生活设施明显改善，实现了组组通硬化路、村村通水泥路、乡乡通油路，户户通电、通网

---

① 赵德虎：《多党合作服务改革发展的毕节实践》，《贵州社会主义学院学报》2019 年第 3 期。

② 王庆：《“毕节试验区”启动历程》，《当代贵州》2014 年第 1 期。

③ 资料来源：《毕节市 2020 年国民经济和社会发展统计公报》。

络、通广播电视，村村有卫生室；毕节的3个深度贫困县纳雍、威宁、赫章全部脱贫摘帽，彻底撕掉了一直以来绝对贫困的标签。随着机场、高速公路、高速铁路相继通车，毕节的交通情况发生了翻天覆地的变化，实现了从单一公路到水陆空三位一体的改变，目前铁路通车里程538千米（其中高铁125千米）、高速公路通车里程981千米、公路密度达到1.25千米/平方千米、开通了21个国内城市的直达航班、水运通航总里程399.02千米[①]。毕节市人口素质不断提升，正从“人口大区”向“人力资源大区”转变，实现了“人口负担”到“人口红利”的转化，不仅基础教育水平普遍提高，人均受教育年限从3.6年提高到了9.8年[②]，而且建成了贵州工程应用技术学院、毕节职业技术学院、毕节医学高等专科学校、毕节幼儿师范高等专科学校4所高等院校，为决胜脱贫攻坚、全面建成小康社会打好了根基。

二是实现了生态环境从不断恶化到明显改善之变。试验区建立之初，生态环境恶化，水土流失面积占了全区面积的2/3，石漠化面积占了全区面积的1/4，森林覆盖率非常低（仅为14.94%），人民群众的生命财产安全随时受到山洪、泥石流等自然灾害的威胁。30多年来，毕节试验区持续推进生态建设，通过实施“3356”、“长防”、“长治”、退耕还林、水土保持、天然林保护、石漠化综合治理等工程，生态环境明显改善。森林面积由601.2万亩[③]增加到2273.68万亩、森林覆盖率达到了60%，水土流失面积减少了8705平方千米，石漠化面积治理了1878.64平方千米，综合环境质量达到了98.86%[④]，先后获得“生态文明先行区”“全国生态文明示范工程试点”“全国生态保护与建设示

① 资料来源：《毕节市2020年国民经济和社会发展统计公报》。

② 资料来源：《毕节市2020年国民经济和社会发展统计公报》。

③ 1亩≈666.667平方米。

④ 资料来源：《毕节市2020年国民经济和社会发展统计公报》。

范区”“全国石漠化防治示范区”等称号，书写了中国生态建设的毕节史篇。同时，通过增强生态意识、转变发展方式，培育涉林经济组织上千家，重点打造森林旅游，年收入突破100亿元，生态文明理念深入人心，绿色发展成为社会各界人士的普遍共识。

三是实现了精神状态从闭关自守到开放创新之变。试验区建立之初，广大干部群众面对落后的发展条件，大多持有等、靠、要、观望等思想。今天，试验区的干部群众始终保持奋发有为的精神状态，围绕困难和问题积极想实招、鼓实劲、办实事、求实效，真正把党中央的关怀内化为发展的决心，把社会各界的支持外化为跨越发展的动力，把政策机遇转化为扶贫的优势。先后涌现出一批可亲可敬、可歌可颂的模范代表，如全国优秀共产党员、时代楷模文朝荣，“感动中国十大人物”徐本禹，全国“十大最美老有所为人物”喻朝芬等。

二、毕节试验区的建设历程

改革是一项伟大的事业，既没有成功的经验可以借鉴，也没有成熟的模式可以学习。在习仲勋等老一辈党和国家领导人的关怀和指导下，遵循习近平总书记的嘱托，毕节试验区摸着石头过河，走出了一条波澜壮阔的奋起、攻坚、跨越发展的道路。毕节试验区的建设历程不仅有各级领导的统一领导和正确指引，而且始终注重汇聚人民智慧、挖掘人民自身潜力、培养人民绿色发展脱贫致富的内生动力，涌现出一批典型的绿色扶贫代表，为毕节的跨越式发展奠定了坚实的群众基础。

（一）试验区发展阶段

1. 探索起步阶段（1988—1994 年）

这一阶段从 1988 年 6 月国务院批准建立毕节试验区开始到 1994 年国家实施的“八七扶贫攻坚计划”为止。在 1988 年 6 月 8 日《在毕节地区开发扶贫、生态建设试验区工作会议结束时的讲话》中，胡锦涛同志指出毕节试验区的建立具有重要的意义，是“小试验，大方向”“近期作示范，长远探路子”①。此后，毕节试验区出台了《毕节开发扶贫、生态建设试验区发展规划（1988—2000）》，开始探索变“输血”为“造血”的开发扶贫模式。这一阶段的标志性成果为提出了“五子登科”的生态建设模式，形成了“增人不增地，减人不减地”的人口控制模式。主要特征为经济上处于贫困阶段，产业以农业为主导，实现了产业结构从“一三二”到“一二三”的历史转变，温饱问题不断解决，贫困人口逐渐减少，生态环境开始恢复②③④。

2. 全面推进阶段（1994—2009 年）

这一阶段从“八七扶贫攻坚计划”开始到 2009 年的 4·14 会议（中央统战部召开的各民主党派中央、全国工商联参与毕节试验区建设座谈会和支持毕节试验区建设工作研讨会）为止。其间，毕节试验区借助国家扶贫攻坚计划实施的契机和各民主党派中央、全国工商联、深圳市对口帮扶毕节的机遇，狠抓农业产业化，突出造血式扶贫，形成了“两烟”（卷烟、烤烟）产业；立足资源禀赋和开发潜力，促成重大项目落户毕节，形成了新型“煤电”产业，为工业化进程奠定了基础；抓住西部大开发的机遇，逐步开展交通、水利等重大基础设

① 胡锦涛：《胡锦涛文选》（第一卷），人民出版社，2016。

② 赵德虎：《多党合作服务改革发展的毕节实践》，《贵州社会主义学院学报》2019 年第 3 期。

③ 张宁，陈伟：《乌蒙腹地展新颜——毕节试验区科学发展的生动实践》，《群众》2014 年第 4 期。

④ 王明贵：《毕节试验区发展历程研究——一种综合视阈的回顾与前瞻》，《毕节学院学报》2012 年第 1 期。

施项目的论证与建设。主要特征为经济上开始摆脱贫困，产业结构从“一二三”转变为“二一三”，出现了工农业并重的产业特征；统一战线参与、支持建设力度加大，重大工程建设取得明显突破；大力推进林业为主体的生态建设，形成大规模的“山、水、林、田、路”综合治理，和“长防”“长治”“3356工程”等生态建设模式[①②③]。

3. 深化提升阶段（2009—2018年）

这一阶段从4·14会议召开开始到2018年毕节试验区建立30周年为止。党中央高度重视毕节试验区建设与发展，国家领导人多次作出重要批示，为毕节试验区的改革发展指明方向并注入强大动力，使试验区的改革发展得以不断深化。毕节试验区创办以来，坚持扶贫开发与生态保护并重，艰苦奋斗、顽强拼搏，实现了人民生活从普遍贫困到基本小康、生态环境从不断恶化到明显改善的跨越。建设好毕节试验区，不仅是毕节发展、贵州发展的需要，对全国其他贫困地区发展也有重要示范作用。希望有关方面继续关心支持毕节发展，希望试验区进一步深化改革，锐意创新，埋头苦干，同心攻坚，努力实现人口、经济与资源环境协调发展，为贫困地区全面建成小康社会闯出一条新路子，同时也在多党合作服务改革发展实践中探索新经验。习近平总书记充分肯定了毕节试验区建设的成果，强调了毕节试验区建设的重要示范意义，对毕节试验区建设充满了信心并寄予了厚望[④]。

其间，毕节试验区进一步解放思想，拓展思路，鼓舞士气，深化对“三大

① 赵德虎：《多党合作服务改革发展的毕节实践》，《贵州社会主义学院学报》2019年第3期。

② 张宁，陈伟：《乌蒙腹地展新颜——毕节试验区科学发展的生动实践》，《群众》2014年第4期。

③ 王明贵：《毕节试验区发展历程研究——一种综合视阈的回顾与前瞻》，《毕节学院学报》2012年第1期。

④ 李灿：《毕节试验区决战脱贫攻坚决胜同步小康的重大意义》，《贵州社会主义学院学报》2020年第2期。

主题”的认识，提出了“工业化、城镇化、农业产业化和大力推进基础设施建设”的“三化一基”口号，实施“以工哺农、以城带乡、以外促内”的开放带动战略。统一战线深入参与毕节试验区的建设，先后建立了统一战线参与毕节试验区建设联席会议制度、东部十省市帮扶机制、三级党委统战部联动机制、工作落实项目责任制、干部挂职锻炼机制、定点帮扶机制六大机制；不断激发毕节试验区发展的内生动力，以发展教育和开展技能培训为抓手，创造性地实施五大“同心工程”，促进民生改善；推动了火电厂、煤化工、铁路、公路、机场等一大批重大项目的落地，全力助推毕节发展。正如海雀村苗族同胞自发创作的山歌《毕节试验区四季歌》里所唱的，“夏季里来飘彩云，开发扶贫惠民生；闯出毕节新模式，城市乡村面貌新。……洞天花海美如画，科学发展万年春”①②③。

主要特征为多措并举统筹城乡经济、产业结构继续优化，形成了以工业为主导的格局；生态建设以林业生态和石漠化治理为中心；扶贫、扶智与扶志相结合，引领农民迈步小康；统一战线参与试验区建设力量空前强大，形成了多党合作服务毕节试验区改革发展的制度体系；形成了可供西部贫困地区复制借鉴的合力推动经济发展、社会进步、民生改善的“毕节经验”。

4. 开启新征程（2018 年至今）

这一阶段以习近平总书记 2018 年 7 月 18 日对毕节试验区工作作出重要指示为标志。在毕节试验区建立 30 周年之际，习近平总书记指出毕节试验区发生了巨大变化，成为贫困地区脱贫攻坚的一个生动典型。强调确保按时打赢脱

---

① 赵德虎：《多党合作服务改革发展的毕节实践》，《贵州社会主义学院学报》2019 年第 3 期。

② 张宁，陈伟：《乌蒙腹地展新颜——毕节试验区科学发展的生动实践》，《群众》2014 年第 4 期。

③ 王明贵：《毕节试验区发展历程研究——一种综合视阈的回顾与前瞻》，《毕节学院学报》2012 年第 1 期。

贫攻坚战。努力把毕节试验区建设成为贯彻新发展理念的示范区[①]。习近平总书记的殷殷关切中饱含着厚爱深情，明确指出要积极做好与乡村振兴战略的衔接，全面树立新发展理念，紧盯生态建设成果，把绿色发展有机融入乡村振兴的前沿，不断转方式调结构，抓产业促发展，真正把毕节试验区建设成为贯彻新发展理念示范区，这些必将推动毕节迈上从“试验区”转变到“示范区”的新征程[②]。

（二）开发扶贫与生态建设良性互动

贫穷不是宿命，幸福需要奋斗，美好生活不会一蹴而就。在毕节试验区的建设过程中，广大干部群众主动求变、积极进取、探索创新，找到了一条实现生态建设与经济发展双赢的道路。正如习近平总书记强调的，绿水青山和金山银山是息息相关的，而不是对立的，如何将绿水青山转化为金山银山，关键在人和思路[③]。毕节试验区在践行“三大主题”的过程中，因地制宜，不拘泥于具体的建设路径，探索出了一条适合自己发展的可持续道路，实现了人民群众生活从普遍贫困到基本小康、生态环境从不断恶化到明显改善的两大跨越，取得了开发扶贫与生态文明建设协同发展的丰硕成果，推动了经济效益和社会效益双丰收。如今的毕节空气清新、景色美丽，号称洞天福地、花海鹤乡，分别被《中国国家地理》和《美国国家地理》评为“贵州最美的地方”和“世界上最受欢迎的旅行地”，有地球彩带——百里杜鹃国家级5A级旅游景区、中国Ⅰ级重要湿地——草海国家级自然保护区、世界地质公园——织金洞等旅游资源。同时，毕节生态建设取得的巨大成就，使毕节大地生机勃勃，引来了“五湖四

① 《习近平对毕节试验区工作作出重要指示》，新华网，2018-07-19。

② 赵德虎：《多党合作服务改革发展的毕节实践》，《贵州社会主义学院学报》2019年第3期。

③ 习近平：《习近平关于社会主义生态文明建设论述摘编》，中央文献出版社，2017。

海”投资商投资兴业，而且正在实施的“同心工程”“千凤还巢”等项目为毕节开发扶贫提供了强大动力，人民群众生活越来越幸福，生态环境越来越优美。

1. 山乡蝶变：从“苦甲天下”到全面小康

海雀村：一个地处乌蒙山偏远角落赫章县河镇乡的小山村，曾几何时，生态环境极度恶化，森林覆盖率仅为5%，贫困人口多、贫困程度深，是贵州省边远贫困的典型代表，“海拔两千三，收入三十三。山上光秃秃，地上矮矬矬”是对其过去状况的生动描述。从1987年冬季开始，在老支部书记文朝荣同志的带领下，村民艰苦奋斗、无私奉献、愚公移山、荒山种树、改变面貌，用了30多年的时间，荒山秃岭变成了万亩林海，走出了一条从“山秃水枯”到“山青水绿”、从“苦甲天下”到全面小康的发展之路，彻底改变了海雀村贫穷落后的面貌。1995年，海雀村获得“全国造林绿化千佳村”称号。如今，海雀村森林面积达1.37万亩，森林覆盖率高达77.21%，人均可支配收入达到了1.62万元。在生态环境持续变好的基础上，海雀村大力发展林业经济，在林下种植了17种中药材。除此之外，一些农户仅采摘松果年收入就能达到5000元。2017年，海雀村试种矮化苹果，凭借优良的品质和爽口的口感在当地“一炮而红”，每年的苹果还未成熟，就已被各地的经销商预订一空。海雀村党支部书记文正友说：“全村的林木价值超过8000万元，人均经济存量约10万元。海雀村一直在努力探索把万亩林海的生态价值转化为经济价值，让绿水青山转化为‘金山银山’。”[①]

海雀村把荒山秃岭变成了“绿色银行”，仅仅是毕节试验区生态建设的一个典范和缩影。

箐口村：过去老百姓大量砍伐树木种植苞谷，村庄周围变成了光秃秃的荒

① 陈泽劲：《淬炼党性初心 砥砺脱贫之志——毕节海雀文朝荣党性教育基地蓬勃发展纪实》，《源流》2020年第3期。

坡岭。1982年，突发的一场大洪水，让全村100多户人受到了不同程度的灾害，很多村民因害怕再次受灾，陆续搬离了村庄。老支部书记李明光受到了极大刺激，认为“这场灾难是村民们毁林开荒的结果”，因此，决定带领着乡亲们开始植树造林。1984年，在当地政府的发动下，村子开始了第一批小流域植树造林计划，由于经验缺乏，树苗只活了一半。1988年，毕节试验区正式成立，“扶贫开发、生态建设”拉开了改革的帷幕，“3356”工程等一批生态建设项目全面铺开，只要能种的地方都开始种树苗，箐口村人看到了生态植被恢复的希望。1992年，箐口村积极响应国家政策，1000多亩土地全部种植杉树、柳杉等用材林树种。2002年，黑土镇因森林植被覆盖率高，被授予“全国林业百佳乡”荣誉称号。2005年，箐口村充分利用国家生态环境建设的大好时机，广泛开展长防林工程、退耕还林工程、巩固退耕还林工程等项目建设，森林资源不断扩大，实现森林面积、森林蓄积量、森林覆盖率、森林经济效益同步增长。截至目前，箐口村有用材林1500余亩，生态林1000余亩，经果林500余亩，绿荫环绕，林丰叶茂[①]。

穿岩村：“九里黄河路穿岩，天晴下雨穿草鞋。天晴晒破坡脑顶，下雨剐去半匹岩”是20世纪八九十年代大方县羊场镇穿岩村的真实写照，当时农业生产失衡失调，自然灾害频发，生态环境恶劣导致大部分老百姓的生活贫困。1984年、1987年发生的泥石流和山体滑坡自然灾害，造成了人员伤亡，人们开始反思：是要生态还是要生存，是保林子还是保肚子？在毕节市各级政府和专家学者的帮助下，经过多次论证，穿岩村最终做出了科学决策：改缓坡，造梯田，更新品种，提高单产，解决吃饭难题；植树造林，保土养肥，发展畜牧业促进增收。经过几十年的植树造林和生态保护，穿岩村山披绿缎、四季花香，昔日

① 马丹：《毕节林业：构筑“两江”上游生态屏障》，《当代贵州》2018年第7期。

的荒山荒坡成了现在的“山披绿、人致富”的生态样板。依托“绿色生态长廊”的美誉，2010年，穿岩村被列为毕节市“十大乡村旅游”景点之一，实现了“靠山吃山”、绿水青山“生金吐银”的愿望。如今，穿岩村森林覆盖率超过70%；青山绿水间“好兴情”“山水间”“生态山庄”“稻香村”“水西肴”等20余家上规模的农家乐星罗棋布，游客乐在其中；农民人均纯收入连年攀升，建成了“全国生态文明村”。这种变化，用村支书王永军的话来说，“现在的穿岩和以前的穿岩，那简直是一个天上、一个地下”①。

2. 生态修复，山清水秀

草海国家级自然保护区：草海位于贵州省西部威宁县城西南面，是贵州省最大的高原天然淡水湖泊，也是一个完整的典型高原湿地生态系统，是黑颈鹤等228种鸟类的重要越冬地和迁徙中转站，被誉为“贵州旅游皇冠上的一块蓝宝石”。20世纪70年代，“以粮为纲、围湖造田”导致草海水域面积从31平方千米降至不到5平方千米，湿地环境破坏严重，生物多样性急剧减少，迁徙鸟类几乎绝迹……惨痛的历史教训，让人们意识到保护草海湿地迫在眉睫。如何有效制止污染，保护草海的生态和水质，是草海环境保护要面对的难题。威宁县采取了一系列重要举措，综合治理草海，大力修复生态环境，保护生物多样性，提升水质，如清除外来入侵植物——空心莲子草、启动北岸坡面生态植被恢复工程、启动环湖污水处理系统建设项目等。如今，草海自然保护区生物多样性日益增加，人类活动明显减少，“人鸟争地”的局面显著改善，生态环境得到有效改善，鸟类栖息觅食地面积增加，鸟类种群数量逐渐增多，由228种增加至246种，每年有逾10万只鸟类在此过冬，从四川若尔盖草原飞来越冬的黑

---

① 付松：《为全面小康闯新路作示范——毕节试验区围绕“三大主题”深化改革加速发展》，《当代贵州》2014年第7期。

颈鹤数量逐年增加[①]。

百里杜鹃国家级森林公园：百里杜鹃国家级森林公园位于毕节市中部，是世界唯一的、最大的天然杜鹃花国家森林公园，占地面积125.8平方千米，公园内有马缨杜鹃、露珠杜鹃等41个种，囊括了世界杜鹃花5个亚属的全部种，享有“地球彩带、杜鹃王国、养身福地、清凉世界”之美誉。国土资源数据表明，2008年初，景区内非法采煤窝点1134个，非法采石场11个，涉及29个行政村，非法采煤采矿从业人员3000余人。景区艺术团副团长易波回忆起10多年前景区的情况，“杜鹃花底下通常都有大量的煤，成了挖煤指示植物，花海无人保护，生态环境无人管理，整个山体被挖残、树木被砍光、水源被截断，百里杜鹃景区生态环境遭到破坏的景象触目惊心”。随着百里杜鹃管理委员会的建立，景区严厉打击非法采煤采矿，恢复生态环境，构筑生态旅游保护屏障，景区情况得到了彻底改变。现在，每年花期，漫山遍野的杜鹃花竞相开放，蔚为壮观，大量游客慕名而来，给当地带来了大量的旅游收入，周边群众纷纷做起了餐饮、农家乐，自愿加入保护景区生态环境的行列。[②]

上面这些生动的例子只是毕节试验区狠抓生态文明建设和摆脱贫穷、奔向百姓富生态美小康生活的缩影。毕节试验区在生态文明建设和开发扶贫过程中，紧紧咬住目标不放松，在“绿水青山就是金山银山”的具体实践中，涌现出了一大批杰出代表，例如文朝荣、吴长书、縻小林、王福忠等。

30多年来，毕节试验区忠实践行“三大主题”，是“绿水青山就是金山银山”的坚定实践者，紧紧抓住“生态建设”主题不放松，为荒山荒坡披上绿色“外衣”，奋力写好“脱贫”这篇大文章，向绿水青山要发展、要收益，不断创造绿色财富，绘就了“生态富民”的壮美画卷。

---

① 郑洁：《生态文明建设的“毕节答卷”》，《当代贵州》2019年第9期。
② 郑洁：《生态文明建设的“毕节答卷”》，《当代贵州》2019年第9期。

三、毕节试验区生态建设成效

30多年来，在党中央、国务院的亲切关怀下，在贵州省委、省政府的坚强领导下，在统一战线的大力帮助下，在社会各界的帮扶支持下，毕节试验区始终坚持“开发扶贫、生态建设、人口控制”三大主题，坚守“发展和生态”两条底线，锐意进取，圆满绘制了一幅跨越发展的画卷。

（一）生态安全体系初步形成

毕节试验区地处长江、珠江上游，四川、云南、贵州三省接合部，是中国喀斯特地貌发育最典型的地区之一。试验区建立后，毕节市抓住机遇，紧紧围绕“生态建设”这一主题，严格实行各级领导干部任期造林绿化目标管理，逐级签订责任状，大力实施生态修复工程。从1988年到2020年，通过实施“中国3356”“长防”“长治”“退耕还林（草）”“水保”“天保”“三江源”“石漠化治理”等国家重点生态建设工程，毕节实现了森林资源质和量的持续同步增长，累计植树造林1672.48万亩、达到了2273.68万亩，森林覆盖率增加了45.06个百分点、达到了60%，森林蓄积量增加了5094万立方米、达到了5879万立方米；综合治理石漠化面积1751.25平方千米；累计建成50个国家森林乡村、7个省级森林城市、56个森林乡镇、207个森林村寨、1766户森林人家[①]。通过30多年的建设，毕节试验区实现了年均增长1个以上百分点森林覆盖率的目标，生态环境明显改善，彻底跳出了“越垦越穷”的恶性循环怪圈，被授予“全国生态保护与建设示范区”“全国林业生态建设示范区”等称号，生态安全体系初步建成，为长江和珠江上游构筑起了生态屏障。

① 资料来源：2014—2020年《毕节市国民经济和社会发展统计公报》。

主要做法如下：在坡度比较大、水土流失严重、生态承载力低、居民生活不便、生存条件恶劣的地区，生态建设以封山育林与人工促进为主；在人地矛盾问题突出，耕地细碎的中、轻度石漠化地区，生态建设以发展特色经果林、地道中药材等产业为主；在人地矛盾问题突出，资源禀赋较好，拥有独特森林资源和民族文化传统的地区，生态建设以保护森林资源、旅游开发为主；在水资源短缺、耕地资源匮乏、土地贫瘠、生活贫困的地区，生态建设以水土保持与基本农田建设为主。

（二）石漠化蔓延得到有效遏制

毕节地处我国西南喀斯特地区，是极具典型性和代表性的岩溶贫困山区，石漠化治理是毕节试验区生态建设的首要任务。自 2008 年国家启动石漠化综合治理工程以来，毕节所有县（区）一直被列为国家石漠化综合治理工程实施重点区域，经历了石漠化治理 3 个阶段，分别为试点工程阶段（3 年）、重点县治理阶段（5 年）和“十三五”期间的石漠化治理重点县调减阶段。截至 2020 年底，全市累计投入资金 10.61 亿元（其中中央投资 9.57 亿元，地方配套 1.04 亿元），治理石漠化土地面积 1878.64 平方千米，累计造林 17.49 万公顷，项目区森林覆盖率提高近 20 个百分点[①]。昔日的荒山秃岭如今添绿增翠，在石漠化土地上逐渐形成了一片片绿色植被，发挥着固土保水、涵养水源的巨大功能。

通过多年摸索，毕节试验区创造出“五子登科”综合治理模式。在石漠化治理过程中，始终把解决农民生计作为治理石漠化的出发点和落脚点，将工程建设与农村产业结构调整、区域经济发展、群众脱贫致富有机地结合起来。在工程建设区域，大力发展核桃、板栗等特色经果林 21.3 万亩，林下套种金银

① 资料来源：2011—2020 年《毕节市生态环境状况公报》。

花、前胡、独活、牛蒡子、草乌等中草药1万余亩，通过林药、林草、林牧结合等方式解决农民群众长期发展与短期收益的问题，使治理区农户每年户均增加收入3000元以上[①]，切实解决了农民生计，有力推动了毕节试验区“从石漠化严重地区向生态环境优美地区转变”，有效巩固了治理成果。

（三）水土流失综合治理成效显著

毕节地势西高东低，地形地貌复杂，山高坡陡，河谷深切，土地破碎，是典型的岩溶山区。全市1466万亩坡耕地中，坡度25度以上的就有255万亩。由于自然环境条件差，土地垦殖率高，水利排灌设施不配套，耕作粗放，土壤生态系统极其脆弱。为此，毕节试验区坚持以梯田建设、小流域综合治理为主，不断改善农业基础条件，实现治理水土流失、防旱减灾、提高粮食产量、促进农民增收的目的。30多年来，全市治理水土流失面积8705平方千米。特别是2010年以后，毕节连续3年被列入了全国坡耕地水土流失综合治理试点，在4个县（区）完成了7条小流域的综合治理。坡耕地水土流失综合治理试点工程的实施，使项目区人民群众的生产、生活条件发生了翻天覆地的变化，不仅显著改善了区域内的水利基础设施条件，而且项目区内人均增加基本农田1.24亩，发展特色种植业585万亩，有效地改善了项目区生态环境，增强了农业抗灾能力，为整个项目区年增加1112万元的收入，人均增收412元[②]。

（四）环境质量改善明显

水变清。毕节市全面打响碧水保卫战，制定了《毕节市关于坚决打好污染防治攻坚战的实施意见》《毕节市饮用水水源保护条例》等制度，推行“河长

① 资料来源：毕节市2011—2020年林业统计数据。

② 资料来源：2014—2020年《毕节市年国民经济和社会发展统计公报》。

制”“湖长制”管理，大力推动水源地保护工程和水污染防治工程，不断提升区域内的水质。“十三五”期间，全市4个国控、15个省控地表水考核监测断面水质优良（达到或优于Ⅲ类）比例为100%；对18个县级以上饮用水源地开展专项整治，搬迁一级保护区内居民4500余户，饮用水水源地水质达标率均为100%；推进长江入河排污口排查整治专项行动，溯源分析排口260个，开展水质监测排口142个，拆除乌江流域网箱养殖1642亩；在全市32条主要河流布设52个监测断面，在主要湖库布设8条垂线，建成20个水质自动监测站；全市共划定369个集中式饮用水源保护区，完成739个千人以上集中式饮用水源整治[①]。

天变蓝。毕节市深入实施大气污染防治行动计划，持续开展扬尘治理、柴油货车污染治理、工业企业大气污染防治等专项行动，取缔土法炼锌、炼焦、炼硫，重点加强水泥、化工、煤矿、火电等工业企业污染防治，注重建筑工地和矿山扬尘整治，推进机动车污染治理、取缔黄标车和老旧车，使全区环境空气质量持续向好。“十三五”期间，全市环境空气质量优良天数比率达99.6%，同比上升0.87个百分点；全市环境空气质量综合指数为2.44，同比下降0.13%；二氧化硫、氮氧化物排放量分别下降54.42%、52.92%；化学需氧量、氨氮削减量分别为12769.24吨、1343.27吨，分别下降23.72%、26.56%[②]。

地变净。深入开展土壤污染防治行动，改善土壤环境质量，强化重金属污染防治。全面完成炼锌废渣治理，对赫章、威宁、七星关3个县（区）33个乡镇原炼锌区污染较重的区域进行重点防控；加强农村面源污染治理，开展农药化肥使用“零增长”行动，大力推广测土配方施肥，实施耕地质量提升工程建设，目前共获得无公害认证272个、有机认证36个、地理标志认证30个、绿

① 资料来源：2011—2020年《毕节市生态环境状况公报》。

② 资料来源：2011—2020年《毕节市生态环境状况公报》。

色食品认证 8 个；全面推进危险废物污染防治，开展危险废物规范化管理监督管理，实现了乡镇以上医疗机构医疗废物收集、处置全覆盖；加强环保设施建设，建成城镇生活垃圾填埋场 10 座、垃圾中转站 80 座，启动 4 个垃圾焚烧发电项目建设①。

（五）立体生态农业造福一方

毕节市因地制宜，抢抓各种机遇，整合各类项目资源，积极推进林下种植、林下养殖、生态旅游等产业，引导农村经济合作社不断壮大农村经济，探索出林下中药材、林菜套种、林下养禽等多种林下经济模式和森林康养等。截至 2020 年底，全市发展林下经济面积达 368.28 万亩，实现产值共计 40.85 亿元。其中：林下种植 70.37 万亩，实现产值 16.87 亿元；林下养殖利用林地面积 127.11 万亩，实现产值 9.38 亿元；森林景观利用林地面积 70.07 万亩，实现产值 10.49 亿元；林产品采集加工利用林地面积 100.74 万亩，实现产值 4.12 亿元。通过发展林下经济，惠及农村人口 35.41 万，助推 11.7985 万贫困人口脱贫②。

（六）典型案例

古胜村：古胜村位于毕节市黔西县素朴镇，属于典型的喀斯特山区，土地石漠化严重。全村 15 个村民组 528 户 2215 人③，20 世纪 90 年代，人们为了解决温饱问题，不断毁林开荒，导致水土流失严重，到处是光秃秃的石头山，陷入了越垦越穷、越穷越垦的恶性循环怪圈，人均收入不到 286 元，属于国家一

---

① 资料来源：2011—2020 年《毕节市生态环境状况公报》。

② 资料来源：毕节市 2011—2020 年林业统计数据。

③ 李金贵，李霓，陈再雄：《在“石头开花”的地方建起“绿色银行”——毕节试验区专家顾问组与古胜村的绿色致富路》，《源流》2021 年第 3 期。

类贫困村。“‘石头开花’挡脚梁，一年没有半年粮。吃着屋檐水，穿着破衣裳；走的‘毛狗路’，住的‘杈杈房’。”这首民谣形象地描述了古胜村村民当时的生活状况。2006年6月，古胜村被毕节试验区专家顾问组选定为最具代表性的岩溶山区新农村发展建设示范基地。毕节试验区专家顾问组将适合于岩溶山区应用的现代科学技术在此进行集成示范，通过生态修复、新农村规划、种植经果林、发展秸秆养牛、完善基础设施等措施解决古胜村的发展问题，通过技术培训和指导提高农民自我发展的能力，持续为古胜村的脱贫攻坚注入活力，不断提高农民的收入。经过10多年的建设，古胜村的山绿了、水清了、农民富了，累计退耕还林3038亩、石漠化治理710亩、生态恢复3400亩，森林覆盖率从项目实施前的17%提高到现在的89.68%；种植樱桃林、枇杷林、桃李林等经果林3100亩，农民人均纯收入也从1520元提高到现在的1.08万元①。

海雀村：海雀村位于贵州省赫章县河镇乡东北部，距乡政府所在地12千米，距县城所在地110千米，平均海拔2300米。全村总面积11.87平方千米，耕地面积1780亩，下辖5个村民组，229户960人，其中苗族95.1%，彝族4.9%②。20世纪80年代，海雀村由于传统的刀耕火种方式破坏了大量森林植被，导致森林覆盖率低下（不足5%）、生态环境恶劣、自然灾害频繁、水土流失严重，人均年纯收入33元，人均占有粮食107千克。海雀村原党支部书记文朝荣同志认为，海雀的贫困不是村民不够勤劳，而是水土流失导致土壤贫瘠、农作物产量不断下降造成的。在各级党委政府的关怀和支持下，文朝荣同志决心带领村民植树造林，改变海雀村生态恶化、贫穷落后的面貌。他动员村民说：“石

① 李金贵，李霓，陈再雄：《在“石头开花”的地方建起“绿色银行”——毕节试验区专家顾问组与古胜村的绿色致富路》，《源流》2021年第3期。

② 《中共贵州省委关于开展向文朝荣同志学习活动的决定》，《当代贵州》2014年第16期。

头上长不出庄稼来，种树还能卖点钱。山上有林才能保山下，有林才有草，有草就能养牲口，有牲口就有肥，有肥就有粮。”① 经过不懈动员、劝解、与村民们计算经济账，村民们逐渐由抵触到接受再到积极参与，大家跟着文朝荣同志一起植树造林。党的十八大以来，海雀村党支部大力推进基础设施、民生事业、精神文明等建设，实施精准扶贫、精准脱贫战略，大力发展特色优势产业，于2016年从贫困村出列。经过多年锲而不舍、持之以恒的奋斗，海雀村荒山绿化造林13400亩，森林覆盖率达到了82.5%，将风沙四起的“和尚坡”变成了“绿色银行”，林木价值高达4000多万元，荣获“全国绿化千佳村”称号；村民的居住环境发生了翻天覆地的变化，住上了白墙青瓦黔北民居小楼，道路变成了柏油路、硬化水泥路，学校配备了现代化的教学设备，2020年底全村人均可支配收入达到了16200元、村集体经济积累达150万元②③。

四、毕节试验区生态建设的成功经验

（一）形成了多党合作服务地方发展的“毕节经验”

毕节试验区的建立是一个重大创举，在实践过程中，逐渐形成了具有中国统一战线特色和鲜明时代特征的“毕节经验”：以智力支持为主要内容，通过优化智力、资源和政策等，各民主党派共同参与、持久帮扶毕节，促进地区经济发展、改善民生和环境。其核心思想是“同心”，即各民主党派与中国共产

① 《中共贵州省委关于开展向文朝荣同志学习活动的决定》，《当代贵州》2014年第16期。

② 陈泽劲：《淬炼党性初心砥砺脱贫之志——毕节海雀文朝荣党性教育基地蓬勃发展纪实》，《源流》2020年第3期。

③ 谢朝政：《海雀村党支部书记文正友：吃水不忘挖井人感恩奋进战贫困》，《贵州日报》，2018年3月13日。

党在思想上同心同德，目标上同心同向，行动上同心同行[①]。坚持“同心思想”，践行“同心奋斗”之路，广泛凝聚各方力量，多渠道争取各方支持，充分发挥统一战线的政治和资源优势，建立“联席会议制度”[②]，探索贫困地区的可持续发展道路。

（二）正确处理了发展与生态之间的辩证关系，“六个坚持”为生态建设注入了动力

30 多年来，毕节始终把守住发展和生态两条底线作为生态文明建设的两件大事，作为解决“毕节贫困问题”的总钥匙。正确处理发展与生态之间的辩证关系，“六个坚持”让生态建设为经济增长注入了新的动力，让良好的生态环境成为人民生活质量提升的源泉。

1. 坚持把科学发展作为生态建设的基本原则

在推进生态建设中，坚持从实际情况出发，因地制宜，科学治理，既注重建设速度，又注重质量效益。把生态建设作为治穷脱贫的突破口，与扶贫开发有机结合，开发山上保山下，建设山上促山下。寓开发扶贫于生态建设之中，以生态建设促进开发扶贫和经济发展。着力发展生态林业、民生林业，探索出针对不同区域自然条件、生态承载力和居民生活水平的封山育林与人工促进主导型、植被恢复与特色产业主导型、森林景观资源开发与生态旅游主导型、水土保持与基本农田建设主导型生态建设综合治理模式，取得了良好的生态、经济综合效益[③]。

---

① 《多党合作扶贫开发的样本——记助推贫困地区发展的“毕节经验”》，光明网，2014-06-19。

② 李治邦：《毕节多党合作示范区建设：成就、经验与思考》，《湖南省社会主义学院学报》2016 年第 6 期。

③ 付开萍，聂祥军，吴道能：《全面深化林业改革助推毕节绿色发展》，《林业经济》2016 年第 1 期。

2. 坚持把生态修复作为生态建设的首要任务

试验区建立前，毕节生态环境恶劣、森林覆盖率低下、水土流失严重，被认为是不适宜人类生存的地方之一。试验区建立后，毕节广大干部群众牢记“近期做示范、远期探路子”的历史使命，紧紧围绕“生态建设”主题，发扬文朝荣同志“艰苦奋斗、无私奉献、改变面貌、造福子孙”的崇高精神，致力于生态环境的修复重建，先后实施了荒山造林、退耕还林、天然林资源保护、石漠化综合治理等10多项生态建设工程，实现了森林覆盖率年均增长1个以上百分点的目标[①]。

3. 坚持把资源保护作为生态建设的坚强保障

一是实行森林资源保护责任制，将林地保有量、森林覆盖率、造林面积、限额采伐等指标纳入到各级政府部门目标考核范围；二是构建了政府统一领导、部门依法监管、林场和基层组织全面负责、社会参与监督的森林防火层级管理制度，将森林火灾控制在1‰指标内；三是划定了7条生态保护红线，对各县的森林覆盖率保有量、林地面积保有量、森林面积保有量、公益林面积保有量、湿地面积保有量、石漠化综合治理面积、生物多样性保护等方面内容进行年度考核；四是贯彻落实贵州省森林保护的“六个严禁”要求，加强查处破坏森林资源的违法违纪案件的力度，坚决打击各种违法犯罪活动，如乱砍滥伐、乱征乱占、捕获野生动物等。

4. 坚持把发展产业作为生态建设的关键支撑

始终把生态建设与产业发展紧密结合起来，通过整合林业、畜牧、扶贫、移民等相关项目，采取引入资金、合作经营、联合开发、部门扶持等多种方式，大力发展特色经果林、林下经济、生态旅游、森林康养等产业，努力开发绿色

① 《一个百分点持续27年引出的青山绿水画卷》，《毕节日报》，2015年11月11日。

食品，促进农村产业结构调整，推进林业建设与经济结构调整、农民脱贫致富协调发展，最终改善生态环境和社会民生。目前，已经成功申请或打造出中国“核桃之乡”“樱桃之乡”“天麻之乡”“竹荪之乡”等品牌，为毕节脱贫攻坚做出了巨大贡献。

5. 坚持把制度创新作为生态建设的活力源泉

一是深化集体林权制度改革。在集体林权制度主体改革的基础上，进一步深化相关配套改革，如森林保险、林权流转、林权抵押贷款等，逐步盘活林地资源，吸引资金、技术、专业技术人才等现代生产要素流向农村，切实提高林农的生产性和财产性收入。二是建立符合现代林业的经济合作经营组织。按照“建一批组织、兴一项产业、活一地经济、富一方群众”的思路，建设一批新型林业合作经济组织，使当地林业达到生产产业化、管理规范化、服务标准化、经营特色化、产品品牌化的目的。三是深入推进国有林场改革。毕节市委、市政府出台了《关于进一步加快国有林场改革发展的意见》，进一步明确国有林场的公益性质，实行县级财政全额拨款管理。同时，以分类经营为突破口，积极推进国有林场管理体制、经营机制、产业发展等改革措施，充分激发国有林场活力。这些改革成果得到了国家林业局的高度赞扬和充分肯定，在全国进行宣传推广。四是创新造林绿化机制。改革传统造林绿化机制，在全省率先出台了《毕节市林业生态工程先建后补管理办法》《毕节市营造林项目市级验收办法》等制度，极大地提升了企业、合作社、农户等参与造林的积极性，促进造林模式多元化，有效规范造林施工队伍管理，提升施工质量和水平①。

6. 坚持把队伍建设作为生态建设的重要推力

围绕“生态建设”主题，不断加强林业机构建设和改革。近年来，根据林

① 《一个百分点持续27年引出的青山绿水画卷》，《毕节日报》，2015年11月11日。

业生态建设事业发展需要，毕节市委、市政府先后批准市林业局新设防治石漠化管理中心、城市绿化管理办公室、林业改革发展办公室、森林公安局等4个副县级机构、12个正科级机构，新增财政全额预算拨款编制32个[①]。为了调动基层林业人员工作的积极性，将12个国有林场全部纳入生态公益型林场进行管理，实行县级财政全额拨款，稳定林场人员编制。毕节市委、市政府还明文规定，各县（区）调整林业局领导班子，需征求市林业局党组的意见。机构的稳定和加强，确保了生态建设与造林绿化工作持续、健康、稳定发展。

（三）形成了贫困山区人口、经济、生态良性循环发展的“六五”建设经验

自从试验区建立以来，毕节市委、市政府高度重视生态建设工作，在党中央、国务院、中央各部委和各民主党派中央的关心、支持下，在各方面专家学者的指导下，毕节生态建设成绩突出、效果显著，在实践中总结出了“六五”毕节生态建设经验[②]：“五子登科”建设立体生态、“五种模式”推进毕节绿化、“五轮驱动”发展林下经济、“五开治石”防控石漠化、“五度法则”防控森林火灾、“五改五推”深化林场改革。

1.“五子登科”建设立体生态

为了最大程度利用山地资源，根据毕节的气候、地形条件，在山体的不同部位因地制宜进行生态建设，综合治理小流域的山、水、林、田、路，统筹兼顾当地的生态效益、经济效益和社会效益，形成了山脚到山顶的“五子登科”立体生态建设模式，即“山顶植树造林戴‘帽子’；山腰种地坎树、搞坡改梯拴‘带子’；坡地种牧草、绿肥铺‘毯子’；山下大办乡镇企业、庭院经济、多

① 付开萍，聂祥军，吴道能：《全面深化林业改革 助推毕节绿色发展》，《林业经济》2016年第1期。

② 付开萍，聂祥军，吴道能：《全面深化林业改革 助推毕节绿色发展》，《林业经济》2016年第1期。

种经营抓‘票子’；大田大坝改造中低产田土，兴修水利，推广农业实用技术收谷子”。

2.“五种模式”推进毕节绿化

在林业建设过程中，长期存在主体不明、积极性不高、责任不清、造林资金短缺和林业产业发展缓慢等问题。为了解决这些难题，极大地调动个人、企业和各种社会组织参与林业建设的积极性，通过大量实地调研、走访和实践，逐渐探索出“五种绿化模式”，即先建后补、代种代管、承包造林、企业带动、建设移交。

3.“五轮驱动”发展林下经济

为了实现农村的脱贫致富，充分利用毕节的气候优势、地理优势和森林资源优势，毕节市大力发展林下经济，将资源转化为资产、资产转化为资本，实现保护生态、发展产业、致富农民的绿色可持续发展之路，形成了“五轮驱动”发展林下经济的经验，即高位推动、政策撬动、龙头带动、基地推动、品牌拉动。

4.“五开治石”防控石漠化

石漠化作为毕节突出的生态环境问题，其综合治理一直是毕节市的重点民生工程。针对不同区域石漠化的严重程度和资源环境承载力，经过多年的实践，逐渐探索出科学治理石漠化的“五开治石”防控模式，即开绿色之源，铺开防治生态被；开产业之源，撬开防治经济阀；开机制之源，解开防治束缚链；开模式之源，凿开防治力量泉；开科技之源，打开防治锦囊袋。

5.“五度法则”防控森林火灾

森林火灾是林业建设的一个重大隐患，毕节市各级政府牢固树立森林防火意识，一直将森林防火工作置于重要位置，常抓不懈，成效显著，在实践中形成了“五度法则”森林防火经验，即宣传教育抓广度、预警预报抓精度、体制创新抓深度、责任追究抓力度、区域联防抓跨度。

6.“五改五推”深化林场改革

为了巩固毕节市生态建设成果，实现森林资源持续增长的目标，毕节市实施了一系列政策深化林场改革，激发国有林场活力，增强林场发展后劲，提高林场职工收入。通过多年的实践和探索，形成了“五改五推”改革措施，即改革管理体制，推进分类经营；改革激励机制，推进招商引资；改革经营模式，推进产业发展；改革考评制度，推进责任落实；改革机构设置，推进队伍建设。

五、毕节试验区生态建设中存在的问题

虽然毕节试验区在生态建设方面取得了巨大的成就，但是由于历史欠账太多和喀斯特地区脆弱的生态环境，仍然面临着很多困难和挑战。因此，在肯定成绩的同时，我们必须保持清醒的头脑，认识到今后可能面临的困难和问题。

（一）生态环境依旧脆弱，生态修复任务艰巨

经过 30 多年的建设，毕节森林资源的质和量较过去有了明显的提高，但是仍然存在着森林资源质量不高、总量不足的问题，生态环境依旧脆弱。主要表现在以下方面：乔木林和竹林在森林中的占比不高，仅占到全市森林面积的 50.7%；毕节市人均森林面积和活立木蓄积分别为 $0.14hm^2$ 和 $21m^3 \cdot hm^{-2}$，低于全国的平均水平（$0.15hm^2$ 和 $88.5m^3 \cdot hm^{-2}$）；生态修复任务艰巨，目前还有 102 万亩坡耕地需要退耕，4000 平方千米的石漠化区域需要治理。

（二）林业产业实力薄弱，产业链延伸不够

由于受到传统林业观念的影响，林业建设注重的主要是生态效益而忽视了其经济价值，导致毕节林业产业发展过程中存在集约化程度不高、组织管理粗放、市场化运作不成熟、产业链不完整、品牌效应缺乏、经济效益低下等问题。以毕节市2020年林业产业总产值为例，第一产业（林业种植和培育）占全市林业总产值的53.56%，第二产业（木材和竹材采运与林产品生产和加工）占全市林业总产值的4.04%，第三产业（森林旅游及其他）占全市林业总产值的42.40%，说明木材和竹材采运与林产品生产和加工产业发展严重滞后，这可能是由于毕节市木材和竹材采运与林产品生产和加工产业规模化经营缺乏，主要是传统的小作坊，产品大部分为初级产品、附加值低，产业链短，没有形成品牌。2020年林下经济总产值为26.25亿元，仅占全市林业总产值的14.34%①，这可能是由以下原因造成的：新品种、新技术推广不够，导致种植成本较高、产品缺乏市场竞争力；贮藏、加工、销售等环节不完备，营销模式落后，导致大量产品卖不出去或者价格较低；缺乏龙头企业，产品品种单一，没有形成品牌效应，发展后劲不足。

（三）生态保护能力不足，体制机制改革不深入

一是林业所有权、承包权、经营权“三权分置”改革不及时、不深入，导致林权抵押贷款、林木流转、森林资源收储等还停留在纸面上，并未真正实施。经营权不灵活，一定程度上降低了农民投身到林业上的积极性，影响了林农的收入。

二是人员构成不合理。林业系统中，虽然从事森林资源保护的人员数量较

① 资料来源：毕节市2020年林业统计数据。

多，但这些人大多为国有林场职工和周围村庄的外聘人员，专业能力参差不齐、整体素质不高。环保系统中，按照国家规定的标准，全市环境监测人员数量严重不足，日常工作繁重，压力巨大。而且，现有技术人员中以初级技术员为主，面对现在社会的发展趋势，监测技术和能力跟不上时代步伐，极大限制了相关环境监测机构作用的发挥。

三是考核制度不完善。对政府和干部的考核中，没有根据各县（区）的具体情况，将生态保护法律法规的贯彻落实情况、生态环境质量变化情况、污染物的减排情况、市民对政府的满意度等具体问题具体分析。

四是部门职责不明确，主体责任落实不到位。生态保护工作由于涉及面广，经常需要多部门协同参与、共同作战，经常会面临一项工作多头领导、没有明确具体职能部门负责的问题，需要更高级别领导协调落实，导致不能及时解决问题和责任落实不到位。

五是环境监测能力不足，建设力度不够。环保设施基础薄弱，硬件设施配置不足，应急装备缺乏，难以应对突发事件；环境监测设备落后，不能有效监测环境条件变化，达不到国家标准化建设要求。

（四）生态环境建设资金不足，缺口大

一方面，试验区处于西南喀斯特地带的腹部，生态环境脆弱，生态修复任务重，需要投入大量的资金，但是由于毕节经济落后，大量资金要用于老百姓的脱贫，因此，用于生态环境建设的资金不足。另一方面，处于两江上游的毕节，为长江和珠江的生态安全建设做出了重要贡献，但是从国家和省级层面获得的补偿资金数量有限，仅有小范围区域纳入国家重点生态功能区规划和贵州省重点生态功能区规划。

六、优化毕节试验区生态建设的对策和建议

（一）围绕生态建设目标，着力抓好生态工程建设

紧扣全市生态建设的发展目标，充分发挥林业在生态保护与建设中的主体功能，全面遏制土地石漠化和治理水土流失，持续推进绿色毕节行动，综合采取封山育林育草、人工造林、森林抚育等措施恢复林草植被。积极争取国家项目资金，全面推进石漠化综合治理建设，增强生态系统防灾减灾能力，创新生态文明建设体制机制，努力建设新发展理念示范区。基本遏制石漠化土地面积扩散态势，持续减少区域水土流失量，逐步稳定岩溶生态系统，持续增加森林资源总量，维护生态安全，森林覆盖率稳定在 60% 以上。森林面积保持在 2416 万亩以上，森林蓄积量保持在 6210 万立方米以上。不断优化土地利用结构和农业生产结构，巩固脱贫攻坚成果，助推乡村振兴，为人民群众提供宜居的生态环境和绿色的生态产品。

（二）围绕经济发展目标，着力抓好生态产业发展

在综合评估各地资源、环境等条件的基础上，充分挖掘各地的资源潜力，探索适合于各地生态环境条件的经济发展模式。壮大核桃、樱桃、刺梨、苹果等特色经果林，不断推进特色经果林的规模化、专业化、标准化种植，提升“中国核桃之乡”“中国樱桃之乡”等品牌的影响力，形成品牌效应，同时加快品种选育、加工工艺、储藏工艺等的开发研究，提高产品的附加值。大力发展林下经济，因地制宜推广林菌、林药、林菜等种植模式，开展立体经营，着力发展以竹荪、冬荪等为主的食用菌产业，林下仿野生栽培天麻、半夏、党参、重楼、黄精、玉竹等中药材，推广林禽、林蜂等养殖模式，林下适度放养鸡、鸭等禽类。着力构建花卉产业，突出全市花卉特色资源优势，着力推进盆栽花

卉基地、鲜切花鲜切叶基地、特用花卉基地、百里杜鹃杜鹃花繁育基地建设，发展杜鹃、珙桐、桂花、玉兰等3～5个特色优势品种。加快发展森林康养，围绕森林的养身、养心、养性、养智、养德“五养”功能，引进智能管理和医养结合理念，健全森林康养服务网络，推进森林康养基地建设，构建产品丰富、管理有序的森林康养服务体系，大力发展森林康养绿色新兴产业，培育特色鲜明的优质森林康养品牌。抓好生态旅游产业发展，把生态旅游发展融入毕节市旅游发展的战略格局中，开发特色资源，突出森林文化，实施精品战略，打造集森林观光、森林度假、森林疗养、森林探险、森林科普、森林拓展、森林体育等于一体的森林旅游综合体；同时利用雄伟的喀斯特地貌、秀美的乡村生态环境、多样的少数民族风情，发展旅游观光农业和休闲度假旅游，打造几条精品休闲旅游路线。

以大方县辣椒产业为例[①]。大方县位于毕节中部，属暖温带湿润季风气候，年均降雨量1180毫米，无霜期254～325天，年均气温11.8℃，具有温暖湿润、冬无严寒、夏无酷暑的气候条件，十分适宜辣椒生长。大方县种植辣椒的历史悠久，其主要种植品种皱椒是中国七大名椒之一，享有“贡椒”的美誉，先后被原农业部认定为无公害辣椒产品和国家地理标志产品。皱椒在大方县形成了基地建设、生产加工、营销流通一体化的产业化发展格局，种植规模不断扩大，生产加工设施逐渐完善，产品研发体系逐步健全。大方县每年平均种植辣椒12万亩，每亩均产干椒200余千克，年产干椒约3万吨。主要是调味品和蔬菜等初级产品，深加工产品的经济价值还有待开发，例如辣椒碱、辣椒精、辣椒红素等。辣椒碱国际市场售价高，在全球市场紧俏，供不应求，而大方线椒的辣椒碱相对含量与印度良种辣椒几乎持平，高出国内其他辣椒品种数倍。辣椒红

① 常近时：《全球视野的毕节试验区发展研究》，人民出版社，2020。

素国际市场售价每吨约 32 万元，国内售价约 18 万元，随着食品安全质量要求的提高，辣椒提取的天然色素市场广阔。因此，辣椒及其初级产品（辣椒油、辣椒酱）虽然可以带动大方辣椒种植业发展，但是难以形成规模产业和现代科技产业，大方辣椒的资源优势远未得到最大限度发挥。考虑到大方辣椒的优良品质，可以采取以下措施助推辣椒产业集群发展。

完善种植、经营、管理、销售体制，加大科技投入，建立育苗温室大棚和组培车间，引进“非试管快繁种苗技术”，提高辣椒良种的种植数量与质量，带动毕节市辣椒种植业的规模化发展，加快大方县辣椒产业化进程。

以现代生物科技为基础，创建辣椒深加工企业，形成辣椒产业集群，生产高纯度辣椒碱、辣椒红素等产品。同时，合作发展以辣椒深加工为主的制造业，使产业集群向延伸发展。

引导科研、教学、外贸、流通、中介、商会等机构加大对辣椒产业的投入，打造辣椒产业的聚集地，实现网络化经营，提高市场竞争能力。

（三）围绕机制创新目标，着力抓好林权制度改革

紧紧围绕林业生态建设工作，紧密结合碳达峰、碳中和，深化森林资源管理、生态效益补偿、林业金融创新、林地规模经营、林业产业融合发展、农民合作经营、林业碳汇等重点改革，进一步放活林地经营权、优化林业金融服务、完善生态补偿机制、健全林业社会化服务体系，完善生态产品价值实现机制，为林业生态建设注入活力。

（四）围绕生态安全目标，着力抓好森林资源保护

采取严格科学的保护措施，实行天然林保护与公益林管理并轨，加强国家级公益林、地方公益林管理，全面落实管护责任。发挥森林资源保护长效机制，

推动森林资源保护执法的常态化、规范化，严厉打击乱砍滥伐林木、偷砍盗伐林木、毁林开荒、侵占林地等破坏森林资源的违法行为。牢固树立森林防火重于泰山的忧患意识，落实森林防火行政领导负责制和层级责任管理制度，严格执行森林防火责任追究制度，着力提升毕节市森林防火综合防控能力，巩固生态建设成果，确保森林资源安全。综合运用生物、人工、物理、化学等防治措施，把林业有害生物防治贯穿于林业生产全过程，着力促进森林防治工作由重防治向重预防战略转变，由治标向治本转变。采取封山育林、补植补造、森林抚育、近自然经营等科学培育措施，确保森林资源质量不断提高、面积不断增加、生态功能不断提升。

（五）围绕质量效益目标，着力抓好科技支撑工作

以提高森林质量，增加森林蓄积量，提升森林生态系统质量和稳定性，促进农民增收，助力乡村振兴为目标，强化科技成果和新技术的推广应用，统筹推进项目建设与科学研究，积极探索科技支撑林业高质量发展的新机制新模式。强化林业人才队伍建设，创新林业人才管理机制，加强森林保护、森林培育、林业技术推广、森林生态资源监测、林下经济和林业数据信息等林业队伍建设。拓宽人才培养渠道，努力在实践中培养造就人才，大力培养一批基层林业部门技能型人才，确保林业先进技术和先进理念在森林经营中得到充分应用，提高林业科技转化水平。

七、毕节试验区建设对其他地方提供的有益借鉴

毕节试验区被定义为“开发扶贫和生态建设并行发展”的试验区，自从建立以来，就开始探索如何在保护生态环境的基础上发展经济、摆脱贫困，经过

30多年的建设，取得了巨大的成绩，为我国和世界上其他贫困地区的治理提供了成功经验和有益借鉴。可以说，毕节试验区建设的成功是我国在贫困山区扶贫开发工作的一大创举，不仅对我国其他地区有借鉴意义，而且对世界上其他国家的反贫困斗争也有重大启发，具有“近期做示范、远期探路子”的战略意义和小实验、大方向的国际意义①。

（一）坚持生态建设不动摇是毕节试验区建设取得成功的主要法宝

过去，“贫困”是毕节的名片。自从毕节试验区建立以来，历届党委政府不畏困难艰险、咬住目标不放松，在党中央国务院、中央统战部、各民主党派中央、全国工商联以及兄弟省市的帮助下，群策群力，带领全区广大人民群众艰苦奋斗，转变观念，大力发展林业，同时积极争取国家各种项目的支持，如“3356”工程、长江流域防护林体系建设工程、三江源生态保护和建设工程、退耕还林工程、石漠化治理工程、中德财政合作项目、全球环境基金（GEF）项目、小流域治理工程等，推进生态建设。毕节试验区始终坚守生态和发展两条底线，经过30多年的奋斗，生态环境发生了翻天覆地的变化，山变绿了、水变清了、天变蓝了、地变净了，人也变富了，真正诠释了“改善生态环境就是发展生产力”和“绿水青山就是金山银山”的生态文明理念。

（二）风清气正的政治生态环境是毕节试验区建设取得成功的有力保障

毕节试验区建设经验表明，生态环境的改善不是一朝一夕的事，需要几代人的长期坚持和久久为功。在实践中，首先要坚持正确的生态文明建设思想，

---

① 陆恩永：《理性的探索：毕节试验区生态文明建设理论与实践》，《贵州社会主义学院学报》2018年第2期。

其次，人是最关键的决定因素，特别是坚强有力的党组织和领导干部。因此，毕节试验区生态建设实践过程中，各级政府积极营造风清气正的政治生态环境，培养了一大批善谋善战、有担当的领导干部，为试验区的生态建设和经济发展保驾护航。例如，党的十八大以来，毕节试验区各级纪检监察机关深入基层一线，广泛宣传党的政策、积极查找问题，及时掌握日常生产、生活中存在的违规违纪现象，形成了较强的震慑力，营造了干事创业的良好政治生态环境。改变部分干部错误的思想认识，通过解决“鸡毛蒜皮”的小事，让部分干部体察老百姓的现实需求，认识到民生无小事；通过环境保护督察问责等形式，扭转各级领导干部重经济轻环境的思想，使部分干部认识到了“抓好改革、抓好发展就是抓好项目、抓好招商引资”是错误观念，认真地对待生态环境问题。

（三）注重创新，激发和培育人民群众绿色脱贫致富的内生动力

毕节试验区在进行生态建设过程中，始终不忘人民群众脱贫致富的使命，充分发挥广大人民的聪明才智，立足地方实际，挖掘绿色发展的潜力。一方面，加大对农民的技术培训，注重种植业和养殖业的高效化和绿色化，不断提高农民的收益；另一方面，因地制宜发展林业生态产业，形成了特色经济林、林下经济、森林旅游的发展格局，成功探索出了“林药套种”“果药套种”等种植模式、仿野生栽培食用菌和中药材等模式、“林禽、林蜂”等养殖模式，打造出了“乌蒙山宝·毕节珍好”“黔林优选”等公共品牌和“大方天麻”“织金竹荪”“纳雍滚山鸡”等优势品牌。这样不仅使毕节的生态环境越来越优美，而且富裕了当地老百姓，极大地调动了人民群众发展绿色经济的内生动力，激发了人民群众脱贫致富奔小康的积极性和主动性。

专题三

新时期中国林业保护发展政策回顾与展望*

改革开放以来，中国林业建设蓬勃发展，在林业稳定与有序发展的基础上，完成从“减少”到“增长”的森林面积转变。党和政府先后出台的一系列政策是推动我国林业发展的关键。林业政策的科学演变反映出党和政府深入认识林业发展规律的过程。

一、我国林业保护发展阶段划分

林业作为生态建设主体和重要基础产业，对促进经济发展、优化生态和维护社会可持续发展具有重要作用。改革开放以来中国林业发展可分为 3 个阶段（胡运宏和贺俊杰，2012）：1978—1999 年为第一阶段；2000—2011 年为第二阶段；2012 年至今为第三阶段。

---

* 本专题作者为中国林业科学研究院林业科技信息研究所研究员、博士生导师何友均，中国林业科学研究院林业科技信息研究所副研究员赵晓迪。

（一）林业恢复发展阶段（1978—1999 年）

改革开放后，林业进入恢复发展阶段。党的十一届三中全会（1978 年）后，党中央、全国人大和国务院制定相关决策促进林业恢复发展，并成立国家林业总局。

1979 年颁布我国第一部林业大法《中华人民共和国森林法（试行）》（以下简称《森林法》），随后相继发布《中共中央、国务院关于大力开展植树造林的指示》（1980）、《中共中央、国务院关于保护森林发展林业若干问题的决定》（1981）、《中华人民共和国森林法实施细则》（1986）、《国务院关于 1989—2000 年全国造林绿化规划纲要的批复》（1990）、《中华人民共和国水土保持法》（1991）等，表明我国林业政策进入新阶段。

1992 年后，我国工业化和城镇化进程加快，环境污染日益严重。党的十四届三中全会（1993 年）提出市场经济条件下的林业发展，既注重经济又保护生态；1995 年《林业经济体制改革总体纲要》确立林业两大奋斗目标。1998 年，国家决定实施林业六大工程，标志着我国林业从以经济效益为主转向生态建设为主。

该阶段的林业政策总体为：从以单一木材生产为中心向生态和经济效益并重转变；林业政策系统基本形成（李兰英等，2004），实现“中央决策”到“地方政府积极参与中央决策”过渡；实施《森林法》，提高林业法制化程度。

（二）林业可持续发展阶段（2000—2011 年）

随着我国社会经济全面发展，人民生活水平不断提高，更倾向林业的生态需求。21 世纪初，近 300 名顶级专家规划了我国未来半个世纪的林业发展，形成“生态建设、生态安全、生态文明”的战略思想和“严格保护、积极发展、科学经营、持续利用”的发展方针。《全国生态环境保护纲要》（2000）、《退耕还林条例》(2002)、《中共中央、国务院关于加快林业发展的决定》(2003)等多项政策实施，标志着中国开始走生态建设为主的林业可持续发展道路。2009年6月的中央林业工作会议研究了新形势下林业改革发展问题，突出林业在实现生态建设、可持续发展和气候变化中的重要地位，标志着我国进入生态建设新时期。新时期的政策转变主要包括：《全国生态环境建设纲要》(2001)等凸显生态建设在林业政策中的重要性；2008年，中共中央、国务院《关于全面推进集体林权制度改革的意见》强调创新集体林业经营的体制机制，建设现代林业；六大重点林业生态工程实现了中国林业由以木材生产为主向以生态建设为主的历史性转变（涂成悦和刘金龙，2020）；《中华人民共和国可再生能源法》(2005)、《中国应对气候变化国家方案》(2007)等明确林业应对气候变化的作用。

生态建设方面注重生态效益和林业可持续发展，提高法制化水平和引导公众参与管理是该时期林业政策的特征。

（三）建设生态文明新时期阶段（2012年至今）

面对资源匮乏和生态环境污染等问题，党的十八大将生态建设作为“五位一体”总体布局的一部分，从国家层面确定生态文明的重要性。党的十九大提出参与全球环境治理，保护生态安全。此外，社会主要矛盾转变也表明人们追求更高质量的生态环境。

在党和政府的大力支持下，建立了较完善的中国林业政策支持体系和法律法规体系，开辟了中国林业改革发展与现代化建设新时代。2015年3月，《国有林区改革指导意见》和《国有林场改革方案》中阐明“绿水青山就是金山银山”和“人人都是生态文明建设者”。2015年9月，中共中央、国务院印发《生态文明体制改革总体方案》，指出要树立山水林田湖是一个生命共同体的理念，按照生态系统的整体性、系统性治理环境。随后，《关于加快推进生态文明建设的意见》（2015）、《林业发展“十三五”规划》（2016）、《国家林业局关于进一步加强国家级森林公园管理的通知》（2018）、《关于建立以国家公园为主体的自然保护地体系的指导意见》（2019）等政策实施，中国林业进入生态文明体制改革新时期。

党的十八大以来，高度重视林业建设在生态文明体系建设中的基础性作用。这一阶段我国森林面积与森林覆盖率也逐步实现“双增”，林业政策特征为：严守生态红线、统筹山水林田湖草沙系统治理、促进林业与国家公园融合发展和筑牢生态安全屏障。

二、我国林业保护发展政策演变分析

随着经济发展，我国逐步扩大林业保护与建设工作、加大财政投入，实施天然林资源保护、退耕还林、退牧还草、“三北”防护林等工程。林草投入政策、重点生态工程、林草重点改革、林草产业政策等确保林业生态保护的长期性和稳定性。

（一）林草投入政策

1. 公共财政政策

（1）森林生态效益补偿基金

1998 年修正《中华人民共和国森林法》，规定中央和地方均建立森林生态效益补偿，促进防护林和特种用途林营造、抚育、保护和管理。《国家林业局关于开展全国森林分类区划界定工作的通知》的发布引起首次林业分类区划界定，也成为林业分类经营和森林生态效益补偿制度的基础。致力于落实《森林法》和促进森林资源管护积极性，2001—2003 年财政部和国家林业局对省（11 个）、县（600 个）和国家级自然保护区（24 个）开展 2 亿亩重点公益林的 10 亿元试点；2004 年中央财政部署 20 亿元的森林生态效益补偿基金，每亩每年补偿 5 元，补偿面积达 4 亿亩。为发展现代林业和改革集体林权制度，《国家级公益林区划界定办法》将森林生态效益基金扩大到 52 亿元，补偿面积为 10.49 亿亩；2010 年补偿基金为 75.8 亿元，对不同权属的国家公益林实行不同补偿标准，国有为每年每亩 5 元，集体和个人所有为每年每亩 10 元。2012 年，我国国家级公益林总面积为 18.67 亿亩（其中国有 10.67 亿亩，集体和个人所有 8 亿亩），《天然林资源保护工程二期实施方案》中安排 109.3 亿元补偿基金。《国家级公益林管理办法》完善了国家级公益林分级管理和动态调整机制。2016 年，《林业改革发展资金管理办法》将森林生态效益补偿纳入林业改革发展资金范围。2016 年，《中共中央 国务院关于深入推进农业供给侧结构性改革加快培育农业农村发展新动能的若干意见》规定森林生态效益补偿包括符合条件的退耕还林；国有国家级公益林每年每亩补 10 元。2019 年，不同权属国家级公益林补偿均为每年每亩 16 元。地方财政可基于自身财力调整地方公益林补偿。

2001—2020 年，森林生态效益补偿累计达 1837.81 亿元。森林生态效益补偿基金制度的实施（2004—2020 年），改变我国无偿使用森林现状，有助于增加农林收入和推行森林分类经营。政策旨在改善人民生存环境并提高生活质量，巩固生态建设成果，保障林业建设持续、协调、健康发展，实现人与自然和谐共生。

（2）林业资金补贴政策

中共中央、国务院下发的《关于全面推进集体林权制度改革的意见》（2008）、《关于加大统筹城乡发展力度进一步夯实农业农村发展基础的若干意见》（2009）、《关于加快推进农业科技创新持续增强农产品供给保障能力的若干意见》(2011)、《关于加快发展现代农业进一步增强农村发展活力的若干意见》(2012)等政策规定建立造林、抚育、保护、管理投入补贴制度，对森林防火、病虫害防治、林木良种等给予补贴，完善林木良种、造林、森林抚育等林业补贴政策。

林木良种补贴。林木种苗是林业发展基础，具有保障林产品供给、推动生态建设等重要作用。1997年《林木良种推广使用管理办法》和2000年全国人大常委会通过的《中华人民共和国种子法》(以下简称《种子法》)为加强林木种苗工作提供法律保障。《关于开展2010年林木良种补贴试点工作的意见》安排2亿元林木良种补贴资金，由两部分组成：一是对国家重点林木良种基地和国家林木种质资源库补贴。为改善生产条件和提高生产能力，提供生产费用(良种培育、采集等)和管理费用(技术等)。种子园、种质资源库、采穗圃、母树林、试验林每亩分别补贴600元、600元、300元、100元、100元。二是对林木良种苗木培育补贴。弥补国有育苗单位因使用先进技术培育良种苗木而增加的成本，每株良种苗木平均补贴0.2元，特殊要求除外。2011—2013年连续发布《关于开展林木良种补贴试点工作的意见》，补贴资金累计达6.78亿元。2018年，林木良种培育补助5亿元。《国务院办公厅关于加强林木种苗工作的意见》《国务院办公厅关于深化种业体制改革提高创新能力的意见》《国家林业和草原局关于推进种苗事业高质量发展的意见》等既促进种苗事业发展，也为大规模国土绿化行动提供保障。

造林补贴。《关于开展2010年造林补贴试点工作的意见》安排3.15亿元造林补贴资金，开展20个省份的造林工作，加快我国造林绿化步伐。2011—2013年连续发布《关于开展造林补贴试点工作的意见》，对各省份进行补贴，补贴资金从5.5亿元增到28.51亿元，分成两部分：一是造林直接补贴，即补贴造林主体。共两次拨款，检测成活率后当年拨70%，3年检查后再拨30%，其中人工乔木林、木本油料林、灌木林、水果、木本药材、竹林每亩补助分别为200元、200元、120元（或200元）、100元、100元、100元；改造林、迹地人工更新每亩补100元。二是间接费用补贴，即县级开展补贴造林工作必要的经费补贴。一次性拨款，金额为造林补贴总额的5%。

森林抚育补贴。2009年底，财政部、国家林业局坚持“相对集中、促进就业、自愿和公开”的基本原则，开展500万亩森林抚育补贴试点工作，补贴资金5亿元，推进林业发展方式转变。2009—2013年连续发布《关于开展森林抚育补贴试点工作的意见》，试点范围为全国所有省区（包括人工林公益林），补贴资金为58.11亿元，试点任务达5150万亩，且天保工程区国有中幼林的抚育补贴为每亩120元。补贴资金涵盖两方面：一是直接支出，包括劳务用工和机械燃油费等，省级林业主管部门批复抚育方案后先拨70%，验收后再拨30%。二是间接支出，包括作业设计、技术指导等，不得超过补贴资金的5%。2018年，有些部门对前一轮退耕还林补助政策到期的生态林连续补助5年，每年每亩补20元。森林质量精准提升工程有助于全国、省、县三级森林经营规划体系建设，提高森林抚育和退化林修复力度。

2010—2020年，林木良种培育补助共47.55亿元、造林补助共337.81亿元、森林抚育补助共670.05亿元，以党的十八大以来的补助资金占主导。林木良种、造林、森林抚育3项林业补贴政策推进国土绿化行动，夯实生态安全屏障。到2020年，我国森林覆盖率为23.04%，森林蓄积量达165亿立方米，每公顷森林蓄积量达95立方米，村庄绿化覆盖率达30%，主要造林树种良种使用率达70%，草原综合植被盖度达56%，较2015年新增沙化土地治理面积1000万公顷。

（3）林业保护补助政策

林业国家级自然保护区补助资金。2008年，林业自然保护区能力建设补助资金调整为中央财政补助地方专款。《林业国家级自然保护区补助资金管理暂行办法》规定补助资金为6000万元，而2013年达3亿元。2014年《中央财政林业补助资金管理办法》将林业国家级自然保护区补助资金并入林业补助资金，主要用于生态保护、修复与治理及临时管护人员劳务补贴等。《林业改革发展资金预算绩效管理暂行办法》建立资金使用管理和激励约束机制。2017年，林业补助资金更名为林业改革发展资金。《林业改革发展资金管理办法》明确提出国家级自然保护区资金用于国家级自然保护区（不含湿地类型）的生态保护补偿与修复等。

2008—2020年，国家级自然保护区补助共40.84亿元，党的十八大以来安排35.44亿元。《财政部关于下达2020年林业改革发展资金预算的通知》提出支持国家级自然保护区开展能力建设是国家级自然保护区的总体目标。

湿地保护补助资金与退耕还湿补助资金。据第二次湿地调查结果，我国共有8亿亩湿地（自然湿地7亿亩），占国土面积的5.58%。2010年中央财政设立湿地保护补助资金，用于国际重要湿地、湿地类型自然保护区及国家湿地公园的保护与恢复。2010年制定《中央财政湿地保护补助资金管理暂行办法》，一直到2013年，湿地保护补助资金共8.5亿元，湿地保护项目203个。2014年，财政部、国家林业局印发《中央财政林业补助资金管理办法》，废止《财政部国家林业局关于印发〈中央财政湿地保护补助资金管理暂行办法〉的通知》，启动退耕还湿、湿地生态效益补偿试点和湿地保护奖励等工作。《关于〈林业改革发展资金管理办法〉的通知》，取消湿地保护奖励支出。“十三五”以来，安排山西、内蒙古、辽宁、吉林等17省（区）137万亩退耕还湿任务；湿地保护与恢复资金53.56亿元。2014—2016年，补助资金共47.99亿元（湿地生态效益补偿、退耕还湿、湿地保护奖励、湿地保护试点与恢复补助分别补助13.49亿元、4.65亿元、11亿元、18.85亿元），2017—2020年补助资金为

46.6亿元。

现阶段湿地保护与退耕还湿补助政策的主要目标有二：一是支持湿地保护、恢复与退耕还湿；二是支持湿地生态效益补偿。在林业系统管理的国际重要湿地、国家重要湿地以及生态区位重要的国家湿地公园、省级以上（含省级）湿地自然保护区，开展湿地保护、恢复与退耕还湿，维护湿地生态系统的健康。因保护鸟类等野生动物造成湿地损失的应该给予补偿，调动保护湿地积极性。

沙化土地封禁保护试点补助资金。我国荒漠生态系统存在生态恶化、生物多样性降低等问题，这引起国家对荒漠化防治工作的高度重视。1991年国务院批复《1991—2000年全国治沙工程规划要点》；2000年实施京津风沙源治理工程等一批防治荒漠化工程，涉及京津冀晋蒙5省（区、市）75个县，总面积为4600万公顷。2001年《中华人民共和国防沙治沙法》第三十五条规定，因保护生态的特殊要求，将治理后的土地批准划为自然保护区或者沙化土地封禁保护区的，批准机关应当给予治理者合理的经济补偿。2005年《国务院关于进一步加强防沙治沙工作的决定》规定，征占用治理后的土地，必须严格履行相关审批手续，并由征占者给予治理者合理的经济补偿。2013年实施沙化土地封禁保护区试点，2015年《国家沙化土地封禁保护区管理办法》提出按照实际情况（重要性、危害程度、财力等）划定国家沙化土地封禁保护区，明确封禁保护区的管理体制、职责等事项。《中央财政林业补助资金管理办法》（2014）和《林业改革发展资金管理办法》（2016）规范了资金用途。两项《管理办法》均指出，主要补贴暂不具备治理条件的和因保护生态需要不宜开发利用的连片沙化土地。《国家沙漠公园管理办法》总结巩固防沙治沙成果，强调治理力度。2019年《在国家沙化土地封禁保护区范围内进行修建铁路、公路等建设活动监督管理办法》提出监管封禁保护区建设活动。随后，增加甘肃省、青海省和新疆维吾尔自治区3省（区）10个县级沙化土地封禁保护区，形成生态与经济并重的中国特色荒漠化防治道路。

2013 年，中央财政启动沙化土地封禁保护补助试点工作，补助资金范围包括：固沙压沙等生态修复与治理，巡护和监测设施购置，配套设施修建和维护，保护管理机构人员的劳务费等。截至 2020 年，补助资金累计 20.3 亿元，国家沙化土地封禁保护区为 110 个，封禁保护面积达 174 万公顷。

（4）林业防灾减灾补助政策

部门预算安排的防灾减灾资金。国家林业部门预算已安排森林航空消防飞行补助费、森林防火物资储备、预防、灭火与管理等经费。

边境森林防火隔离带补助费。我国边境森林防火隔离带共 3210 千米，在一定程度上阻隔境外火灾入侵。1994 年规定中央财政每年安排 500 万元开设内蒙古、吉林、黑龙江等省（区）的边境森林防火隔离带。1998—2008 年每年投入边境森林防火隔离带补助费 1000 万元；2013 年为 5000 万元，并将补助范围扩大到云南、广西、新疆等。2009 年《全国森林防火中长期发展规划》强调重点加强包括边境防火隔离带和草原防火隔离带在内的林火阻隔网建设。《全国森林防火规划（2016—2025 年）》将丹东市及所辖东港市、凤城市、宽甸满族自治县纳入森林火灾高风险区范围，作为今后重点建设区域。

林业有害生物防治补助费。20 世纪 80 年代初，建立森林病虫害防治补助费。2005 年至今，每年安排 2 亿元。该项资金用于购置药剂、药械、人工、检疫材料等费用。

林业生产救灾资金。2007 年，中央财政设立 5000 万元林业生产救灾资金。2008—2011 年，每年安排 6000 万元资金用于遭受洪涝、干旱、冰雹、大风等灾害后的生产恢复支出。随后，此项费用整合到农业生产救灾资金。

（5）中央财政林业科技推广示范资金

部门预算。安排国家林业部门预算，提高林业科技投入。

林业科技推广示范资金。2008年，财政部将预算安排的4000万元林业科技成果推广与示范项目资金划为中央补助地方专款，2009年起称为林业科技推广示范资金。2013年为4.3亿元，用于支持林业科技成果转化为现实生产力，该资金标准延续至今。

2. 林业基本建设投资

森林火险区综合治理项目、国家级自然保护区工程项目、林业有害生物防治工程项目、林木种苗工程项目、湿地工程项目等是林业基础设施建设主要项目。林区多位于偏远贫穷地区，其资金和管理压力大，基础设施和生物防治等现代化手段落后，林业生产水平低。同时，受气候变化影响，我国林业有害生物较频发，危害面积保持在每年1.78亿亩以上，约占乔木林灾害总面积的50%以上。入侵有害生物造成的损失达总损失的一半。

为提高我国项目管理水平和投资效益，2002—2004年国家林业局分别制定了《自然保护区工程项目建设标准（试行）》《林木种苗工程项目建设标准（试行）》和《森林重点火险区综合治理工程项目建设标准（试行）》。2008年修订《森林防火条例》，明确森林火灾防御、扑救与法律责任等。2018年《自然保护区工程项目建设标准》和《湿地保护工程项目建设标准》均强调既要保障工程质量安全又要促进技术进步。

《关于2007年林业有害生物防控体系基础设施建设项目中央预算内专项资金投资计划的通知》规定严控林业有害生物预防体系基础设施建设的投资方向。《全国林业有害生物防治建设规划（2011年—2020年）》构建与现代化林业相适应的监测预警、检疫御灾、防治减灾和服务保障四大体系。

3. 林业税费扶持政策

（1）税收政策

林业实行税收优惠政策，免种植业、养殖业和农林产品初加工业的税收，对林业公司的费用实行税前扣除的优惠政策。2004 年，我国正式取消农林特产税。

所得税。1983 年，我国实行利改税的工商税制改革，确立国有企业、集体企业、私营企业所得税。1984 年，大中型国有企业、私营企业分别采用 55%、35% 的比例税率，小型国有企业和集体企业采用从 10% 至 55% 的 8 级超额累进税率。1994 年实行新税制，全部类型企业均按 33% 的比例税率征收。《税收减免管理办法（试行）》（2005）和《税收减免管理办法》（2015）均指出林业企业所得税的优惠主体为种植林木、种子和苗木作物及林木产品初加工的所有企事业单位。

增值税。对农业生产和商业批发零售环节征收增值税，原木、原竹生产环节免税。《财政部、国家税务总局关于林业税收问题的通知》（1995）规定，对国有森工企业以林区三剩物和次小薪材为原料生产加工的综合利用产品，在 1995 年内由税务部门实行增值税即征即退办法。生产这种产品的企业应单独核算该产品的销售额和增值税销项税额、进项税额。《关于以三剩物和次小薪材为原料生产加工的综合利用产品增值税即征即退政策的通知》规定 2006 年 1 月 1 日—2008 年 12 月 31 日实行即征即退办法。林业企业单独核算该综合利用产品的相关税收。《关于以农林剩余物为原料的综合利用产品增值税政策的通知》规定 2009 年 1 月 1 日—2010 年 12 月 31 日对三剩物、次小薪材、农作物秸秆、蔗渣 4 类原料自产的综合利用产品由税务机关实行即征即退办法，2009 年、2010 年的退税比例分别为 100%、80%。

（2）育林基金制度

销售林产品环节征收育林基金。2009 年国家林业局联合财政部修订《育林基金征收使用管理办法》，规定育林基金征收标准不超过 10%，规范育林基金征收及管理。林业主管部门不得重复征收育林基金、也不能对进口林木单位和个人征收。中央财政对地方降低育林基金征收标准后造成财政减收的每年补贴13.96亿元。

4. 林业金融扶持政策

（1）林业贷款贴息政策

为规范林业贷款中央财政贴息资金管理，《林业贷款中央财政贴息资金管理规定》中指出2005年新增林业贷款项目申报中央财政贴息均按照此规定，2004年（含）以前仍按原《林业治沙贷款财政贴息资金管理规定》执行。2009年财政部、国家林业局联合出台新的《林业贷款中央财政贴息资金管理办法》，在以前规定的基础上，将非银行业金融机构，如小额贷款公司发放的林业贷款纳入贴息范围，刺激林农从事林业生产经营。林业贷款贴息率由原来2%提高到3%；要求地方财政建立相应的贴息政策，并将其纳入当地财政预算。该《办法》规定造林等种植业、林业龙头企业加工、养殖项目、林场苗圃和森工企业多种经营项目贷款的贴息期均为3年。林农和林业职工个人造林贷款的贴息期限延长到5年，促进林业生产活动积极性。

目前，林业贴息贷款由各类银行（含农村信用社和小额贷款公司，下同）根据《贷款通则》和有关法律法规自行发放，中国农业银行、中国农业发展银行和农村信用社是主要发放银行。林改后农村信用社是发放主体，2010—2013年发放金额都达贴息贷款总额的40%以上，其中林业小额贴息贷款占80%以上。林业贷款贴息政策包括林业贷款和林业基本建设贷款，2012年中央财政安排林业贷款贴息资金12亿元，林业基本建设贷款贴息1.38亿元，以林权抵押的新增贴息贷款为34亿元。仅2009—2013年，林业贷款贴息资金共47.7亿元。

林业贷款贴息政策总目标：深化集体林权制度改革、促进林业产业发展和林农就业增收、满足对林业贴息贷款的实际需求，更好地服务于林改和现代林业建设。

（2）林权抵押贷款

为了完成森林资源抵押，2004年国家林业局明确森林抵押对象、原则等并加大信贷扶持，4月福建省农村信用社联合社在三明市永安市完成首笔林权抵押贷款业务。2005—2006年，江西、浙江、安徽先后开展林权抵押贷款试点工作。2008年《关于全面推进集体林权制度改革的意见》规定发展林权抵押贷款。2013年，中国银监会[①]联合国家林业局发布《关于林权抵押贷款的实施意见》，林农和林业生产经营者可以用承包经营的商品林做抵押，实现森林资源变资本。《关于推进林权抵押贷款有关工作的通知》提出，福建省龙岩市、三明市的“福林贷”模式和浙江省丽水市“统一评估、一户一卡、随用随贷”的“林权IC卡”林农小额贷款管理模式应推广借鉴。

截至2020年，我国林权抵押贷款面积累计超过1亿亩，抵押贷款金额达6000亿元。林权抵押贷款拓宽林农生产经营的融资渠道，实现林农增收，也带动林业和农村金融信贷支农的发展。

（3）森林保险

在100多年前，森林保险已在瑞典、芬兰、日本、美国等地实行。1982年中国第一部《森林保险条款》为林业经营者提供风险保障。2009年，中央财政将福建、江西、湖南列为首批森林保险保费补贴试点省份，正式启动我国政策性森林保险。随后10年，森林保险制度和政策逐步建立、完善，推动了林草行业健康发展。

截至2019年，全国森林保险总面积达23.41亿亩，居全球第一，是2009年的10余倍。保险范围为26个省（区、市），共计34个参保地区和单位，覆

① 现为中国银行保险监督管理委员会，简称“银保监会”。

盖全国 81% 的省级行政单位。参保主体几乎涵盖所有林业生产经营主体，如林农、林业合作社、森林公园、自然保护区、国有林场等。

目前，遵循“政府引导、市场运作、自主自愿、协同推进”的森林保险补贴基本原则，地方和中央财政分别对生态公益林保险给予 40% 和 50% 补贴，对商品林保险给予 25% 和 30% 补贴。火灾险和综合险为主要险种，保险责任包括自然和有害生物灾害、疫病、疾病等。

2009—2019 年，我国森林保险的风险保障能力比之前增加 14 倍，达 15883 亿元。全国森林保险市场呈现“三升、两降”：参保面积、保费补贴、亩均保额较近 5 年均值分别上升 9%、12% 和 10%，平均费率、已决赔款分别下降 6% 和 9%，保障能力总体持续提升。森林保险推动了林业防灾防损制度和措施的进一步完善，成为林业风险管理的重要手段。

5. 其他投入政策

（1）社会资本投入

公共私营合作制（PPP）项目于 20 世纪 80 年代开始在我国实施，此后各地成功地建设了一批公共事业项目。《政府和社会资本合作项目财政管理暂行办法》指出，加强政府和社会资本合作项目财政管理，规范财政部门行为，保障合作各方合法权益。

截至 2016 年，林业 PPP 入库项目有 41 个，占入库总数 0.46%，金额 976.39 亿元，占总额 0.72%。依据林业 PPP 可将 41 个项目分为五大类，即林业生态扶贫（3 个）、生态恢复建设（2 个）、林业保护设施建设（3 个）、绿化景观提升（9 个）和国家储备林建设（24 个，占比最高）。

（2）国际金融组织贷款

20 世纪 80 年代中期，我国提出到 20 世纪末建立 1 亿亩速生丰产林的林业发展目标。1990—2001 年，我国先后开展世行贷款“国家造林项目（NAP）”

和“森林资源发展和保护项目（FRDPP）”，共营造用材林200万公顷，占总规划目标的30%，对国家木材资源建设有重要作用。1998年世界银行贷款“贫困地区林业发展项目（FDPA）”经过8年建设，已在我国中西部贫困地区的12个省（区）216个县（市），营造用材林、经济林、竹林66.45万公顷，惠及261万贫困人口。经1998年特大洪水，我国政府启动“林业持续发展项目（SFDP）”，缓解“天保工程”实施带来的尖锐的木材供需矛盾，增加林场和农户新的就业机会和收入。2010年实施世界银行贷款“林业综合发展项目（IFDP）”，由木材生产为主转向森林生态系统建设。2014年，我国首次与欧投行签订林业专项贷款协议，贷款2.5亿欧元。“林业综合发展项目（IFDP）”和“国家造林项目（NAP）”被世界银行评定为“非常满意”（项目实施质量最高等级）；“西北三省区林业生态发展项目”获亚洲开发银行“中国区优秀项目”。“国家造林项目”和安徽省项目被世界银行作为典范推广。2016年7月，欧洲投资银行贷款“珍稀优质用材林可持续经营项目”正式启动。2020年欧洲投资银行贷款宁夏黄河流域沙化土地可持续治理项目实施，以提高林草植被覆盖度、防护林质量、减轻沙化，也增强敏感生态系统应对气候变化的能力。

根据《截至2010年底我国林业共利用国际贷赠款15亿美元》报道，截至2010年，我国林业共利用国际金融组织贷款项目21个，总体上有序衔接、持续不辍。从世界银行贷款11.7亿美元、亚洲开发银行贷款1.55亿美元、欧洲投资银行贷款5000万欧元、全球环境基金赠款5100多万美元，仅世界银行贷款项目就带动了61.5亿元国内配套资金投资林业建设。仅2013年，7个国家储备林试点省木材基地利用国际金融贷款投资3.27亿元，建设面积24384公顷。“十三五”期间，我国林业利用国际金融组织贷款规模达7亿美元，新增造林面积和改造培育森林面积均为50万公顷。

（二）重点生态工程

1. 天然林资源保护工程

（1）背景与沿革

由于长期过度采伐和不合理经营，天然林资源锐减、生态环境恶化。经1998年特大洪水，《中共中央、国务院关于灾后重建、整治江湖、兴修水利的若干意见》明确要求“全面停止长江、黄河流域上中游的天然林采伐，森工企业转向营林管护”；党中央、国务院决定在云南、四川等12个省（区）国有林区开展天保工程试点，扩大天保工程范围和力度。2000年10月，国务院批准《长江上游、黄河上中游地区天然林资源保护工程实施方案》和《东北、内蒙古等重点国有林区天然林资源保护工程实施方案》，标志着天保工程全面实施。工程实施范围包括云南、四川、贵州、重庆、湖北、西藏、陕西、甘肃、青海、宁夏、山西、河南、内蒙古、吉林、黑龙江（含大兴安岭）、海南、新疆17个省（区、市）以及部分县级林业局，国有、森工企业等，工程一期期限为2000—2010年。2010年国务院第138次常务会议决定，继续实施天保工程二期，范围在原有基础上增加丹江口库区11个县（市、区）。

2014—2016年，先停止黑龙江森工和大兴安岭森工集团的天然林商业性采伐试点，再禁止东北、内蒙古等重点国有林区天然林商品性采伐，全面停止国有林场以及集体和个人天然林商业性采伐。同时，2016年在广西、江西、福建等省区开展补助试点。2017年，奖励补助范围扩大到16个省份。2019年《天然林保护修复制度方案》，规定天然林保护修复的总体要求、重大举措保障。至2019年11月，全国共完成公益林建设、中幼林抚育、后备森林资源培育、森林管护分别为366万亩、1249万亩、117万亩和17.32亿亩。

（2）政策措施

根据国务院批准的天保工程实施方案，中央财政对森林管护、社会保险、职工安排和生活保障、地方财政减收等实行补助政策，所需投入中央、地方分别负担 80%、20%。天保工程一期的补助政策：人工造林每亩补助为长江上游地区 200 元、黄河上中游地区 300 元，封山育林（草）每亩补助 70 元，飞播造林每亩补助 50 元，森林管护每年每亩 1.75 元。天保工程二期的补助政策：人工造林、封山育林、飞播造林每亩分别补助 300 元（2016 年提高到 500 元）、70 元、120 元。中央财政对国有林区中幼林抚育每亩补助 120 元，对东北、内蒙古重点国有林区后备资源培育中的人工造林和森林改造培育每亩分别补助 300 元、200 元（2016 年提高到 300 元）。2016 年天保工程职工社会保险缴费补助基数提高到当地社会平均工资的 80%，2017 年国有林区停伐管护补助为每亩 10 元。《天然林保护修复制度方案》指出对集体和个人所有的天然商品林，中央财政继续安排停伐管护补助。

2. 退耕还林（还草还湿）工程

（1）背景与沿革

人口快速增长及粗放农业生产方式，改变了大量森林草原湿地用途，山地丘陵土地垦殖率和耕种坡度趋高。大面积毁林开荒造成水土流失加剧，旱涝灾害不断。1998 年，党中央、国务院认识到水土流失的危害。2001 年 3 月，退耕还林工程列入《中华人民共和国国民经济和社会发展第十个五年计划纲要》。四川、陕西、甘肃 3 省率先开展退耕还林试点。2002 年，退耕还林工程全面启动。《国务院关于完善退耕还林政策的通知》政策文件和《新一轮退耕还林还草总体方案》规定 2020 年将实现约 4240 万亩具备条件的坡耕地和严重沙化耕地的退耕还林还草。《关于扩大新一轮退耕还林还草规模的通知》将退耕还林还草的陡坡耕地基本农田改为非基本农田，研究在陡坡耕地梯田、重要水源地及严重污染耕地退耕还林还草的需求。2017 年 5 月，国务院批准核减 18 个省份 3700 万亩陡坡耕地基本农田，扩大退耕还林还草规模。2019 年 10 月，又批准扩大 11 个省份贫困地区退耕还林还草规模 2070.42 万亩，新一轮退耕还林还草总规模达 1 亿多亩。

（2）政策措施

前一轮退耕还林还草。国家无偿向退耕农户提供粮食、生活费补助以及种苗造林补助费。长江流域及南方地区退耕地、黄河流域及北方地区退耕地每年分别补助原粮 150 元 / 亩、100 元 / 亩。退耕地每年补助生活费 20 元 / 亩。还草、还经济林、还生态林分别补助 2 年（2002 年前为 5 年）、5 年、8 年。1999—2007 年退耕地和宜林荒山荒地种苗造林按 50 元 / 亩补助。

粮食和生活费补助期满后继续对退耕农户直接补助。退耕地长江流域及南方地区、黄河流域及北方地区每年分别补助 105 元 / 亩、70 元 / 亩。每年 20 元 / 亩生活补助费继续直接补助给退耕农户，并与管护任务挂钩。还生态林、还经济林、还草的补助期分别为 8 年、5 年、2 年。

新一轮退耕还林还草。中央根据退耕还林还草面积拨付补助资金。财政部和国家发展改革委提供退耕还林补助 1600 元 / 亩（2014—2016 年为 1500 元 / 亩），分三次拨付，第一年、第三年、第五年分别拨 900 元 / 亩（含种苗造林费，2014—2016 年为 800 元 / 亩）、300 元 / 亩、400 元 / 亩；提供退耕还草补助 1000 元 / 亩，分两次拨款，第一年 600 元 / 亩（含种苗种草费）、第三年 400 元 / 亩。

3. 三北防护林体系建设工程

（1）背景与沿革

三北地区分布着我国八大沙漠、四大沙地和广袤的戈壁，总面积达 148 万平方千米，约占全国风沙化土地面积的 85%。该地区风蚀沙埋严重、沙尘暴频繁、流沙压埋，威胁村庄和交通等安全。黄土高原的水土流失尤为严重，制约三北地区经济社会发展。

1978 年，党中央、国务院决定在我国西北、华北、东北风沙危害和水土流失重点地区建设大型防护林——三北防护林体系建设工程（以下简称“三北工程”）。1979年成立三北防护林建设领导小组，协调解决工程建设问题。1988年，邓小平同志为三北防护林工程亲笔题词“绿色长城”。党的十五届五中全会指出，大力植树种草，推进东北、华北、西北防护林体系建设。《国务院办公厅关于进一步推进三北防护林体系建设的意见》指出，力争到2020年，三北地区森林覆盖率达到12%，沙化土地扩展趋势得到基本遏制，水土流失得到有效控制。《国家林业局关于深化三北防护林体系建设改革的意见》提出集中力量建设好200个左右的县级防护林，形成区域性防护林体系；随后《三北防护林体系建设工程计划与资金管理办法（试行）》规定资金用于调查、规划、设计等前期工作和科技支撑、封山（沙）育林、人工造林等。《三北防护林体系建设五期工程百万亩防护林基地建设管理办法》明确对百万亩防护林基地严格执行中央预算内投资计划程序管理，中央定额补助，地方配套。三北工程建设期限为1978—2050年，共73年，分3个阶段八期工程。第一阶段为1978—2000年，分一期（1978—1985年）、二期（1986—1995年）、三期（1996—2000年）工程实施；第二阶段为2001—2020年，分四期（2001—2010年）、五期（2011—2020年）工程实施。对接社会主义现代化强国建设“两步走”的战略部署，2021—2035年，为六期工程建设期；2036—2050年，安排两期（七期、八期）工程建设。

（2）政策措施

三北工程投资标准：自然封育、人工造林、人工种草、飞播造林、飞播种草分别为200元/亩、1680元/亩、500元/亩、200元/亩、160元/亩，防护林管护为每年20元/亩，防护林抚育提质、退化林修复、草原改良分别为400元/亩、800元/亩、350元/亩。

三北工程建设初期主要目标是在保护好现有植被的基础上，大力开展植树造林。二期工程后，调动群众投身工程建设的积极性，实现农林牧、土水林、带片网、乔灌草、多林种、多树种、林工商结合，增强工程建设的持续发展能力。三期工程后，防护林建设由点向面展开，致力于建成一批区域性防护林体系。四期工程后，实行全面质量管理的防护林体系。五期工程后，三北工程处于承上启下的特殊阶段，工程建设由数量型向数量质量并重、由分散治理向规模治理、由单一造林向造林和经营并重、由人工措施为主向人工措施和自然修复相结合转变，形成一条生产发展、生活富裕、生态良好的文明发展道路。

4. 京津风沙源治理工程

（1）背景与沿革

随着人口激增、北迁和农耕北上，京津冀地区自然植被难以生存，加之大风暴雨，沙丘活化、流动，草场退化和土地沙化。20 世纪 50 年代北京市沙尘最严重，春季沙尘日数平均多达 26 天。1995 年第一次沙化普查时，全市沙化土地面积达 87 万亩。之后，国务院批准《京津风沙源治理工程规划（2001—2010 年）》（以下简称“一期工程”），改善和优化京津地区的生态环境质量，并以点促面，稳步建设北京、天津、河北、山西、内蒙古 5 个省（区、市）的 65 个区县旗试点。2001 年，突出抓“三禁”（滥牧、滥樵、滥垦）工作，试点工作全面展开，试点达 75 个。2002 年 3 月，试点全面启动。《国家林业局关于加快京津风沙源治理工程区沙产业发展的指导意见》强调巩固工程建设成果，做好后续产业发展工作。《国家林业局关于切实做好京津风沙源治理工程区林分抚育和管护工作的通知》明确植被管护工作的要求。《关于印发京津风沙源治理二期工程林业建设项目技术规定的通知》规范技术、保证工程质量。据统计，一期工程共造林营林 708 万亩，植树 1.5 亿株；截至 2019 年底，二期工程完成造林营林 146.82 万亩，完成小流域综合治理 748 平方千米、人工种草 9 万亩，建成北京抵御风沙的第一道防线。

（2）政策措施

20年持续实行“三禁”和生态移民，开展人工造林种草、封沙育林育草和退耕还林还草等生物措施，小流域综合治理、工程固沙等工程和优化生产方式等，改善了京津周边地区的生态状况。坚持改善生态和改善民生相结合，各地因地制宜发展林业经济，如经济林果、中药材和林下经济等产业。

5. 野生动植物保护及自然保护区建设工程

（1）背景与沿革

野生动植物及其栖息地的保护和建设是生态环境保护的重要组成部分。目前，因城市扩张、农业开垦等活动，很多野生动植物遗传资源不断流失，其栖息地和自然生态系统恶化，保护与开发的矛盾日益尖锐。同时，自然灾害、野生动物疫源疫病也严重威胁野生动物种群，其中野生动物疫源疫病也威胁公共卫生安全。濒危和受威胁物种总数占脊椎动物和高等植物种类总数的10%～15%。我国于1956年引入自然保护区（苏联建立的一套保护自然生态系统和生物多样性的管理体系）。第一届全国人民代表大会第三次会议代表提出建立自然保护区议案，林业部①于当年10月提交保护区划定草案，提出自然保护区的划定对象、办法和地区。广东省肇庆市鼎湖山国家级自然保护区是我国第一个自然保护区，之后在长白山、西双版纳等地建立了我国第一批自然保护区，启动了我国自然保护区建设事业。1962年《关于积极保护和合理利用野生动物资源的指示》要求各省（区、市）人民政府在珍稀野生动物主要栖息和分布区建立保护区。1973年8月，通过《自然保护区管理暂行条例》，为我国制定自然保护区管理法规奠定基础。1994年10月国务院令第167号发布《中华人民共和国自然保护区条例》，该条例提供了保护自然保护区事业全面且权威

① 1998年改为国家林业局。2018年国务院机构调整，不再保留国家林业局。

的法律依据。《全国野生动植物保护及自然保护区建设工程总体规划》实施后，自然保护区建设得到快速发展。

2010 年、2013 年国务院办公厅分别下发《关于做好自然保护区管理有关工作的通知》和《关于国家级自然保护区调整管理规定的通知》，规范自然保护区的建设和管理工作。截至 2018 年底，我国已建立自然保护区 2750 处（其中国家级 474 个），总面积达 147 万平方千米，约占我国陆地国土面积的 15%。全国自然保护区涵盖我国 100% 的陆地生态系统类型，保护 90% 以上的野生动植物，在保护生物多样性与维护国家生态安全等方面发挥关键作用。

（2）政策措施

《国务院办公厅关于健全生态保护补偿机制的意见》提出关于国家级自然保护区等禁止开发区域的生态保护补偿政策，2019 年将其纳入国家重点生态功能区转移支付范围。同时，《关于建立以国家公园为主体的自然保护地体系的指导意见》（2019）要求按“山水林田湖草”共同体理念，实施自然保护地统一设置、分级管理、分区管控，形成以国家公园为主体、自然保护区为基础、各类自然公园为补充的自然保护地管理体系。

为实现 2020—2022 年林业改革发展资金关于支持国家级自然保护区开展区能力建设的总体目标，落实了《自然资源领域中央与地方财政事权和支出责任划分改革方案》政策，统筹加大对国家级自然保护区建设的支持力度。积极培养招收专业人才，支持保护区发展。

6. 重点地区速生丰产用材林基地建设工程

（1）背景与沿革

21 世纪，世界各国高度重视木材安全。我国木材消费量大、依赖进口，全面实施天然林保护工程加剧木材供需矛盾，建设速丰林基地是根本出路。

2002年7月，国家发展计划委员会[①]批复了《重点地区速生丰产用材林基地建设工程规划》，同年8月，国家林业局在北戴河召开工程启动会，正式实施速丰林基地建设工程。《关于调整人工用材林采伐管理政策的通知》和《关于完善人工商品林采伐管理的意见》放宽人工用材林采伐限制，推动速丰林工程健康发展。2006年12月，国家林业局与国家开发银行签订《开发性金融合作协议》，提供80亿元贷款，扶持2004—2005年的重点地区速生丰产林基地建设工程和林纸（林板）一体化工程项目等。截至2004年底，速生丰产用材林基地建设工程涉及18个重点省（区），面积达22.45万公顷。

（2）政策措施

实施重点地区速生丰产用材林基地建设工程，满足对木材和产品的需求，也减轻森林资源保护的压力。在建设目标上，追求木材产量和经济效益的最大化，注意加强生态环境管理；在经营方向上，突出市场经济规则；在资金来源上，以市场融资为主；在管理方式上，政府突出协调和服务职能。

7. 沿海防护林体系建设工程

（1）背景与沿革

沿海地区经济最发达、城市化进程最快、人口最稠密，是带动我国经济社会发展的“火车头”；因地处陆海交替地带，易发生台风海啸、洪涝干旱、风沙海雾、低温干热等灾害，威胁人们生命安全和制约经济发展。1988年批复《全国沿海防护林体系建设工程总体规划》，开启沿海防护林工程试点建设。1991—2000年，沿海防护林列入林业重点工程，沿海11个省（区、市）的195个县（市、区）全面实施工程建设。2005—2006年，国家林业局将二期工程规划建设期限延长至2015年，扩大工程建设范围与内容。《全国沿海防护

① 2003年改组为国家发展和改革委员会。

林体系建设工程规划（2006—2015年）》《全国沿海防护林体系建设工程规划（2016—2025年）》提出继续保护和恢复一级基干林带（红树林为主），完善和拓展二级、三级基干林带，开展纵深防护林建设。

（2）政策措施

一是加强组织领导，强化工程建设组织领导以保证工程完成。二是统筹用地管理，落实基干林带建设用地是沿海防护林体系的核心，也是防灾减灾的重要屏障。三是广泛筹集资金，资金及时、足额投入与安全使用。四是强化科技支撑，提高沿海防护林体系建设水平。五是加强法制建设，做到有法可依，沿海防护林体系建设是国家重点生态建设项目。六是大力宣传引导，提高工程影响力。

8. 湿地保护与恢复工程

湿地保护与恢复工程包括湿地保护工程、湿地恢复工程、可持续利用示范工程和能力建设工程。

（1）背景与沿革

随着对湿地资源依赖程度逐渐提高，大量湿地及其生物多样性被损害。因泥沙淤积及过度开发等造成部分重要自然湿地被持续破坏，原大中城市污染沿河流扩展威胁更多自然湿地及动植物资源。目前，自然湿地数量减少、质量下降、生物多样性降低，且该趋势呈上升趋势，严重破坏湿地生态系统。党中央、国务院开展了大量湿地保护工作。《全国湿地保护工程规划》（2004—2030年）和《全国湿地保护工程实施规划（2005—2010年）》相继发布。2005—2010年，对湿地保护、湿地恢复、可持续利用示范、社区建设和能力建设等重点建设工程投资90.04亿元。《国务院办公厅关于印发湿地保护修复制度方案的通知》《全国湿地保护“十三五”实施规划》明确各省（区、市）湿地保有量任务，首次把湿地纳入生态护林员管护范围。2017年，国家林业局会同其他部门重点修改完善《湿地保护管理规定》《国家湿地公园管理办法（试行）》《国家湿地公园总体规划导则》等相关规定，编制国家湿地公园晋升的相关办法，从2017年起正式实行晋升制。同年，国家林业局等8部门印发了《贯彻落实〈湿地保护修复制度方案〉的实施意见》，标志着我国湿地保护从“抢救性保护”转向“全面保护”。

（2）政策措施

一是加强湿地保护的组织领导；二是推进湿地保护法规政策和制度建设；三是强化湿地保护工程管理；四是加大湿地保护科技支撑；五是加强湿地保护力度；六是建立湿地保护多元化投入机制；七是开展湿地保护宣传教育；八是加强湿地国际合作与履约。

9. 石漠化综合治理工程

（1）背景与沿革

我国西南地区岩溶地貌分布广泛，以云贵高原为中心，涉及贵州、云南、广西、湖南、湖北、重庆、四川、广东8个省（区、市）。由于过垦、过樵、过牧和不合理开发等原因，造成严重石漠化，导致水土流失加剧、耕地资源减少、扶贫开发难度加大。这制约当地经济和社会可持续发展，危及长江流域、珠江流域的生态安全，成为西南地区最严重的生态问题。

《岩溶地区石漠化综合治理规划大纲（2006—2015年）》确定石漠化综合治理工程建设的目标、任务和保障措施，根据“以点带面、点面结合、滚动推进”的工作思路对100个石漠化县开展试点工程。2009年，国家林业局组织印发《岩溶地区石漠化综合治理林业专项规划（2006—2015年）》，规定植被管护、封山育林育草、人工造林、低效林改造、发展生态旅游业、科技支撑体系建设6项内容。2011年石漠化综合治理全面推进，并扩大规模。2008—2013年，共安排投资77亿元。2016年发布《岩溶地区石漠化综合治理工程

"十三五"建设规划》(以下简称《规划》),提出重点对以长江经济带、滇桂黔等区域的集中连片特殊困难地区为主体的200个石漠化县实施综合治理。

(2)政策措施

一是切实加强组织领导。认真履行职责,落实目标责任。二是加大多元化资金投入。确保植被恢复项目投资占国家石漠化综合治理工程项目投资的50%以上,利用市场机制鼓励社会各种主体参与治理,形成多元化投入。三是发展林下经济。引导石山区群众因地制宜发展林禽、林牧、林药等林下经济,促进农民增收。四是强化森林资源保护。对已经达到有林地或灌木林地的潜在石漠化地块也需要进行长期管护,致力于从灌木型向乔木型演替,形成更丰富、更稳定的森林生态系统。严禁石山林木的采伐和严厉打击非法破坏植被行为。五是提高治理科技含量。研究石山造林树种选择、治理模式、造林技术等,形成科学有效的治理和运行机制。

(三)林草领域的重大改革

1. 集体林权制度改革

(1)背景与目标

中华人民共和国成立以来,我国一直探索集体林权制度。随着社会主义市场经济体制的逐步建立,集体林产权虚置、农民经营主体地位不落实等问题突出,制约林业生产力和抑制农民发展林业积极性。林业是国民经济链条上的弱势产业,43亿亩林地尚未解决13亿人的用材问题,也没满足社会对生态的需求。"林业弱、林区困、林农穷"成为我国"三农"问题的新瓶颈。同时,占我国总人口56%的山区人口,其收入水平相对较低。农村实行税费改革及农业税减免政策后,粮农负担得到缓解,越发显出林农负担较重。2008年《关于全面推进集体林权制度改革的意见》颁布,标志着林改全面推进。总目标是在保持林地集体所有制不变的前提下把林地的使用权交给农民，农民依法享有林木所有权、处置权、收益权。5 年左右基本完成明晰产权，并通过改革完善政策、服务、管理，逐步形成集体林业的良性发展机制，实现资源增长、农民增收、生态良好、林区和谐的目标。2016 年，《国务院办公厅关于完善集体林权制度的意见》出台，坚持和完善农村基本经营制度，放活林地经营权，推进集体林权规范有序流转、集体林业适度规模经营，创新产权模式和国土绿化机制，完善社会化服务体系，调动发展林业积极性，实现生态、经济和社会效益。

（2）改革举措

2008 年后，一是安排集体林权制度改革工作经费补助。共补助 34.6 亿元，每亩 1 元（2010 年后对西部地区追加补 0.5 元）。二是扶持发展农民林业专业合作社。财政部安排每年补助农民林业专业合作社（含林业合作组织）5.6 亿元。三是林业机械纳入农机购置补贴范围。2010 年有 32 种林业机械纳入了补贴范围。

2016 年后，一是稳定集体林地承包关系，明晰产权，加强合同规范化管理；二是放活生产经营自主权，落实分类经营管理，放活商品林经营权；三是引导集体林适度规模经营，积极稳妥流转集体林权，建立健全多种形式利益联结机制，加大金融支持力度；四是加强集体林业管理和服务，完善社会化服务体系。

（3）深化改革

一是开展林业改革发展综合试点。探索森林资源管理、林业产业高质量发展、林业金融创新等，支持项目安排、资金投入、人才培养、政策机制等。二是培育新型经营主体。培育家庭林场、专业合作社、龙头企业等新型经营主体，完善林权流转、收储、担保、贴息、分红等机制，通过“资源变资本、资金变股金、农民变股东”，增加农民产业增值收益。三是推进适度规模经营。拓展集体林权权能，鼓励以转包、出租、入股等方式流转林地，推行集体林地经营权流转证制度。创新“生态银行”、地役权机制，健全林权综合服务平台。

2. 国有林场和国有林区改革

（1）背景与目标

定位不清、体制不顺，人工就业开支压力大、社会负担重，大部分林场、管护站基础设施落后和林业职工生产生活条件艰苦，以及林场负债经营成为国有林场和国有林区改革发展的难题（曹子娟和罗诚，2018）。2015 年 3 月国有林场和国有林区改革正式启动。为了建立保护发展森林资源、改善生态民生、增强林业发展活力的国有林场和国有林区新体制，保护生态、保障民生、创新体制是其改革目标。致力于保护森林、湿地等自然生态系统，改善林场林区基础设施和生产生活条件，拓宽职工就业渠道，实现政企事分开，完善社会保障机制、社会管理体制和森林资源监管体制，转变发展方式，政府持续投入支持。

（2）改革举措

2012 年，对国有林场改革试点实行补助政策，对浙江、安徽、山东、江西、湖南、甘肃等国有林场改革试点给予 12 亿元补助；按照每名职工（包括在职和离退休）补助 2 万元、每亩林地补助 1.15 元的标准测算，补助 160 亿元，重点解决国有林场职工社会保险和分离办社会职能问题。2015 年《国有林区改革方案》和《国有林区改革指导意见》发布，标志着国有林场和国有林区改革正式全面启动。随后，深入实施以生态建设为主的林业发展战略，分类推进国有林场和国有林区改革，推动政事分开、事企分开，实现管护方式和监管体制创新，建立有利于保护和发展森林资源、改善生态和民生、增强林业发展活力的国有林场新体制。

截至 2021 年，各部门、各地区积极落实，做了大量卓有成效的工作，完成了各项改革任务，实现了保生态、保民生的改革目标。一是生态功能稳步提升。截至 2020 年底，全国国有林场共有森林面积 8.4 亿亩，森林蓄积量 38.1 亿立方米，超额实现了森林面积增加 1 亿亩以上和森林蓄积量增加 6 亿立方米以上的改革目标。通过全面停止天然林商业性采伐，国有林场每年减少森林资源消耗 556 万立方米，占改革前年采伐量的 50%。二是生产生活条件有效改善。累计改造职工危旧房 54.5 万户。职工年均工资达到 4.5 万元，比改革前的 1.4 万元增加了 220%；职工基本养老保险、基本医疗保险实现全覆盖，参保率由 75% 提高到 100%；通过发展森林旅游等特色产业和利用政府购买服务等途径，妥善安置富余职工 16 万人。国有林场场部饮水安全、用电难和出行难的问题基本解决。三是管理体制更加完善。国有林场数量由 4855 个整合为 4297 个，95.5% 定为公益类事业单位，核定编制 20.68 万个，设置了岗位，建立了职工绩效考核、管护购买服务和资源分级监管机制，主要精力聚焦于保护培育森林资源、维护国家生态安全。

（3）深化改革

国有林场：一是激发国有林场发展活力。建立健全职工绩效考核机制和资源分级监管机制，引导支持社会资本合理利用森林资源。二是推进国有林场绿色发展。培育珍贵树种和优良乡土树种，建设大径级、国家储备林基地，发展生态旅游、林下经济等绿色低碳产业（张海鹏，2015）。三是加强国有林场基础建设。加强管护用房、防火道路、信息化等基础建设，改善生产生活条件。四是加强人才队伍建设，拓展人才引入渠道，强化职工培训。

国有林区：一是建立健全国有森林资源管理体制。理顺国有森林资源管理体制、颁布森林资源资产有偿使用制度改革方案和编制国有森林资源资产清单。完善森工企业负责人任期森林资源考核和离任审计制度。二是全面加强森林保护和经营。编制经营方案、建立奖罚机制，严格管护天然林，科学生产人工商品林。三是着力保障改善民生。政府安排林区职工任务和生活，健全基础设施，并支持林区发展生态体验、冰雪旅游、林特产品加工等绿色产业。四是支持大兴安岭林业集团公司发展。推动建立公益类现代企业制度，健全完善法人治理结构，深化劳动、人事、分配制度改革，推动经济转型。

3. 草原改革

（1）背景与目标

我国广大草原地区逐步推行“草畜双承包”的家庭承包经营责任制。随着草原畜牧业迅速发展，家畜超载过牧现象十分突出，全国 90% 以上的草原出现不同程度退化。21 世纪初至党的十八大以前，实行依法治草和加强生态建设，禁牧休牧、草畜平衡等措施，草原生态有所好转，但总体退化趋势未根本扭转。实施草原改革政策，保证草原禁牧休牧轮牧和草畜平衡制度，转变草牧业发展方式，增加牧民收入与就业渠道，促进草原生态恢复和牧区持续发展，为建设生态文明、小康社会和维护民族团结稳定做出积极贡献。

（2）改革举措

2011 年开始，国家在内蒙古、西藏、新疆等 13 个主要草原牧区，实施草原生态保护补助奖励政策，对农牧民科学利用草原、开展草原禁牧、实施草畜平衡给予奖励补贴。

“十三五”期间，国家启动实施新一轮草原生态保护补助奖励政策，完善政策，提高补奖标准。一是将生产资料综合补贴和牧草良种补贴并入禁牧补助，提高到 7.5 元 / 亩；草畜平衡奖提高到 2.5 元 / 亩，增加牧民补贴收入，调动实行禁牧和限牧积极性。二是继续安排绩效评价奖励资金，奖励成果显著的区域，地方政府统筹草原管护、推进牧区生产方式转型升级。三是在半农半牧区实行“一揽子”政策，中央财政发放资金，河北、山西、东北三省自主统筹用于草原生态保护建设。同时，张家口市、承德市接坝区草原面积较大的区域被纳入，强化京津冀一体化发展的生态安全屏障。

（3）深化改革

一是优化草原生态修复项目政策。加快完善《林业生态保护恢复资金管理办法》，明确资金使用要求和范围、退化草原修复测算标准，确保项目工程建设有章可循、有规可依。二是研究完善草原补奖政策。2020 年是草原生态补助奖励政策的承上启下之年，谋划新一轮草原补奖政策实施内容、实施范围、考核标准、协调机制等问题。三是增设草原转移支付项目。增设天然草原质量精准提升补助（每年 300 亿元）、草原有害生物防治和监测预警补助（每年 31 亿元）、草原自然公园补助（每年 3 亿元）、草畜平衡示范县达标县奖励（每年 130 亿元）、国有草场补助（每年 103 亿元）等，力争每年草原方面投资增加 600 亿元。四是健全政策实施管理机制，履行相应职责。开展首轮政策实施成效监测评估，实地调研，及时发现实行中遇到的问题和基层困难，并提出政策建议。

4. 以国家公园为主体的自然保护地体系改革

（1）背景与目标

经过 60 多年努力，我国建立类型丰富且功能多样的各级各类自然保护地，具有保护生物多样性、改善生态环境质量和维护国家生态安全等重要作用。自然保护地建设管理存在交叉重叠等问题，这不符合新时代发展需求。2020 年提出国家公园及各类自然保护地总体布局发展规划，完成国家公园体制试点，设立一批国家公园，完成自然保护地勘界立标并与生态保护红线衔接，制定自然保护地内建设项目负面清单，构建统一的自然保护地分类分级管理体制。到 2025 年，健全国家公园体制，完成自然保护地整合归并优化，完善自然保护地体系的法律法规、管理和监督制度，初步建成以国家公园为主体的自然保护地体系。到 2035 年，显著提高自然保护地管理效能和生态产品供给能力，自然保护地规模和管理达到世界先进水平，全面建成中国特色自然保护地体系。自然保护地占陆域国土面积 18% 以上。

（2）改革举措

一是全面调查摸清自然保护地“家底”，编制自然保护地发展规划。二是科学制定国家公园设立标准和空间布局方案。2020 年正式设立一批国家公园。三是推进自然保护地体系整合优化工作。四是推进自然保护地法规体系建设。五是建设各类各级自然保护地“天空地”一体化监测监管网络体系。六是结合巩固拓展生态扶贫成果和有效衔接乡村振兴，组织开展生态搬迁试点方案编制工作，严惩违法活动。

（3）深化改革

一是合理布局国家公园。规范国家公园设立程序。2022 年，《国家公园空间布局方案》印发，遴选出 49 个国家公园候选区，总面积约 110 万平方公里，全部建成后，中国国家公园保护面积的总规模将居世界首位。二是健全国家公园管理体制机制。实行中央政府直接管理、委托省级政府管理，整合组建统一规范高效的国家公园管理机构和行政执法队伍。制定管理权责清单，建立多元化资金保障机制，逐步构建社区协调发展制度，推动形成国家所有、全民共享、世代传承体制机制。与科研院所共建国家公园研究院，打造国家公园领域高水平科技创新平台和决策咨询高端智库。三是提升国家公园生态功能。开展国家公园自然资源资产调查、确权登记和勘界立标，建立“天空地”一体化监测体系，实施自然生态系统保护修复、优势种群及栖息地恢复、生态廊道建设，开展科普宣传教育。

（四）林草产业政策

1. 生态扶贫

生态扶贫是中央精准扶贫、精准脱贫方略的重要组成部分。我国森林草原区、生态脆弱区、深度贫困区高度耦合，分布 80% 的深度贫困人口，是生态建设和生态扶贫主战场（宁攸凉等，2018）。《中共中央 国务院关于打赢脱贫攻坚战的决定》（2015）和《中共中央 国务院关于打赢脱贫攻坚战三年行动的指导意见》（2018）强调生态脱贫为重点，应用生态补偿扶贫、国土绿化扶贫、生态产业扶贫 3 个举措完善生态扶贫减贫政策体系。林草生态扶贫同时打好脱贫攻坚和生态保护两场战役，成果显著。生态护林员共 110.2 万名，管理面积近 9 亿亩，中西部 22 个省（区、市）组建扶贫造林（种草）专业合作社 2.3 万个，发展生态产业，带动 1600 多万贫困人口脱贫增收，4 个定点县脱贫摘帽。

2. 油茶等特色经济林

进入 21 世纪以来，全国经济林得到快速发展，但存在发展布局和产业结构不合理，社会化服务不健全，集约化程度、政策扶持力度和产业化水平不高等问题，严重制约我国发展特色经济林。《中共中央 国务院关于加快林业发展的决定》和《国家林业局关于发展油茶产业的意见》提出发展名特优新经济林，优化产业布局，重点发展油茶等木本粮油。《全国优势特色经济林发展布局规划（2013—2020 年）》提出重点帮扶木本油料、木本粮食、特色鲜果、木本药材、木本调料五大类 30 个优势特色经济林树种，推动新时期经济林产业持续健康发展。2022 年 12 月，国家林业和草原局、国家发展和改革委员会、财政部联合印发《加快油茶产业发展三年行动方案（2023—2025 年）》，提出力争 2025 年全国油茶种植面积达到 9000 万亩以上。

3. 林下经济

我国林地资源丰富，但林下大面积闲置土地资源。同时，林木生长周期长，导致林农承包林地后得不到收益。因此，如何在确保林地生态效能的前提下，挖掘林地资源潜力且发挥其经济效能，服务新农村建设与振兴成为林草部门的重要任务。2012 年以来，国务院办公厅发布《关于加快林下经济发展的意见》《全国集体林地林下经济发展规划纲要（2014—2020年）》和《全国集体林地林药林菌发展实施方案（2015—2020）》鼓励各地因地制宜发展林下经济。2019年新修订的《森林法》首次赋予林下经济法律地位，公益林和地方公益林适当发展林下经济；《关于科学利用林地资源 促进木本粮油和林下经济高质量发展的意见》提出科学利用林地资源（允许放置移动设备等），引导构筑高效产业体系，精深加工。合法的林下经济生产关键技术纳入国家科技计划，林下经济产业贷款纳入政府性融资担保服务范围。

4. 国家储备林

我国人多地少，森林覆盖率和每公顷森林蓄积量均低于世界平均水平，目前成为最大木材进口国和第二大木材消耗国，木材对外依存度高达50%，原木、锯材进口占全球的1/3以上，木材供需矛盾突出，制约我国经济社会可持续发展。2012年以来，在广西、福建、湖南等7省（区）国有林场，启动国家储备林建设试点。国家林业局先后制定《全国木材战略储备生产基地建设规划（2013—2020年）》《国家储备林划定办法（试行）》和《国家储备林制度方案》，明确国家储备林的范围、条件、标准和监测核查等内容。《国家储备林建设规划（2018—2035年）》扩大储备林范围面积、延长期限，实现优化布局。2020年《国家储备林贷款业务规程（试行）》提出国家开发银行国家储备林贷款业务的支持范围、部门职责。综合实施一批重大项目，规范融资项目管理，编制森林经营方案，健全工程系统化管理，带动贫困人口增收，并结合乡村振兴战略扩大国家储备林范围，强化金融产品创新，推行“林权抵押＋政府增信”等模式，建立国家用材林储备制度。截至2022年，我国10年来累计建设国家储备林9200多万亩，累计落实建设资金1400多亿元，国家储备林产出收入超1500亿元，年均蓄积增长量约10.8立方米/公顷。

5. 林产品加工与贸易

连续30年，我国森林面积和蓄积量均双增长，既增加木材供给又改善生态状况。同时，我国森林资源存在质量差、结构不合理等问题，目前木材进口压力也不断增加。解决木材和林产品供给和保障木材安全是亟待解决的重要课题。《关于以三剩物和次小薪材为原料生产加工的综合利用产品增值税即征即退政策的通知》规定对其实行增值税即征即退。《林业产业政策要点》和《林业产业振兴规划（2010—2012年）》强调林业产业扶持和指导，保持强劲势头（秦瑜，2010）。国家又一惠及林业产业发展和林产品贸易的政策措施是：2009年2月1日起，木制品等加工贸易限制类和禁止类目录39种木家具、胶合板和木制品从《商务部 海关总署公告2007年第44号》限制出口类目录中剔除。通过提升林产加工业，培育林业国家级现代林业产业示范园区和木材加工贸易区，优化林业产业布局，推进林业品牌建设和市场准入，采取重点扶持100家国家级林业重点龙头企业和十大特色产业集群、加快各类工业原料林基地建设等措施，打造技术先进、精深加工、质量过硬、循环节约的林产品加工与贸易产业。

6. 森林旅游与康养

20世纪80年代初，我国开始发展森林旅游业，随后呈现快速增长态势。随着人民生活水平提高，中国进入老龄化社会，城市病暴发等，人们对生活环境要求更高，也追求多样化森林旅游及健康养生（吴秀丽等，2011）。1980年，林业部发布《关于风景名胜区国营林场保护山林和开展旅游事业的通知》，要求自然资源丰富的风景名胜区及国营林场、自然保护区应发展森林旅游。2014—2016年，国家林业局先后发布《全国森林等自然资源旅游发展规划纲要（2013—2020年）》《关于大力推进森林体验和森林养生发展的通知》，规定森林旅游必须坚持“保护优先、适度开发”和“开发服从保护”的原则，大力支持森林康养产业发展。2016年，《关于公布第一批全国森林体验基地和全国森林养生基地试点建设名单的通知》决定开展18个养生基地试点建设。同年12月，国务院发布《“十三五”旅游业发展规划》，推出一批具备森林游憩、疗养、教育等功能的森林体验和养生基地。通过协调森林资源保护与利用，加大监管力度，建立“互联网+森林旅游”模式，结合中国文化打造人民群众满意的森林旅游产品。

森林康养是森林旅游的延伸与拓展，2017年中央一号文件提出利用“旅游+”和“生态+”等，推进农、林、旅游等产业融合。《关于促进森林康养产业发展的意见》提出培育特色森林康养基地。建设完备森林康复中心，森林浴，森林氧吧，森林食疗、药疗等服务项目，构建产品丰富与标准的森林康养服务体系。

7. 林草碳汇产业

第一次工业革命后，大规模燃烧化石能源、过度人类活动造成大量二氧化碳产生，全球气候变暖。应对气候变化，国际社会制定《联合国气候变化框架公约》（UNFCCC）、《京都议定书》和《巴黎气候协定》（赵爱云和卢琦，2000）。林草成为应对气候变化的一种最经济有效途径。2007年国务院颁布《中国应对气候变化国家方案》，提出实施植树造林等生态建设工程控制温室气体排放。2009年6月召开的中央林业工作会议指出，发展林业是应对气候变化的战略选择。2012年国家发展改革委发布《温室气体自愿减排交易管理暂行办法》，将林业项目纳入自愿减排交易管理。《林业应对气候变化“十三五”行动要点》和《林业适应气候变化行动方案（2016—2020年）》提出增加林业碳汇、湿地碳汇（保持全国湿地面积不低于8亿亩）。2020年，碳达峰、碳中和目标提出，林业应对气候变化的地位和作用提到新高度。随后“开展大规模国土绿化行动”“提升生态系统碳汇能力”纳入“十四五”规划，完善造林、抚育、保护的林业补贴政策，健全林业减排增汇金融支持体系，拓宽林业发展的融资渠道，建立我国生态产品价值实现机制，全面提升我国林业现代化建设水平。

（五）基础支撑体系

1. 法治体系

林草生态系统作为自然资源，具有直接和间接价值，但滥砍滥伐、滥捕滥杀野生动物和违法征占林地等行为却无法律制裁。可见，制定关于森林、草原、湿地等资源的法律体系尤为重要。党的十九届四中全会通过《中共中央关于坚持和完善中国特色社会主义制度、推进国家治理体系和治理能力现代化若干重大问题的决定》，完善林草立法体制机制和行政执法体制，并建立与司法协调配合机制。2013—2021 年，全国人大常委会审议通过多项关于森林（林权属、分类经营管理、森林资源保护、造林绿化、林木采伐、监督保障等）、草原（权属关系、规划、建设、利用、保护与监督检查等）、野生动植物（权责、管理及违法处理等）、防沙治沙（规划、权限等）、生物安全（八大风险、防控体制等）等的法律体系。2019 年，《最高人民法院关于审理生态环境损害赔偿案件的若干规定（试行）》中规定具备自然资源资产所有权部门可作为原告提起生态环境损害赔偿诉讼。

2. 科技创新

生态文明建设和科技创新工作受到高度重视，其中创新是我国现代化建设全局的核心，把科技自立自强作为发展战略支撑。但我国林业生产机械化程度低，资源保护、防治、设备和管理等手段落后，创新能力不高，科研平台不足，人才缺乏，故迫切需要林草科技创新，以推动林草产业转型升级。《全国沿海防护林体系建设工程规划（2016—2025 年）》强调科技支撑的重要性。《国家林业和草原长期科研基地规划（2018—2035 年）》指出构建林业长期科研基地。

《国家林业局促进科技成果转移转化行动方案》和《林业科技推广成果库管理办法》推动了林业科技成果转移转化。深化林业科技体制改革，以解决实际问题作为创新出发点，多学科、多地域协同创新，重大科技项目与科研技术推广应用，保护林业知识产权，加强林业科研机构能力、平台和人才建设，完善创新评价和激励机制，实现基础研究、应用开发、成果转化、产业发展的协同。

3. 信息化

全球进入智慧化新时代，信息化事业是中华民族伟大复兴的大事。近年来，快速发展的林业信息化促进林业产业发展，提升林业执政服务水平。但是信息共享和业务协同程度低、新技术应用支撑能力不足、感知体系不完善、数字鸿沟依然存在。新一轮机构改革对信息化建设提出更高要求。2009—2013 年，国家林业局相继发布《全国林业信息化建设纲要》《全国林业信息化建设技术指南》《全国林业信息化工作管理办法》和《中国智慧林业发展指导意见》，提出林业信息化建设的要求（管理、资金和人员等），向智慧化方向转变升级。2019 年《国家林业和草原局关于促进林业和草原人工智能发展的指导意见》，提出统筹指导林草行业人工智能应用，七大行动计划（资源监管、营造林监控与应急管理、综合办公、基础平台、林业经济运行、教育培训、技术自主创新）。2021 年又提出应用现代化信息技术（遥感、5G、云计算、大数据、人工智能）构建林草资源管护的长效机制和林草生态网络感知系统，实现动态监测、智慧监管和灾害预警。

三、我国林业保护发展政策成效和问题

（一）林业保护发展政策取得的成效

党的十八大以来，习近平生态文明思想成为推动林业保护发展的根本遵循。

在习近平新时代中国特色社会主义思想的科学指导下，加强生态修复、推进国土绿化、完成国家公园体制试点目标任务和深化林业草原改革，林业保护发展取得重要成就。

1. 自然生态系统稳定向好

推进山水林田湖草一体化保护和修复，稳步实施国土绿化、天然林资源保护、新一轮退耕还林还草、退牧还草、防沙治沙、湿地保护恢复、自然保护地建设、濒危野生动植物抢救性保护等重大工程，科学推进森林城市建设和乡村绿化美化，基本筑起国家生态安全屏障的骨架，全国自然生态系统稳定向好。第九次全国森林资源清查显示，森林面积 32.73 亿亩，每公顷森林蓄积 78.17 立方米；我国是全球人工林面积最大的国家（12 亿亩），对全球植被增量的贡献比例居世界首位；草原生态功能逐步恢复（38 亿亩）；国际重要湿地 57 处，全国湿地保护率达 52%，改善部分重要湿地生态状况，初步建立湿地保护体系；完成防沙治沙和石漠化土地治理 13 万平方千米，提前实现联合国提出的到 2030 年实现土地退化零增长目标；自然保护区面积达 147 万平方千米，居于世界前列，保护了 65% 的高等植物群落类型和 85% 的野生动物种类。大熊猫、朱鹮、东北虎、东北豹、藏羚羊、苏铁、兰科植物等濒危野生动植物野外种群数量逐渐增加。

2. 重大改革深入推进

自然保护地体制改革取得重大突破，中共中央办公厅、国务院办公厅印发了《建立国家公园体制总体方案》和《关于建立以国家公园为主体的自然保护地体系的指导意见》，实现一个部门统一管理、统一监管。完成三江源、武夷山、东北虎豹、大熊猫、海南热带雨林等国家公园体制试点目标任务，形成可推广的机制模式。完成国有林场改革主要任务，创新管理体制，共 4297 个国有林场（95% 以上为事业单位），国有林场森林面积和森林蓄积量分别净增 1.7 亿亩、6.1亿立方米，职工年均工资是改革前的3.2倍（4.5万元）。天然林停伐政策全面落实，累计减少森林蓄积消耗3100余万立方米；政企分开，完善森林资源监管体制，林区职工收入由2014年的2.64万元增长到2019年的4.3万元。全面深化集体林权制度改革，增强集体林发展活力，承包大户、家庭林场、林农专业合作社等新型经营主体辐射带动作用凸显。

3. 生态扶贫成效显著

坚持精准扶贫总方略，推动“生态补偿脱贫一批”，开展生态补偿扶贫、国土绿化扶贫、生态产业扶贫，形成中央统筹、行业主推、地方主抓的生态扶贫格局，带动2000多万贫困人口脱贫增收。落实中央财政生态护林员补助资金201亿元。安排新一轮退耕还林还草任务4489.38万亩（其中贫困地区占3457.16万亩）。大力推进木本油料、林下经济、森林旅游和特色种养等产业，截至2019年，油茶种植面积扩到6700万亩，国家林下经济示范基地370个，依托森林旅游实现增收的建档立卡贫困人口达110万，户均增收3500元。树立深度贫困地区林草生态脱贫样板（怒江州林业生态脱贫），完成滇桂黔片区扶贫和定点扶贫[①]。

4. 产业发展稳步推进

林草产业总产值超过8万亿元，形成林下经济、木材加工、森林旅游3个年产值超万亿元的支柱产业。林产品生产和贸易居世界第一，国家储备林面积达7000万亩，各类经济林产品产量达2亿吨，林下经济利用面积近5亿亩。市场主体持续壮大，国家林业重点龙头企业有519个，各类经营主体达94.6万个。2020年森林旅游与休闲人数达到38亿人次，国家森林康养基地150个，国家林业产业示范园区总数达16个，林业中国特色农产品优势区27个，林产

① 数据来源于《人民日报》。

品进出口贸易额增长到1800亿美元[①]。

5. 保障能力不断提升

“十三五”期间中央林业草原投入资金达6333亿元，比“十二五”期间增长28%。金融创新取得突破，会同国开行、农发行推出国家储备林专项金融产品，合同金额超过1380亿元，累计放款460亿元。林业贴息贷款1160亿元。中央财政森林保险补贴政策覆盖全国，保险面积达20.44亿亩。加快职能转变和简政放权，累计取消下放调整行政审批事项70项。林草法律制度体系基本形成，完成《森林法》和《野生动物保护法》等法律的修订。建成行业首个国家重点实验室和一大批国家级科技创新平台，取得重大科技成果5000多项，制定林业标准1099项，森林认证体系实现国际互认。不断健全森林草原防火体系，火灾损失整体维持在历史较低水平（平均森林火灾受害率低于0.1‰）。国家重点林木良种基地294处，累计生产林木良种185万千克，生产良种穗条6.7亿条。新建基层林业站房1290个[②]。

（二）林业保护发展政策存在的问题

1. 政策体系有待健全

林业政策执行力不强。首先，政策本身不完善，国有森林资源管理体制改革、集体林经营管理、森林草原湿地休养生息制度还未完全成熟；林业草原资源有偿使用制度、用途管制制度和损害赔偿制度、离任审计制度处于探索期。其次，政策执行效果不理想，各级林业管理机构统筹协调欠佳，政策考核评估不规范，缺乏监督反馈，影响政策实行和推进成效（王昆，2015）。

---

① 数据来源于国家林业和草原局网站、央视网。

② 数据来源于中国政府网，《“十三五”林草改革发展成就》。

2. 投入政策需要进一步优化

林业草原建设主要依靠国家投入，但投入相对不足。林业草原建设重点区域多为老、少、边、穷地区，经济相对落后，地方投入不足。森林、草原、湿地、沙化土地封禁保护、国家公园等自然保护地多元化、差异化生态补偿长效机制尚未建立。融资难、融资贵、融资期限短，绿色债券、生态基金和抵押贷款等金融产品开发创新不够（冯洁，2007）。林地抵押流转、森林采伐和林权收储担保等机制不完善，林业草原生态保护修复和社会资本投入生态保护修复缺乏市场化激励机制，意愿不强。

3. 传统生态工程建设要素单一

林草生态工程的规划、设计、组织、实施和管理等方面不完善：一是工程理念，没有完全体现综合治理、系统恢复的思路，没有完全坚持自然恢复为主的理念和遵循适地适树的原则，局部地区造林种草超出水资源承载力。二是建设目标，以前注重资源总量的增加，忽视质量要求。三是技术模式，以单一生态系统保护修复为主，较少考虑综合生态系统治理模式和技术措施。四是工程组织实施，“条线为主”，少考虑“条块结合”和重点区域为基本单元的重大生态工程。

4. 产业政策与市场规律适配性差

林业行业发展政策导向不明确，全球资源动态、产品价格指数、产品市场动态信息、创新发展和人才流动趋势研究信息等滞后，影响政策时效性和抑制产业水平快速提高，如我国林业采伐限额政策、森林生态效益补偿政策等。部分林产品处于价值链低端，产品趋同化严重，部分林产品产能相对过剩。此外，林业产业社会化服务体系建设滞后，产业组织化程度严重偏低。产业发展以传统生产要素投入为主，科技资本、品牌价值、现代物流及新兴市场手段应用缺乏（王心同，2008）。全国性专业林产品交易市场很少，已有市场也存在布局不合理、管理不规范、服务不到位等问题，影响行业持续稳定发展。

5. 林业治理体系亟待完善

对于山水林田湖草沙作为生命共同体的内在机理和规律认识不够，从系统性、全局性角度去谋划和推动山水林田湖草沙一体化保护和修复还不够，部分制度也不健全，“绿水青山就是金山银山”的实现途径和优质生态产品的价值转换路径还未打通，与建设生态文明要求还存在差距：基层林业草原机构力量、科技人才力量和执法治理能力薄弱，全国有 500 多个县没有林业草原机构，1/3 的地方未设林业工作站管理机构。

四、国际林业政策实践与启示

（一）美国林业政策及对我国的启示

1. 林业投资政策

美国联邦政府林业预算编制工作主要由总统管理，预算局负责。支出预算时由林务局提出预算方案，经核查后由农业部统一汇编出预算方案，交由总统审核，财政部不参与预算编制（刘红梅等，2007）。联邦政府林业投资分为可支配资金（森林和牧场研究、州和私有林、国有林、资产更新与维护、森林防火等）和强制性拨款（永久基金与信托基金）两类（Hans Gregersen et al.，2005）。

2. 财政扶持政策

美国林业财政扶持政策主要是指美国的林业基金制度，包括林业基金、造林补助基金和更新造林信托基金 3 类。

（1）林业基金

1919 年，美国根据《林业法》的规定设立林业基金。林业基金用于国有林发展，来源于国家财政，由联邦林务局和州林业部门提出预算，报联邦和州议会批准执行。美国政府投资防护林、城市森林、野生动物保护区、国家公园的森林、休憩林、风景观赏林及公有林的更新造林。美国对公有林采用收入全额上缴财政和支出全部由政府预算安排的方式（李红勋等，2010）。

（2）造林补助基金

美国的造林补助基金主要来源于联邦和州两级政府财政预算拨款，对私有林主更新造林给予50%（或75%）的费用补助。

（3）更新造林信托基金

更新造林信托基金来源于木材产品的进口税，主要用于国有林的更新造林和林分改良（刘萍和曹玉昆，2010）。

3. 税收减免政策

美国林业生产税都相对低于非林业生产，主要有所得税、财产税和采伐税3种。

（1）所得税

美国把企业或个人所得分为资本所得和一般所得两部分，分别按不同比率收税。林木培育者出售或采伐立木均按资本所得28%的税率收税，其他经营项目按一般所得征收46%的税，以扶持营林事业。

（2）财产税

美国法律规定，任何单位和个人都要向国家缴纳固定财产税（5%），但国有林的财产（林木及地产）免税。为鼓励私有林主造林，1980年美国国会通过了长期鼓励私有林主造林更新的免税政策，规定每个纳税人能免除1万美元的造林投资税，造林当年先退税9%，其余91%分7年退还，最高仅征收20%的长期所得税，比正常税率低8～14个百分点。此外，对造林费不超过1万美元的林主分7年扣除其造林费用10%的所得税。

（3）采伐税

美国对森林、石油、天然气、煤炭等资源的开采均需要征税。征收资源开采税有利于阻止森林资源的不合理或过度消耗、促进可持续经营（陈幸刚等，2003），也为森林经营者提供经费来源。美国森林采伐税普遍采用两种税率：一种是为单位材积或单位产品规定一个税款，按固定税款纳税；另一种是确定一个比例，按采伐木材价值的百分比纳税。此外，森林所有者采伐木材供自己家庭使用时免税。美国有 12 个州制定和实施森林采伐税法。此税收推动当地林业建设的发展。

4. 信贷优惠政策

美国各州的中小家庭农场一般都拥有森林，兼营林业。他们经济实力较弱，从私人银行得不到贷款，但美国政府为他们提供利率低（5%～6.5%）且贷款期限较长（1～7 年，或灾害 20 年）的专项贷款。

5. 生态补偿政策

因靠近河溪的牧地或河溪两岸的土地易发生土壤侵蚀，联邦政府《清洁空气法案》和《清洁水法案》规定河流和小溪岸边的缓冲地带必须保留一定宽度林带。美国联邦与一些州共同启动流域管理新项目，对自愿放弃农业生产而进行植被恢复的土地所有者提供 10～15 年的财政扶持，以保护生态脆弱的土地和野生动物栖息环境，恢复河岸缓冲区湿地，改善水质和减少土壤侵蚀。参与者可以选择种植护岸林（70% 租金补助）或管护草原缓冲带或湿地（50% 租金补助）（舒洪岚等，2006）。

6. 森林保险政策

灵活市场竞争机制有助于森林保险条款的多样化和合理性。例如，多家保险公司采取合保的形式来分散风险；根据保护措施、气候、树种耐火性、种植密度及其他因素等收取不同比率的保险费。政府鼓励和支持私人保险机构发展林业保险，向承办林业保险的私人保险公司提供30%的业务费补贴。因政府对林业大力投资，森林保险市场在国家森林资源的保护和有效利用方面发挥不可替代的作用[①]。

7. 贸易政策和技术壁垒

（1）《雷斯法案修订案》

2008年6月，《雷斯法案修订案》通过，规定公司必须承诺或声明不进口非法采伐的木材和产品，违反木材生产国法律的活动被视为非法，并严厉惩罚（解炜炜等，2008）。主要包括3项措施：一是禁止非法贸易。禁止来源于美国各州或其他国家植物及植物制品（林产品，如家具、纸、锯材）的非法贸易。二是要求进口商申报。进口商在进口木材或木材制成品（林产品）时都必须申报进口商品的基本情况，申报内容包括木材种属的拉丁名称、木材来源国、数量和尺寸、价值等，便于政府执法。三是建立处罚制度，包括没收货物和船只、罚款及监禁等（朱长岭，2011）。

（2）贸易保护措施

美国对于附加值低、劳动密集型的产品，大多采用反倾销保护措施。中国生产的衣架、铅笔、家具、强化木地板、普通胶合板、贴面胶合板、中密度纤维板等木制品均遭受过美国的反倾销调查。对一些与国内产业冲突较大的大宗产品，多采用反补贴或双反保护措施（解炜炜等，2008）。2006年11月，美国第一次使用此类贸易保护措施对中国出口产品铜版纸发起反补贴调查，共调查63种补贴（李卫东，2006）。

（3）其他技术壁垒

美国有关技术性贸易壁垒很多，目前与木材加工行业相关的技术壁垒主要

---

① 赵荣，陈绍志，胡延杰:《美国林业管理体系借鉴与启示》,《林业经济》2013年第2期。

是加州空气资源委员会（California Air Resources Board，CARB）认证、再生材料含量（Recycle Content）认证、室内空气质量（Indoor Air Quality）要求和合法采伐验证（Legal Harvest Verification）（杨馥宁等，2009）。

8. 对我国的借鉴与启示

一是切实明晰产权，搞活林业经营机制。借鉴美国明晰的林权制度和私有林管理模式（久玉林，2004；柯水发等，2010），赋予并切实保护农民长期稳定的林地承包经营权，在不违反法律规定、不改变林地用途的前提下，给经营者以充分的经营自主权。搞活林业经营机制，推动林业规模经营、集约经营，也切实保护流转各方的合法权益。

二是以法律为依据，构建森林资源法治化管理体系。学习美国依法治林的经验，尽快抓好林业法律、法规制度的建立健全工作，实现森林资源保护管理的规范化、法制化（赵铁珍等，2011）。同时，强化执法体系，加强基层执法队伍建设，坚持严格执法，加强森林资源与生态状况监测（宫丽彦和展洪德，2010）。

三是建立林业公共财政框架，制定优惠的资金扶持政策。根据我国森林资源总量不足、质量不高和分布不均现实，从构筑国家生态安全屏障、促进国家经济社会可持续发展的战略高度出发，更关注森林和重视林业，建立林业公共财政框架，经费全部纳入财政预算。

（二）日本林业政策及对我国的启示

日本有非常完善的林业计划体系，包括国家林业发展中长期发展规划（森林与林业基本计划）、全国性森林资源建设中长期规划（全国森林计划）、以县或国有林管理局为单位的森林资源建设中短期规划（区域森林计划）和以市町村或国有林经营单位为单位的森林资源建设规划等，具有非常规范的森林经营方案（施业计划）。近年来，为加强森林经营管理和加快林业发展，制定全国森林林业振兴计划。日本的林业政策主要围绕促进森林经营和国产材利用两个方面展开（陈绍志等，2019）。

1. 森林经营促进政策

为鼓励林农开展森林经营，日本政府制定一系列政策：一是加大林业补贴力度，如造林补贴、森林抚育补贴、林道建设补贴等。二是完善税费减免政策，如山林所得税、遗产税、不动产税、燃油税等优惠政策。三是提供政策融资，农林渔业信用基金、农林渔业金融公库等林业专业金融体系提供长周期、低利率的贷款（李春波和文冰，2009）。四是发展合作组织。扩大经营规模，引领分散农林所有者。五是推广森林保险。日本建立国营森林保险制度，补贴私有林保险费。六是促进绿色就业。日本建立完整的林业岗位培训和支持青年人投身林业的绿色就业制度，设立林业就业促进基金，以解决林业劳动力不足、年龄老化问题。

2. 国产材利用促进政策

为振兴林业和改善森林质量，日本政府使用经济补贴、制度约束、文化驱动等政策推进森林间伐和国产木材利用。21 世纪初，日本农林水产省提出《扩大利用木材行动计划》，鼓励国民使用国产木材，补贴私有林主森林间伐成本，建设林道，实行以木材边角余料为燃料的锅炉技术和林业机械化，还规定公共土木工程中国产木材的使用比例达 88%，高额援助森林综合利用项目（70% ~ 80%）。日本成立“木材利用推进中央协议会”，宣传传统木结构住宅优越性，继承“木文化”；研究扩大国产材利用、推进国产材出口的政策和策略，提高森林价值。2013 年给用日本国产木材来建造住宅的人积分奖励（可兑换家具、家电、地区通货等物品）；根据使用国产木材的量，每新建一户木结构住宅的积分大约在 20 万~ 30 万点（1 点 =1 日元），这项新制度目的是促进国产木材的利用率，搞活林业经济，也支援住宅市场（陈绍志等，2019）。

3. 对我国的借鉴与启示

日本林业行政历史悠久，林业的法律法规体系和管理体制比较完善。从日本林业管理体制看，有以下几点经验值得借鉴：

一是通过全国森林计划体系指导地方林业发展。日本有一套法律规定的森林计划体系，包括全国森林计划、区域森林计划、市町村森林整备计划等。所有林业政策都是围绕这一计划体系的实施展开，提高了政策的针对性和系统性（王昆，2015）。

二是国有林经营管理体制改革成效显著。日本的国有林自成体系，由农林水产省林野厅全权负责管理和经营。从1998年开始，日本彻底改革国有林经营管理体制，明确国有林的基本定位，改革管理机构和会计制度，合理处理债务，引入管理与经营分离的新机制，使国有林经营状况得到改善。

三是政策帮扶私有林发展。日本政府对私有林的扶持政策有：以财政补贴、信贷支持、税制优惠为核心的经济扶持；以促进抚育间伐、扩大间伐材利用为核心的经营管理促进政策；以森林国营保险和森林灾害共济事业为代表的风险抵御体系；以林业专业技术员和林业普及指导员为核心的技术服务体系；以IT技术应用为代表的信息服务等。

（三）德国林业政策及对我国的启示

德国是近代林业集约化经营的鼻祖，也是多目的利用森林的发源地。德国森林政策由联邦政府提供基本工作方针，各个州自行制定；森林施业方法全国统一（蔡登谷，2008）。德国林业政策分为4个时期：20世纪70年代以前，坚持以木材生产为主导。20世纪70年代后期，共同强调森林的经济效益、游憩利用和环境保护3种效应。20世纪80年代，提出“近自然林业”构想，以保护生态系统、改善林业经济收益。20世纪90年代，“近自然林业”的经营模式更成熟，对“近自然林业”或营造混交林的活动发放补助金政策，显著增加阔叶树的天然更新比例。至今，依然推行近自然林业，禁止皆伐、植保药剂、大面积排水和施肥以及用基因技术转变植物，优先促进天然更新和使用保护土壤的林业技术及木材采伐方法。

1. 预算制度

德国财政预算由总预算和单项预算组成，总预算是单项预算的汇总。同时，对于支出权限和义务权限分别做出预算。德国财政预算制度的一个重要特点，就是把5年财政计划作为每个年度财政预算的一部分，并划分2种支出权限。德国林业财政管理实行预算制度，由联邦政府和州政府分别给予40%和60%的投资，盈亏由国家包揽。实行森林经济、生态、游憩3大效益一体化，国有林主要承担生态和游憩效益任务，经济效益少，德国国有林经营长期亏损。为此，德国政府通过预算制度和实施经济扶持政策来保障国有林投资到位，确保国有林可持续发展。

2. 税收政策

德国实行联邦、州和地方3级课税制度，税收立法权和征收权主要集中在联邦，州级也有权开征某些地方性税种。

德国对私有林企业主和林农实行税收优惠政策，他们主要缴纳所得税、土地税、企业税、销售税和森林财产税。1966年联邦政府改革税制。目前，各种林业所有制的税不超过3%；森林采伐的销售税减为5%，远远低于其他行业；森林财产税按可持续经营原则确定，以林木每20龄级为一级进行评估和计税，起征点较低。多年纳税的私有林主所缴纳的税收，日后可在其养老金中提取使用。

3. 投资政策

德国为鼓励林业生产经营，实行多项投资优惠政策：国有人工林管理机构和人员行政经费及人工林经营管理经费均列入财政预算拨款开支；国有人工林经营利润不上缴，财政监督；林区建设经费列入国家计划拨款；森林采伐税收优惠，按实际采伐收获量价值的5%征税（其他行业为15%）；宣传免费等（Max Krott，2001）。

4. 补贴政策

德国的造林补贴办法有两种：一种是对再造林，更新、营造各种防护林者补贴造林费；另一种就是农地造林赔偿金，因为农地造林使农民失去原有收入且造林后较长时期无收益，支付赔偿金以调动私有农主造林的积极性，也对森林效益进行有价支付，促进森林可持续经营和保护生态环境（张天阳和刘凡，2014）。赔偿金以养老金的形式每年发放一次，由联邦和州政府共同承担（联邦政府60%、州40%），根据造林面积的多少决定赔偿金发放年限，最长可领取20年（印红等，2010）。

5. 对我国的借鉴与启示

一是林业可持续发展需要公共财政体系支持。中华人民共和国成立后，中国林业实现森林面积和蓄积量持续增长，获得一定成果。与德国相比还存在很大差距，中国森林质量较差，人工纯林多，林分平均单位面积蓄积量不高。德国森林平均生长量达10立方米/公顷，而中国乔木林平均生长量为3.85立方米/公顷，基础设施薄弱，森林病虫害和森林火灾隐患突出。因此，可借鉴德国经验，建立完善的中国林业公共财政支持保护体系（杜莉高和高振勇，2007）。

二是以建立现代林业产权制度为核心推进集体林权制度改革。德国是世界林业发达国家，其土地所有权明确，林木与林地权属统一，产权明确，私有物权长期稳定不变（陈柳钦，2008）。中国可借鉴其经验推进集体林权制度改革。中国人多地少，农业人口占主导，土地是生存资源，也是发展资源。农民享有平等的家庭承包经营权，保护农民用益物权，有助于促进林业发展和生态保护。

加快集体林权制度改革，需要逐步形成现代林业产权制度，增强林业发展活力和动力。

三是以政企分开为突破口改革国有林经营管理体制。德国国有林经营管理体制改革采用“政企分离”模式，林业行政管理机构不直接经营国有林，由具有独立法人地位的林业企业自主独立地经营国有林，接受职能机构监督，提高了行政效率和投入资金使用效率（刘勇等，2008）。进一步深化国有林改革，解决林地占中国林地总面积 40%、森林蓄积量占 60% 的国有林发展问题，可以借鉴德国经验。

五、我国林业保护发展政策改革方向建议

（一）完善林草政策体系

建立以林草发展战略规划为统领、以专项规划为支撑的林草规划体系，构建反映林草事业高质量发展的统计指标体系。林草高质量发展需要加快建章立制，着力构建和完善全国各级林草政策体系。全面推进山水林田湖草系统治理，发挥林草多种效益，同时注重政策制度执行和落实。

（二）调整优化林草投入补偿政策

按照中央和地方财政事权和支出责任划分，将林业草原保护发展作为中央和地方财政重点支持领域，切实加大资金投入力度。完善天然林保护、巩固退耕还林还草、草原生态奖补等政策，逐步提高森林、草原、湿地生态补偿标准，积极探索荒漠生态补偿机制，推动设立国家公园基金。建立生态产品价值核算评估体系，丰富国家储备林、油茶、竹产业等金融产品，引导社会资本参与生态建设。运用减免税费、专项补贴、贷款贴息等政策优惠，支持建立生态保护

修复 PPP 项目示范机制。强化资金监管，提高资金使用效益。

（三）制定科学推进大规模国土绿化政策

加快对接“国土三调”，在国土空间规划中科学安排绿化用地，充分利用坡地、荒地、废弃矿山等国土空间开展绿化，进一步规范公路、铁路两侧绿化占地，科学安排农田防护林网用地。合理安排年度国土绿化任务，改变粗放管理和拍脑门派任务行为，坚决实现落地上图精细管理，确保资金计划与图斑管理同步实施。坚持分类施策，南部、东部、中部地区要巩固现有成果，注重调结构、提质量；西部、东北地区是开展国土绿化的主战场，合理利用绿化空间，坚决打好生态脆弱区增绿扩绿攻坚战。积极推广使用优良品种，加强乡土树种草种培育，解决林分质量低和树种单一问题。

（四）完善生态保护和修复制度

落实《天然林保护修复制度方案》，加快建立全面保护、系统恢复、用途管控、权责明确的天然林保护修复制度体系，建设稳定健康的以林草植被为主的自然生态系统。健全草原产权制度，推进草原资源调查和确权登记。完善草原承包经营制度，规范草原经营权流转。落实《湿地保护修复制度方案》，完善湿地分级管理体系及相关管理办法。制定湿地负面清单，建立完善湿地监测预警机制和评价体系。落实《沙化土地封禁保护修复制度方案》，健全沙地用途管制和沙区植被保护制度。完善荒漠化沙化监测和重大沙尘暴灾害监测预警机制。将防沙治沙目标责任作为省级政府考核奖惩的重要内容。

（五）转变重大生态系统保护修复工程治理思路

统筹重大生态系统保护与修复，科学布局和组织实施三北、天保等重大工程。加大对重点工程建设的各级财政资金投入力度，加大对重点生态功能区转移支付力度。同时，引导社会资本投入和参与重大工程建设和管理，建立健全生态资源融资担保体系，创新绿色金融产品。

（六）实施区域性山水林田湖草沙系统治理

在黄河、长江、青藏高原等重大战略区域、重点生态区位，聚焦任务、突出重点、整合资金、竞争性立项，开展国土绿化试点示范，科学布局和组织实施一批区域性山水林田湖草沙系统治理示范项目。在黄河及北方防沙带，聚焦祁连山、秦岭、黄土高原、贺兰山、黄河三角洲等黄河上中下游，以及京津冀、内蒙古高原、河西走廊、塔里木河流域、天山和阿尔泰山等重点防沙区，实施山水林田湖草沙系统治理示范项目。在长江及南方丘陵山地带，聚焦横断山区、长江上中游岩溶石漠化地区、大巴山区、三峡库区、洞庭湖和鄱阳湖湿地、大别山区、武陵山区，以及南岭、武夷山、湘桂岩溶石漠化地区等，实施山水林田湖草沙系统治理示范项目。在青藏高原、东北森林带、海岸带等重点生态区位，实施山水林田湖草沙系统治理示范项目。

（七）统筹林草产业和乡村振兴政策

实行生态脱贫与乡村振兴衔接，促进林草发展与乡村振兴深度融合。支持有条件的地区将林草特色优势产业打造成县域支柱产业，发挥林草生态致富优势，确保帮扶人才队伍稳定。支持脱贫地区采取以工代赈方式开展林草基础设施建设，吸纳更多脱贫人口参与生态保护修复工程建设。拓展生态补偿致富途径。支持自然保护地管理机构开发公益就业岗位。稳定生态护林员政策，建立稳收益不返贫长效机制。

（八）全面推行林长制

落实《关于全面推行林长制的意见》，省、市、县、乡等分级设立林长制，草原重点省区建立林（草）长制。健全林长制工作机构：制定森林草原资源保护发展规划，落实保护发展林草资源目标责任制，协调解决区域重点难点问题，落实森林草原防灭火、重大有害生物防治责任和措施。建立林长制考核评价制度，对各省总林长和各级林长实行年度量化考核，考核森林覆盖率、森林蓄积量、草原综合植被盖度、沙化土地治理面积等规划指标和年度计划任务完成情况。

（九）创新生态产品价值实现机制

探索“绿水青山就是金山银山”的转化途径，支持浙江建设“两山”理念先行示范省，支持广西、江西开展产业高质量发展示范省建设，培育一批重点龙头企业和知名品牌，提高产业产品竞争力。健全生态补偿制度和综合补偿机制，逐步提高森林、草原、湿地、荒漠和自然保护地生态补偿标准，推动设立国家公园基金。建立生态产品价值核算与应用机制，全面探索各类自然生态系统服务价值评估核算方法，引导和扶持生态产品价值评估机构发展，探索财政奖补对生态产品价值核算结果的应用。加强林草碳汇技术标准体系建设，推进森林碳汇、草原碳汇进入碳交易市场。

（十）完善林草应对气候变化政策

积极响应国家应对气候变化承诺的目标，提升生态系统碳汇能力，加快推进林草碳汇行动。统筹森林蓄积量 2030 年比 2005 年增加 60 亿立方米目标，保护恢复林草植被，提高生态系统碳汇增量。加强自然资源保护，严控森林火灾和有害生物灾害，加快生物质利用与替代，减少碳排放。加强林草碳汇计量监测能力建设。编制国家温室气体清单和自主贡献目标；建设国家碳市场制度，引导社会资本参与林草碳汇项目开发，指导开展林草碳汇交易和碳中和行动。

（十一）持续深化重点领域改革

贯彻落实党中央“保生态、保民生”重要指示精神，盘活集体林地资源，健全国有林场经营机制，理顺国有林区资源管理体制，推动各项改革系统集成高效。一是抓好集体林业改革发展综合试点，完善林权收储、担保、贴息、分红等机制，形成规模经营，创新生态产品价值实现机制，打通深化集体林权制度改革的“最后一千米”。二是把握改革节奏，积极稳妥推进国有林区深度改革，支持大兴安岭林业集团建立现代企业制度，创建国有林区改革示范样板。三是完善国有林场考核激励机制，以苗圃和苗木基地建设为重点，在重点省（区）探索开展新一轮国有林场改革试点工作，增强国有林场发展活力。

（十二）完善林草法律法规体系

加强林草法制建设。建设以国家公园为主体的自然保护地体系法律制度，开展《草原法》《森林法实施条例》《森林防火条例》等法律法规修订，及时补充相关配套制度。建立林草公职律师队伍，创新林草普法工作。坚持依法行政，强化执法，编制发布权责清单。在市、县两级组建林草执法队伍，统一行使林草行政执法职能，深入开展“绿盾”“绿卫”“绿剑”等专项打击行动。建立健全林草部门行政执法与公安机关刑事司法衔接机制，推进国家公园等自然保护地资源环境综合执法。

（十三）构建更加开放自信的国际合作体系

健全林草国际合作体系。加强对话交流，构建合作新格局，推动林草应对气候变化国际合作。加强多双边合作，深化与有关国际组织、国际金融机构合作以及与重点国家及区域机制的交流合作。推进林草民间国际交流合作，重点支持国际竹藤组织和亚太森林组织发展。加强国际公约履约和谈判，提升我国林草在国际上的影响力和话语权。建立健全国际履约部际协调机制，深化国际公约履约和国内林草改革发展工作融合机制。推进“全球森林资金网络”办公室和荒漠化公约亚洲区域办公室落户中国。

专题四

毕节试验区森林质量及林下经济发展评估*

1988 年 6 月，国务院批准毕节试验区成立，旨在探索一条贫困山区“开发扶贫、生态建设”的可持续发展道路。随着生态环境的恢复改善、林下产业的迅速发展，毕节试验区林业发展已从追求数量增长进入数量、质量、效益并重的新阶段。

一、毕节试验区林业发展现状分析

本节对毕节试验区的森林资源发展现状和林下经济经营效果进行初步分析，旨在整体把握当前毕节试验区的林业发展情况，为后续具体分析和评估夯实基础。

* 本专题作者为北京林业大学经济管理学院教授、博士生导师，农林业经营管理虚拟仿真实验教学中心执行主任薛永基；北京林业大学经济管理学院硕士研究生杨晨钰婧。

（一）试验区森林资源现状

毕节试验区拥有丰富的森林资源禀赋和良好的生态环境条件。近年来，试验区森林资源的储量与质量稳步提升、森林面积不断增加、森林覆盖率逐步提高。但试验区的石漠化问题仍未得到有效治理，生态环境依旧脆弱，仍需要持续推进生态修复工作。

1. 森林面积增速明显，森林覆盖率稳步提升 [①]

毕节试验区森林面积增长趋势明显。2019 年，毕节试验区林业用地面积 1775.4 万亩、森林面积 2273 万亩，增长率 3.3%。同时，毕节试验区森林蓄积量日益充足，截至 2019 年，毕节试验区林地活立木蓄积量达 5880 万立方米。

2019 年，毕节市森林覆盖率达 56.45%（见图 4–1），远超全国平均水平（22.96%）[②]，但仍然比贵州全省森林覆盖率平均水平（59.95%）低 3.5 个百分点。

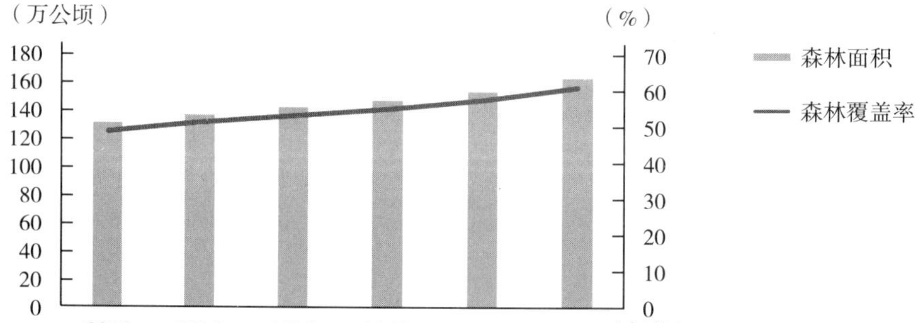

图 4–1　2015—2020 年试验区森林面积及覆盖率

资料来源：根据统计资料整理

① 数据来源：《2020 年毕节统计年鉴》第十三章（该段数据均为 2019 年数据）

② 数据来源：国家林业和草原局编撰的《中国林业和草原统计年鉴》。

试验区中的织金县（63.02%）、金沙县（61.89%）、纳雍县（61.69%）、赫章县（60.24%）森林覆盖率较高，均超过60%，而威宁县的森林覆盖率偏低，仅为46.93%（见图4-2）。

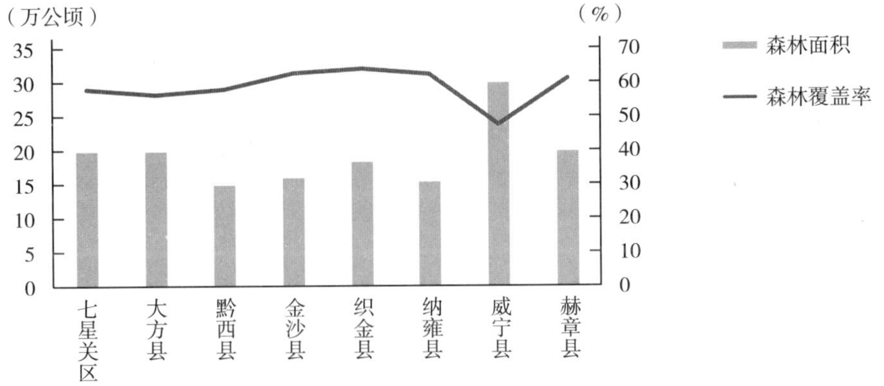

图4-2　2019年试验区各县区森林发展情况图

资料来源：根据统计资料整理

2. 多个工程共同作用，人工造林成效显著[①]

2019年毕节试验区共造林125万亩。从造林方式来看，人工造林是毕节试验区森林恢复的主要方式，2019年人工造林面积696406亩，占总造林面积的近56%，封山育林和退化林修复面积分别占比22.58%、21.71%（见图4-3）。

毕节试验区各项林业工程稳步推进，林业建设成效显著。2019年林业项目总计造林面积达1207373亩，占总造林面积的96.59%，其中天保工程75000亩、长防工程30000亩、中央造林443500亩、石漠化治理工程327875亩，共同推进试验区生态建设。

① 数据来源：《2020年毕节统计年鉴》第十三章（该段数据均为2019年数据）。

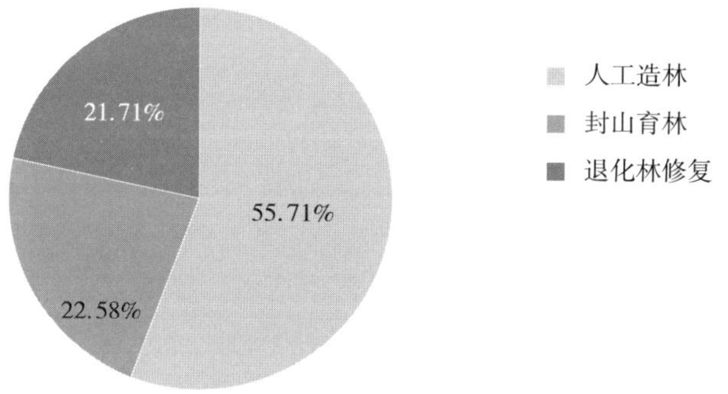

图 4-3　2019 年毕节试验区各造林方式造林面积占比

资料来源：根据统计资料整理

3. 森林公园及自然保护区存量丰足①

毕节试验区拥有多个自然保护区及森林公园，对森林生态系统的保护重视度较高。截至 2019 年，自然保护区总面积占全市总面积的 2.01%，共计 53932.4 公顷。其中，含 1 个国家级自然保护区（占全市总面积的 0.45%）、2 个省级自然保护区（占全市总面积的 0.80%）、7 个县级自然保护区（占全市总面积的 0.78%）（见表 4-1）。自然保护区内含高原湿地生态系统，并积极开展对国家一级保护鸟类、国家野生动物、国家珍稀或濒危植物的保护工作。

毕节试验区共建有 12 个国有林场，总面积为 4.21 万公顷，国有林场内树种以松、杉等为主，动植物资源较为丰富。其中纳雍县国有纳雍林场占地面积最大，为 1.25 万公顷，纳雍县国有化作林场次之（0.64 万公顷）（见表 4-2）。同时，试验区先后获国家林业和草原局保护森林和野生动植物资源先进集体、全国生态建设突出贡献先进集体、全国森林防火工作先进单位等称号。

① 数据来源：国有林场基本情况、自然保护区及湿地资源建设保护情况、森林公园基本情况统计表（毕节市林业局提供）。

表 4-1 毕节试验区自然保护区概况

名称	类型	级别	主要保护对象
贵州草海国家级自然保护区	湿地	国家级	黑颈鹤等珍稀鸟类及高原湿地生态系统
贵州百里杜鹃省级自然保护区	森林生态	省级	杜鹃及其森林生态系统
贵州纳雍珙桐省级自然保护区	野生生物	省级	光叶珙桐、云贵水韭、十齿花等国家级保护珍稀植物及其生境
威宁县黄杉县级自然保护区	野生植物	县级	国家二级保护植物黄杉及其森林生态系统
金沙冷水河县级自然保护区	森林生态	县级	森林生态系统
金沙福建柏县级自然保护区	野生植物	县级	国家二级保护植物福建柏及其森林生态系统
贵州省毕节市毕节罩子山县级森林生态自然保护区	森林生态	县级	森林生态系统
贵州省毕节市毕节乌箐县级森林生态自然保护区	森林生态	县级	森林生态系统
贵州省大方县福建柏县级野生植物自然保护区	野生植物	县级	国家二级保护植物福建柏及其森林生态系统
威宁县妥打白冠长尾雉自然保护区	野生动物	县级	国家二级保护动物白冠长尾雉及其生存环境

资料来源：毕节市林业局提供统计资料

表 4-2 毕节市国有林场分布情况

名称	面积（万公顷）	主要物种
毕节市七星关区白马山国有林场	0.47	松、杉木、桦木、方竹
大方县大海坝国有林场	0.14	华山松、杉木、柳杉、桦木
黔西市国有林场	0.15	华山松、马尾松、杉木、柳杉
金沙县石仓国有林场	0.09	针阔混交林
织金县国有桂花林场	0.30	杉木、马尾松、华山松、水青冈
纳雍县国有化作林场	0.64	华山松、杉木、柳杉
纳雍县国有纳雍林场	1.25	松、杉木等
赫章县平山国有林场	0.20	华山松、杉木、柳杉、野鸡、野兔

续表

名称	面积（万公顷）	主要物种
赫章县水塘国有林场	0.20	华山松、杉木、柳杉
威宁自治县国有沙子坡林场	0.34	华山松、云南松
百里杜鹃九龙山国有林场	0.09	松、杉木、杜鹃等
毕节市七星关区拱拢坪国有林场	0.34	柳杉、华山松、云南松、杉木、栎属、香花槐、杨树、红豆杉

资料来源：毕节市林业局提供统计资料

4. 试验区生态修复任务仍繁重①

总体而言，毕节试验区生态工作进行稳中有序。2019 年，毕节市积极开展生态保护修复行动，其中，列入贵州省乌蒙山区山水林田湖草生态保护修复重大工程项目共 5 类 63 个。从时间趋势上看，2015—2019 年毕节试验区石漠化年治理面积及年营造林面积保持平稳，2019 年石漠化治理面积和营造林面积分别为 169.82 平方千米、125 万亩。

但全市活立木蓄积量仍然较低。近年来，毕节市活立木蓄积总量增长，截至 2019 年，全市活立木蓄积量约 5900 万立方米，如图 4-4 所示。然而，从亩均角度而言，2019 年毕节市活立木蓄积仅为 3.19 立方米 / 亩（全国平均活立木蓄积为 5.9 立方米 / 亩）。同时，全市仍有石漠化地区未得到有效治理，试验区生态环境依旧脆弱，生态修复工作任重而道远。

① 数据来源：毕节市石漠化综合治理工程建设情况报告、毕节市新一轮退耕还林实施情况（毕节市林业局提供）。

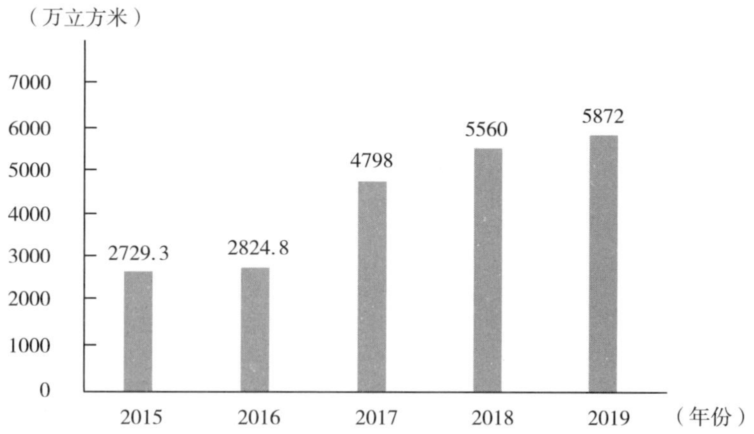

图 4-4 2015—2019 年试验区活立木蓄积量

资料来源：根据统计资料整理

（二）试验区林下经济发展现状

当前，毕节试验区林下经济发展模式多样、产融有效。整体而言，毕节市的林下经济发展在全国有良好的示范作用。

1. 林下经济概况及专业化布局

2020 年，毕节林业种植和培育带动发展产值 98.05 亿元，木材（含竹材）采运产值 0.25 亿元，林产品生产和加工产值 7.03 亿元，森林生态旅游人次 996 万，带动发展林业产值 42.93 亿元，如表 4-3 所示。

表 4–3　试验区林下经营情况（单位：万元）

	2018 年	2020 年
产值总计	3030074	1830578
一、林业种植和培育	945107	980489
（一）林木育种和育苗	50822	78931
（二）经济林产品种植和采集	858816	899892
（三）花卉及其他观赏植物种植	30671	1462
（四）陆生野生动物繁育与利用	4798	204
二、木材和竹材采运	6100	2538
三、林产品生产和加工	95351	70282
（一）木材加工和木、竹、藤、棕、苇制品制造	15280	12027
（二）木、竹、藤家具制造	57121	7398
（三）木、竹、苇浆造纸和纸制品	500	11104
（四）木制工艺品和木质文教体育用品制造	450	1782
（五）非木质林产品加工制造业	22000	37971
四、森林旅游	1723314	429295
五、其他	260202	346974
总产值中林下经济	–	262547

资料来源：根据统计资料整理

试验区以种植药材、食用菌、蔬菜、茶叶，林下养殖禽类、畜类和蜜蜂等为主，并利用森林公园、自然保护区、国有林场、湿地公园、休闲果园、城郊农家乐等开发利用森林景观，促进林下经济产业发展。现阶段试验区内林下种植分区较为明确：党参、半夏种植主要集中在试验区西部；天麻种植集中在试验区中部；南部和东部则分别开展竹荪种植、林下养殖。同时，试验区 4 个林下经济分区积极开展森林景观利用①。

① 陈泽劲：《唱绿色戏 织生态梦——毕节市林业生态建设成效扫描》，《源流》2021 年第 3 期。

2. 林果产业发展相对稳定[①]

近年来，毕节试验区果园面积增长明显，茶园种植面积保持稳定。果园面积从 2015 年的 44.06 万亩，增长至 2019 年的 177.10 万亩，尤其是 2018—2019 年果园面积增长率达 79.65%。茶园种植面积相对稳定，增幅不大，如图 4-5 所示。

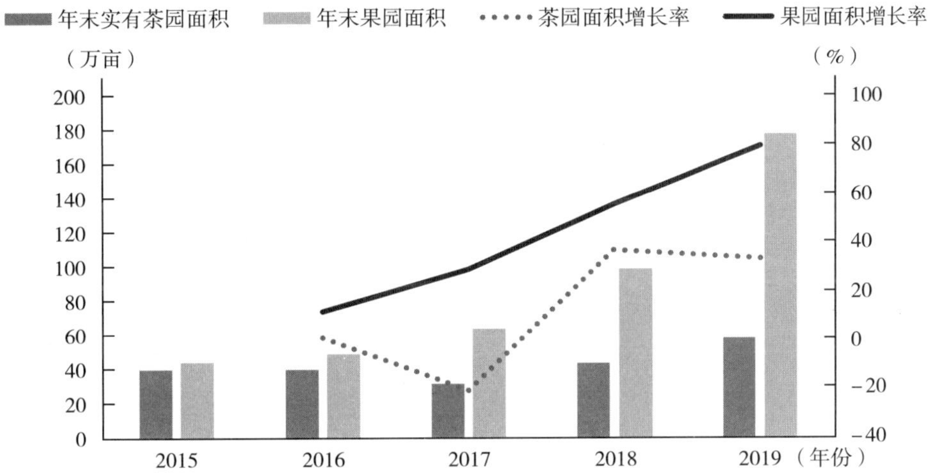

图 4-5 毕节试验区果园及茶园面积

资料来源：根据统计资料整理

从种植产量来看，试验区内园林水果产量及食用坚果产量稳步扩大。截至 2019 年试验区园林水果总产量达 43.32 万吨，其中苹果 14.57 万吨、梨 5.18 万吨、柑橘类 2.49 万吨、其他水果 21.08 万吨；食用坚果总产量 10.28 万吨，其中核桃 9.90 万吨，板栗 0.35 万吨，松子 0.03 万吨，如图 4-6 所示。

① 数据来源：《2020 年毕节统计年鉴》第五章；毕节市林业产业工作开展情况报告（毕节市林业局提供）。

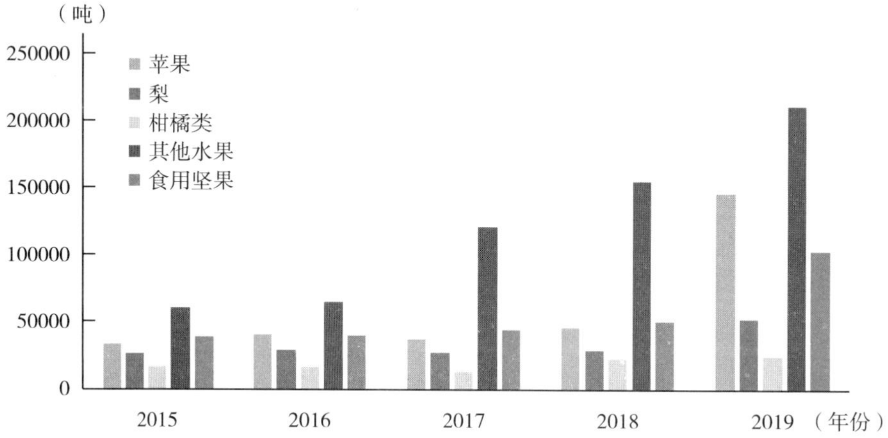

图 4-6　毕节试验区食用坚果及园林水果产量

资料来源：根据统计资料整理

3. 林下经济发展助力生态脱贫[①]

毕节市林业产业发展是助推脱贫攻坚与乡村振兴有效衔接的重要抓手。一方面，毕节市林下种植业的发展助力农户增收。2020 年毕节市通过刺梨、皂角种植及核桃改良项目带动贫困户增收，累计覆盖贫困户 0.82 万户。另一方面，毕节市依托森林康养、生态旅游等绿色产业助推脱贫。毕节市发展生态旅游和森林康养产业的先天条件得天独厚，全市共有 12 个森林公园、8 个湿地公园，试验区共建成 5 个“国家级森林康养试点建设基地”和 7 个“省级森林康养试点建设基地”，森林旅游累计接待游客 762.11 万人次，森林旅游综合收入 45.68 亿元，覆盖贫困群众 582 人，带动贫困人口增收 1047.6 万元。

① 数据来源：毕节市林业产业工作开展情况报告（毕节市林业局提供）。

（三）小结

本部分对近年来毕节试验区的森林分布现状和林下经济发展初步评价。首先，毕节试验区森林资源禀赋状况有效提升：试验区森林面积增速快，森林覆盖率稳步提升，截至2019年毕节市森林面积2273.68万亩，森林覆盖率达56.45%；多个工程共同作用，人工造林成效显著，2019年毕节试验区共造林8.3万公顷；森林公园及林业系统自然保护区存量丰足，毕节试验区共建成10个自然保护区和12个国有林场；生态修复仍然任重道远，活立木蓄积量低于全国平均水平，生态环境脆弱性依然存在。其次，试验区林下经济发展成效初显：毕节市基本形成了林下经济的专业化布局；种植养殖产业增长稳定；林下经济助力生态脱贫局面基本形成。

二、毕节试验区森林质量评估

近年来，毕节试验区林业生态持续向好。自1988年来，全市森林面积从601.2万亩增加到2273.68万亩、森林覆盖率从14.94%增长到2019年的56.45%、森林蓄积量从785万立方米增加到5879万立方米，实现了森林资源的持续同步增长；累计治理石漠化面积1751.25平方千米，实施退耕还林400.87万亩①。

（一）森林质量分析框架

1. 方法的选择

森林质量是指各种林分内的森林资源不仅存在和谐、有序、稳定的生态系

① 数据来源：毕节市林业产业工作开展情况报告（毕节市林业局提供）。

统，而且尽可能地最大限度地满足人类有形与无形的需求，并最终实现可持续发展。评价森林资源质量的方法多种多样，常用的有模糊综合评价法、集对分析法、物元分析法、因子分析法、层次分析法等。从指标构建的角度来看，相关研究文献中提出了从区域、景观、林分等不同尺度的指标对森林质量进行评估。此外，由于森林价值或功能的差异性，也有针对不同经营目标的森林质量评价指标。

当前毕节试验区的森林数据统计尚不全面，地位指数法所需指标数据缺失，更适合定性评估及分析。最终，本专题采用 PSR 模型对当前毕节试验区的森林质量发展进行评估。PSR 模型由加拿大统计学家在 1979 年提出（David J. Rapport 等，1979），最初是一种用于研究环境问题的框架体系，经过更新和发展后常用于生态系统健康的评价。PSR 模型包含 3 部分内容，即压力（Pressure）、状态（State）、响应（Response）。具体而言，人类在自然环境中获取生存所需资源的同时会带来资源破坏、环境污染等问题，从而给自然环境带来压力，改变自然资源禀赋状态，人类会通过意识和行为的转变应对自然环境的变化。换言之，人类与环境间的 PSR 关系可表述为：人类给环境带来压力，改变了环境状态，进而人类又做出相应响应。

2. 方法的应用

PSR 模型的具体评估体系如表 4–4 所示。在状态层面通过森林面积、森林覆盖率和森林蓄积量衡量当前时间段内毕节试验区的森林状态与森林变化情况；在压力层面考虑病虫害影响和人类及社会活动的破坏和扰动；在响应层面，通过石漠化治理情况、林业可持续脱贫和生态环境改善情况来评价治理后森林的响应情况。

表 4-4　毕节试验区森林质量评估体系

层面	释义	评估内容
状态（State）	内容：试验区当前森林整体现状 原理：状态指标表征特定时间段的环境状态和环境变化情况与现状	森林面积
		森林覆盖率
		森林蓄积量
压力（Pressure）	内容：当前森林发展面临的困境 原理：压力指标表征人类及社会活动对环境造成的破坏和扰动作用	病虫害影响
		森林提质难点
响应（Response）	内容：森林质量提升措施效用 原理：响应指标指社会和个人如何行动来减轻、阻止、恢复和预防对环境的负面影响	石漠化治理情况
		林业可持续脱贫
		生态环境改善

资料来源：参考相关资料自行设计

（二）状态：森林资源持续同步增长

近年来，毕节试验区森林面积增长、森林蓄积量增加，实现了森林资源禀赋的有效改善。

1. 森林面积增速较快，退耕还林工程效用明显①

截至 2019 年，毕节试验区森林面积 155.73 万公顷，相较于 2015 年增长 20.72%。2020 年，毕节市森林面积增至 161 万公顷，森林覆盖率近 60%，如表 4-5 所示。

① 数据来源：毕节市新一轮退耕还林实施情况报告（毕节市林业局提供）。

表 4–5 试验区历年森林情况

年份	森林面积（万公顷）	新增森林面积（万公顷）	森林覆盖率（%）	活立木蓄积量（万立方米）
1988	40.08	—	14.94	872.1
1998	78.63	38.55	29.28	1088.1
2008	100.05	21.42	37.26	1858.9
2018	145.52	45.47	54.19	5567.5
2020	161.07	15.55	59.85	6210.0

资料来源：根据相关资料整理

2014 年，国家启动新一轮退耕还林以来，毕节市建设任务达 488.49 万亩（2014 年 23 万亩，2015 年 40.48 万亩，2016 年 113.73 万亩，2017 年 82.66 万亩，2019 年 141.12 万亩，2020 年 87.5 万亩），占全省的 28.98%。工程总投资 76.39 亿元（其中造林种苗补助费 17.77 亿元，农户补助资金 58.62 亿元）。下达到位资金 53.58 亿元（造林种苗补助费 14.27 亿元，农户补助资金 39.31 亿元）。项目任务及投资名列全省各市（州）第一，亦是全国新一轮退耕还林指标最多的地级行政单位。

2. 森林覆盖率稳步提升，活立木蓄积量逐步扩大[①]

2020 年毕节试验区森林覆盖率达 60%，远超全国平均森林覆盖率水平（22.96%）[②]。2019 年试验区森林活立木蓄积量达 5872 万立方米，增幅 5.5%。

---

① 数据来源：《2020 年毕节统计年鉴》第十三章 生态、环境、安全—森林资源情况统计表；《毕节市 2020 年生态环境状况公报》。

② 数据来源：2019 年全国平均森林覆盖率数据来源于国家林业和草原局编撰的《中国林业和草原统计年鉴》。

（三）压力：林病虫害问题仍存，林业经营提质需求迫切

1. 经济林和用材林病虫害仍然是试验区林业有害生物的重点

毕节市第三次林业有害生物普查（2014—2016年）共发现林业有害生物381种，合计发生面积88785.26公顷。包含中华松针蚧、会泽新松叶蜂在内的21种林业有害生物，占全部发生面积的95.85%，是毕节林业的主要有害生物。

林业有害生物的发生种类与发生面积在不同林种、不同县区中均有所不同。经济林有害生物发生种类较多，普查中发现29种经济林有害生物，占全市有害生物种类的52.73%；用材林有害生物发生面积大，其林业有害生物发生面积占全市发生面积的82.31%。西部三县林业有害生物发生面积占全市林业有害生物发生面积的72.26%，约64155公顷；而东部三县林业有害生物发生面积仅占14.90%[①]。

总体而言，毕节市林业有害生物成灾率仅0.075%，远低于国家规定指标2%。无公害防治率98.7%，监测准确率98.5%，苗木产地检疫率100%，“四率”指标均达到国家、省级下达的任务[②]。

2. 森林经营实践缺少具体规划

我国森林经营起步较晚，普遍存在发展内在动力不足、规划与方案落地性不强、新理念新技术缺乏等问题，毕节试验区的森林经营同样存在此类问题。

从经营动力角度而言，毕节试验区森林经营的内在驱动力不足，发展后劲缺失。由于受传统农耕意识影响，大部分林农对于果树和经济林木种植仅限于在房屋周边，并未形成规模化发展的经营意识，对经济林木的抚育管护、施肥、整形修剪等工作重视度较低，导致经济林结果和产出堪忧。在规划与方案的落

① 数据来源：毕节市第三次林业有害生物普查数据。

② 万艳，王晓霞，王方，黄海霞，郑红军：《毕节市林业有害生物防治工作现状及对策建议》，《绿色科技》2020年第19期。

实方面，当前毕节试验区的森林经营功能规划不足，经营设计相对碎片化。在经营技术方面，林业人才队伍经验不足、科技支撑程度不高等问题依然存在，森林经营规模化、专业化、市场化程度仍有待提高。

（四）响应：石漠化治理成效突出，生态及社会效益明显

1. 石漠化治理成效突出

毕节试验区石漠化土地具有分布广、面积大、危害深的特点，是制约毕节市经济和社会可持续发展的主要障碍。因此，要实现毕节试验区的绿色增长就必须解决石漠化问题。近年来，毕节市坚持不懈地推进落实石漠化防治工作，石漠化治理工作成效显著。

毕节试验区将石漠化治理工作视作提升生态建设水平的重要内容。毕节试验区的石漠化综合治理工作经历了 3 年试点工程、5 年重点县治理、调减治理重点县这 3 个阶段。截至 2020 年底，毕节市石漠化治理工作有序开展，累计完成中央投资 9.57 亿元、地方配套投资 1.04 亿元，治理石漠化土地面积 1878.64 平方千米①。

2. 林业发展带动乡村振兴

近年来，毕节市林业系统始终将林业产业发展作为乡村振兴、结构调整和助推脱贫攻坚的重大任务。全市认真贯彻落实省、市关于农村农业产业革命的决策部署，深入实施绿色毕节行动。一方面，毕节市通过造林绿化重点工程的实施，提升了农民的收入水平，有力助推脱贫攻坚。2014—2019 年，全市完成退耕还林 259.87 万亩，覆盖贫困户 11.44 万户，共计 41.93 万人。贫困人口人均获退耕还林政策补助资金 1314 元②。另一方面，毕节市调整林业产业结构，助

① 数据来源：毕节市石漠化综合治理工程建设情况报告（毕节市林业局提供）。

② 数据来源：毕节市林业局。

推乡村振兴进程。

同时，林业对乡村振兴的重要作用近年来被进一步强化。2022 年 6 月，国务院批复了《推动毕节高质量发展规划》，要求毕节扎实推动巩固拓展脱贫攻坚成果同乡村振兴有效衔接，着力推动绿色发展，努力把毕节建设成为百姓富、生态美、活力强的示范区。

3. 生态环境改善

2019 年，毕节试验区空气环境质量优中拔优，空气污染指数有效降低。毕节市平均环境空气优良率达 98.7%（同比上升 1.3 个百分点），全市空气质量综合污染指数为 2.56（同比下降 18.70%）。2019 年，毕节市 16 个城市集中式饮用水源地水质持续稳中向好发展：水质达标率为 100%，其中 I ~ II 类水的占比较 2018 年度上升 26.7%。地表水环境质量总体保持稳定：河流水质优良比例为 98.2%；55 个河流地表水断面中，4 个国控断面水质、17 个省控断面水质优良比例为 100%，34 个市控断面水质优良比例为 97.1%[①]。

（五）小结

本部分用 PSR 模型，从状态、压力、响应 3 个方面对当前毕节试验区的森林质量发展进行评估。得出结论：从状态层面而言，试验区森林资源持续同步增长。1988—2019 年毕节试验区森林面积从 601.2 万亩增加到 2273.68 万亩、森林覆盖率从 14.94% 增长至 56.45%、森林蓄积量从 785 万立方米增加到 5879 万立方米。从压力层面而言，林病虫害问题仍存，林业经营提质需求迫切。一方面，经济林和用材林病虫害仍然是试验区林业有害生物的重点问题；另一方面，受传统农耕意识影响，林农规模化发展的思考方式尚未形成，使林农林地

① 数据来源：毕节市农业农村局关于农业面源污染治理工作情况的报告（毕节市生态环境局提供）。

经营的回报偏低。从响应层面而言，石漠化治理成效突出，生态效益及社会效益明显：各项林业工程推进过程中，脱贫带动成效突出、环境质量改善明显，兼具社会和生态效益。

三、林下经济发展状况评估

本节从林下经济的发展模式及发展效益两方面出发对毕节试验区林下经济的发展进行具体评估。

（一）毕节试验区林下经济的发展模式

毕节市以刺梨种植、核桃种植、皂角种植、柑橘等特色经济果林经营以及林业景观经营为主要林下经济发展模式，经济林总面积达 669.73 万亩。截至 2020 年底，毕节试验区完成刺梨种植 50 万亩、核桃提质改良 60 万亩，共收购刺梨鲜果 5200 吨，收购金额 1700 万元[①]。

1. 林下经济发展的政策支持

（1）政府重视程度较高，帮扶措施密集出台

当前毕节市政府高度重视试验区林下经济发展，并出台明确的发展规划与帮扶措施。毕节市对利用森林资源发展林下种植、林下养殖，或者从事林产品采集加工、组建家庭林场等，达到规模化、规范化、标准化要求，示范带动效应明显的，财政一次性给予不同额度的奖励补助。对利用森林资源 2 公顷以上，新建森林人家，固定资产投资 30 万元以上的，财政给予一次性 5 万元奖励补助

① 数据来源：毕节市林业产业工作开展情况报告（毕节市林业局提供）。

的扶持[①]。截至2019年市县财政共兑现合作社林下经济奖补资金3000余万元。

毕节试验区起草了《毕节市林下经济发展三年行动实施方案（2021—2023）》，争取到林下经济产业发展资金、林业改革发展专项补助资金分别为5016万元、80万元。积极调动企业参与产业建设，共征集8家企业信息加入林产品信息发布平台，推荐申报9个特色林业产业补助项目，推荐6个会员代表加入贵州省林业产业协会，推荐2个单位申报消费扶贫示范单位[②]。

（2）引入民间资本与政策扶持结合，突破资金掣肘

毕节试验区林下经济发展中积极引入民间资本，切实解决资金投入问题。2016年，七星关区吸引十余名投资者返乡，为当地林下经济的发展注入了民间资本力量。这次民间资本的回流不仅带动了当地林农的就业，也使民间投资者得到了可观的回报。例如，七星关区放珠镇惠泽生态家庭林场流转农户承包林地73.33公顷，筹资2800万元，经营生态农庄1个，占地26.67公顷，种植特色水果53.33公顷，林下养殖土鸡3万余羽，养鱼5万余尾，年收入500万元。

同时，试验区各地在林下经济发展中积极争取上级扶持资金。2019年，纳雍、威宁和赫章3个县共争取到省级林业改革发展（林下经济类）专项补助资金1100余万元。2020年，全市获批省级林业改革发展（林下经济类）专项资金项目11个，获批资金5000余万元。

2. 国家林下经济示范基地建设效果显著

毕节市七星关区放珠镇森茂林业专业合作社、威宁县哲觉镇兴茂种养殖专业合作社、贵州乌蒙腾菌业有限公司3家林下经济经营主体，被认证为“国家林下经济示范基地”，在毕节试验区的乡村振兴中发挥出企业的带头作用。

---

① 资料来源：《中共毕节市委 毕节市人民政府关于推进农业供给侧结构性改革发展山地高效生态农业的实施意见》。

② 资料来源：《毕节市林下经济发展三年行动实施方案（2021—2023）》。

（1）“林业 +”发展模式的探索和尝试——森茂林业专业合作社

七星关区放珠镇森茂林业专业合作社是一家以天麻种植、加工、销售为主，其他中药材种植为辅的林下经济经营主体。合作社大力发展林下经济和林下产业，在可持续发展的背景下，实现了资源优势向经济优势的转变。合作社积极探索林药套种、林粮套种、林禽共养、林畜共养、森林旅游等为主的林下经济发展模式，致力于将生态优势进一步转变为经济优势。

（2）林下生态种植基地建设——贵州乌蒙腾菌业有限公司

贵州乌蒙腾菌业有限公司以中药材（天麻）和食药用菌的育种、栽培、加工、销售及科研为主要业务，其运营模式是林下经济发展中典型的林下生态种植形式。贵州乌蒙腾菌业有限公司在高海拔山区建立了“林下生态种植基地”，有效利用当地自然环境，提升了“乌天麻”和“冬荪”的品质，从源头上保障了林下生态产品的质量。

（3）林农创业带动农户就业——兴茂种养殖专业合作社

2005 年，中专毕业并有农业工作经验的林农姬兴茂回到家乡开始创业，在尝试了天麻、党参、折耳根等中药材的种植后形成了独特的技术门道，并在 2011 年成立了威宁县兴茂种养殖专业合作社。兴茂种养殖专业合作社在近几年得到重视和发展，2016 年，创办威宁县党参种植专业技术协会，为“威宁党参”远销省内外做出了卓越贡献，2018 年荣获“全国百强农民专业合作社”称号。依托合作社的发展壮大，威宁县哲觉镇兴茂种养殖专业合作社已带动 150 多户建档立卡贫困户脱贫致富，为威宁县的脱贫攻坚战作出应有的努力和贡献。

（二）毕节试验区林下经济的发展效益

本节构建评价指标体系如表 4-6 所示，从经济、社会、生态 3 个层面对 2015—2019 年毕节市林下经济发展进行定量评估，并对近年来毕节试验区林下经济发展的经济效益、社会效益和生态效益进行比较和评述。

表 4–6 林下经济综合效益评价表

	层级	指标	单位	指标代码
林下经济发展水平	经济效益	第一产业总产值	亿元	x1
		农村居民人均纯收入	元	x2
		农林牧渔业总产值	亿元	x3
		林业产值	亿元	x4
	社会效益	年末果园、茶园面积	万亩	x5
		园林水果产量	吨	x6
		粮食产量	吨	x7
		肉类总产量	吨	x8
		农业从业人数	万人	x9
		乡村从业人员	万人	x10
		农业经营主体个数	个	x11
	生态效益	区域植被覆盖率	%	x12
		造林面积	亩	x13
		空气质量优良天数比例	%	x14
		完成石漠化治理面积	平方千米	x15

资料来源：根据专家意见及实际情况设计

1. 林下经济评价指标体系构建

毕节试验区林下经济综合效益评价表的构建在专家咨询及成果借鉴的基础上综合考虑了数据可得性、指标合理性及角度客观性。从林业的经济效益、社会效益和生态效益 3 个维度出发，采用 15 个指标对毕节试验区林下经济综合效益进行评价，旨在构建较为客观、全面的林下经济评估体系。

2. 研究方法简介

研究需先将数据指标进行标准化处理，再对指标进行赋值，以形成毕节试验区的林下经济综合发展指数 I_t。

（1）数据标准化处理

数据的标准化可以解决变量间单位不统一、量级不统一问题。通过标准化处理，将收集到的原始数据转换为无量纲化数据，即将不同量级的数据通过标准化变为同一量级的数据。评估采用最大最小归一法对林下经济衡量指标进行标准化处理，公式如式 1 所示，式中 X_{ij}’ 为标准化后的数据指标。

$$X_{ij}' = (X_{ij} - X_{j,\min}) / (X_{j,\max} - X_{j,\min}) \quad （式 1）$$

（2）因子分析

因子分析用于探索定量数据可以浓缩为几个方面（因子），每个方面（因子）和题项对应关系。对于毕节试验区的林下经济发展现状评估采用因子分析法进行，旨在对数据进行处理后将因子综合评价，构建综合评价模型对毕节试验区的林下经济发展情况进行分析。

调用 SPSS20.0 软件对毕节试验区 2015—2019 年的标准化指标数据进行分析，提取出 3 个因子，此 3 个因子旋转后的方差解释率分别是 54.22%、28.10%、14.33%，旋转后累积方差解释率为 96.65%，有较高的代表性。

（3）指标赋值

在研究毕节试验区林下经济发展现状中使用因子分析法进行权重计算，需要使用“成分得分系数矩阵”建立因子和研究项之间的关系等式。

在计算毕节试验区林下经济综合发展情况时，需将标准化后的指标进行赋值（式 2）以计算得出林下经济的综合效益，赋值公式为：

$$I_t = \sum_{j=1}^{m} w_j \times X_{ij} \quad （式 2）$$

式中 w_j 为不同样本的权重，该权重由因子分析法计算得出，代表经济效益、社会效益和生态效益对于毕节试验区林下经济综合效益的贡献指数。根据计算出的主成分线性组合表达式，计算出毕节试验区林下经济发展水平的得分公式为：

$$因子得分1=-12.250x_1+0.625x_2-2.500x_3-12.500x_4+5.562x_5+3.250x_6+2.812x_7+7.375x_8+4.000x_9+10.250x_{10}+11.000x_{11}-0.875x_{12}-2.562x_{13}+15.250x_{14}+3.875x_{15}$$

$$因子得分2=-2.875x_1+2.000x_2-3.188x_3-4.125x_4+1.625x_5+0.375x_6+2.672x_7+1.750x_8-0.625x_9+4.500x_{10}+6.000x_{11}-3.125x_{12}-2.969x_{13}+4.750x_{14}+2.062x_{15}$$

$$因子得分3=-0.500x_1+2.000x_2-2.500x_3-1.500x_4+1.000x_5+0.625x_6+1.375x_7+1.500x_8-0.688x_9+2.000x_{10}+3.000x_{11}-2.000x_{12}-0.562x_{13}+3.000x_{14}+1.750x_{15}$$

最终林下经济发展的综合得分由旋转后方差解释率（归一化）与因子得分乘积后累加计算得到，计算公式为：

林下经济发展指数 =（54.218 × 因子得分 1+28.097 × 因子得分 2+14.334 × 因子得分 3）/96.649=0.561 × 因子得分 1+0.291 × 因子得分 2+0.148 × 因子得分 3

3. 综合评估结果

林下经济发展整体水平大幅提升，经济及社会效益增长潜力巨大。由于前期出台的各类林下经济发展政策效果在这一阶段得以显现，在政策指导下试验区林下经济进入稳定发展阶段。再加之近年来林农经营意识觉醒，各地合作社、企业的纷纷成立，使试验区林下经济产业规模逐步扩大，林业经营的成本回收初现苗头。

2017 年以来，毕节试验区经济效益因子得分及社会效益因子得分均低于生态效益因子得分，说明毕节市林业经济发展在促进经济和社会发展中还存在很大潜力。这可能是由于当前毕节试验区林业产业的规模效应尚未形成，林地经营低产低效，林产品销售渠道不畅等原因造成的。

表 4-7　毕节试验区林下经济发展水平

年份	因子得分 1	因子得分 2	因子得分 3	整体得分
2019	-0.262	-0.325	4.164	0.38
2018	1.115	0.508	2.299	1.11
2017	-1.139	-2.034	-0.866	-1.36
2016	0.898	-0.199	-2.756	0.04
2015	-0.612	2.050	-2.841	-0.17

资料来源：根据设计模型计算

毕节试验区林业经济发展的经济效益及社会效益相对稳定。林业经济发展过程中带动毕节试验区林业产值的提升，林区经济状况发生明显改善，进而助力林农收入水平提升。对经济效益的评估主要通过第一产业总产值、农村居民人均纯收入、农林牧渔业总产值及林业产值几个指标，从产业总体发展层面考虑林业经营的经济效益。对社会效益的评估通过果园面积及茶园面积、园林水果产量、粮食产量、肉类产量、农业从业人数、乡村从业人数及农业经营主体个数几个指标，既考虑了林业经济的产量结果也考虑了林业经济发展对于就业、创业等社会问题的改善。从评估结果看，试验区经济效益因子及社会效益因子得分 2015—2019 年基本保持稳定，说明毕节试验区林业经济发展格局基本形成，林果产业发展相对稳定，助力脱贫攻坚及乡村振兴成效明显。

毕节试验区的生态效益大幅跃升，2018 年后迎来生态质量转变。近年来绿色正在成为我国经济高质量发展的鲜明底色。各地优化产业布局和结构，大力发展绿色产业，经济社会全方位绿色转型步伐加快。毕节试验区紧抓自身绿色优势，注重森林系统生态保护，在生态改善方面成效明显，呈现出生态—经济良性耦合的发展趋势。对生态效益的评估主要通过区域植被覆盖率、造林面积、空气质量优良天数比例及完成石漠化治理面积几个指标，既考虑了森林质量的生态效益也考虑了林下经济发展的绿色红利。从评估结果看，试验区生态效益因子得分 2015—2019 年逐渐增大，如表 4-7 因子得分 3 所示，从数据层面证明了毕节试验区生态效益的有效提升，这得益于毕节试验区出台的各类林业相关政策中对生态保护的重视。2018 年毕节试验区生态效益因子得分转变为正数，证实了毕节试验区的生态保护水平出现质量转变。该转变既是对森林生态效益高质量发展的有力证实，也反映了森林生态保护对试验区城市发展的绿色红利收益，例如试验区环境空气质量的提升等。

（三）小结

本节对毕节试验区的林下经济发展现状进行评价。首先，从规模和产值角度分析，试验区林业产业日益壮大，2020 年全市共发展规模林下经济面积 368.28 万亩，带动发展产值 26.25 亿元。其次，毕节试验区林下经济发展具有政府重视程度高、资本注入类型丰富、人才及科技作用明显的发展特点。再次，被认证为“国家林下经济示范基地”的 3 家经营主体发展模式各具特色。最后，从经济、社会、生态 3 个层面构建林下经济发展的测量体系对毕节试验区的林下经济发展现状进行评价，分析发现：整体而言，毕节试验区林业经济发展相对稳定，生态效益大幅跃升，经济及社会效益增长潜力巨大。

四、重点举措及现存困境

本节对毕节试验区森林质量提升和林下经济发展中的重点举措及现存困境进行分析，旨在归纳毕节林业发展的现有成果并剖析当前制约毕节林业发展的主要因素。

（一）重点举措

1. 森林质量提升的改革及进展

（1）深化改革成果丰硕

一是创新“新五子登科”生态发展理念，实现生态效益、经济效益、社会效益的统筹兼顾、共同发展。二是国有林场改革实现新突破。毕节市开展“五改五推”工作，有效激发国有林场活力、增强林场发展动力，“五改五推”的改革经验在全国得到了广泛认可。三是探索造林绿化新机制。毕节市在实践中探索出先建后补、先退后补、多元化投入等造林绿化新机制，激发了林业经营主体参与林业生态建设和林业经济发展的积极性。

（2）林业科技显著提升

毕节市充分发挥科技和人才在林业发展中的引领作用，深入贯彻落实“科教兴林”“人才强林”战略。试验区组织申报的林业相关科研项目曾多次获得国家林业和草原局、省林业局等相关部门领导的好评。

2. 林下经济发展典型案例

毕节市依托自身林业资源禀赋，积极探索林下经济发展的创新模式。近年来，毕节市聚焦林菌、林药、林蜂、林禽等林业产品，构建出一批具有区域特色的林下经济发展项目。

（1）金海湖新区林下养鸡项目

金海湖新区林下养鸡项目占地2000亩，是容量10万羽以上的生态鸡林下循环养殖基地，以生态蛋鸡为主，冠禾5号生态蛋鸡、冠禾5号五彩公鸡、冠禾5号乌骨鸡等共计6万羽，日产蛋量18000枚，年出栏10万羽。金海湖新区林下养鸡项目采取“合作社＋公司＋农户”的方式建设。林下养鸡项目构建起了塘丰社区党支部领办合作社、贵州冠禾农业发展有限公司和农户间的利益联结链条。金海湖新区林下养鸡项目共有125户农户土地入股，项目覆盖贫困户104户，土地入股农户按照每年500元/亩进行固定分红。

项目特色：首先，金海湖新区林下养鸡项目的生产过程具有可追溯性，产品实时可监控，客户对于鸡蛋的状态可以随时了解。其次，项目形成了与贫困户间的利益联结机制，带动贫困户共同致富。最后，林下养鸡项目是订单式产品，“养自己的鸡，吃自己的蛋”，正朝着共享经济的发展模式进行。

（2）贵天麻良种繁育基地

贵天麻良种繁育基地是农工党引进党员企业贵州同威生物科技有限公司投资建设的中药材示范基地，是贵州同威生物科技有限公司的全资子公司。基地采取“龙头企业＋村社一体专业合作社＋农户”模式，旨在带动当地专业合作社、天麻种植户的发展，进而实现农民增收、天麻增产。截至2020年6月，基地在大方县安乐乡流转土地进行天麻品种的良种选育和繁育，完成天麻良种繁育和示范基地500亩，推广种植2000亩，天麻基地每天能解决30～60个劳动力就近就业，人均每年获得近3万元收入。

项目特色：贵天麻良种繁育基地通过龙头企业的引进，完善了天麻的种—产—销链条，充分调动企业和农户的资源优势，实现天麻产业发展共赢。

（3）大方县九龙天麻生产基地

在近5年天麻产业扶贫中，采取“公司＋合作社＋农户”的运作模式，实行统一品牌、统一技术、统一供种、统一种植、统一回收、统一加工的标准。在达溪镇聚河村、果这村，果瓦乡庆阳村，六龙镇纸厂村等村开展天麻种植合作。在全县带动贫困户 1500 余户，其中精准贫困户 1100 余户，贫困户人数 4800 余人。仅 2019 年以来通过天麻种植累计分红 100 余万元，带动 200 余人就业。

项目特色：大方县安乐乡大力发展天麻产业，由合作社牵头实行统一回收、统一销售的发展模式。合作社的深度介入降低了农户种植风险，让天麻与农户收入的联系更为紧密，基本形成了以天麻种植为代表的林下经济发展模式。

（二）现存困境与制约因素

1. 退耕还林工程的可持续性有待加强

退耕还林工程的长期发展要切实考虑退耕农户的补助期限、林业收入等问题，当前毕节试验区的退耕还林工程可持续性发展水平仍需改善。

退耕还林投资标准偏低，林农补助期限过短。新一轮退耕还林，补助 5 年的期限内，毕节市的经济林尚不能实现稳定的产量，且由于受物价上涨等因素影响，国家荒山造林投资已上调为 500 元 / 亩，而 2014—2016 年新一轮退耕还林造林投资 300 元 / 亩，2017 年后调整为 400 元 / 亩[①]。目前劳动力工资每人每天普遍在 100 元左右，每亩 300 元造林投资难以建设高标准、高质量的林分。同时 1200 元 / 亩的农户补助，基本仅与农业种粮补贴齐平，不足农户打工一个月工资，加之林地征收补偿标准仅为农地的一半，农户支持退耕还林力度减弱，抚育管护积极性不高，成为制约退耕还林实施和后续管理管护质量的重要因素。

① 资料来源：毕节市新一轮退耕还林实施情况（毕节市林业局提供）。

受制于自然条件及经营技术，林业收入缺乏长期性。毕节市海拔较高，气候温凉，植物生长相对缓慢，营造的生态林取得的主要是生态效益。由于良种化程度不足、经营技术匮乏、管理水平低等因素制约，经济林经济效益不明显。后续产业发展滞后，投资渠道单一。目前，后续产业发展中林下经济、乡村旅游、林产品加工等尚处于起步阶段，还没有使退耕农户完全从土地中走出来，且由于林业项目收益的公益性和长期性，融资较其他短平快项目相对困难，目前还是以财政投入为主，投资渠道单一。

2. 林下产业发展规模效应尚未形成

毕节市林下经济发展尚未形成规模效应，可开发利用空间巨大。林地资源利用效率较低，林业产业发展结构单一。由于受长期以来重生态效益轻经济效益的传统林业发展观念影响，当前林业产业发展集约化、组织化、精细化、市场化管理程度低，产业链短、产业幅窄、附加值不高、品牌效应不强。然而，普通林业企业在贮藏、加工、销售等后续产业体系方面仍然不发达，大多为自产自销的初级发展模式，产业发展结构单一，缺乏大型林业龙头企业带动，发展后劲不足。

产业规模尚未形成，长期发展受制。由于产业规模尚未形成，很多林业合作社（企业）的生产规模、销售网络构建受到限制。以大方县蜂蜜生产为例，当地蜂农多为散户，使合作社在地理标志产品认证过程中困难重重，加之网络营销价格战对蜂蜜销售的压力，当地优质蜂蜜仅限制于朋友圈内的二级社交关系销售。

林地经营低产低效，经营意识转变较慢。林业经营意识的转变是一个长期性过程，多数农户缺乏林地经营能力，对发展林下经济认知不足①。由于受传统

① 付开萍，吴道能，周芳：《毕节市集体林权制度改革现状及问题的探讨》，《现代园艺》2021年第8期。

农耕意识影响，大部分林农对于果树和经济林木种植仅限于房屋周边，并未形成规模化发展的经营意识，对经济林木的抚育管护、施肥和整形修剪等工作重视度较低，导致经济林结果和产出堪忧。加之试验区近几年林业工程建设任务较重，各地将建设作为主要的发力点，而忽视了技术指导和跟踪服务的配套持续，农户普遍缺少实用技术，后期管理不到位，限制了工程经济效益发挥，使林农林地经营的回报偏低。

产品质量标准不一，销售渠道不畅。受诸多因素的影响，毕节试验区经济林果品质量不高，对水果经销商现场采购和订单销售的吸引力不强[①]，加之果农之间相对独立和分散，没有形成统一的组织，无法细化栽植、管护、加工、销售等各工作环节的分工，容易出现从事种植和管理的农户没有精力联系市场、从事水果销售的没有精力管理果园的现象，大大降低了农户收入。

3. 社会化服务体系有待完善

构建健全完善的社会化服务体系、为林业经营者提供及时有效的社会化服务，是提升林业资源利用效率、促进林农增收、改善地区生态的重要举措。然而，当前毕节试验区的社会化服务体系建设仍然存在困难和问题。

农民林业专业合作组织运作规范化问题。毕节市林业专业合作组织大多是以村干带头、专业大户牵头、技术能手牵头、农村能人牵头、依托龙头企业等形式组建。大多林产品附加值不高、产品较为单一。如大部分核桃坚果原品向外销售，仅仅是初级农产品，附加值不高，没有达到通过系列产品精深加工实现产业增值的要求，商品化率亟待提高。

林权管理服务机构缺失问题。林业产业发展服务机构间的有效衔接机制有待完善，存在林地流转、林地承包经营合同管理等工作无具体人员抓落实，对

① 周赟，陈红燕，郭轶伦，顾国斌：《喀斯特山区毕节市经济林产业发展现状及对策研究》，《贵州林业科技》2020 年第 2 期。

林业专业合作组织建设缺乏业务指导等问题[①]。自2015年起，大多数县（区）按照“人随事走，编随人走”的原则，将原县级林权管理服务中心机构和人员编制基本划转到县级不动产统一登记部门，造成县（区）指导林地、林权管理，指导森林、林木、林地承包经营及有关合同管理，指导农村林业改革发展等相关工作不到位。

4. 林下经营融资及技术问题仍然存在

林下经济发展过程中的资金问题和技术问题长期以来一直受到重视和关注，近年来毕节市出台了大量的政策和意见改善林下经济发展中的融资情况，并坚持“科教兴林”“人才强林”战略，增加林下经济发展的技术含量，但人才和资金问题尚未完全解决。

林下经营融资难度较大，市场对接机制不完善。毕节市大多数林业经营主体属于小微企业，吸引社会资源能力弱，金融支持门槛高、融资难，投融资渠道狭窄。林下经营者缺乏启动资金，或是项目启动后，缺乏流动资金，融资又困难，导致许多林下经济经营者在发展初期就受到资金方面的限制，致使林下经济产业发展缓慢，后期发展动力缺失。另外，林业产业的利益联结机制不够健全，尚未建立相关林业产业联盟，林业企业信息沟通和掌握欠缺，对接市场能力弱，抗风险能力差，企业发展壮大难度大。

技术力量较薄弱，科技支撑仍需突破。一是缺乏管理知识。毕节市农村集体经济组织领头人大多为返乡创业者或村干、组干，缺乏对集体经济组织的经营管理知识，经营管理水平较为低下，组织化程度不高。二是缺乏供求信息。在农林产品的品种选择、经营规模上存在盲目性，毕节市林产品与市场需求的对接缺乏紧密性。农林产品种植户与加工销售企业的利益联结机制不紧密，缺

① 付开萍，吴道能，周芳：《毕节市集体林权制度改革现状及问题的探讨》，《现代园艺》2021年第8期。

乏合理有效的销售渠道，产品溢价不高。三是缺乏种养技术。大部分经营主体在没有成熟的种植养殖技术、不了解市场前景的条件下便开始模仿发展林下经济，造成一定程度上资金、资源、人力物力的浪费。四是缺乏技术人员。在林业产业发展过程中，缺乏与林业产业相关的技术人员，严重影响了当前特色林业产业工作的进度与质量。五是缺乏企业带动。林业产业的经营主体大多属于小微企业，缺乏龙头企业示范带动，也缺乏新技术、新设备，同时创新能力不强，科技支撑不够。

（三）小结

本节对毕节试验区森林质量提升和林下经济发展中的重点举措及现存困境进行分析。当前毕节试验区在森林提质及林下经济发展中均做出了重点举措。森林质量提升深化改革成果丰硕，林业科技水平显著提升；林下经济发展成效明显，发展模式因地制宜。毕节试验区林业发展的制约因素主要体现在4个方面：退耕还林工程的可持续性有待加强，主要体现在退耕还林投资和林业收入两方面；林下产业发展结构较为单一，林业经济的规模效应尚未形成；林业组织运作尚需规范，社会化服务体系有待完善；林下经营融资及技术问题仍然存在。

五、森林提质及林下经营优化建议

林业建设和发展涵盖的范围广泛，影响因素复杂，需要从多角度、多层次分析政策着力点，在结合毕节试验区实际情况基础上，本专题提出森林质量和林下经济发展的优化建议。

（一）紧抓毕节试验区林业发展“5 工程 +4 产业”[①] 重点

1. 重视五大工程建设，关注森林质量状况

国家储备林项目、新一轮退耕还林项目、天然林资源保护工程、石漠化综合治理工程、森林提质增效工程五大工程的落实情况与毕节试验区森林质量的提升密不可分。其一，对于毕节试验区而言，开展国家储备林建设，对保障木材安全、构建“两江”生态屏障、重建岩溶地区生态系统、推动高质量绿色发展均具有重要的战略意义，尤其是对毕节市按时打赢脱贫攻坚战有着重要的支撑作用。其二，毕节市新一轮退耕还林工程的推进过程中造林质量、后续管理管护及成果巩固强化等问题亦不容忽视，低产低效林提质增效任务重。其三，抓好天然林资源保护工程的落实。加强公益林管理，兑现财政的森林补偿款，强化生态护林员培训。其四，持续推进石漠化治理工作，助力毕节市社会经济的可持续发展。石漠化治理必须破除旧思维和旧观念，从政策制度的层面上深化对于石漠化的认识，以科学为指引，力争实现人与自然的协调共生[②]。其五，关注森林提质增效工程。

2. 推动四大产业发展，促进森林效益提升

对于毕节试验区而言，木材产业、果林产业、林下经济产业和森林旅游产业四大产业的发展情况与毕节试验区森林效益的提升息息相关。其一，大力发展优质木材基地建设。建立并培育大径级木材和珍稀树种为主的优质木材建设基地，提高木材的综合效益。其二，大力发展林果产业，切实做好毕节特色经果林精细化管理和提质增效，建设毕节市区域特色品牌。其三，大力发展林下

---

① 5 工程：国家储备林项目、新一轮退耕还林项目、天然林资源保护工程、石漠化综合治理工程、森林提质增效工程；4 产业：木材产业、果林产业、林下经济产业、森林旅游产业。

② 李登陆：《石漠化综合治理工程探索与实践——以毕节市为例》，《现代农业研究》2021 年第 7 期。

经济，积极引导林农利用林下空间发展林下种植业和养殖业，实现管护与增收相互促进。其四，依托试验区现有的国有林场、森林公园、自然保护区、特色林业产业等大力发展生态旅游。

（二）制定“资金＋技术＋项目”的林业经营支持政策

当前毕节市政府加强造林绿化的经济投入力度，将可持续发展理念充分运用于造林绿化与生态建设中，对造林绿化提供战略规划与指导[①]，制定具有毕节特色的“资金＋技术＋项目”的森林发展支持政策。

1. 加大技术投入及人才储备，优化政策服务体系

加大林业技术投入和人才储备，协同推进林业市场化进程是确保林业经济持续健康发展的重要举措[②]。从人力资本提升角度而言，当前我国南方地区的林业经济增长已进入“人口红利”的衰退时期，单纯增加林业劳动力数量难以对林业产业产值增加产生明显的带动效应[③]。发展林下经济需要强化人才培养、在人力资本投资方面建立健全相应的制度保障。政府可实施林业经营培训专项计划，建立林区社会化培训机制，以营造软环境培养林农的经营能力，提高林农经营绩效[④]。尤其注重培育林农现代化的经营管理思维，增加金融知识教育比重，通过教学培养提高林农技能，及时传递市场的最新动态，对林区农户进行机遇识别、项目选择、计划制订、风险规避、企业管理等方面培训，提升林农经营管理素质。

---

① 马伟杰，王平京：《浅析造林绿化对毕节生态建设的影响》，《种子科技》2019年第9期。

② 乔丹，柯水发，袁婉潼：《市场化测度及其对林业经济增长的影响分析：以中国南方集体林区为例》，《农林经济管理学报》2021年第3期。

③ 魏秀华，杨建州，曹玮：《人力资本、产业结构与林业经济增长的交互效应——基于南方集体林区的实证分析》，《福建论坛（人文社会科学版）》2019年第12期。

④ 刘欣禹，王明天，薛永基：《家族资本影响林农创业绩效的实证研究——知识溢出与吸收能力的中介效应》，《林业经济》2016年第12期。

从技术资本角度而言，林业技术进步是林业全要素生产率增长的主导因素[①]。因此发展林下经济需要重点进行实用技术研究的开发与推广，并不断完善科技、技术服务体系提升林下经营主体的技能，加快林业科技成果转化[②]。

2. 革新现有财政支持政策，推广农村普惠金融服务

受地域条件限制，我国西部地区农村金融机构普遍存在网点分散、产品与服务单一等困境[③]。因此，要因地制宜地完善普惠金融服务。一方面，应当力推当地融资市场和融资渠道的多元化，如政府牵头与金融机构合作设立林下经济发展产业基金，为林农或林业企业提供低利率的创业贷款服务、安全可靠的保险服务。尤其是年轻林农，思维开阔，潜力较大，依据其信用度优先提供低息贷款，鼓励以当地林业资源为基础进行合理的商业活动。另一方面，进一步优化税收政策，减轻林业经营主体的税收负担，让普惠金融真正服务于林下经济的发展、助力毕节市依托林业产业发展的乡村振兴。

3. 着力推进项目支持政策，"孵化"推广林产品

发展林下经济需要积极搭建科研院所与经营主体之间的合作平台，推进地方与科研机构的协作。建设集"生产 + 加工 + 科技 + 营销 + 品牌 + 体验"于一体的林区经营实训基地，通过"孵化"创新林业产品、培育新市场，"孵化"成功后复制推广的模式，提高林农经营内容的科技含量和竞争力，促进其向高端化、精细化、专业化的方向发展，促进林农致富增收。由政府牵头，建立"地方—高校""地方—科研机构"等基于技术和人才的合作机制，打通现代科学

---

① 魏肖杰，张敏新：《林业产业集聚对中国林业全要素生产率作用机制—基于动态空间计量模型的实证分析》，《世界林业研究》2019 年第 3 期。

② 吴国春，郭思源，曹玉昆：《中国林下经济产业发展效率评价 ——以 31 个省（区）面板数据为依据》，《东北林业大学学报》2020 年第 5 期。

③ 罗剑朝，曹瓅，罗博文：《西部地区农村普惠金融发展困境、障碍与建议》，《农业经济问题》2019 年第 8 期。

技术与林农经营的渠道，合理借用优质科研资源及其科研成果培养毕节特色产业链。

（三）积极推进森林管护相关工作

1. 加大森林管护工作投入

森林管护工作是森林质量提升的有力推手。在林业发展中要正确处理森林资源保护与发展之间的关系，纠正偏重新造林，忽视现有森林管护的发展倾向，要将森林管护提高到有重要意义的发展地位，做到巩固与发展的统一。首先，加大森林管护工作的相关宣传力度。通过多形式、多渠道的宣传使林区群众提高森林保护意识、意识到森林被破坏后所造成的严重影响，提升群众对于森林保护工作的积极性。同时，加大对法律、法规的宣传力度，将森林保护的相关法律法规文件进行知识普及和宣传。其次，森林管护制度构建是森林保护工程的关键性环节。森林管护人员和管护过程需要制度约束，管护制度的进一步完善不仅可以提升管护人员的专业素质，也有助于推进森林管护工作的开展，提高森林管护效能。

加大对基础设施建设，尤其是一线管护站的建设投入。森林管护基础设施建设对促进天保工程森林管护工作顺利开展具有积极影响，增加森林管护基础设施建设投入，加强一线管护站在林区交通和网络技术通信等方面的建设，有利于推动天然林资源保护恢复事业健康发展[①]。

2. 科学建立天然林保护管护体系

结合国家、省对天然林保护修复政策的调整，推进统一天然林保护管护体系建设，落实管护责任。以林长制的推行为契机，完善天然林管护制度、建立

---

① 朱洪革，付玉竹，张少鹏：《天保工程转移支付的森林生态效益及其影响机制》，《应用生态学报》2020 年第 8 期。

天然林用途管制制度、健全天然林修复制度、落实天然林保护修复监管制度。具体而言，其一，加强天然林植被恢复建设。天然植被恢复和人工植被生态系统建设对天然林发挥其生态效益起到关键作用。在天然林保护管理建设中应坚持因地制宜的树草种精准配置，科学编制天然林造林技术方案。其二，处理好天然林保护和周边社区发展的问题。在天然林建设和管理过程中的禁伐或限制采伐，阻断了林农的收入来源，对于周边社区的发展产生了重大影响。政府要积极制定相应的政策保障林农的经济收入，积极处理天然林保护和林农生计之间的关系，破解天然林保护和经济发展之间的矛盾。其三，合理运用天然林补偿资金。增加天然林的资金投入，加强对公益林建设的重视程度，制定科学合理的资金投入计划，保障天然林可持续发展经营。其四，加大天然林监管与执法力度。完善智能化管护体系，培育建设高水平管护队伍。大力鼓励支持基层单位引进无人机、远程视频监控等技术设备，建立动态、实时、智能化的天然林资源信息管理系统，消减管护盲区，减轻管护压力。加强从一线管护人员到管理人员的业务培训，打通林区—政府—高校和科研院所的交流学习渠道，实现管护—科研的无缝衔接。

（四）建立健全生态产品价值实现机制

20 世纪 80 年代中期，生态产品概念首次被提出。随后，“生态产品”被写入了党的十八大报告、党的十九大报告中。2021 年，《关于建立健全生态产品价值实现机制的意见》正式印发，标志着生态产品价值实现上升为我国重要的战略安排。

1. 建立生态产品的调查监测及价值评价机制

一方面，推进自然资源确权登记、开展生态产品信息普查是生态产品调查监测机制建立的有效方式；另一方面，生态产品价值评价机制涉及生态产品价值评价体系构建、生态产品价值核算规范制定、生态产品价值核算结果应用几个方面。应当针对经营性生态产品、准公共性生态产品价值实现的不同路径，探索构建毕节市生态产品价值评价体系，并逐步修正完善核算办法，最终达成推动生态产品价值核算结果应用的目标。

2. 积极探索碳达峰、碳中和背景下生态产品经营开发机制

推进生态产品供需精准对接、拓展生态产品价值实现模式、促进生态产品价值增值是构建毕节特色生态产品经营开发机制的科学路径。毕节市应当充分整合现有资源，完善生态产品与市场需求间的对接机制，挖掘探索生态产品（尤其是林下生态产品）的价值实现机制。同时，应当重视电子商务在经营性生态产品价值实现中的重要作用，探索经营性生态产品线上交易平台的运营和管理，以在生态保护的同时提高毕节市生态产品的溢价水平。

推动生态资源权益交易，鼓励合法合规开展资源权益指标交易、健全碳排放权交易机制。一方面，建立适用地方区域的森林碳汇计量体系是使森林碳汇得以交易的基础。目前国内外还没有建立一套公认的森林碳汇计量方法，因此探索建立适用地方区域的森林碳汇计量方法意义重大。当前毕节市已经组织开展了一系列碳储、碳汇的相关研究，为碳汇发展打下基础，后期需要进一步完善该指标测量体系，根据毕节森林特色构建碳汇计量框架。另一方面，在碳汇发展中还需加大对森林碳汇的宣传力度，提升公众的认知度。毕节市拥有发展林业碳汇丰富的森林资源，但林业碳汇的整体发展仍然较慢，林户文化程度普遍不高，接受新事物的能力比较有限，因此碳汇对他们来说是一个全新概念。需要相关部门多角度、全方位加大对林业碳汇的宣传力度以增加公众认知度。在文化宣传上，积极宣传碳汇的生态效益、经济效益和社会效益，引导他们积极加入到植树造林增加森林碳汇的活动中来。对于企业来讲，林业碳汇相对于工业减排具有成本优势，因此，在后续发展中应着重对碳排放量较大的企业进行宣传，引导它们积极参与到毕节市碳汇发展中来，加快碳汇交易市场的建立。

3. 探索具有毕节特色的生态产品价值实现经验

国家层面的林业生态政策在一定程度上来自对地方经验的认可和采纳[①]。应对生态危机的地方性实践经验，在取得良好效果之后，基本都进入了国家宏观层面的林业政策。例如，集体林权政策萌发于福建省武平县的探索实践，并在全国推广[②]；起源于四川成都的景区森林生态补偿政策经林业部门和财政部门多次讨论研究，在此基础上出台了生态公益林界定与补偿政策[③]。当前毕节试验区应积极对接相关政策和科研成果，深入探寻生态产品价值实现对乡村振兴的作用过程、乡村振兴对生态产品价值实现的作用过程，以及二者的协同过程。在实践基础上探索生态产品价值实现与乡村振兴协同的模式创新。

（五）小结

本节在分析毕节市林业发展现状和困境的基础上，提出了毕节试验区森林质量提升和林业经济发展的优化意见。首先，落实“5 工程 +4 产业”的毕节林业发展模式。其次，构建“财政 + 技术 + 项目”的毕节森林发展支持政策：加大技术和人才支持政策的建设力度，不断优化林农培训体系；革新现有林农创业的财政支持政策，推广农村普惠金融服务；着力推进项目支持政策，“孵化”推广林业产品。最后，落实森林管护及生态建设的相关工作：积极推进森林管护工作，提高森林保护质量；加强林业生态建设，挖掘林业生态功能。

---

① 涂成悦，刘金龙：《中国林业政策从“经济优先”向“生态优先”变迁——基于多源流框架的分析》，《世界林业研究》2020 年第 5 期。

② 贺东航，孔繁斌：《中国公共政策执行中的政治势能：基于近 20 年农村林改政策的分析》，《中国社会科学》2019 年第 4 期。

③ 靳乐山，吴乐：《我国生态补偿的成就、挑战与转型》，《环境保护》2018 年第 24 期。

专题五

毕节试验区林业可持续生计潜力及应用前景评估*

毕节试验区坚守生态和发展"两条底线"，建立生态文明考核奖惩机制，通过实施天然林保护、退耕还林、石漠化综合治理、森林植被恢复项目等一批国家和省市重点营造林工程，严格保护林地、湿地面积和生物多样性。同时，毕节试验区林业系统始终将林业产业发展作为助推脱贫攻坚和乡村振兴的重大任务来抓，有效带动了地方经济高质量发展。深化毕节试验区林业可持续生计潜力及政策研究，对增强毕节林业产业发展信心，释放林业产业发展活力，推动毕节试验区走出一条以生态优先、绿色发展为导向的高质量发展新路子具有重大战略意义。

可持续生计分析框架将生计资产划分为人力资本、自然资本、物质资本、金融资本和社会资本 5 种类型，描述了农户在市场、制度政策以及自然因素等造成的风险性环境中，如何利用大量的财产、权利和可能的策略提升生计水平；

* 本专题作者为中国林业科学研究院林业科技信息研究所研究员、博士生导师何友均，中国林业科学研究院林业科技信息研究所博士研究生窦亚权。

反映出农户生计资本结构、生计过程和生计目标之间的交互变化和相互作用。可持续生计分析框架可以有效帮助学者对贫困人口的生计状况进行科学分析，是解决贫困问题、推动乡村振兴的一种有效的分析方法。本部分将基于毕节市森林资源的数量和质量现状，从自然资本、物质资本、金融资本、人力资本和社会资本等生计资产潜力和生计来源潜力对毕节市林业可持续生计潜力进行分析，并分析生计资产对生计策略选择的影响，找出林业可持续生计发展过程中可能存在的障碍和挑战，并提出相应的优化建议，进而推动毕节市林业可持续生计发展。

一、林业可持续生计发展潜力

（一）生计资本潜力[①]

1. 自然资本

自然资本指人们生计所依靠的自然资源的储存和流动情况，包括生物多样性、可直接利用的资源（如土地、树木等）以及生态服务。林区居民的自然资本主要体现在所拥有的林业资源、土地资源、动植物资源等，其受到不可抗力的影响较多，使生计暴露于风险下。林户更多的选择是听天由命，体现出林户的脆弱性，不能有效地发挥主观能动性，这一资本很大程度反映出林农的生活生存水平。同时，自然资本也是林业可持续发展的资源载体，林农对自然资本的拥有情况将对林业可持续发展起着决定性作用。2021 年，全市预计森林面积 2416 万亩，覆盖率达 60%，同比增长 3%，森林蓄积量达 6210 万立方米，较 2020 年增长 331 万立方米。2017—2021 年，全市经济林面积达到 669.73 万亩。

① 本节数据来源：2011—2021 年《毕节市生态环境状况公报》、2011—2021 年《毕节市国民经济和社会发展统计公报》。

2011—2021 年，毕节市森林资源逐年增加，丰富的森林资源可为林农生计可持续发展提供良好的自然资源基础（见图 5-1）。此外，2020 年 12 月，《中共毕节市委关于制定毕节市国民经济和社会发展第十四个五年规划和二〇三五年远景目标的建议》中强调，深入实施大生态战略行动，实施长江、珠江“两江”上游生态保护修复工程。加快建设国家储备林基地，推进新一轮退耕还林工程、退化防护林修复工程建设。这些林业重点生态工程的实施将有效保护毕节市森林资源，从而为毕节市林业可持续发展注入不断的资源动力。

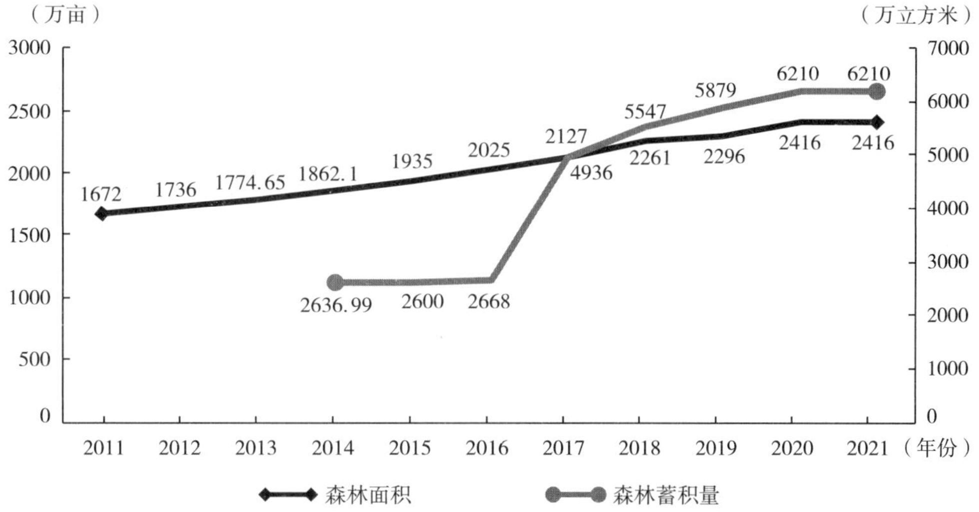

图 5-1　2011—2021 年毕节市森林面积、森林蓄积量变化情况

资料来源：《毕节市生态环境状况公报》《毕节市国民经济和社会发展统计公报》

2. 物质资本

物质资本包括维持生计所需要的基础设施以及生产用具。如房屋、基础设施、能源、通信、生产工具等，在面临风险时资产转化率较低，脆弱性较难降低。林农拥有的物质资本间接影响林业的可持续发展能力，如交通道路的便利情况将影响林产品的销售；林区水电等基础设施的完备情况将影响林业生产效率；林农房屋的居住情况将影响其发展林业产业的积极性。完善的公路设施可以保障林产品的运输和销售，这也是林业可持续发展的重要保障。近些年，毕节市公路通车里程逐年增长，有效推动了林农可持续生计的健康发展（见图 5-2）。

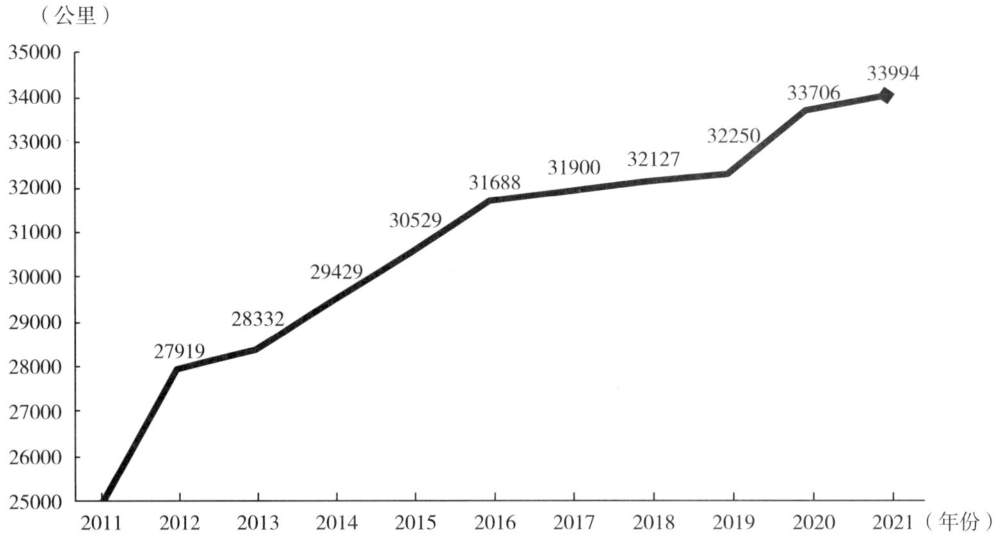

图 5-2　2011—2021 年毕节市公路通车里程变化情况

资料来源：《毕节市生态环境状况公报》《毕节市国民经济和社会发展统计公报》

同时，住房是农户生活生产中最重要的物质资本。房屋状况不仅反映出农户的居住条件，同时也会影响农户的生计水平。2013—2021 年，毕节市房屋施工面积总体呈上升趋势，这在一定程度上表明农户的住房条件在逐年改善，并且预计这种趋势将在未来一段时间仍呈现上升趋势。完善的住房条件为毕节市林业可持续生计发展提供了良好的物质基础（见图 5-3）。

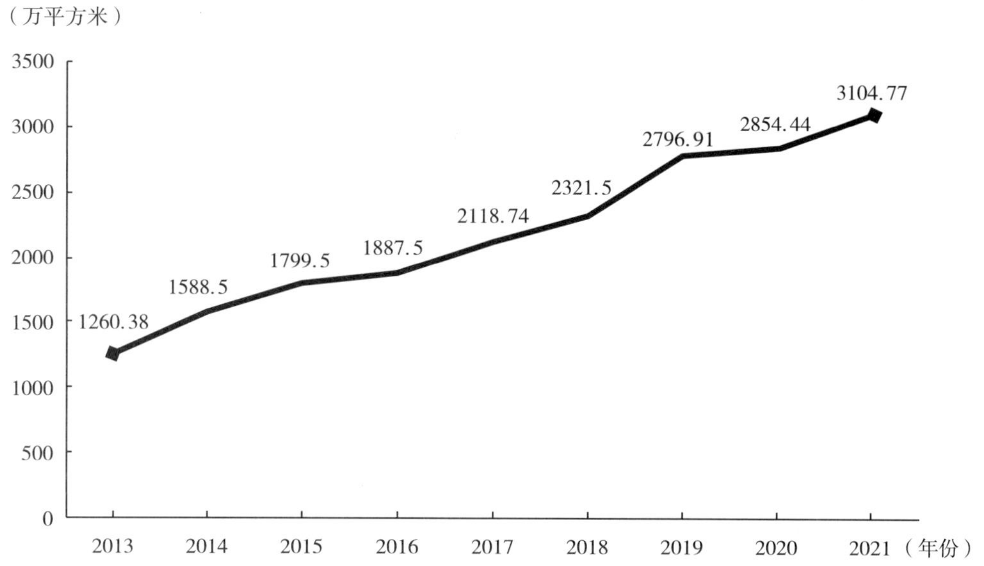

图 5-3　2013—2021 年毕节市房屋施工面积变化情况

资料来源：《毕节市生态环境状况公报》《毕节市国民经济和社会发展统计公报》

此外，2016 年以来，毕节市建成通村油路（水泥路）1.12 万公里，全面完成 14640 公里农村“组组通”硬化路建设任务，实现 30 户以上自然村寨 100% 通硬化路目标，农村连户路和院坝“两硬化”基本实现全覆盖；实施农村饮水安全项目 1273 个，解决了农村居民 149.77 万人的饮水安全问题；农村电网改造、农村通信设施、4G 网络、美丽乡村建设均已实现全覆盖。这些完善的水、电、通信等基础设施为毕节市林业可持续生计发展提供了强有力的物质基础。2020 年，毕节市“十四五”规划中明确提出，全面深入实施乡村建设行动。把乡村建设摆在农业农村现代化的重要位置，以建设美丽宜居幸福村庄为目标，强化乡村振兴制度供给，建立完善乡村振兴要素投入保障机制，加快村庄规划和建设步伐，完善乡村基础设施和公共服务设施。抓好农房建设管控，开展农村危旧房专项整治，提升乡村风貌。持续深化农村厕所革命，因地制宜推进农村生产生活垃圾处理和污水治理。实施山水林田湖草综合系统治理，加快改善农村人居环境。同时，《毕节市2022年巩固拓展脱贫攻坚成果同乡村振兴有效衔接工作要点》中提出，一是推进“多规合一”实用性村庄规划，在村庄现有格局肌理风貌基础上，突出实用性，保留个性特色，通过微改造、精提升，逐步改善村庄环境，强化内在功能，提高生活品质。二是深化拓展以“三清一改”（清理农村生活垃圾、塘沟、畜禽粪污等农业生产废弃物；改变影响农村人居环境的不良习惯）、“五净四美”（屋净、路净、厕净、沟净、水净；庭院美、村庄美、环境美、田园美）为重点的村庄清洁行动。实施农村生活垃圾治理，健全完善“村收集、镇转运、县处理”工作机制，统筹解决垃圾处理能力区域不平衡问题，城乡垃圾无害化处理率达95%以上，农村垃圾收运覆盖率达100%，30户以上自然村寨收运设施覆盖率达65%以上，省、市特色田园乡村·乡村振兴集成示范试点覆盖率达100%。三是补齐农村基础设施和公共服务短板。统筹抓好农村水电路气及通信等传统基础设施建设，以群众需要为导向，推动教育、医疗、文化等公共资源在县域内优化配置，提升公共服务水平。有序推进厕所革命，按照“宜水则水、宜旱则旱、经济实用、群众易于接受”原则，2022年新（改）建农村户用卫生厕所4万户以上、建制村生活污水治理设施覆盖率达16%以上、实施80个村农村环境整治。新建电信普遍服务4G基站129个、5G基站3500个。诸多政策和规划都将有效改善毕节市农村基础设施状况，从而为毕节市林业可持续生计发展提供巨大的潜力。

3. 金融资本

金融资本主要包括流动资金、储备资金以及容易变现的等价物等。大多数林农流动金融资本积累能力较低，且金融服务的可及性较差，他们更多依赖于农村的非金融机构，如亲朋借款、高利贷等。林业发展周期长、投资大但收益慢，林业生产的风险性决定了林农的主要经济来源为打工收入，而林农由于教育水平等其他因素导致打工收入带来金融资本的积累水平较低。同时，多数地区缺乏正规的金融机构，这就导致林农可以获得的金融支持较少。这两方面会影响林农发展林业的信心和积极性，从而影响林业可持续发展。截至 2021 年底，毕节市农村常住居民人均可支配收入为 12411 元，金融机构居民存款为 1430.55 亿元，金融机构人民币各项贷款 2515.05 亿元。

2011—2021 年，毕节市人均可支配年收入从 4210 元上升到 12441 元，年均增长率为 10% 左右。这表明近些年毕节市居民生活水平得到显著提高，这为毕节市林业生计可持续发展提供基本的资本保障，也为林农发展林业产业提供必要的资本保障（见图 5-4）。

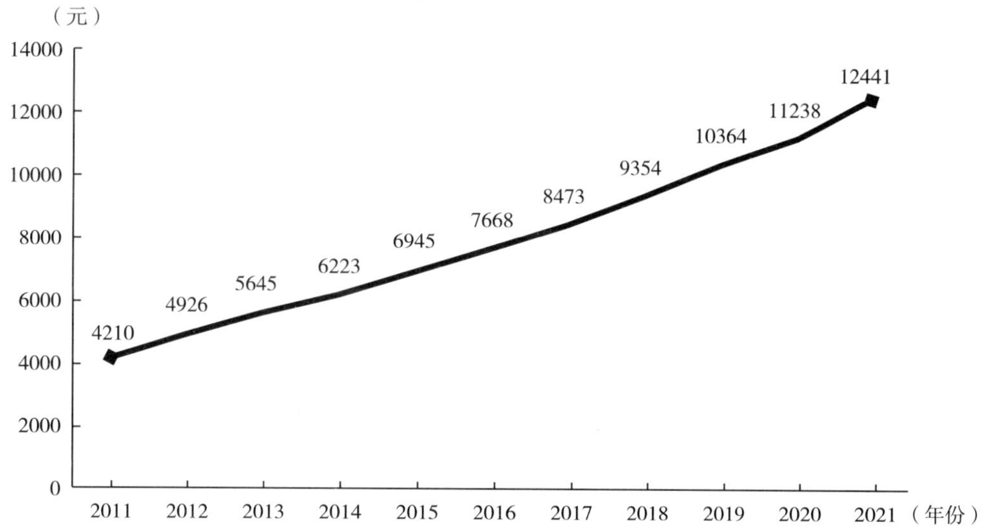

图 5-4　2011—2021 年毕节市居民人均可支配年收入变化情况

资料来源：《毕节市生态环境状况公报》《毕节市国民经济和社会发展统计公报》

2011—2021 年，毕节市居民存贷款呈现增长趋势，一方面说明毕节市居民生活水平在不断提升，另一方面也表明居民可获得的贷款在逐年增加。这不仅为林农发展林业产业提供了资本的保障，而且提高了林农发展林业的信心和积极性，从而有效推动林业可持续生计的发展（见图 5–5）。

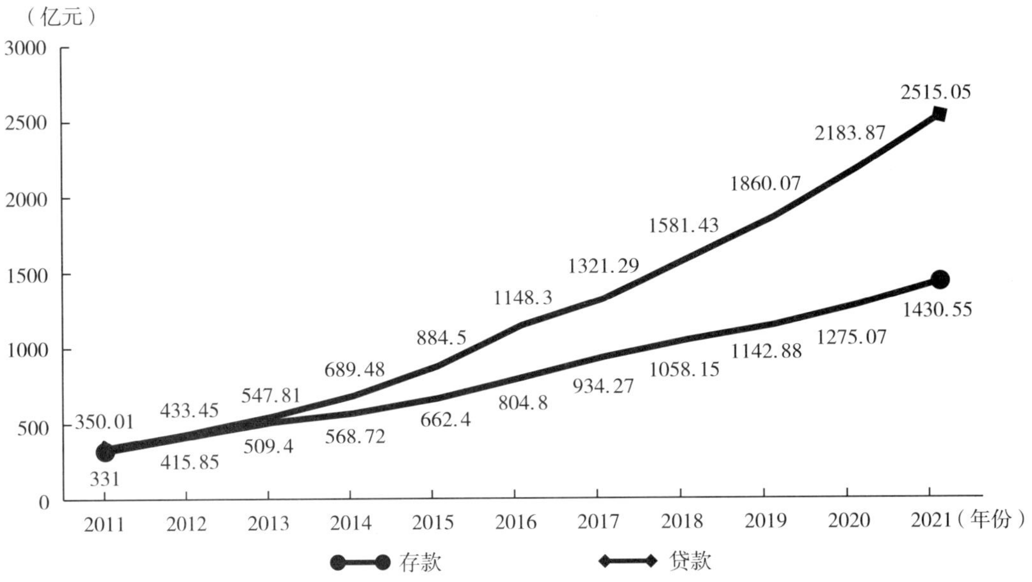

图 5–5　2011—2021 年毕节市居民存贷款变化情况

资料来源：《毕节市生态环境状况公报》《毕节市国民经济和社会发展统计公报》

毕节市“十四五”规划中明确提出，加大金融领域改革，引导金融机构支持农业农村发展，探索发展农村互助合作金融，加快发展中小金融，增强金融服务实体经济能力。这项金融机构方面的改革将大大提高林农贷款的积极性，也为毕节市林业可持续生计发展提供了必要的金融支持。

4. 人力资本

人力资本指人们为了追求不同的生计策略和实现生计目标而拥有的技能、

健康等。人力资本的数量和质量直接关系着其他资本的运用，林农普遍缺乏人力资本投资。良好的受教育水平和高质量的技能培训将会提高林业的经营水平，从而提升林业可持续发展能力。养老保险、医疗保险等社会保险对人力资本存量的积累具有正向的促进作用。2011—2021 年，毕节市城乡居民基本养老保险以及医保参保人数逐年增长，这表明居民社会保障水平显著提高，这也将为毕节市人力资本存量的提高起到积极的促进作用，从而有效推动毕节市林业可持续生计的发展（见图 5-6）。

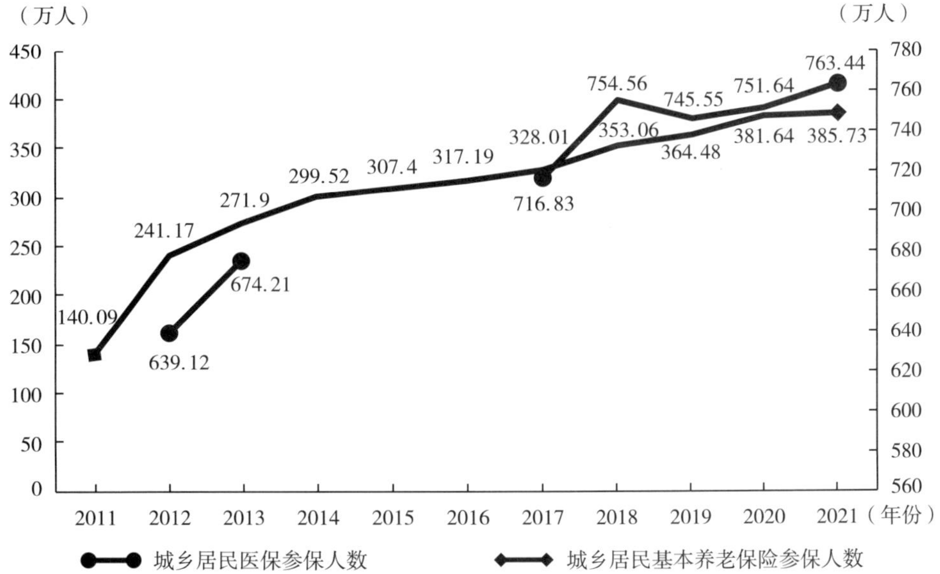

图 5-6　2011—2021 年毕节市城乡居民基本养老保险、医保参保人数

注：2011 年、2014—2016 年《毕节市国民经济和社会发展统计公报》未统计城乡居民医保参保人数。
资料来源：《毕节市生态环境状况公报》《毕节市国民经济和社会发展统计公报》

教育是培养和提高人的思想素质的重要手段，也是提高人的智力素质的重要途径，更是对人的身心健康有着极大的影响。受教育程度与人力资本的质量有着密切的联系，一般情况下，受教育水平越高，其人力资本的素质也就越高。2016—2021年，毕节市人均受教育年限从8.3年提高到10年，这说明全市的教育水平在显著提升，而受教育水平的提升也大大推动了农村人力资本的积累，提升林业生产水平，进而可以促进毕节市林业可持续生计的发展（见图5-7）。

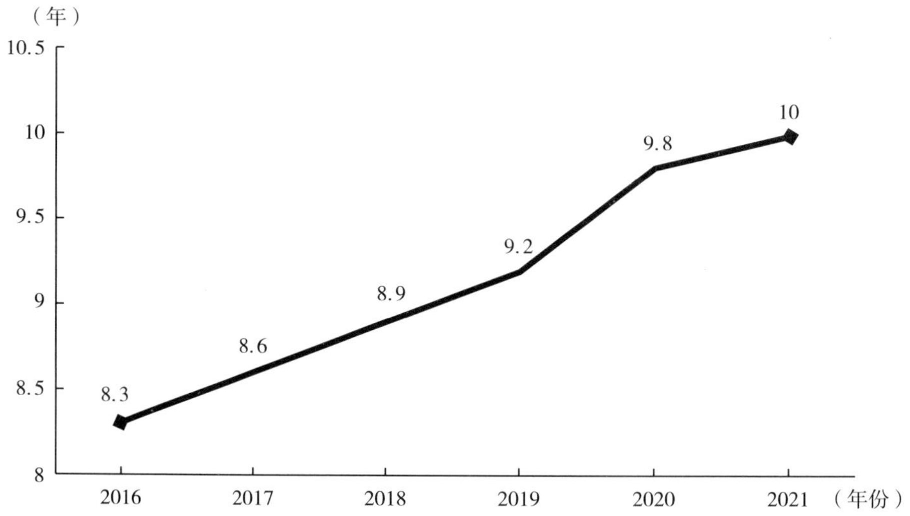

图5-7　2016—2021年毕节市人均受教育年限

资料来源：《毕节市生态环境状况公报》《毕节市国民经济和社会发展统计公报》

此外，2021年，毕节市高素质农民培训任务数为3127人，实际完成培训3170人，任务完成率为101.4%。同时，毕节市“十四五”规划中强调，要坚持教育公益性原则，深化教育改革，促进教育公平，补齐学前教育短板，推动义务教育城乡一体化优质均衡发展。还应当加强各类教育要素投入保障，提高教育治理效能，强化教师队伍建设，塑造良好师德师风，办好人民满意的教育。

探索建立现代职业农民培训制度，实施新型职业农民培育工程，大力培养懂技术、善管理、会经营的新型职业农民，壮大农村人才队伍。这些措施将有效提升农民素质，为林业可持续生计发展提供必要的人力资本。

5. 社会资本

社会资本指各种社会资源，如社会关系网和社会组织，包括垂直的（与上级或领导的关系）和横向的（具有共同利益的人）社会联系。林区是社会资本比较弱的地区，社会资本主要为家庭网络，社会组织参与率较低，社会权威很难建立，抵御风险较为无力。林农自身抵御风险的能力较低，加入林业专业合作社等社会性团体组织，能有效降低林农发展林业的社会风险、自然风险和市场风险，从而增强林业发展的专业性。2020 年，毕节市 3704 个村（社区）“两委”班子全部配齐配强，其中村（社区）党组织书记兼任村委会主任 1581 个，占 42.68%；毕节市 3282 个行政村（农村社区）共建立村级党委 19 个、党总支 716 个、党支部 2547 个，在产业链、合作社、龙头企业、生产小组建立党支部 2252 个、党小组 9526 个，实现了党的组织和党的工作全覆盖；注重从优秀退役军人、外出务工经商返乡人员、本土大学毕业生等群体中，选配村“两委”干部。毕节市村“两委”班子成员中，有退役军人 1661 名、外出务工经商返乡人员 1855 名、本土大学毕业生 1719 名。毕节市 7229 个党支部领办村集体合作社，带动 74.4 万户 300.6 万人入社，共整合各类资源要素折价 49.8 亿元入股，实现产业发展总收入 18.6 亿元。

毕节市“十四五”规划中强调，加快引进各类经营主体，培育壮大龙头企业，扶持发展合作社、家庭农场等新的经营主体。还要全面推行村党组织书记通过法定程序担任村委会主任和村级集体经济组织、合作经济组织负责人，加快推进村支书、村民委员会主任“一肩挑”，实行村党组织书记县级备案管理制度，建立派出“第一书记”和驻村工作组长效机制。从人力物力财力上重视基层、关心基层和支持基层建设，加强乡镇基层政权和服务能力建设。这些有力的措施都将提高农村的基本组织建设能力和农户产业发展能力，从而为林业可持续生计的发展创造良好的社会环境。

（二）生计来源潜力①

生计来源主要指林农主要的经济收入渠道和方式。2021年，毕节市农村常住居民人均可支配收入12441元，比上年增长10.7%。其中工资性人均可支配收入6073元，同比增长29.3%；经营人均可支配净收入3952元，同比增长5.7%；财产人均可支配净收入131元，同比减少73.7%；转移人均可支配净收入2284元，同比减少0.8%。这表明当前毕节市林农主要的生计来源为工资性收入，说明毕节市林农多数依靠打工维持生计（见表5-1）。

表5-1　2021年毕节市农村常住居民人均可支配收入

指标名称	绝对数（元）	占可支配收入的比重（%）	同比增长（%）
农村常住居民人均可支配收入	12440		10.7
工资性人均可支配收入	6073	48.8	29.3
经营人均可支配净收入	3952	31.8	5.7
财产人均可支配净收入	131	1.1	-73.7
转移人均可支配净收入	2284	18.4	-0.8

资料来源：2020年、2021年《毕节市国民经济和社会发展统计公报》

① 本节数据来源：《毕节市2021年国民经济和社会发展统计公报》。

在林业产业发展方面，截至2022年7月，毕节市林下经济利用森林面积达378.65万亩，绿色经济占GDP比重提升至43.79%。同时，毕节市林业局等相关部门正积极探索推动林业碳票上市交易；将持续探索以林业碳票作为贷款的可质押物，参与碳票存储、交易、融资等，推动碳票变现，让“碳票”真正变“钞票”，装进群众腰包。这也将拓宽林农的生计来源渠道，并且保证林农经济收入的稳定性和可靠性。

（三）生计选择分析

林农的收入受多方面因素影响，部分具体数据不能通过计量方法分析，而且即使统计出了数据，也不一定具有充分的解释作用，不过这些因素都会通过林农这一经济主体体现在其生计决策中。林农在一定的自然、社会经济背景中生存，他们可以使用一定的资产，其对资产利用的状况决定于外部的组织机构和程序规则环境及其变革过程。这种环境也影响着林农的生计策略，以实现所期望的收入增加的直接目标，满足他们的生计要求。

1. 自然资本对林农生计途径的影响

在自然资本中，对林农生计影响最显著的是林地资源。在进一步的调查中，绝大多数林农都存在利用林地资源进行林业经济活动的现象，也有一部分林农将自己的林地转让给企业或合作社。但在其收入结构中，仅有小部分是以林地作为重要收入来源，大部分是以非农收入为主要收入来源。

2. 物质资本对林农生计途径的影响

物质资本是人类生存的基本条件。对于农民来说，物质资本包括房屋、土地、生产工具及可以变现的、用于投资的财物等。近些年，毕节市相关部门采取多种措施改善农村基础设施，保障林农生活、生产环境。一方面补齐住房安全保障短板。农村危房改造工程和透风漏雨老旧住房整治全部完成，并同步实施“三改”，开展“建新仍住旧”排查治理工作，全面清理“建新仍住旧”问题。易地扶贫搬迁扎实推进，恒大集团新增帮扶4万人易地搬迁项目全部建设完成并实现搬迁入住，后续扶持“五个体系”建设有力推进，教育、医疗、文化服务等配套设施建设全面完成，实现有劳动能力的易地扶贫搬迁家庭一户一人稳定就业。另一方面补齐饮水安全保障短板。2018年以来实施的895处饮水安全工程全部发挥效益。开展饮水安全挂牌督战，补齐农村饮水安全水源保护不当、消毒设施缺乏等短板，毕节市扶贫云“双台账”中水利部门牵头的614个问题已全部整改完成。探索建立了“有偿用水、计量用水、错峰供水、应急供水”4个用水机制，毕节市10个县（区）均出台县级农村饮水安全运行管护办法，项目均已建立管护制度。这些基础设施的改善，将促进林农拥有的林地资源转变为生产资本，从而影响林农生计策略的选择。

3. 金融资本对林农生计途径的影响

金融资本对林农生计的影响主要体现在林农年末存款、借款以及转移性支付等方面。《毕节市2021年国民经济和社会发展统计公报》显示，2021年，全市年末金融机构人民币存款余额2062.73亿元，比上年增长5.2%，其中住户存款1430.55亿元。金融机构人民币贷款余额2515.05亿元，比上年增长15.2%，其中住户贷款1097.91亿元。毕节市住户存款余额的增长表明林农生活水平提高，可能促使林农从事林业生产活动，从而影响林农生计策略的选择。

4. 人力资本对林农生计途径的影响

对于农村劳动者来说，人力资本对林农生计的影响主要体现在农户劳动力数量、劳动者身体素质、受教育程度等方面。《毕节市2020年国民经济和社会发展统计公报》显示，2020年，毕节市适龄劳动力（18~60岁）数量为577.52万人，占总人口的60.8%，人均受教育年限9.8年。同时，全面提升毕节市农村义务教育学校专任教师学历水平及农村教育教学质量，毕节市农村义务教育学校教师共 64750 人，本科以上学历 45085 人，占比达 69.63%，为提高林农的受教育水平提供了良好的师资队伍。调查中，通过与相关部门及部分林农谈话发现，这些措施将提高林农的生计资本，从而大大提升林农自身的发展能力，提高林农的种植技术和就业能力，进而影响林农生计策略的选择。

5. 社会资本对林农生计途径的影响

社会资本对林农生计的影响主要体现在外出务工人员及从事非林工作的种类数量上。《毕节市 2020 年国民经济和社会发展统计公报》显示，2020 年，毕节市农民工总量 245.82 万人，同比增长 1.0%。其中，外出农民工 187.69 万人，同比增长 3.6%；本地农民工 58.13 万人，同比下降 6.6%。外出农民工数量的增加以及本地农民工数量下降反映出更多林农选择外出务工或减少本地林业生产活动，从而影响林农生计策略的选择，也可能会影响到林业可持续发展。

二、林业可持续生计发展的障碍和挑战

（一）森林资源总量不足，质量不高

毕节市 1294743 公顷森林面积中，乔木林地和竹林地面积占森林面积的 52.73%，特殊灌木林地、四旁植树和非林地上的森林面积占 47.27%。毕节市人均森林面积仅为 2.11 亩、活立木蓄积量仅 2.60 立方米 / 亩，低于全国人均 2.25 亩的水平，凸显毕节市森林资源总量不高[①]。

（二）林业产业体系不完善，贡献率不高

毕节市虽然加快了林业产业发展的步伐，但是林业总产值在国民经济中相

① 数据来源于高守荣、阮友剑：《森林可持续经营毕节实践》，中国林业出版社，2020。

对较少。产业结构不合理，第二、第三产业规模较小，初级产品多，精深加工产品少，科技含量低，产品附加值不高，缺乏龙头企业和名牌产品。林下经济规模小、集约化程度低。森林旅游、原生态保健食品、森林疗养等林业生态服务远远不能满足社会需求。在转变林业经济增长方式、优化林业产业结构、发展山地林业特色经济、促进林区贫困群众增收致富等方面，还需要政府积极引导和扶持。

（三）生态环境依然脆弱，生态建设压力大

近年来，依托森林公园、湿地公园等建设生态文明教育基地，毕节市实施天然林保护、退耕还林、石漠化治理、森林植被恢复等一系列林业生态重点工程，但是调查结果显示，毕节市水土流失隐患等级重度和极重度所占比例较高，对森林生态环境的保护和健康发展造成严重威胁，亟待治理，生态脆弱、人口资源环境压力大的状况没有根本改变，亟须生态修复。

（四）社会化服务体系不健全，产品竞争力差

要实现资源增长、农民增收、生态良好、林区和谐，需要构建健全完善的社会化服务体系，为林业经营者提供及时有效的社会化服务，这是林业改革的共识。然而，社会化服务体系建设主要存在以下困难和问题。一是农民林业专业合作组织运作不规范。毕节市林业专业合作组织大多是以村干带头、专业大户牵头、技术能手牵头、农村能人牵头、依托龙头企业等形式组建。大多没有严格按照《中华人民共和国农民专业合作社法》和《合作社章程》规范运行，导致林产品附加值不高、产品较为单一。例如，织金县皂角精制造业虽有一定规模，但是仍属于较为粗放的产业，皂角制药、保健品、洗涤产品等精深加工，尚无大型企业入驻，未形成强有力的加工体系和拳头产品。花椒方面仍以出售

花椒原材料为主，深加工上严重滞后，产品形式单一，市场竞争力差。核桃加工产品仅有核桃乳、核桃糖、核桃油及核桃工艺品，科技含量和工艺水平不高，规模不大，大部分核桃坚果是原品向外销售，仅仅是初级农产品，附加值不高，没有达到通过系列产品精深加工实现产业增值的要求，商品化率亟待提高，而核桃青皮、核桃壳、核桃仁下脚料、分心木等没有得到充分开发，造成资源浪费。油茶方面仅停留在提炼茶油、销售原材料等初加工阶段，生产规模小，深加工程度低，对油茶农副产品利用率不高，产品销售仅立足当地区域，未形成品牌效应。二是林权管理服务机构缺失。自 2015 年起，大多数县（区）按照“人随事走，编随人走”的原则，将原县级林权管理服务中心机构和人员编制基本划转到县级不动产统一登记部门，造成县（区）指导林地、林权管理，指导森林、林木、林地承包经营及有关合同管理，指导农村林业改革发展等相关工作不到位。

（五）社会融资难度较大，发展后劲不足

由于毕节市经济总量小，人均经济收入低，大多数林业经营主体属于小微企业，吸引社会资源能力弱，金融支持门槛高、融资难，投融资渠道狭窄，经营者缺乏启动资金，或是项目启动后，缺乏流动资金，导致许多林下经济经营者在发展初期就受到资金方面的限制，致使林下经济产业发展缓慢，发展后劲不足，极大限制了经营主体的发展壮大。比如，金沙县青山钊铭养殖专业合作社，合作社养殖 20000 羽本地土鸡，可在养殖的鸡苗快要出栏时，受新冠肺炎疫情影响，无法按期销售，多饲养了两个多月，导致合作社几乎倒闭。[①] 另外，林业产业行业抱团发展机制不够健全，尚未建立相关林业产业联盟，林

① 付开萍，吴道能，周芳，王晓霞：《毕节市林下经济发展现状及思考》，《绿色科技》2021 年第 4 期。

业企业信息沟通和掌握不够好，对接市场能力弱，抗风险能力差，企业发展壮大难度大。

（六）生产技术力量较薄弱、缺乏科技支撑

一是缺乏管理知识。毕节市大多数农村集体经济组织领头人，或是在外学到一定专长、一些技术，或是辛苦挣到一定启动资金，或是头脑比较灵活、在当地有一定影响力，或是村干、组干。有少数领头人，精明但不开明，思路不清晰，缺乏对集体经济组织的经营管理知识，经营管理水平低下，组织化程度不高，有的经济组织没有相应的工作机制和管理制度，有的有管理制度，但没有相应的管理机制。二是缺乏供求信息。在种养品种选择、经营规模上存在盲目性，不能适应市场需求。种养产品生产出来后，没有与生产企业建立供求合作关系，没有合理的销售渠道，有的甚至等待收购者上门收购或零售。有不少经营主体甚至造成项目失败。三是缺乏种养技术。大部分经营主体是一些在外打工，挣到一定的启动资金的人，在没有成熟的种养技术、不了解市场前景的条件下即开始发展林下经济，造成资金、资源、人力物力的浪费。四是缺乏技术人员。在林业产业发展过程中，缺乏与林业产业相关的技术人员，严重影响了当前特色林业产业工作的进度与质量。五是缺乏企业带动。林业产业的经营主体大多属于小微企业，缺乏龙头企业示范带动，也缺乏新技术、新设备，创新能力不强，科技支撑不够。

（七）林农生计资产脆弱

当前毕节市大多数林农生计资产脆弱，自身发展能力不足。一是自然资本利用率不足。毕节市可利用的自然资源有限，森林资源作为多数林农最重要的生产生活资源，利用率较低，没能很好地将资源转变为资本。二是人力资本开

发不足。毕节市林农平均受教育年限偏低，大专及以上学历入学率较低，这将严重影响林农自身发展能力以及抵抗市场风险的能力。三是社会资本存量不足。毕节市农村社会是以婚姻血缘、宗族关系为纽带形成的，以农业为核心的社会。多数林农基本上都是以农耕为生，由于土地无法搬动，以土地为生的人不会有太多流动，以血缘、婚姻、宗族联系而形成的乡村社会资本相对比较保守和封闭。此外，多数青年人进城务工，在城市里还未立稳脚跟时，多是只身一人在城市打拼，留守在农村的多是妇女、儿童和老人，他们的交往、活动能力不强，社会资本的流失也比较严重。

三、林业可持续生计发展的政策建议

（一）制度层面

1. 完善天然林等自然保护政策

森林资源是林业产业可持续生计发展的重要载体，只有将森林资源进行有效保护，才能促进林业的可持续发展。一是实施严格的目标管理制度。将与森林资源保护和发展有关的指标，如森林覆盖率、造林面积、林地保有量等作为工作目标进行考核，加强对相关负责人的考核制度，切实有效保护森林资源。二是落实天然林保护修复等政策。县、乡、村、组等各级组织认真落实天然林修复、退耕还林等相关政策，确保政策实施的有效性和针对性。三是实施森林防火层级管理制度。构建政府领导、相关部门依法监管、林场和基层组织全面负责、社会公众参与监督的层级管理体系，利用现代化技术开展森林防火，减少因火灾对森林资源造成影响的可能性。四是严惩破坏森林资源的行为。依法对乱砍滥伐、违法占用林地、盗猎野生动物等危害森林资源的行为进行处罚，有效落实上级政府对森林保护“六个禁止”的要求。

2. 建立林木和林地交易市场

完善的市场交易机制是林业可持续生计发展的重要保障。当前毕节市林木和林地交易市场缺乏规范性，市场交易效率低，影响林业产业的健康发展。因此，应当建立完善的林木和林地交易市场，保障林业产业的稳定发展。一是完善交易市场中介机构。建立森林资源价值评估、核算、法律服务及政策咨询等相关中介机构，开展抵押、转让、出租、股份经营等多样化的交易，真正实现林业资源商品化交易。二是加强林地流转管理。完善林地林木产权变动的政策法规，健全林地流转、产权交易的规章制度，制定严格谨慎的相关交易规则，加强林地流转和产权交易的监督管理，保障林木林地产业的顺利交易。三是构建林产品交易平台。借助互联网手段，利用现代化技术，拓宽林产品交易渠道，实现林业信息的共享共用，避免因信息不对称造成的交易效率的降低。

3. 建立市场化多元化生态补偿长效机制

森林资源除了能为人类提供木质林产品、森林食品等有形的产品之外，还可以提供固碳释氧、涵养水源、净化空气等生态系统服务。因此，应当建立市场化、多元化生态补偿长效机制，保障林农的基本权益。一是明确补偿主体、客体之间的责任关系。在毕节市森林生态补偿中，界定补偿主体和客体之间的关系就是明确政府、市场和林农之间的责任关系。政府和市场应当作为生态补偿的主体，通过制定相关政策和提供资金支持，对林农进行合理的补偿。二是确定补偿标准和模式。科学评价森林资源的价值，运用意愿支付法、机会成本法等方法，确定生态补偿的标准，并选择货币补偿，如补偿金、奖励金、补贴、税收减免或退税、贴息、加速折旧等；实物补偿，如给予受偿主体一定的物质产品、土地使用权等多种生态补偿模式。

（二）产业层面

1. 优化林业产业结构

一是调整优化林业产业结构。产业结构的稳定发展是保障林业可持续发展的关键。首先应当稳定发展以森林经营和培育为主的林业第一产业，提高木材的供给能力；其次强化以林产品加工为主的林业第二产业，提升林产品市场竞争力；最后深化以森林康养、森林旅游为主的林业第三产业，推动林业产业转型升级。二是着重抓好林产品加工业转型升级，促进林产品加工重点企业进一步提高林产品储藏、保鲜、烘干、分级、包装能力和水平，重点研究林下种植中药材、油茶等有较大种植规模林产品的精深加工技术和营养功能成分提取技术，培育发展森林食品、中药材。促进木材加工业改造升级，加快调整林业产业结构，依法依规推动落后产能有序退出，不断提升木材加工业、木竹家具家装产业发展水平。三是深化林下经济产业供给侧结构性改革，推动产业升级，完善产业链发展，提高林产品质量，为消费者提供更优质的林产品。有效实施品牌化管理战略，用好“乌蒙山宝·毕节珍好”和“黔林优选”等区域公共品牌，集中打造“大方天麻”“织金竹荪”等优势品牌。积极发展绿色林业产业，推动林业资源的合理利用，推广质量认证，树立生态、健康的品牌形象。

2. 推动林业产业集群发展

一是建立林业产业示范园区。鼓励林产品加工技术创新和管理创新，集合各种生产要素，延长产业链，促进生产加工精细化、专用化，发展园区内循环产业，实现经营集约化、产品系列化、产业一体化发展。推进毕节市森林生态综合示范园建设，依托国有林场、自然保护地、林业科研院所等，立足特色，发挥资源优势，高标准建设森林生态综合示范园，在森林旅游、森林康养、自然教育、林业科技、林下经济等方面形成示范和样板。二是培育壮大林业龙头企业。积极培育申报国家重点林业龙头企业。加快省级林业龙头企业培育发展。

加强对林业龙头企业的动态监测管理与指导服务，建立和完善退出机制，不断提高林业龙头企业发展质量。加快新型林业经营体系建设，有效保障林业产业的可持续稳定经营。三是推进林业特色产业基地建设工作。凸显森林资源特色，注重品牌，以市场为导向，扶持发展森林食品、中药材、花卉苗木等产业，推进林业特色产业基地化、集聚化建设。

3. 创新林业产业发展模式

一是促进林业三产融合发展。做特一产。注重调整传统的造林模式，突出乡土树种、珍贵树种、油茶等特色经济林，培育大径材、无节材和混交林，营造花化、彩化森林，推进具有地域特色的森林景观带建设，采取森林抚育、封山育林、区划公益林、巩固退耕还林成果等措施，精准提升森林质量。做大二产。着力拉长延伸林业产业链，通过龙头企业带动、项目招商联动、科技创新驱动、商标品牌驱动、干部合力推动等“五轮齐动”举措，推动林业产业转型升级。做优三产。积极拓展森林康养、森林文化等产业，以森林康养、森林文化、森林体验为主攻方向，按照“林旅文”融合的发展方向，依托丰富的森林资源和源远流长的森林文化优势，融合生态文化、奢香文化、民族文化、革命文化，拓展森林旅游发展区，深化林业产业的内涵。二是推动产业跨界融合发展。深入挖掘毕节市丰富的林下中药资源潜力，研究林业、中药产业、旅游产业等产业交流合作，跨界融合，推动毕节市高质量发展。三是探索林业产业与“互联网 +”“物联网 +”“5G+”融合创新发展新模式。促进智慧林业产业发展，培育产业新业态，鼓励林业生产租赁业务，探索众筹、定制等林业新业态。

4. 加强林业产业品牌和市场建设

一是打造产品品牌化经营。坚持应用尽用原则，按照“有标采标、无标创标、全程贯标”的要求，积极培育区域公用品牌、专业产品品牌。有效推进毕节市“二品一标”认证工作，充分利用“乌蒙山宝·毕节珍好”区域公用品牌，打造毕节市特色产品良好形象。积极推进黔西黄粑、威宁苹果、纳雍滚山鸡、奢香贡茶等产品品牌化建设。二是加强产品品牌化推广。充分利用毕节市优势资源，加强相关产品设计、宣传创意、广告策划等活动，有效开展“直播带货”“线上销售”等活动，提高“乌蒙山宝·毕节珍好”区域公用品牌在粤港澳大湾区、长三角、珠三角等地的知名度。三是加强产品品牌化利用。强化品牌管理，规范品牌授权，以品牌为牵引，促进生产源头清洁化、生产经营标准化、市场营销现代化、经营推广品牌化。四是提升品牌的可信度和可靠度，有效建立健全相关品牌农产品的安全预警机制。五是加快构建林下经济产业专业化市场发展体系，积极建设基于市场需求的信息服务平台，努力健全林下经济产品流通网络。企业应当积极利用现代化网络优势，充分运用农村电商平台，构建及时、便民、有效的林下产品收购平台，保障林下经济产品多元化模式流通。

5. 加快脱贫后续产业发展

毕节市产业扶贫工作取得了一定的成效，农户通过发展产业实现了经济增收、能力增强等，但脱贫后续产业的发展成为毕节市农户可持续发展的重中之重。一是加大相关后续产业的资金支持力度。一方面政府应当设立专项资金，扶持林下种植、林下养殖、森林旅游等林下经济稳定发展；另一方面相关龙头企业应当建设产业基地，培育林业经济新增长点，加强林业产业园建设，保障以林下经济为主的林业产业可持续发展。二是加大对相关后续产业的技术支持力度。技术能增强产业的科技含量，提高产品的核心竞争力。因此，应当坚持科技引导的原则，采取“引进来、走出去”的模式，邀请相关专家和技术人才针对林下经济产业发展的技术问题开展培训工作，有效解决林下经济产业发展的技术难题。三是加强对相关后续产业的人才支持力度。人才是产业发展的有力支撑条件。毕节市可以加强与贵州大学、贵州省林业科学院等科研院所的交流合作，为林下产业后续产业的发展定点输送人才，保障后续脱贫产业的稳定健康发展。

6. 完善林业社会化服务体系

完善社会化服务体系是保障产业健康发展的必要举措。保障林农生计可持续发展，必须建立健全与现代林业相适应的社会化服务体系，构建林下经济产品销售平台，为林农提供产品生产、加工、销售等各环节的服务。一是建设林业专业合作社、专业协会等专业化组织。将林农的林地资源进行有效整合，实现集约化、科学化经营管理，完善林下经济产业销售渠道，扩大林下经济产业市场竞争力和影响力。采用“企业 + 合作组织 + 农户”的发展模式，为林农解决生产发展过程中遇到的技术、资金、信息等难题。二是建立科技服务机构。加强与科研院所、高校、专业组织的合作和交流，构建以政府为主体，以科研院所、高校、专业组织等为载体的专业化科技服务体系，积极发挥其作用，为林农产业发展提供针对性的服务，增加林业科技推广资金，有效推动科技成果转化为生产力。同时，加强林业科技人才队伍建设，拓展科技服务内容，根据林农实际需求，提供有针对性的科技服务。三是健全森林保险保障机制。林业生长周期长、见效慢、抵御市场风险能力差，而森林保险能有效解决林农在林业产业发展中面临的各种风险，维护林农的权益，并且可以改善林业投融资环境，推动林业可持续发展。

（三）林农层面

1. 加强林农自身思想建设

林农发展思想是保障林业可持续发展的关键，也是林农实现生计可持续的基础。一是转变传统发展思想，提升林农内生发展动力。在调研中发现，多数林农发展积极性较低，仍存在着“等、靠、要”的观念，认为政府会帮他们解决生存问题。因此，林农应当充分利用现有资源和条件，积极发展林下经济、生态旅游等绿色产业，增强自身的经济能力。二是提高自主学习能力，积极学习新思想、新理论、新技术。林农应多角度、多渠道、多方位利用广播、文化站、图书馆等途径，努力学习先进的理论知识和技术，提高自身在生产生活中的实践能力，从而有效提升林农的可持续生计能力。三是积极学习相关政策制度。各级政府已经出台相关扶持政策，保障林农生计可持续发展。林农作为政策的受益主体，应当认真学习政策制度，积极落实政策要求，真正成为政策的受益者。

2. 提高林农生计资产能力

林农生计资产能力的提升是促进林业可持续发展的重要途径和具体举措，提高林农的生计资产能力是林业增收、林农增富的重要方式。一是提高林农的受教育水平。政府层面应当加大资金支持力度，有效改善毕节市农村教育基础设施，优化教师队伍建设，完善教育体系构建，保障林农都有机会和能力参加农村基础教育，提高林农的受教育水平。二是大力开展林农专业技能培训。当前毕节市林农技能相对落后，多数林农仍采用传统的技术开展生产，不能满足现代产业的需要，因此，政府、企业和其他组织可以通过专家宣讲、技术指导等途径进行专业技能培训，有效提高林农的专业技术能力，保障生计的可持续性。三是积极培育林农专业组织。激发社会组织活力，积极培育和发展农业专业协会、合作社等社会组织，为林农提供法律咨询、协调解决纠纷等专业服务，有效提高林农生计资产能力。

3. 优化生计策略选择

农户生计策略选择受到很多因素的影响，当前毕节市农户生计策略较为单一，应当根据资源禀赋和经济发展情况，优化农户的生计策略选择。一是改善农户家庭的生计资产。通过实地调研发现，当前毕节市农户家庭生计模式较为单一，生计资产较为脆弱，抵御市场、信息、自然、金融等风险能力低，因此，政府、企业和其他社会组织应当加大相关支持力度，将农户家庭生计资产与自然、金融、人力和社会资本进行有机结合，增强农户家庭生计资产的数量，保障农户家庭生计生存的质量。二是鼓励农户开展多样化的生计经营。当前毕节市多数农户仍以林业发展为主，其他经济收入来源有限。因此，农户应当增强家庭生计来源的多样化，在发展现代林业的过程中，有效增加一些加工业、服务业等非林业活动，保障自身家庭的生计。同时通过非林业的发展来提高家庭的经济收入，保障家庭其他成员的基本生活等。三是提升农户家庭社会资本的存量。农户实现自身的发展离不开社会组织的指导，而毕节市多数林农文化素质较低，发展能力较差，社会交流和合作较少。因此，农户应当重视自身的文化素质提升，积极参与农民合作社、龙头企业等社会合作组织，以此增加自身的社会资本存量。

专题六

中国清洁生产制度与可持续生计*

推行清洁生产是贯彻落实节约资源和保护环境基本国策的重要举措，是实现减污降碳协同增效的重要手段，是加快形成绿色生产方式、促进经济社会发展全面绿色转型的有效途径。不仅如此，清洁生产制度还在促进相对弱势群体的可持续生计方面发挥了重要作用。本专题主要从以下 3 个方面对此展开分析。一是分析清洁生产制度对可持续生计的影响；二是回顾我国清洁生产制度发展历程，并进行经验总结；三是提出基于清洁生产制度的可持续生计建议。

一、清洁生产制度对可持续生计的影响

（一）可持续生计概念

“可持续生计”概念最早由国外相关机构学者提出，是指生计是可持续的，

---

* 本专题作者为北京数汇通信息技术有限公司原政策研究总监、中国发展研究基金会研究三部项目主任何伟。

它能够应对压力和冲击并从中恢复，保持或提高其能力和资产，为下一代提供可持续的生计机会，并在地方和全球层面以及短期和长期为其他个人的生计做出净贡献[①]。1992 年，联合国环境与发展大会提出此概念，可持续生计成为消除贫困的重要方式路径和手段。随后，1998 年，英国国际发展部发展了可持续生计含义，并据此建立起了相对广泛应用的可持续生计框架体系，包括人力资产、社会资产、自然资产、物质资产与金融资产等5 类资产[②]。总体而言，可持续生计重点强调贫困地区相对弱势群体实现可持续发展目标的重要方式。

（二）清洁生产的概念与理论基础

1. 清洁生产的概念界定

《中国 21 世纪议程》将“清洁生产”定义为：既可满足人们的需要，又可合理使用自然资源、能源并保护环境的实用生产方法和措施[③]。其实质是一种物料和能耗最少的人类生产活动的规划和管理，将废物减量化、资源化和无害化，或消灭于生产过程之中，同时对人体和环境无害的绿色产品的生产亦将随着可持续发展进程的深入而日益成为今后产品生产的主导方向。《中华人民共和国清洁生产促进法》（2003）中的第二条款也对“清洁生产”进行了法律解释：“本法所称清洁生产，是指不断采取改进设计、使用清洁的能源和原料、采用先进的工艺技术与设备、改善管理、综合利用等措施，从源头削减污染，提高资源利用效率，减少或者避免生产、服务和产品使用过程中污染物的产生和排放，以减轻或者消除对人类健康和环境的危害。”总而言之，清洁生产涉及产品生产

① Chambers，R.，& Conway，G.（1992）. Sustainable rural livelihoods：practical concepts for the 21st century. IDS Discussion Paper 296. Sussex：IDS，University of Sussex. Retrieved October 4，2021.

② DFID（1999–2001）. Sustainable Livelihoods Guidance Sheets. Department for International Development. Retrieved October 4，2021.

③ 1994 年 3 月 25 日，《中国 21 世纪议程》经国务院第十六次常务会议审议通过。

过程中清洁原辅料、燃料的使用，环境友好型的生产工艺的采用和技术革新，并最终实现末端废弃物 / 残余物减量化、资源化、无害化和产品供给服务的持续健康化、绿色化目标。相较于传统的末端治理只关注污染物排放控制，清洁生产的重大意义在于预防生产和服务过程的污染、综合利用资源、节约能源资源，以及提升能源资源利用效率，并最终实现经济效益、社会效益和环境效益的最大化。

当前，为缓减全球气候变化所进行的温室气体减排战略更加突出了清洁生产的节能减排重要功效。清洁生产强调“源头预防、过程控制、末端治理、综合利用”的全生命周期管理，实现能源资源高效利用和二氧化碳减排；而碳汇交易则是在实施清洁生产的基础之上，依靠碳汇产品将环境中剩余的二氧化碳予以消纳和中和，最终实现净零碳排放目标。因此，从减碳消碳目标实现的广泛意义上讲，碳汇交易也可以被认为是清洁生产的衍生品，属于清洁生产研究的范畴。本专题基于上述观点对清洁生产的含义进行了扩展，从广义上分析清洁生产制度与可持续生计的关系。中国“双碳”目标的实现将为碳汇交易政策实施提供契机和基础。目前全国省（区、市）、地级市等地方政府正在组织编制 2030 年碳达峰、2060 年碳中和行动方案，碳排放交易和碳汇交易已经成为该行动方案需要考虑的重要因素。特别是 2021 年 7 月 16 日全国碳排放权交易市场正式上线交易，配额与碳汇交易成为各个地区在 2060 年实现碳中和目标的突破口。

2. 清洁生产的理论基础

物质平衡是清洁生产制度的主要理论基石。物质平衡理论的中心思想认为，现实经济中存在生产和消费过程的积累，在此前提下，在一个足够长的时期内，制造的产品质量（已被消费的和未被消费的），加上生产和消费过程中产生的污染物的质量，必然大致等于最初从自然界获取的质量（马中，2019）。在此环境与经济系统中，通过循环利用，提升能量转换效率、物质利用效率和废弃残留物回收效率等方式，既可以保证产品及服务保持一定的水平，又可以降低排向系统界外的污染物排放量，减少环境损害。物质平衡理论重点揭示出保护环境最根本、最有效的途径是提高经济系统的资源利用效率，从而减少资源利用量和污染物排放量。而环境外部性理论则认为清洁生产是经济发展过程中环境外部性内部化的一种方式，在全社会总资源投入一定的前提下，企业实施清洁生产将使得社会产品总量增加，社会总效益增加；企业实施清洁生产减少废弃物产生，从而减少企业把治理成本转嫁给社会的机会成本，有效弱化外部不经济性（宋国君，2020）。市场经济体制下，作为理性经济人，单个企业的选择并不是全社会的最佳选择，企业并不会直接选择进行清洁生产，毕竟需要付出一定的社会成本，除非是市场竞争需要或者收益大于投入，否则清洁生产行动并不能顺利推行。

（三）清洁生产制度对可持续生计的影响

清洁生产是可持续发展的应有之义。在坚持“污染预防”基本原则基础上，清洁生产是实现可持续发展和绿色发展的重要抓手，是贯穿产品全生命周期环境管理最为重要的政策手段，具有节约资源能源消耗、提升资源能源利用效率、降低环境污染物排放量和温室气体排放量等多重功效，有效促进地区产业结构优化升级和环保管理技术革新。以往对于清洁生产制度的研究主要集中于在上述功效领域的作用发挥，往往忽略了其对于贫困弱势群体可持续生计的影响。

清洁生产制度保障了可持续生计的人力资产。清洁生产制度是环境质量改善的重要政策保障。环境质量改善是人类健康与福利水平提升的重要表现，进而促使人力资产水平得到提升。环境污染问题所造成的健康损失，相对于发达地区群体而言，其对贫困弱势群体的影响更加显著和深刻，阻碍可持续生计人力资产水平的提升。因此，清洁生产制度是可持续生计人力资产的保障措施。

清洁生产制度维护了可持续生计的自然资产。清洁生产综合考虑可操作的技术工艺、较高的效益成本比，以及较少废弃物排放的绿色可持续发展过程，防止贫困弱势群体在生产生活中出现水、大气、土壤等环境污染问题，确保贫困弱势群体可持续生计所依赖的自然资产质量水平不下降。

清洁生产制度拓展了可持续生计的金融资产。贫困弱势群体可持续生计的传统金融资产包括储蓄、信贷，以及就业、贸易和汇款的收入等，主要是有形产品价值的货币化形式。而在清洁生产制度实施背景下，无形的生态环境价值越来越被看作是可持续生计的一种新型金融资产，如农村地区的林业碳汇、碳票的银行质押与信贷业务的开展，从而拓展了可持续生计的金融资产。

清洁生产制度规范了可持续生计的生计策略。清洁生产是对人类和环境友好型的绿色、可持续发展模式，清洁生产制度决定了贫困弱势群体在可持续生计框架内的生计策略制定过程应遵循资源可持续利用和生态环境反退化的基本原则，需要考虑区域资源与环境承载力对可持续生计策略制定的影响。

二、我国清洁生产制度的历史进程和经验总结

（一）清洁生产制度的历史进程

1. 从国际经验引入到地方试点实践，再到规范化推行

清洁生产制度最早起源于 20 世纪 60 年代的美国化学行业的污染预防审计。1989 年，联合国开始在全球范围内推行清洁生产行动，全球先后有 8 个国家建立了清洁生产中心，推动着各国清洁生产不断向深度和广度拓展。1989 年 5 月，联合国环境规划署工业与环境规划活动中心（UNEP IE/PAC）根据 UNEP 理事会会议的决议，制定了《清洁生产计划》，在全球范围内推进清洁生产。

20世纪90年代以来，清洁生产已经从社会共识、行动倡议等层面转向更为深入的政策立法、组织机构设立、体制机制制定与实施、试点区域推广等清洁生产目标要求的实现途径。中国的清洁生产实践早在20世纪90年代起在地方层面已经展开试点行动。2003年颁布实施的《中华人民共和国清洁生产促进法》为清洁生产制度的执行奠定了法定权威性，通过法律手段促进资源利用效率提高，减少和避免了污染物的产生，保护和改善了生态环境，保障了人体健康，促进了经济与社会可持续发展。该法律明确了县级以上地方政府是清洁生产推行制度的实施主体，负责本辖区的清洁生产综合管理工作，并规范了清洁生产推行制度的运行机制。

2. 清洁生产制度规范逐步健全，进入稳步发展阶段

《中华人民共和国清洁生产促进法》（2003）、《中华人民共和国循环经济促进法》（2018年修订）是规范清洁生产制度执行的两项最为重要的单行法。随后，国务院相继出台了《国务院关于加快发展循环经济的若干意见》《国务院办公厅转发国家发展改革委等部门关于加快推行清洁生产意见的通知》等政策性文件，对如何落实清洁生产的法律要求等做出了进一步的规定。清洁生产审核是实现清洁生产制度政策目标的主要途径，有关规范清洁生产审核的部门性规章较为丰富和详细。《清洁生产审核办法》《关于深入推进重点行业清洁生产审核工作的通知》《清洁生产审核指南制订技术导则》《工业清洁生产审核规范》《工业清洁生产实施效果评估规范》《清洁生产审核评估与验收指南》，以及清洁生产评价指标体系公告等部门规章规范了清洁生产审核管理内容，要求企业按照一定程序，对生产和服务过程进行调查和诊断，找出能耗高、物耗高、污染重的原因，提出降低能耗、物耗、废物产生，减少有毒有害物料的使用、产生以及废弃物资源化利用的方案，进而选定并实施技术经济及环境可行的清洁生产方案，明确了国家强制审核与企业自愿审核相结合、企业自主审核与外部协助审核相结合的原则。地方各省市也相应制定和发布了清洁生产制度的实施办法和相关政策。山东省、湖南省、天津市等分别制定了地方性的清洁生产促进条例，甘肃省、重庆市、青海省等制定了《清洁生产推行方案》。

3.“十四五”期间清洁生产制度进入高质量提升阶段

“十四五”是我国完成脱贫攻坚战和全面建成小康社会目标之后开启全面建设社会主义现代化国家的开局阶段。《中华人民共和国国民经济和社会发展第十四个五年规划和2035年远景目标纲要》明确提出，全面提高资源利用效率。壮大节能环保、清洁生产、清洁能源、生态环境、基础设施绿色升级、绿色服务等产业。在此基础上，清洁生产制度也进入了高质量提升阶段。《关于构建现代环境治理体系的指导意见》《国务院关于加快建立健全绿色低碳循环发展经济体系的指导意见》等也提出了相关要求。《“十四五”全国清洁生产推行方案》明确提出，到2025年，清洁生产推行制度体系基本建立，工业领域清洁生产全面推行，农业、服务业、建筑业、交通运输业等领域清洁生产进一步深化，清洁生产整体水平大幅提升，能源资源利用效率显著提高，重点行业主要污染物和二氧化碳排放强度明显降低，清洁生产产业不断壮大。

4. 清洁生产扩展到农业领域，聚焦乡村振兴与绿色发展

党的十八大以来，乡村振兴与绿色发展成为新时代解决“三农”问题的重要抓手。党中央多次强调坚持人与自然和谐共生的生态文明思想对于指导乡村振兴战略实施的重要性和坚定性，为新时期以绿色发展引领乡村振兴奠定总基调。《“十四五”全国清洁生产推行方案》中明确要求加快推行农业清洁生产，强调农业生产过程的清洁化水平，包括节水灌溉、化肥减量替代、农药减量增效、秸秆综合利用和农膜回收处理等重点领域的清洁生产提升工程。因此，乡村振兴与绿色发展将是清洁生产制度实施的重要领域。

（二）清洁生产制度的主要经验

1. 坚持和稳步推进清洁生产制度的有效实施

清洁生产制度的实施有力地推动了节能减排和环境质量改善。从“十一五”开始，中国主要污染物排放总量快速递增的态势得到遏制，主要污染物排放渐次达峰①，而这也同时是清洁生产制度逐渐实施和发挥作用的过程。《国家环境保护“十一五”规划》中明确提出进一步推动企业积极实施清洁生产方案；对污染物排放超过国家和地方标准或总量控制指标的企业，以及使用有毒有害原料或者排放有毒物质的企业，要依法实行强制性清洁生产审核。清洁生产制度促进节能减排效果明显，通过实施钢铁、有色、化工、建材、轻工、纺织等重点工业行业的清洁生产审核，企业资源能源利用效率有效提高，污染物产生量大幅削减。据统计，通过实施清洁生产，2003 年至 2010 年累计削减二氧化硫产生量 93.9 万吨、化学需氧量 245.6 万吨、氨氮 5.6 万吨，节能约 5614 万吨标准煤，为节能减排做出了重要贡献②。“十二五”期间专门出台了《工业清洁生产推行“十二五”规划》，进一步强化了这一政策促进工业领域节能减排的重要性和紧迫性。《“十四五”全国清洁生产推行方案》的出台更进一步扩展了清洁生产推行制度实施的全面性，将充分促进能源资源利用效率显著提高，重点行业主要污染物减少，二氧化碳排放强度明显降低。

2. 强化和完善清洁生产制度体系与顶层规划设计

一是清洁生产制度政策体系逐步完善。自 2003 年颁布实施《清洁生产促进法》以来，我国逐渐形成了相对完善的清洁生产政策体系，其法律地位日益提升，包括在实施办法、技术指南、标准以及专项财政等各个方面对企业进行清

---

① 国务院发展研究中心课题组：《全面建成小康社会进展情况研究与评估》，中国发展出版社，2021。

② 《工业清洁生产推行“十二五”规划》。

洁生产的政策引导和鼓励支持。二是顶层制度设计逐步夯实。《工业清洁生产推行“十二五”规划》《“十四五”全国清洁生产推行方案》为工业领域及全行业推进清洁生产政策落地提出了规划性纲领和目标，并提出探索推动清洁生产推行的模式创新和区域协同的创新发展要求。

三、基于清洁生产制度的可持续生计建议

（一）乡村可持续生计应重视清洁生产制度要求

当前，中国已经完成了全面脱贫攻坚目标任务，可持续生计发展成效显著。《中共中央 国务院关于全面推进乡村振兴加快农业农村现代化的意见》和《中共中央 国务院关于实现巩固拓展脱贫攻坚成果同乡村振兴有效衔接的意见》成为继续推动乡村可持续生计高质量发展的更为深入的战略要求。乡村是区域经济发展空间单元中人力资产、自然资产、社会资产、物质资产、金融资产等最为薄弱的地区。鉴于清洁生产制度对于可持续生计在人力资产、自然资产、金融资产及生计策略制定等方面的积极影响，应进一步强化其对乡村可持续生计的促进作用。乡村可持续生计发展是寻求乡村绿色化、协调化与高质量化发展的过程，而不是过去的不计社会环境资源成本的无序发展。因此，建议在乡村可持续生计发展过程中要将清洁生产制度实施要求纳入其中，以保障乡村可持续生计健康发展。

（二）林业可持续生计应强化碳汇交易作用发挥

增强碳汇能力是实现碳达峰、碳中和目标最为有效的途径。林业碳汇不仅是目前最具潜力的碳汇产品，而且也是林业可持续生计的重要生计资本。一要不断提高现有 CCER 碳汇交易项目林地固碳效率和森林蓄积量，在管理机制上

加强经营主体和国有林场、大型企业合作力度，将集体林以多种合作方式委托专业团队开展森林经营；二要在当前国家所规定的CCER碳汇产品认定之外，考虑其他多种自愿性减排抵消产品、商品的开发，如福建省三明市创建的“碳票”案例，同时赋予这些碳汇产品融资、质押和债券工具的效用，强化其对于林业可持续生计的促进作用。

专题七

国际林业碳汇发展对中国欠发达地区的启示——以毕节为例*

全球气候变化关系到人类的生存和发展，是当今国际社会最为关注的生态环境问题。减少温室气体排放源和增加温室气体吸收汇是国际公认的减缓全球气候变暖的主要措施，森林固碳是减缓气候变化的主要途径之一。碳排放权交易或碳交易是减少温室气体排放、应对气候变化的重要市场机制，为中国林业的转型带来新的生长点，有利于推动以林业碳汇为代表的生态产品的经济价值实现。通过科学、合规地开发和交易林业碳汇，可以将我国欠发达地区的退耕还林区与石漠化治理区的生态资源转变为资产和经济优势，使“绿水青山”转变为“金山银山”，借助市场机制给予生态产品生产者一定的经济补偿，促进欠发达地区农民增收，促进林业发挥更多更大的生态效益、社会效益，造福人类，为我国尽早实现“双碳”目标做出贡献。

---

* 本专题作者为北京绿色金融与可持续发展研究院自然资本投融资中心主任、高级研究员白韫雯，中国农业科学院农业环境与可持续发展研究所科研助理宋惠敏。

一、林业碳汇经济的背景与意义

（一）碳汇与碳中和

2015 年通过的《巴黎协定》为 2020 年后全球应对气候变化行动做出安排，提出“在本世纪下半叶实现温室气体源的人为排放与汇的清除之间的平衡”的目标要求。通俗理解，就是实现二氧化碳排放“碳源”与二氧化碳去除或吸收碳汇之间的平衡。基于此，越来越多的国家提出碳中和目标。

碳汇就是碳的汇合，是指通过草原森林及植被等生态系统吸收大气中的二氧化碳，并将其固定在植被和土壤中，从而减少二氧化碳等温室气体在大气中浓度的过程、活动或机制；也指生态系统吸收并储存二氧化碳的能力或数量。生态系统碳汇主要包括森林碳汇、草原碳汇、湿地碳汇、海洋碳汇等（叶大平等，2018）。

碳中和是指二氧化碳排放通过二氧化碳去除技术应用达到平衡（徐晋涛，2021）。通俗意义是指通过增加碳汇等碳吸收和降低碳排放两个主要方面的措施，抵消人类在一定时间内生产和生活中直接或间接产生的二氧化碳排放总量，实现二氧化碳“净零排放”。目前，实现碳中和的二氧化碳去除技术主要包括发展碳汇技术和碳捕集利用与封存技术（CCUS）两大类。相对碳捕集利用与封存技术，草原森林等生态系统的碳汇具有较高的固碳量和生态服务价值（刘新光和危俊，2021）。可见，碳汇是抵消碳排放、实现碳中和的重要手段。

（二）碳交易：以市场机制应对气候变化

碳市场是一种全新的环境经济政策工具，其最大的创新之处在于通过“市场化”的方式解决环境问题，通过发挥市场在资源配置中的决定性作用，在交易过程中形成合理碳价并传导至企业，促进企业淘汰落后产能或加大研发投入。

碳市场机制特别是碳金融的发展，有助于推动社会资本向低碳领域流动，促进企业开发低碳技术和应用低碳产品，推动企业生产模式和商业模式发生转变，提高企业市场竞争力，为低碳经济发展提供动力（清华大学中国碳市场研究中心，2020）（见图 7-1）。

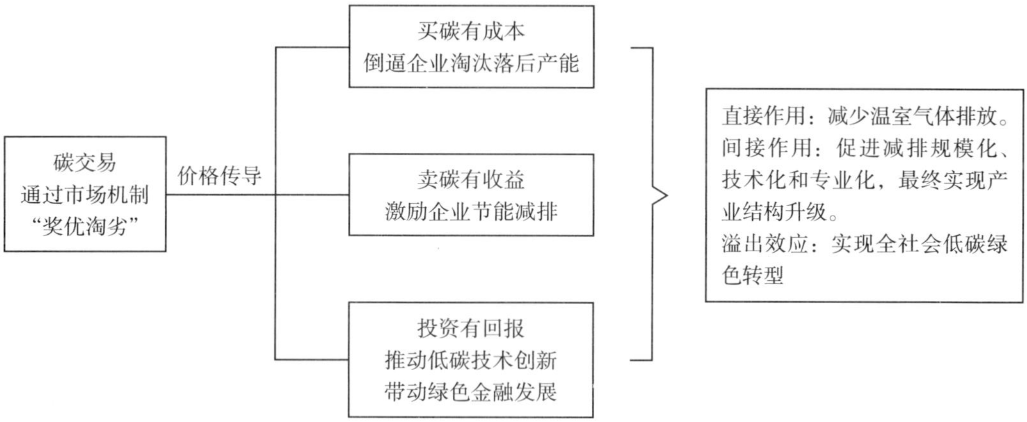

图 7-1 碳交易机制通过价格传导奖优淘劣

资料来源：《地方政府参与全国碳市场工作手册》

受气候变化谈判的影响和推动，在国际金融危机蔓延、国际经济复苏乏力的情况下，各国对气候变化的重视程度不但没有减弱，反而加大了对低碳绿色发展的重视和投入。这是因为他们认识到，应对气候变化、发展低碳经济、加大对新能源和可再生能源领域的投资，不但有利于降低污染物排放，更有利于刺激本国经济走出危机困境，促进新的就业岗位和制造新的经济增长点，从而拉动经济的可持续恢复和增长，提高长远竞争力。

（三）碳汇经济与相关产业

碳汇经济是指各种市场主体通过草原森林等生态系统建设增加碳汇并以碳抵消、碳中和、碳投资等方式促使碳汇流通交易而开展经济活动的统称。碳汇经济概念的外延，则是因增强碳汇生产与交易服务而衍生出的各类经济活动。

从碳汇经济概念的内涵与外延可知，制约或推动碳汇经济发展的首要因素是碳排放交易机制。2020年之后，《巴黎协定》成为国际气候合作基本框架。各国为此提出的碳中和目标，为碳汇经济相关产业的发展提供了重要驱动。随着各国碳中和目标的推进实施，碳汇经济相关产业的范围还将进一步扩大，将催生一批新技术、新业态和新模式。因此，碳汇经济及其关联产业开始进入快速发展的阶段。发展碳汇经济能带来多重效益，碳汇经济及其相关产业，既是生态产业，也是新经济增长点，是生态优先、绿色低碳发展的新路子，是经济与产业高质量发展的重要部分，也是联动国际大循环和畅通国内大循环构建“双循环”新发展格局的重要内容。

全球19个碳抵消机制覆盖林业碳汇方向，占比最高。根据碳抵消产生方式和机制管理方式，可将碳抵消机制分为国际性碳抵消机制、独立碳抵消机制及区域、国家和地方碳抵消机制3类。根据世界银行2021年《碳定价机制发展现状及未来趋势》报告数据，2020年4月1日至2021年4月1日，26个碳抵消机制签发碳减排量合计3.6亿吨，不同的碳抵消机制所覆盖的行业有所不同，共有19个抵消机制属于林业碳汇行业，占据全球总量的73%，位列所有行业第一位。

二、林业碳汇国际国内形势

（一）国际形势

1. 全球 2/3 经济体提出碳中和

《巴黎协定》达成共同实现 2℃温控目标的共识，2030 年全球人为二氧化碳净排放量比 2010 年降低 45%，并在 2050 年实现净零排放。

在此背景下，碳中和已成为全球趋势，国家、企业和金融机构纷纷提出碳中和乃至净零排放目标，全球气候雄心逐渐复苏。2020 年下半年，几大主要排放国先后宣布在 21 世纪中叶实现碳中和的目标。截至 2020 年底，全球已有 28 个国家在公开场合宣布碳中和或净零排放目标，另有接近 100 个国家把碳中和提上了议事日程，有 2/3 的主要经济体加入碳中和的大转型中（王倩，2021）。截至 2021 年，已提出长期减排战略且把实现碳中和纳入讨论的国家和地区温室气体排放量占全球排放总量的 65%，占世界经济总量的 70%，经济去碳化转型已经成为全球发展趋势（薛俊等，2021）。

2. 碳定价与全球碳市场发展

碳交易机制作为促进可持续发展的重要措施，在全球备受青睐。据国际碳行动伙伴组织（ICAP）统计，截至 2021 年，四大洲已经有 21 个碳交易排放体系正在运行，世界上接近 1/3 的人口生活在已经实施碳排放交易体系的地区，碳排放交易体系所覆盖的温室气体排放量占全球碳排放总量的 16%，这些正在运行碳市场的司法管辖区 GDP 占全球的 54%。世界银行的数据显示，截至 2021 年 5 月，全球 20% 以上的温室气体排放已纳入碳定价体系内，目前共有 64 个运行中的碳定价机制。

碳定价是促进碳减排的有效手段。目前各国的碳定价差别大，平均定价低。世界银行 2020 年的报告显示，全球碳价从低于 1 美元 / 吨二氧化碳当量到 119

美元/吨二氧化碳当量不等。碳定价机制所覆盖区域的碳排放量中，近一半定价低于 10 美元/吨。

碳信用机制是国际碳交易体系的重要组成部分，除了《京都议定书》下的清洁发展机制（CDM）、联合履约机制（JI）、独立的黄金标准（GS）和林业自愿碳减排核证标准（VCS）之外，多国政府和地方近些年也在发展国内的碳信用机制。截至 2021 年 6 月底，黄金标准机制中林业碳汇项目不多，其中中国有 3 个林业碳汇 GS 项目已成功备案（杨宇，2021）。

GS 机制下的交易活跃度较低，成交均价基本稳定在 12~16 美元/吨。根据生态证券 2020 年 4 月—2021 年 5 月 VER 的交易量数据统计，价格方面，交易均价为 14.10 美元/吨，均价基本稳定在 12~16 美元（杨宇，2021）。虽然部分国外碳市场在发展中遇到了碳价暴跌、市场低迷等阶段性问题，但总体来看，未来仍将是产品不断丰富、交易逐步扩大的趋势。此外，各国市场间的链接和全球碳市场的统一已成为不可逆转的趋势。

（二）国内形势

1. 中国 2020 年之前情况与“双碳”目标

中国应对气候变化自主贡献目标，以 2005 年为基数，2019 年与 2005 年相比，GDP 增长约 4 倍，单位 GDP 二氧化碳排放量下降了 48.1%，已经超过了 2020 年碳强度下降 40%~45% 的目标，中国的森林蓄积量达到了 170 亿立方米，超额完成了 2020 年 136 亿立方米的目标（叶映橙和周妙妙，2021）。非化石能源占一次能源比重从 7.4% 提高到 15.3%，相当于减少了 56 亿吨二氧化碳排放，大气环境质量明显改善，实现了经济社会发展与碳排放初步脱钩。

中国向联合国气候变化框架公约秘书处提交的《中国落实国家自主贡献成效和新目标新举措》中，将增加碳汇、开展造林绿化、实施天然林保护、退耕还林还草等生态工程建设作为实现2030年应对气候变化自主行动目标的重要政策措施。2020年9月22日，国家主席习近平在第七十五届联合国大会一般性辩论上发表重要讲话，提出“二氧化碳排放力争于2030年前达到峰值，努力争取2060年前实现碳中和”[①]。2020年12月12日，习近平在联合国“气候雄心峰会”上宣布，到2030年，中国单位国内生产总值二氧化碳排放将比2005年下降65%以上，非化石能源占一次能源消费比重将达到25%左右，森林蓄积量将比2005年增加60亿立方米，风电、太阳能发电总装机容量将达到12亿千瓦以上[②]。2021年3月，中央财经委员会第九次会议将碳达峰、碳中和纳入生态文明建设的总体布局，并强调要提高生态碳汇能力，有效发挥森林、草原、湿地、海洋、土壤、冻土的固碳作用，提升生态系统的碳汇增量。

2. 中国自然碳汇的潜力与需求

“绿水青山就是金山银山”的重要论断，凸显了以森林、湿地、草地为代表的自然生态系统具有的巨大生态经济价值及其减排效益。中国目前的碳排放总量居世界首位，且能源结构仍以煤炭为主，在2060年前实现碳中和目标的压力较大，也因此更需将自然碳汇的潜力最大化。据不完全统计，有近30家能源、电力、钢铁、建筑等行业的大型企业已经提出碳中和的实施计划，包括中核集团、中石油、中石化、国家电网、中化、鞍钢、宝钢、中建、华润等中央企业（李怒云和苏迪，2018）。

3. 中国碳交易成交价格

自2013年6月18日首个试点碳市场（深圳）开市至今，各试点配额价格普遍呈现高开低走趋势，同时在每个履约期前后往往会出现冲高后滑落的现象。

---

① 《习近平在第七十五届联合国大会一般性辩论上发表重要讲话》，新华网，2020-09-22。

② 《继往开来，开启全球应对气候变化新征程——在气候雄心峰会上的讲话》，中国政府网，2020-12-12。

8个试点中，北京和湖北的碳价相对平稳，其他试点则波动幅度较大。日最高成交均价为122.97元/吨（深圳，2013年10月17日），最低成交均价为1.00元/吨（重庆，2017年5月3日）（清华大学中国碳市场研究中心，2020）。2021年7月16日，全国碳排放权交易在上海环境能源交易所正式启动，全国碳市场采用“双城模式”，将交易中心设置在上海，由上海环境能源交易所股份有限公司承担交易系统账户开立和运行维护等工作，碳配额登记结算中心设置在武汉，由湖北碳排放权交易中心有限公司承担注册登记系统账户开立和运行维护等工作[①]。交易启动初期，市场仅在全国发电行业重点排放单位开展配额现货交易，具体有2225家发电企业（包括其他行业自备电厂），年排放二氧化碳超过40亿吨（张怀水，2021），这预示着我国的碳排放交易市场将成为全球温室气体排放量规模最大的碳交易中心。目前全国碳排放权交易可以采取挂牌协议交易、大宗协议交易和单项竞价3种交易方式。

上海环境能源交易所披露的数据显示，自2021年7月16日全国碳排放权交易市场上线交易以来，总体保持平稳。具体来看，2021年7月份至10月份，全国碳市场碳排放配额交易量分别为595.19万吨、248.85万吨、920.86万吨、255.30万吨，成交金额分别为3亿元、1.17亿元、3.85亿元、1.07亿元（赵彬彬，2021）。截至2021年12月29日，全国碳市场碳排放配额累计成交量1.65亿吨，累计成交额约69.31亿元（胡四刚，2021）。随着第一个履约期临近尾声，全国碳市场重点排放单位交易意愿上涨，交易活跃度逐渐上升。2021年11月近一个月全国碳市场参与交易的重点排放单位数量较上月增加65%，挂牌协议交易日均成交量较上月上涨163%（上海环境能源交易所，2021）。

① 朱兰：《“双碳”目标下加快推进我国碳金融市场发展的路径探究》，《农村金融研究》2021年第10期。

（三）国际的林业碳汇

国外研究普遍认为碳汇权是一种“有价值的物”，能够在自由市场和监管市场的公开交易中自由交易，是人们在相关法律制度和合同框架内通过实践产生的一种无形财产权利，是所有者依法获得林业碳汇产品的权利（陆霁，2014；谢青，2016）。

1. 澳大利亚立法确定林业碳汇产权

澳大利亚对森林碳汇权的研究起步较早，在其1919年《产权转让法案》中，规定森林碳汇权是一项可以授予个人并与土地有关的权利，此权利可延续到1990年以后的土地以及土地上的森林植被所产生的碳汇。此法案还规定碳汇带来的收益具有协议转让性、法定继承性和商业运营性。澳大利亚气候变化部公布了《碳污染减少方案绿皮书》，该方案规定增设的碳汇权必须产权明晰，只有私人碳汇权人拥有的碳汇权才可以获得碳污染许可证。除了澳大利亚政府对此作出规定以外，各个州也在此基础上制定了不同的规则。新南威尔士州根据节能减排指导方针发布了温室气体减排计划（GGRS），该计划主要使电力系统减少排放，同时通过碳汇补偿政策来刺激林业主管部门和机构进行减排。在新南威尔士州，根据《2003年第五号温室气体基准规则（碳汇）》，土地上的碳汇权可以独立转让，不受土地所有权或其他与土地有关的权利限制。由此可见，在新南威尔士州碳汇产权可以独立于产生森林碳汇植物或林地的所有权人。澳大利亚立法对碳汇产权的性质和界限作出了相对明确的规定，为碳汇交易提供了法律基础与解决交易纠纷的法律依据，为碳汇交易清除了法律障碍（谢青，2016）。

2. 新西兰把林业行业纳入排放交易体系

新西兰排放交易体系是一个双强制碳交易体系——强制加入、强制减排。在新西兰各经济部门中，只有林业部门能满足自身需求获得足够的免费碳排放配额，林业部门产生的碳汇减排量（碳信用指标）可转换为“新西兰排放单位”

（New Zealand Units，NZU），供其他部门用于抵减碳排放（Martijn，2014）。

新西兰在《森林（永久性森林碳汇）条例2007》中规定了碳汇交易者的申请和参与碳汇交易的契约。同时建立了森林碳汇权注册网络系统，只要土地符合造林标准的要求，其权利人就可以申请加入碳排放交易系统。林业碳汇所产生的每一“新西兰排放单位”都对应有实际存在的树林，这是新西兰成功实现《京都议定书》规定的排放目标的重要保障之一。

3. 加拿大公共部门通过林业碳汇产权转移实现碳中和

与澳大利亚和新西兰的排放交易体系（计划）不同，加拿大林业碳汇通过政府在公共部门推动的碳中和政策达到温室气体减排的目的（陆霁，2014）。早在1998年，加拿大政府就在国家层面成立了国家气候变化秘书处，成员来自各联邦、省、地区的政府代表，负责管理国家气候变化进程，每次重大政策、行动计划、措施的出台都经过了充分的商讨和交流，达成共识才付诸行动。同时，每个省政府在国家主导下也有各自的行动计划，并注意和联邦政府的交流和协作（陈家德，2013）。加拿大的公共部门主要依靠对森林碳汇产权的转移实现碳中和，不列颠哥伦比亚省实行《温室气体减排目标法案》《城市碳中和指南》等，成为北美洲首个作出具有法律约束力的碳中和承诺的地区（刘长松，2021）。

4. REDD+

REDD+是指减少毁林和森林退化造成的碳排放以及通过森林管理和增加森林面积增加碳汇，是《联合国气候变化框架公约》框架下的又一个补充性策略，通过避免热带森林进一步被毁以及退化，达到通过变相增加森林覆盖面积来增加碳汇量的目的。这一政策可以说是CDM的进阶版，REDD+项目在减排过程中只需要改变林木的使用方法便可在短时间获得经济收益，技术创新门槛低，因此在许多发展中国家盛行（Corbera et al.，2011；Almeida et al.，2014）。

Corbera et al.（2011）认为只有土地使用权和碳汇产权得到保障，碳汇交易的参与者才可能积极参与碳汇交易。

5. 美国森林碳汇政策

在《联合国气候变化框架公约》和《京都议定书》签订之前，森林碳汇交易体系并不完善，美国的森林政策重心在于林业资源管理和林业生态保护（李威，2016）。在林政管理方面，美国联邦政府和各州政府分别设立相关部门，负责全国和各州的国有林地管理，政策法规制定，指导公有林、州有林和私有林经营等业务。在林业生态保护方面，美国政府实施了一系列林业资源培育政策、林业资源保护政策、林业资源采伐利用政策以及林业生态服务补偿政策。这些政策的实施虽然没有直接促进美国森林碳汇的发展，但是为森林碳汇提供了保障。

基于美国作为温室气体排放大国的事实及其国内政策的推动，在社会力量的有效参与下，催生了美国国内碳交易市场，森林碳汇政策也更多地转向林业碳汇交易。美国森林碳汇政策大致可以分为森林碳汇市场交易政策、森林碳汇风险保障政策、森林碳汇监管政策和森林碳汇激励政策 4 个方面（张利明等，2017）。

（四）国内的林业碳汇

1. 中国温室气体自愿减排（CCER）

林业碳汇作为自愿减排明确方向之一，受益于 CCER 重启。2011 年，国家发展改革委发布《关于开展碳排放权交易试点工作的通知》，批准北京、上海、天津、重庆、湖北、广东、深圳等七地区开展碳交易试点工作；2012 年，《温室气体自愿减排交易管理暂行办法》出台，明确备案核证后的 CCER 项目可参与碳交易；2017 年 3 月，由于温室气体自愿减排交易量小、个别项目不够规范等问题，国家发展改革委暂缓受理温室气体自愿减排交易方法学、项目、减排量、审定与核证机构、交易机构备案申请；2020 年 12 月，《碳排放权交易管理暂行办法（试行）》提出，重点排放单位每年可以使用国家核证自愿减排量抵消碳排放配额的清缴，抵消比例不得超过应清缴碳排放配额的5%，CCER纳入全国碳交易市场明确；2021年3月，生态环境部出台《碳排放权交易管理暂行条例（草案修改稿）》（征求意见稿），暂行条例指出，可再生能源、林业碳汇、甲烷利用等项目的实施单位可以申请国务院生态环境主管部门组织对其项目产生的温室气体削减排放量进行核证。暂行条例重新纳入自愿减排核证机制，温室气体自愿减排交易管理办法有望修订，相关方法学、项目等将重新开启申请审核，为后续全国碳交易市场提供有效补充。2021年7月16日，全国碳交易正式启动——这无疑是我国应对气候变化、推进碳达峰碳中和具有里程碑意义的新起点。林业碳汇作为明确纳入CCER的方向之一，CCER市场的重新开启为林业带来新的发展机遇①。

2. 中国林业碳汇项目对比

目前，我国林业碳汇项目可通过国际性（CDM）、独立性（VCS、GS）、区域性［CCER、FFCER、PHCER、北京林业碳汇抵消机制（BCER）］林业碳汇抵消机制参与碳交易，不同的抵消机制对于碳汇项目类别、土地合格性要求、可交易范围都有所不同。有9家获得正式备案的国家温室气体自愿减排交易机构可以进行CCER交易，包括：北京环境交易所、天津排放权交易所、上海环境能源交易所、广州碳排放权交易所、深圳排放权交易所、重庆联合产权交易所、湖北碳排放权交易中心、四川联合环境交易所、福建海峡股权交易中心。其他碳汇行动，如购买碳汇履行植树义务、蚂蚁森林植树减碳以及单株碳汇扶贫活动等，也在持续发展中（杨宇，2021）。

① 中国能源研究会碳中和专业委员会：《我国碳市场开启后产生的影响，碳交易市场展望与林业碳汇前景解析》，贤集网，2021-06-30。

3. 各大试点对林业碳汇 CCER 项目有所倾斜

从目前各大交易试点政策分析来看，全国 8 个试点均以 CCER 作为碳排放抵消指标，但抵消比例不同，抵消比例在 5%~10%，此外部分试点对 CCER 项目地域、类型、时间等有所限制，整体而言，各大试点对林业碳汇 CCER 项目有所倾斜。项目类型限制上，如湖北碳交易所用于抵消的 CCER 项目鼓励优先使用农林类项目；地域限制上，如深圳碳交易所对风电、光伏、垃圾焚烧等项目区域进行指定，而农林项目不受地区限制。

4. 国内碳汇项目的实践

（1）内蒙古的第一笔碳汇交易

2013 年，依托内蒙古盛乐国际生态示范区项目，内蒙古和盛生态育林有限公司在清洁发展机制下与香港国际主题乐园有限公司完成碳汇交易，这是内蒙古对外进行的首单碳汇交易（和林快讯，2014；哈丽琴，2017）。该项目中各样地中的造林植被高度、平均单株相对盖度和地径均有增加，植被恢复的成效显著。在 30 年的养护期内，内蒙古和盛生态育林有限公司将严格按照碳汇林建设标准进行种植，可固定二氧化碳 22 万吨，直接为当地带来近 3 亿元的经济收入，项目使得当地 4 个乡镇、13 个行政村的 2690 个农户受益，为农民等解决 114 万个工作岗位就业机会。未来，该项目将会建成北方地区具有生态、社会、经济多重效益的生态安全屏障，项目所获得的经验也将为干旱半干旱相似区域的生态修复提供有价值的参考。

（2）“一元碳汇”——守护青山绿水，收获金山银山

“一元碳汇”是福建省南平市顺昌县“森林生态银行”在 2019 年成功开发森林碳汇、竹林碳汇的基础上，创新推出的一个扶贫碳汇项目。该项目以建档立卡贫困户、贫困村的碳汇林为开发对象，科学测算林子所产生的碳汇量，并上线销售。公众可通过微信小程序，以“一元 10 千克”的价格认购，并获得相

应积分与证书，销售款则返给林农或村集体。

自立项以来，“一元碳汇”应用场景不断拓展，诞生了“碳汇＋金融”“碳汇＋保险”“碳汇＋旅游”“碳汇＋会议”和碳汇主题联名卡等模式。“一元碳汇”项目自2020年3月12日正式上线以来，顺昌县共策划实施12个碳汇项目。得益于“一元碳汇”项目，如今春季造林季，村民植绿积极性空前高涨，28个贫困村1404户贫困户成功脱贫，这些项目的碳汇量达142.5万吨，预计可实现收益14250万元（南平生态环境局，2020）。

（3）花都梯面林场公益林——打通绿水青山向金山银山的转化通道

2020年11月，广州市花都区公益林碳普惠项目入选自然资源部《生态产品价值实现典型案例》（第二批）。该项目由政府主导，制定林业碳普惠方法学和基础数据，为项目提供基础数据和制度保障，2017年7月广州碳排放权交易所出台的《广东省碳普惠制核证减排量交易规则》，为林业碳普惠项目实践奠定了基础。依据《广东省林业碳汇碳普惠方法学》对其权属范围内的生态公益林产生的林业碳普惠核证减排量进行了第三方核算，结果显示，梯面林场项目区年平均碳汇增长速率超过5.0 tCO_2e/ha，高于全省公益林3.3247 tCO_2e/ha的平均水平；扣除全省平均值后，项目区2011—2014年共产生林业碳普惠核证减排量13319 tCO_2e。

梯面林场委托广州碳排放权交易所，于2018年8月举行了林业碳普惠项目的竞价。该项目竞价底价为12.06元/吨，最终成交价格为17.06元/吨，溢价率超过40%，总成交金额22.72万元，成为广州市首个成功交易的林业碳普惠项目。2019年6月，该林业碳普惠核证减排量由广州市一家企业购得，并用于抵消其碳排放配额。据《生态产品价值实现典型案例》（第二批）统计，截至2020年12月末，广州碳排放权交易所累计成交林业碳汇413.17万吨，总成交额8146.22万元，实现了碳普惠制度与碳排放权交易体系的有机结合，形成了生态保护和价值实现的良性循环。

（4）老牛冬奥碳汇林，为冬奥添绿

2016年9月，老牛基金会、中国绿色碳汇基金会等机构发起了助力冬奥碳汇林项目（顾仲阳，2017）。该碳汇林项目是由中国绿色碳汇基金会具体组织筹划、老牛基金会捐赠首期资金，助力2022年北京—张家口冬奥会，以应对气候变化、绿色低碳发展为主题的公益项目。项目种植乔木约230万株，以油松、樟子松为主要造林树种，与草、灌植被相结合，将恢复3万多亩荒山荒地，30年的项目计入期内，可以吸收大气中约38万吨二氧化碳。

前期造林地块需要不断调查筛选，栽植过程中还需科学种植。张家口地区干旱少雨，加上海拔较高，造林难度大，考虑到冀北地区亚高山地区的生物多样性保护和植被恢复等因素，造林密度设计得很低，为9平方米，以促进当地的亚高山生态系统修复和保护。为了防止单一树种种植过密、成林后生物多样性不会很高的现象，9平方米不仅仅是樟子松幼树的生长空间，还是灌木、亚高山草甸、鸟类、昆虫等生物共同的栖息地。"三分种七分管"，碳汇林设置了5年的幼林抚育期，同时加长森林管护和巡护的时间，让种下的每一棵樟子松都能够茁壮生长。现在，张家口当地的原生植被景观和生物多样性正在逐步恢复[①]。碳汇林项目的实施和未来对森林的管护，还将为当地提供大量的就业机会，增加农民收入。

（五）林业碳汇交易的主要误区

有关林业碳汇交易的事宜对于大多数人而言尚属新鲜事物，社会上存在着各式各样的认识误区。针对社会上存在的有关误区，根据有关国际规则、国家

① 《碳汇林 为冬奥添绿》，《人民日报》，2019年3月26日。

政策法规和方法学规定，本节结合林业碳汇项目方法学标准、林业碳汇项目开发和交易等方面的研究和实践经验，对主要误区进行解析和澄清（林业碳汇检测中心，2021）。

1."碳交易"完全等同于"碳汇交易"

在互联网上或有些媒体报道中，经常可以看到把"碳交易"和"碳汇交易"混为一谈，甚至把"碳汇交易"与"碳交易"完全等同起来，过分夸大林业碳汇交易的经济收益等。实际上两者并非一致，存在着差异。

碳汇交易属于碳交易的范畴，但是碳汇交易不等同于碳交易。林业碳汇项目减排量只是国家核证减排量交易中的一种产品类型，绝大部分产品来自于能源工业等 15 个专业领域的减排项目。

森林碳储量与碳汇量的概念也经常被混淆。森林碳储量是指某个时间点森林生态系统各碳库中积累的碳元素质量，而碳汇量则指一段时间内森林碳库碳元素储备的增加量。

2. 所有森林都可以进行碳汇交易

并非所有的森林都可以开发成碳汇项目并进行碳汇交易。根据《联合国气候变化框架公约》对碳汇的定义和国际国内碳排放权交易的有关规则，目前，能够交易的林业碳汇应该是按照有关规则和被批准的林业方法学开发的林业碳汇项目所产生的净碳汇量，即从项目碳汇量中扣除了基线碳汇量和泄漏量之后剩余的碳汇量，也就是项目减排量，并且项目必须要具有"额外性"。额外性是指碳汇项目活动所带来的减排量（项目净碳汇量）相对于基准线的碳吸收（基线碳汇量）而言是额外的，即这种减排量在没有拟议碳汇项目活动时是不会产生的。通俗地说，额外性是指在没有碳收益或技术支持的情况下，拟议碳汇项目是无法成功实施和运营的。

三、毕节试验区林业碳汇现状评价

（一）毕节市林业发展现状

根据毕节市林业局《毕节市石漠化综合治理工程建设情况》报告统计，自1988年试验区建立以来，全市森林面积从601.2万亩增加到2273.68万亩、森林覆盖率从14.94%增长到56.45%、森林蓄积量从785万立方米增加到5879万立方米，实现了森林资源的持续同步增长。全市以石漠化地区小流域综合治理为单元，截至2020年底，围绕林业、畜牧、小型水利水保三大措施，综合采取人工造林（防护林、经济林）、封山育林，中药材种植、人工种草及草地改良（配套棚圈、饲草机械、青贮窖）、坡改梯，修建田间生产道路、机耕道、引水渠、排涝渠、沉沙池、蓄水池、输水管道，以及进行河道整治、山塘治理等措施，治理石漠化土地面积1878.64平方千米。

毕节市林业局《毕节市林业产业工作开展情况》报告显示，依托退耕还林、国家储备林建设等项目的实施，截至2020年底，完成刺梨种植50万亩、皂角50万亩、核桃提质改良60万亩和油茶5万亩（新造2万亩，改培3万亩）。结合实际，毕节市出台《毕节市林下经济发展三年行动实施方案（2021—2023年）》，积极协调省林业局对全省9个深度贫困县之中的纳雍、威宁、赫章3县和贫困人口过万的七星关区、织金县进行扶持，争取林下经济产业发展资金5016万元，为大方、黔西和金沙3县的深度贫困村争取省级林业改革发展专项补助资金80万元。制定了《2020年毕节市特色林业等产业招商工作方案》，编制9个招商引资工作方案，签约金额3亿元，到位资金1.77亿元，完成率177%。积极调动企业参与产业建设，共征集8家企业信息加入林产品信息发布平台，推荐申报9个特色林业产业补助项目，推荐6个会员代表加入贵州省林业产业协会，推荐2个单位申报消费扶贫示范单位。

根据毕节市林业局《毕节市林业产业工作开展情况》报告，2019 年 4 月 16 日，国家林草局批复了项目建设方案，建设规模 280 万亩，总投资 242.08 亿元，建设内容包括集约人工林栽培、现有林改培、中幼林抚育和经济林种植，并配套建设苗圃基地、林区公路、林业大数据等项目。试验区森林资源总量不断增加、森林质量不断提升、生态功能不断增强。累计建成 50 个国家森林乡村、7 个省级森林城市、56 个森林乡镇、207 个森林村寨、1766 户森林人家。按照“林旅一体化”的发展思路，着力发展森林生态旅游，2020 年，森林生态旅游 996 万人次，带动发展林业产值 42.93 亿元。全市共发展规模林下经济面积 368.28 万亩，带动发展产值 26.25 亿元。截至 2020 年底，全市成立新型林业经营主体 997 家，其中农民林业专业合作社 714 家，经营林地面积 86.77 万亩；家庭林场 34 家，经营林地面积 4.78 万亩；专业大户 135 户，经营林地面积 54.41 万亩；林业企业 114 家，经营林地面积 19.06 万亩。国家先后将毕节列为“生态文明先行区”“全国生态文明示范工程试点”“全国生态保护与建设示范区”“全国石漠化防治示范区”。

贵州省人民政府办公厅《关于印发贵州省“十四五”林业草原保护发展规划的通知》明确提出“通过对森林实施科学经营手段和采取先进管理方式，保护和培育森林，改善森林结构和提升森林质量，增加森林蓄积，提高森林碳汇，提升森林应对气候变化的能力，充分发挥森林防护、经济等多重功效，促进人与自然和谐相处”，为我国如期实现 2030 年前碳达峰、2060 年前碳中和的目标做出积极贡献。下一步，毕节市应根据《贵州省“十四五”国家生态文明试验区建设规划》，继续开展国土绿化工作，增加森林碳汇储量，提升固碳能力，在“十四五”期间增加碳汇造林投入，把林业碳汇放到与工业减排同等重要的位置。要继续通过造林、植被恢复、退耕还林、石漠化治理项目扩大林地面积，通过森林抚育、退化林修复、低产林改造、国家储备林等项目提升森林质量，全面提升毕节市森林固碳能力。

（二）毕节市造林碳汇收入估算

2014 年，国家启动新一轮退耕还林，毕节市在国家和省相关主管部门的关心支持下，至 2020 年倾斜获得建设任务共 488.4913 万亩（2014 年 23 万亩，2015 年 40.48 万亩，2016 年 113.73 万亩，2017 年 82.66 万亩，2019 年 141.1213 万亩，2020 年 87.5 万亩）。毕节市林业局重点项目“毕节市新一轮退耕还林实施情况”报告中指出，截至 2021 年 12 月，已完成 2014—2017 年 259.87 万亩实施任务。2019 年度造林任务 141.1213 万亩，正在开展县级自查验收。2020 年度退耕还林任务已先期完成 12.88 万亩，占计划任务 87.5 万亩的 14.7%。从现有数据来看，毕节市未来在现有的造林基础上发展林业碳汇项目，收入业绩相当可观。

林业碳汇项目有 4 种方法学，不同的项目类型其树种、组合方式、气候、碳库选择等都会对项目减排量产生影响。为方便测算，本文以杉木和毛竹作为对象，以 488.4913 万亩退耕还林地作为项目造林面积，分别研究杉木碳汇造林和毛竹碳汇造林两种项目类型下 CCER 所带来的收入业绩。根据中国核证自愿减排量交易信息平台及中国知网相关数据，本次测算的主要假设如下。

计入期：假设两类项目计入期均为 20 年。

CCER 交易价格：根据目前国内自愿减排交易价格，取 CCER 交易价格为 30~60 元 / 吨。

森林造林碳汇项目：森林造林碳汇项目的主要收入来源于每年碳减排交易收入。假设平均单位面积年均减排量为 0.5~1.0tCO_2e/ 亩。

竹子造林碳汇项目：竹子造林碳汇项目的主要收入来源于每年碳减排交易收入。假设毛竹平均单位面积年均减排量为 0.4~0.8tCO_2e/ 亩。

造林面积：488.4913 万亩。

收益测算方式如下：

收入 = 计入期 ×CCER 交易价格 × 单位面积年均减排量 × 造林面积（1）

将以上假设代入公式（1）进行初步测算得到表 7-1，可知，若将退耕还林地 488.4913 万亩全部用来营造碳汇林，则该林业碳汇项目 20 年的减排量为 3907.930 万 ~9769.826 万吨，可为当地造林户增收 11.72 亿 ~58.62 亿元。

表 7-1　毕节市林业碳汇项目收益测算（计入期为 20 年）

价格（元 /tCO_2e）	森林造林碳汇		竹子造林碳汇	
	减排量（tCO_2e）	收入（亿元）	减排量（tCO_2e）	收入（亿元）
30	4884.913 万 ~9769.826 万	14.65~29.31	3907.930 万 ~7815.861 万	11.72~23.45
60		29.31~58.62		23.45~46.90

资料来源：作者自制

（三）毕节市林业碳汇实现交易的路径和机制

作为碳汇资源的战略提供区域，必须对接碳汇的需求，加入供需链条；作为碳汇交易的出售方，必须建立与国际国内碳交易市场的链接，融入碳市场（李研和张玉春，2018）。毕节市发展林业碳汇经济，需要与国际国内碳市场建立链接体系（赵猛，2012）。

一是与碳交易的国际国内市场链接。密切关注国际碳市场机制动向，融入国内碳市场，全国统一碳市场是我国碳交易的主体市场，是全球最大的碳市场。链接国内试点碳市场、林权交易市场以及正在筹建的碳汇衍生品交易市场，服务于地方和行业减排政策。

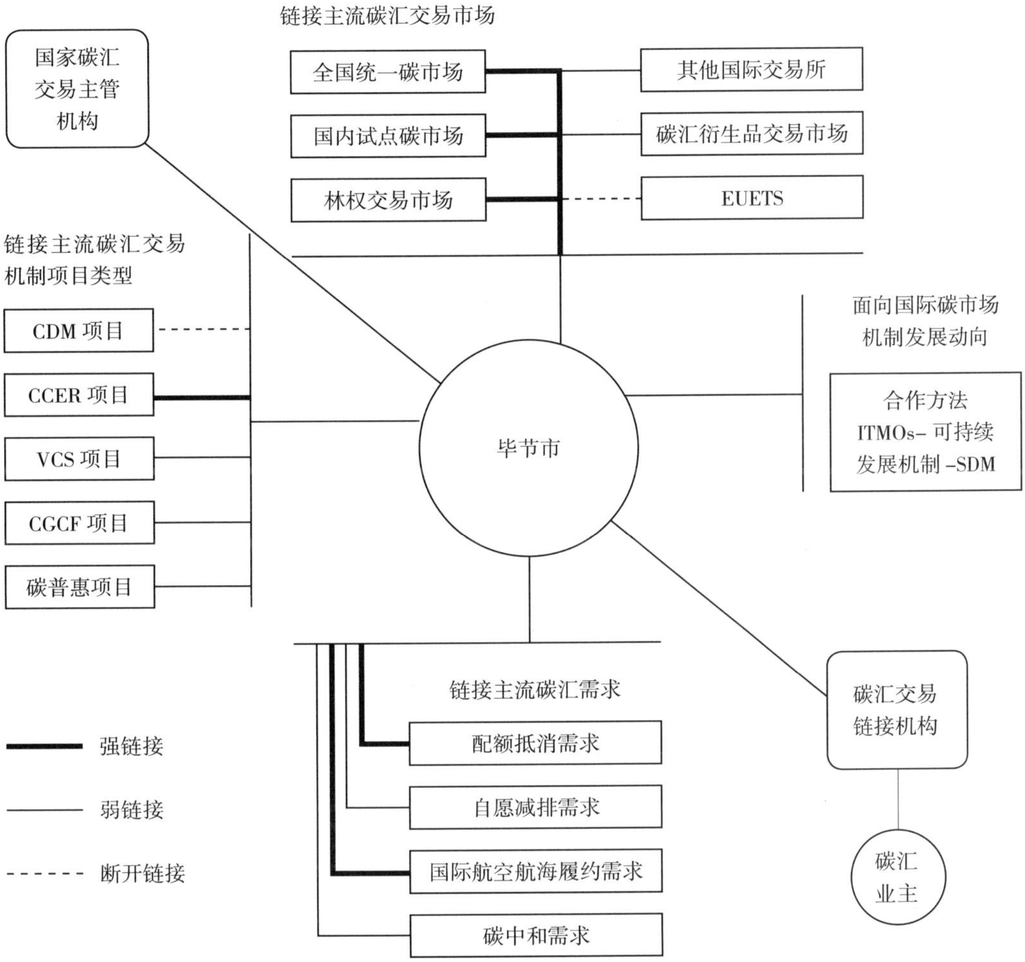

图 7-2　碳市场链接体系总体结构

资料来源：作者自绘

二是与碳汇主流需求链接。国内配额抵消需求和国际航空航海履约需求是具有强制性的市场需要，具有巨大的市场规模、生态环境部认可的核算认证体系，碳汇产品质量高，交易采用国家统一碳市场主渠道，是毕节市发展碳汇经济重点对接的主流需求；自愿减排需求是企业和组织体现社会责任的非强制需求，规模和产品品质要求不高，是主流需求的补充。碳中和需求是国家长期战略，当前还未形成具体的强制市场，属于远期潜需求。

三是与国际国内主流碳交易机制项目类型链接。CCER 是国内配额抵消需求和国际航空航海履约需求的主要标的，也是我国碳交易的主体类型。VCS 是当前比较活跃的国际碳交易项目类型，可以是主流交易类型的补充，但不能用于国内碳排放抵消。CGCF 和碳普惠项目规模较小，主要用于特殊目的的碳交易。CDM 是中国与欧盟碳市场交易的主要类型，因欧盟政策调整，目前已不能开展碳交易。全国碳交易的正式启动为毕节市林业带来新的发展机遇。

毕节市与国际国内碳市场链接体系的总体结构如前页图 7-2 所示。

（四）毕节市参与全国碳市场的步骤和措施

碳市场建设是一项复杂的系统工程，需要完善的法律法规、有效的管理机制、真实的排放数据、可靠的交易系统以及扎实的能力建设。毕节市在参与全国碳市场建设时，应准确把握全国碳市场的建设方向、趋势和要求，并吸收借鉴试点地区好的经验和做法，分阶段有步骤地推进。

在基础建设阶段，为推动国家各项相关政策的落地，省级碳交易主管部门需要建立工作机制，制定配套政策法规，搭建监测、报告和核查（MRV）实施体系，完成系统开户等，其中建立工作机制和构建 MRV 体系较为紧迫，建议优先启动；在全国碳市场启动配额交易并进入实质性运行阶段后，毕节市政府的主要任务应调整为优化 MRV 体系、配额分配与调整、加强履约管理、酌情扩大覆盖范围、建立市场监管机制、建立健全评估机制（见表 7-2）。

表 7-2 毕节市参与全国碳市场建设的重点任务

实施阶段	工作名称	详细内容	重要性	紧迫性
基础建设阶段	建立工作机制	市生态环境部门统筹协调，各相关部门紧密结合	★★★★★	★★★★★
	制定配套政策法规	根据地方需要，制定市级管理办法或实施方案	★★★★	★★★
	搭建 MRV 体系	组织排放数据报送、审核，确定控排企业名单	★★★★★	★★★★★
	完成系统开户	根据统一部署，动员督促控排企业及时开户	★★★★★	★★★
	制定配额分配和管理方案	开展经济影响评估，制订最优分配方案	★★★★★	★★★★★
	开展能力建设	建立问答机制，计划性、针对性地开展各类培训	★★★★★	★★★
实施运行阶段	优化 MRV 体系	确保 MRV 常态化、制度化、流程化	★★★★★	★★★
	配额分配与调整	建立配额预发、预留和调整机制	★★★★★	★★★★
	加强履约管理	制定履约规则，加大执法和处罚力度	★★★★★	★★★
	酌情扩大覆盖范围	根据各地实际情况可适当扩大行业覆盖范围	★★★	★★
	建立市场监督机制	加强数据核查、配额分配及履约的监督	★★★★★	★★★★
	建立健全评估机制	及时总结和发现问题并向国家主管部门反馈	★★★★★	★★★★★

资料来源:《地方政府参与全国碳市场工作手册》

（五）毕节市林业碳汇交易的当前环境趋势

1. 国家政府政策支持

林业在碳达峰和碳中和的过程中能发挥重要作用，在应对气候变化中具有特殊地位。而林业碳汇项目，具有多重效益，有利于改善生态环境、应对气候变化、推进生态文明建设和促进可持续发展（叶大平等，2018）。2021 年 7 月 16 日，全国碳交易正式启动。我国政府已经将林业 CCER 作为抵消机制纳入国家碳排放权交易体系，为毕节市林业发展带来了新的发展机遇。

2. 实践条件基础完备

国家发展改革委相继备案了 4 个林业碳汇项目方法学，建成了国家登记簿，开展了 8 省市的碳交易试点，取得了许多碳交易的实践经验和教训。国家和气候变化主管部门出台了一系列推进国家温室气体减排和全国统一碳市场建设的政策和文件，开展了大量的能力建设和前期准备工作，已于 2017 年启动了全国统一碳排放权交易市场。随着全国碳交易正式启动，毕节市已充分具备开发 CCER 林业碳汇项目和开展碳汇交易的重要条件和实践基础。

毕节市生态修复工程成效显著，其中林业生态建设是生态修复的重要内容。在完成 10 余项生态建设工程后，毕节市森林覆盖率年均增长达到了 1 个以上百分点。可见，毕节市造林经验丰富，且效果显著，具备良好的碳汇交易实施基础①。

3. 经济、生态双重功能

林业碳汇具有减缓和适应气候变化双重功能，是一种经济可行、有效应对气候变化的措施，具有减缓气候变暖的效果。此外，毕节市林业碳汇交易有利于促进当地林业发展。发达的林业是地方富强、民族繁荣、社会文明的主要标志。更重要的是，林业碳汇交易，是“绿水青山就是金山银山”重要理论的具体实践。通过科学、合规地开发和交易林业碳汇，将生态治理良好的欠发达地区退耕还林区与石漠化治理区的生态资源优势转变为经济优势，使“绿水青山”转变为“金山银山”，以市场机制给予生态产品生产者一定的经济补偿，促进毕节市欠发达地区农民增收，促进林业发挥更多更大的生态效益、社会效益，造福人类。因此，毕节市依靠其先天优势优先开展林业碳汇开发和交易，意义十分重大（叶大平等，2018）。

---

① 《涅槃重生写发展史篇 接续奋斗绘时代画卷》，《毕节日报》，2019 年 10 月 1 日。

4. 监测技术降低风险

卫星遥感技术可赋能林业碳汇项目，在林木标的检验、项目监测、灾害预警、查勘定损等方面发挥重要作用（见图 7–3）。

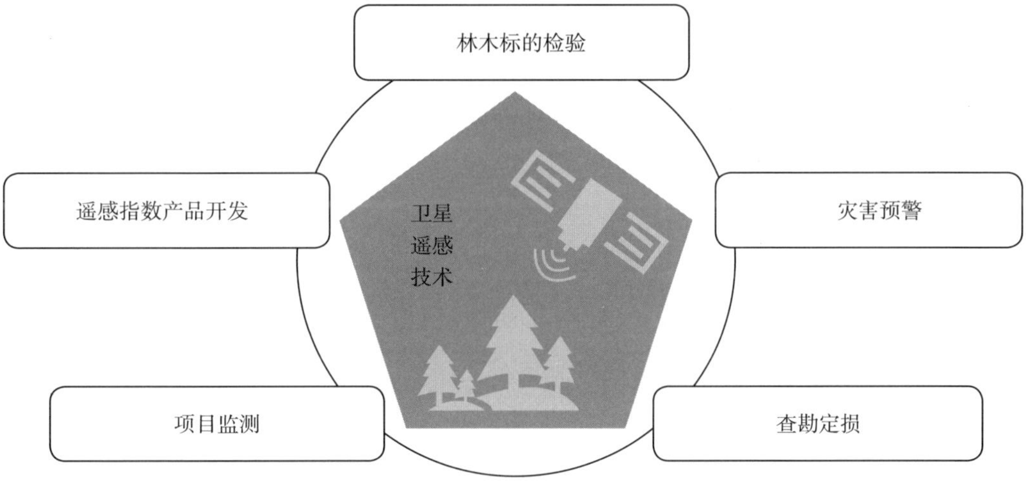

图 7–3　卫星遥感技术可赋能林业碳汇项目

资料来源：慕尼黑再保险大中华区农险部

毕节市在林业碳汇的灾害监测、预警和损害评估方面，对于森林火灾，可利用中红外卫星遥感技术对森林火灾进行早期探测，并结合前后两个时期中、高空间高分辨率数据，实现过火面积、受灾乔木及灌木比例等关键信息的准确提取，并通过林业专家的建议，确定碳汇林中碳汇因火灾损失的程度。对于病虫害，可在基于多光谱数据的各种植被指数或通道变换与地面实测“叶片损失率”之间建立经验方程，以估计森林病虫害的发生范围及严重程度，结合实地勘测及林业专家建议，进行碳汇损失的估计（慕再大中华农险部，2021）。

（六）毕节市林业碳汇面临的挑战

1. 林业碳汇项目占比低

截至2017年3月，国家核证自愿减排量交易平台上发布监测报告项目共计8个，占备案林业碳汇项目数的61.5%，占监测报告总数的0.98%。此外，林业碳汇中不同类型项目占比有所不同，从审定项目来看，碳汇造林项目占比68%，竹子造林项目占比较低，为5%；从备案项目来看，碳汇造林项目占比84.6%，无竹子造林项目。由此可见，目前我国CCER项目中林业碳汇项目占比较小，主要原因在于林业碳汇项目的开发难度及开发成本高，需要对方法学的适用性以及项目减排额外性做出清晰的论证。此外，目前全国配额碳市场的活跃程度还有待提升。在国际碳市场和国内碳市场中，作为抵消机制，碳汇交易所占份额都还很小（杨宇，2021）。面对自愿减排管理机制不够完善的大环境，毕节市碳汇交易品种与补偿机制可能会相对单一，在碳汇交易过程中存在交易成本和风险较高等潜在问题。

2. 监测报告与审定报告间存在较大差异

以塞罕坝机械林场造林碳汇项目为例，审定报告30年计入期内年均减排量为52756tCO_2e，单位面积年均减排量为14.48tCO_2e/ha，监测报告前10年监测期内年均减排量为18275tCO_2e，单位面积年均减排量为5.01tCO_2e/ha（杨宇，2021）。由此发现：①对于毕节市碳汇造林项目，项目前期处于造林建设期，大多数树种不具备高速成长的特性，在项目前期仍处于幼年阶段，生长速度相对缓慢，所产生的碳减排量较小，随着建设期的完成、树种的生长以及经营管理能力的加强，碳减排量逐步提高，使得以监测前期数据计算所得单位面积年均减排量偏小；②由于毕节市地形复杂，其气候、林木立地条件等存在差异，审定报告中事前预计减排量不能完全代表项目树种的实际生长情况。

3. 自然灾害导致固碳能力下降

树木的年碳吸收量会呈现先上升再下降的趋势，在生长初期树木发育较为缓慢，碳汇产出量较少，在栽种5~20年内（根据树种有所差别），树木生长速率达到峰值，这使得毕节市林业碳汇项目将面临产出周期及产出等待期长等问题，而且欠发达地区的林木极易受火灾、气象灾害、病虫害等因素的影响，给其产出及收入带来极大的不确定性。

4. 碳汇实际交易价格具有市场风险

毕节市林业碳汇项目面临的风险还有碳汇实际交易价格的市场风险。影响林业碳汇价格的因素较为复杂，受政策因素、碳汇市场供求关系、供求双方议价能力等多重复杂因素的影响（许靖，2021）。

四、毕节市林业碳汇发展建议

为进一步推动毕节市林业碳汇交易工作健康发展，促进贵州省温室气体减排，推动地方生态建设，为维护国家生态安全和支持国家生态文明建设做贡献，提出以下建议：

建议毕节大力发展碳汇林业，进一步巩固遏制森林退化成果，加大力度进行石漠化治理与退耕还林，增加森林覆盖率，对已经造林的部分进行成果巩固，保证森林面积进一步扩大。截至2021年底，毕节市退耕还林面积达488.4913万亩，根据表7-1的测算，若均为碳汇林，则20年后该林业碳汇项目的减排量为3907.930万~9769.826万吨，可共为当地造林户增收11.72亿~58.62亿元。

建议完成现有的国有林区体制改革。2016年以后国家对天然林实现全面禁伐，希望遏制国有林区天然林退化，实现森林资源增长。从国家气候行动的角度、生态环境的角度来说，要加快森林生产力上升的速度才能使毕节市林业部门对国家的碳中和目标做出贡献，但这在原有体制下是很难做到的，必须加快国有林区森林资源经营管理体制改革。

建议在发展商业化林下经济的同时大力发展林业碳汇。现有树种以经济树种居多，大多数树种无法参与到碳汇核算当中。首先，要充分实现毕节市森林的经济和生态功能，可以划定林区的一部分用于森林产品和其他生产活动，另一部分作为碳汇林加以保护，以实现收益最大化，在环境治理中应充分考虑森林碳汇。其次，继续发展毕节市商业化的林下经济经营模式，推动林业发展商业模式，实现经济、社会、生态 3 个方面的可持续发展。

建议毕节市林业主管部门在制定抵消机制政策时适当向林业倾斜。鉴于林业碳汇项目具有显著的多重效益，鼓励重点排放单位（控排企业单位）优先购买并使用毕节市合格的林业碳汇 CCER 进行减排履约，支持林业生态建设，促进中国欠发达地区绿色可持续发展。

建议政府引导项目业主和技术咨询机构将碳汇资源全面快速产品化，按照国家有关政策法规、规则程序和 CCER 林业方法学的要求，认真组织林业碳汇项目的开发和管理。以林业为基础的碳汇资源转化为碳汇产品是有条件、有时间限制的。国家林业碳汇开发的时间由《京都议定书》框架向《巴黎协议》框架调整，对毕节的林业碳汇产品开发具有重大影响，应将碳汇资源全面快速产品化。

建议引入林业保险为“双碳”目标的实现贡献力量。为进一步发挥毕节市林业碳汇在中国碳达峰和碳中和目标中的作用，通过加强对森林火灾、病虫害的防控，控制乱征乱占林地和林地向非林地流转，控制和减少来自森林的碳排放。保险行业可进一步发挥社会价值，通过保险产品创新、灾害预警、风险管理、科技投入等手段为林业碳汇项目保驾护航，为我国尽早实现“双碳”目标做出贡献。

支持毕节开展碳汇项目建设的政策建议：

政策法规。国家正在研究制定推进碳达峰、碳中和的政策措施路线图和时间表。根据国家统一部署，各级党委都必须尽快制订“双碳”行动方案。建议毕节制订的“双碳”工作方案中，明确毕节碳汇交易工作的目标、措施、分工等，将碳汇交易工作作为“双碳”工作重点。

组织机构。毕节林业资源转化的碳资产数量巨大，对毕节实现碳达峰碳中和具有重要意义。建议主管“双碳”工作的发展改革部门与林业部门组成碳汇工作组，共同建立毕节碳资产管理机构，统一管理毕节林业碳汇资产，设立林业碳基金，用于碳资产灵活管理与保值增值，为实现“双碳”目标提供更多路径选择。

政策扶持。毕节碳汇资源开发存在资金、技术等方面的制约。建议出台碳汇工作扶持政策，投入专项资金，加大对森林经营管理、碳汇监测、碳汇核算、碳汇资产交易等方面的支持力度，引入外部技术力量加快碳汇工作。

人才培养。毕节精通碳汇资源开发与资产管理的人才匮乏。建议采取从林业等相关部门选调业务骨干赴外培训、招聘碳汇交易相关专业人才等方式，提升毕节碳汇人才储备和使用。

数据平台。毕节碳汇资源开发与资产管理的数据基础、管理系统和平台薄弱。建议启动碳汇信息化工作专项，林业部门牵头构建碳汇资源空间信息、管理信息、交易信息一体化的综合数据平台，增强毕节碳汇资源和资产管理能力。

开发主体。毕节林业资源由国家、集体、企业、个人等主体掌握，除“两山集团”、林业公司等主体林权较集中外，其他林权较分散，不利于碳汇资源的开发。建议在林业部门的指导下，以“两山集团”、林业公司等作为碳汇交易开发的主体，集中资源，具体实施碳交易项目的申报。

专题八

碳中和背景下毕节试验区森林碳汇交易的模式设计*

毕节试验区地处贵州省西北部川、滇、黔交界处，地势陡峭，多地为喀斯特地貌区。自建立以来，试验区持续开展天然林保护、退耕还林等各类林业工程，大力培育森林资源。截至 2020 年，全试验区森林面积已达 2416 万亩，森林覆盖率从 1988 年试验区建立之初的 14.94% 提升至 60% 以上，森林蓄积量达 6210 万立方米，2016—2020 年以荒山造林、退耕还林造林等形式累计造林面积达 888.6 万亩，年均造林 177.72 万亩①，为开展森林碳汇交易奠定了良好基础。

一、我国林业碳汇相关问题研究现状

2005 年，《京都议定书》在《联合国气候变化框架公约》第七次缔约方会

* 本专题作者为北京林业大学生态与自然保护学院教授、博士生导师，低碳认证技术委员会委员武曙红；北京林业大学生态与自然保护学院硕士研究生陈睿。

① 《毕节市 2020 年生态环境状况公报》，毕节市人民政府网，2021-06-04。

议上正式签署并生效。自此，我国政府便将林业作为应对气候变化中的重要路径予以持续关注，相继发布《中国应对气候变化国家方案》《应对气候变化林业行动计划》《林业适应气候变化行动方案（2016—2020年）》《国家林业局关于推进林业碳汇交易工作的指导意见》《林业应对气候变化“十三五”行动要点》《“十三五”森林质量精准提升工程规划》《林业和草原应对气候变化政策与行动白皮书》（2013—2019年）及《“十四五”林业草原保护发展规划纲要》等政策文件。为落实这些政策文件制定的工作任务及要求，我国相关领域的专家学者、行业管理人员，在林业碳汇管理政策与制度设计、林业碳汇形成机理、林业碳汇项目方法学、森林碳储量的计量与监测、碳汇市场交易机制等方面进行了广泛而深入的理论研究及实践探索。

（一）我国林业碳汇管理的研究

1. 林业碳汇管理标准体系

2003年起，国家林业局植树造林司（现改为国家林业和草原局生态保护修复司）开始部署全国碳汇造林试点工作，开展研究与探索建立适合我国国情的林业碳汇标准与管理体系。经过近5年研究与筹备，造林司于2007—2011年联合中国林业科学研究院、国家林业局调查规划设计院、多个地方林业局等林业公共部门，整合多所农林高校、中国绿色碳汇基金会等科研与公益机构的学术成果及资源，先后制定《中国绿色碳基金造林项目碳汇计量与监测指南》《碳汇造林技术规定（试行）》《碳汇造林检查验收办法（试行）》等权威指导文件及规定，奠定了我国林业碳汇管理体系的基础。

在此期间，随着联合国清洁发展机制（Clean Development Mechanism，CDM）下的多项林业碳汇项目在我国落地，以及碳排放权交易地方试点工作的开展，国内外企业等主体对林业措施应对气候变化、林业碳汇项目开发及碳排放权交易的关注与需求逐渐高涨，亟须建立相应的林业碳汇项目开发及碳排放权交易的标准体系。在此背景下，国家林业局牵头组织多项林业碳汇相关的林业行业标准的制定工作，先后发布《碳汇造林技术规程》《造林项目碳汇计量监测指南》《林业碳汇项目审定和核证指南》《碳汇造林项目设计文件编制指南》《碳汇造林项目监测报告编制指南》等林业行业项目。2019 年国家标准化管理委员会立项批准了由北京林业大学提出的国家标准《林业碳汇项目审定和核证指南》，该标准成为首个林业碳汇相关的国家标准，目前已发布并正式实施。这些标准形成了我国林业碳汇管理标准体系的框架，也为我国林业增汇减排项目提供了基本遵循和技术支撑。

除上述在国家层面研究及制定碳汇标准管理体系的具体规范及相应的政策措施以外，国内学者李怒云[①]也对中国林业碳汇标准体系建设的管理开展了深入研究，提出我国林业碳汇标准体系应由方法学、林业碳汇项目审定与核查类、林业碳汇项目注册和碳信用额签发管理以及林业碳汇项目碳信用指标交易等 4 个方面组成的建设思路。

2. 林业碳汇管理制度

目前我国对林业碳汇管理制度的研究主要集中在产权制度、碳税制度设计、林业碳汇补偿机制等方面。

林业碳汇产权制度：陆雰从林业碳汇产权的理论基础、碳汇产权与林权的关系、林业碳汇产权的界定、公益性林业碳汇项目中的碳汇产权等方面对中国林业碳汇的产权进行了研究，提出了中国碳汇产权的界定应该由符合法律规定、确定产权主体、明确课题范畴、明晰产权各种权能及其归属等要素组成的建议[②]。

① 李怒云：《中国林业碳管理探索与实践》，中国林业出版社，2017。

② 陆雰：《中国林业碳汇产权研究》，中国林业出版社，2017。

碳税制度相关：李怒云等从碳税制度的起源与背景、征收原理与机制、我国碳税税制设计研究、森林在减缓气候变暖中的功能和作用、碳汇前置有利于激励企业资源碳减排等方面，对碳税制度设计及其与林业碳汇的联动关系进行了研究，提出通过一定的方式与方法，对参与公益性造林企业产生的碳汇量予以科学核算，并根据其规模对企业予以政策性减税，以调动企业加入碳汇造林互动的积极性，同时促进以相对较低的成本更合理化地配置与利用环境与生态资源，助力实现我国应对气候变化的国家目标[①]。

林业碳汇补偿机制：碳汇补偿机制研究主要集中在基于碳交易市场的生态补偿机制、低碳视角下的农业补偿、碳中和视域下黄河流域生态补偿等方面。顾玉铃等立足于经济控制理论，采用林业碳汇中较常使用的蓄积量转换法，对森林碳汇核算回归模型进行了拟合，转换为森林碳汇的经济效益，此外根据各碳市场试点的历史价格实证分析，为我国今后各地区推行森林碳汇补偿机制提供参考，并提出了新能源发展模式下碳汇功能补偿机制构建的建议[②]。陈儒等以多任务委托代理理论模型为依据，从低碳角度出发，分析农业生态补偿机制中的影响激励因素，并进一步通过调研掌握微观农户数据，对补偿关系理论进行实证检验，指出了当地政府所倡导的低碳农村生态补助制度表现出较弱激励特性的潜在原因，即农民在生产过程中为实现低碳条件而付出的经济成本不能得到弥补，因此亟须传统生态补偿制度以外的机制加入低碳惠农体系[③]。茹凯丽以福建省为研究区域，立足于土地利用情况及社会经济指数，采用碳排放系数法和生物量估算法，通过县域碳排放的计算与分析，在相对剥夺理论的基础上确

① 李怒云，陆霁：《林业碳汇与碳税制度设计之我见》，《中国人口·资源与环境》2012 年第 5 期。

② 顾玉铃，陶沛汝，胡静等：《基于碳交易市场下的生态补偿机制研究》，《现代经济信息》2018 年第 14 期。

③ 陈儒，姜志德，赵凯：《低碳视角下农业生态补偿的激励有效性》，《西北农林科技大学学报（社会科学版）》2018 年第 5 期。

定系数权重，计算各县域的碳补偿额度，并根据碳补偿额度，对福建省的79个区域进行了碳补偿分区[①]。

（二）我国林业碳汇交易机制的研究

我国关于碳汇交易机理的研究还处在早期，研究重点多着眼于森林碳汇交易研究、森林碳汇的交易成本与价格形成、森林碳汇交易市场评估等领域。

森林碳汇交易市场要素方面：刘璨等认为供需各方、贸易产品是任意一种简单交易市场都必须具备的基本要素。森林碳汇服务市场还牵扯到了额外的其他诸多基本要素，如政府等公共部门、非政府组织、技术认证组织等其他利益相关方。上述要素在森林碳汇服务交易的不同时期履行着不同的职能[②]。李淑霞等认为森林碳汇市场运作有效性的好坏取决于众多交易要素间的联系、约束与协作。森林碳汇服务交易在市场经济背景下运作需要严格遵循市场经济的基本适用性原则，因此需要通过调节供求关系、价格竞争强度、风险管理机制等来支撑森林碳汇市场运转。在森林碳汇市场的相关者中，对森林碳汇的实际需要也是在管理制度和规范制约下的必然结果。除了管理制度和规范之外，影响森林碳汇需求的另一项要素就是森林碳汇的市场价格。另外，企业社会自主责任意识、公众环境保护参与意识也会对森林碳汇的需求产生较大的影响。森林碳汇市场需求方一般包括：初级购买者、经纪人、二级购买者；森林碳汇的供给方一般包括森林资源的拥有方、管理方，具体包括林农等小规模业主、集体林场，其他拥有或运营森林资源的个人、企事业单位或其他实体[③]。

---

① 茹凯丽：《基于土地利用的福建省碳排放与县域碳补偿研究》，福建农林大学，2020。

② 刘璨：《我国森林环境服务市场构建与私人参与的选择》，《自然资源学报》2002年第2期。

③ 李淑霞，周志国：《森林碳汇市场的运行机制研究》，《北京林业大学学报（社会科学版）》2010年第2期。

森林碳汇交易成本及价格制定方面：国内学者中，刘璨认为碳汇价值评价可参照成本包括碳税、造林、再造林成本等，也可参照市场对碳汇需求的支付意愿，还可参照市场替代影子价格和人工固定二氧化碳法[①]。周隽等认为，目前森林碳汇的价值还没有完全由市场这一单一因素决定。全球的碳汇交易市场仍在摸索与试行阶段，同时森林所带来的巨量碳汇服务尚未流入交易市场就已被人们消费，此外由全球碳汇市场所确定的碳汇价值也缺乏充分的社会普遍性，以上综合因素导致了对森林碳汇价值的精确计量非常依赖森林碳汇业务的充分市场化[②]。刘凯旋等对我国森林碳汇市场的交易价格确定方式开展了对比性研究，认为目前我国森林碳汇交易还处在早期，且交易数据囿于地区交易不能充分地体现全国价值格局，定价方法仅可用作理论预估[③]。

森林碳汇市场评价：梁建忠等认为森林碳汇市场属于典型的买方垄断市场。当前全球碳市场进行森林碳汇交易的最主流机制仍是CDM，而我国作为世界重要的碳汇供给国，长期位居交易链的中低端，很难掌握交易的话语权[④]。曹开东认为森林碳汇市场在技术与制度层面存在不足。例如，发展较为完全的森林碳汇市场所应具备的技术条件包括碳汇计量、认证体系与技术、造林与森林质量提升技术等。如果森林的碳汇计量、认证技术不完善，碳汇的供给方规模将进一步减小，由于我国的森林拥有使用权的规模普遍较小，这种情况将尤为显著。森林碳汇能否最大限度地降低认证门槛也成为了限制当前市场进一步发展的又一个因素，因为如果市场不具备完善高效的认证体系，将会拖延能够实现交易的周期，进而产生巨大的交易费用，丧失与其他碳汇项目竞争的优势[⑤]。李新等

① 刘璨：《我国森林环境服务市场构建与私人参与的选择》，《自然资源学报》2002年第2期。

② 周隽，王志强，朱臻：《全球气候变化与森林碳汇研究概述》，《陕西林业科技》2011年第2期。

③ 刘凯旋，金笙：《国内森林碳汇市场交易定价方法比较研究》，《农业工程》2011年第2期。

④ 梁建忠，文冰：《森林碳汇市场与碳税影响分析》，《林业经济》2007年第11期。

⑤ 曹开东：《中国林业碳汇市场融资交易机制研究》，北京林业大学，2008。

认为森林碳汇交易相比其他项目，程序复杂，固定成本过高。森林碳汇的稀缺性、公共物品属性、外部性特征将使得森林碳汇相比于新能源等不具备或此类属性影响较低的行业需要更高的交易成本，不利于森林碳汇行业在技术与项目开发方面引入人力、财力及其他社会资源①。殷维等认为森林碳汇市场远未成熟。我国目前的森林碳汇市场体系尚不健全，目前能够追溯的森林碳汇成交活动基本是对外输出碳汇资源，并且主要依赖国家、地方环境管理部门推动，行政干预的比例较高，未能真实发挥市场主体的调节作用②。于楠等认为我国目前更倾向于加入国际碳交易活动中，但相对地没能对国际交易形成较强的影响力；反观国内市场需求方规模尚未明显增长，尽管各地碳试点及交易所的建立已有很大的声势，但是仍旧缺乏大规模或持续性的交易需求③。何英等从我国森林碳汇服务市场现状、发展潜力与障碍等方面进行了研究，提出逐步构建各项资金的投入制度以增加我国森林碳汇服务市场交易活力，包括国家层面制定、颁布和实施有关森林碳汇计量标准和进行碳汇交易的政策法规，运用法律机制协调森林资源的权属关系与流转关系，建立起完备的森林资源物权法律制度；行业部门层面利用各类科学途径实现森林质量的提升，进一步转化为可持续的森林碳信用；社会层面加大公众教育与宣传力度④。

林业与碳排放权交易：张轲等从我国碳排放权交易体系林业行业覆盖范围现状、我国将林业纳入碳排放权交易配额管理面临的机遇和挑战等方面，对将林业纳入中国碳排放权配额管理的可行性进行了研究，提出建立具有强制约束

---

① 李新，程会强：《基于交易成本理论的森林碳汇交易研究》，《林业经济问题》2009 年第 3 期。

② 殷维，谭志雄：《基于森林碳汇的中国碳交易市场模式构建研究》，《湖北社会科学》2011 年第 4 期。

③ 于楠，杨宇焰，王忠钦：《我国碳交易市场的不完整性及其形成机理》，《财经科学》2011 年第 5 期。

④ 何英，张小全，刘云仙：《中国森林碳汇交易市场现状与潜力》，《林业科学》2007 年第 7 期。

力的法律法规、建立森林碳汇功能生态补偿机制、制订免费发放配额的分配方案、建立我国森林碳储量的 MRV 制度、制定与监管林业碳汇配额分配和交易工作相关的管理制度、制定价格调控政策等方面的建议[①]。

此外，武曙红等在结合我国目前的森林管理现状和我国碳补偿自愿市场的需求，对改善森林管理项目在我国履行与林业有关的国际公约、提高企业环保形象、维护国家生态安全等方面所具有的意义进行分析的基础上，对将改善森林管理项目纳入我国碳补偿自愿市场的必要性进行了分析，并认为将改善森林管理项目作为我国碳补偿自愿市场的一种项目类型对于建立和完善我国碳汇交易体系、发挥林业在降低我国温室气体排放中的作用、实现碳汇资源的最优配置具有极其重要的意义[②]。

（三）我国林业碳汇项目方法学的研究

我国对林业碳汇项目方法学的研究主要集中在中国 CDM 造林再造林项目方法学、竹林碳汇项目方法学及中国林业碳汇项目额外性论证等方面。武曙红以《UNFCCC》公约缔约方会议及其下属组织所发布的官方文本为切入点，运用综合、推演和逻辑论证的研究方式对 CDM-AR 项目所包含的基线、额外性、碳泄漏、非持续性以及碳计量等多种方法学实际问题开展了深入研究，提出：①采用额外性分值实验方法论证我国 CDM 林业碳汇项目额外性；②通过选择缺乏经济吸引力的地点、实施综合性项目、签订泄漏契约以及制定监测指标来处理和缓解泄漏；③采用决策树方法能对拟议项目是否产生潜在泄漏做出有效的判断；

① 张轲，武曙红：《林业行业纳入中国碳排放权交易制度的可行性研究》，《中南林业科技大学学报（社会科学版）》2016 年第 1 期。

② 武曙红，宋维明：《森林管理项目纳入我国碳补偿自愿市场必要性分析》，《林业经济》2008 年第 12 期。

④临时核证减排量（tCER）的办法是解决我国 CDM-AR 项目非持久性问题较适宜的方法；⑤通过简单逻辑推理来选择我国 CDM-AR 项目的基准活动方式，是一种经济可行的方法，对仍处于初级阶段的我国 CDM-AR 项目而言，项目参与方选择静态基线比选择动态基线更为适当，基于国际碳汇市场的不确定性及土地使用权的灵活性考虑，较适合于我国 CDM-AR 项目的碳信用计入期是 20 年等建议[①]。

周国模等从竹林碳汇基本特征与能力、行业自愿减排竹子造林项目碳汇计量与监测方法学、行业自愿减排竹子造林碳汇项目设计文件编制、行业自愿减排竹子造林碳汇计量与监测报告、中国核证减排竹子造林碳汇项目及竹子经营碳汇项目设计文件编制等方面，对竹子造林和经营两种碳汇项目类型的方法学适用条件、碳库选择、基线和项目情景碳计量方法、碳储量监测方法等内容进行了研究，提出了我国竹子造林和竹林经营碳汇项目的方法学[②]。

（四）林业碳汇项目的非碳效益

车琛等围绕 REDD+ 非碳效益议题谈判中各缔约方讨论的焦点，从 UNFCCC 缔约方会议关于 REDD+ 活动非碳效益的决定、REDD+ 非碳效益定义，以及资金分配之间的关系等方面，分析了 REDD+ 非碳效益类型与 REDD+ 国家战略的关系，提出了根据国家发展状况确定土地利用变化驱动力，根据国家需求识别优先发展区域及根据优先发展区域特点筛选活动类型等识别国家非碳效益类型的方法及基于活动阶段和国情的激励非碳效益的方式；并结合我国的国情，提出了将非碳效益纳入我国 REDD+ 国家战略，由实施国自行确定非碳效益类型，强调非碳效益相对于安全保障原则的额外性，提供方法学指南等我国参与

① 武曙红：《我国 CDM 造林和再造林项目方法学及案例研究》，北京林业大学，2006。

② 周国模，施用军：《竹林碳汇项目开发与实践》，中国林业出版社，2017。

REDD+ 非碳效益议题谈判的建议[①]。

（五）森林碳汇扶贫

曾维忠等从森林碳汇扶贫理论体系构建、国内外森林碳汇扶贫政策演进、农户参与森林碳汇项目的意愿及制约因素、农户参与森林碳汇项目的受偿意愿及文化适应性、森林碳汇参与功能及其影响因素等方面，对西南民族地区森林碳汇扶贫问题进行了研究，提出了森林碳汇扶贫是以贫困人口受益和发展机会创造为宗旨的森林碳汇产业发展方式，制定和推广凸显“扶真贫、真扶贫”的中国森林碳汇自愿减排规则是森林碳汇扶贫转型发展的基础，强化扶贫功能应成为中国林业碳汇制度变迁的一个重要选择，提高贫困人口参与度和获得感是推进森林碳汇项目可持续运营的重要路径等我国少数民族地区森林碳汇扶贫的对策建议[②]。

二、毕节试验区森林碳汇资源现状

（一）中国森林碳汇资源现状[③]

1. 中国各省（区、市）乔木林碳储量和碳密度分布状况

中国现有乔木林总碳储量为 9233.89TgC，各省份平均碳储量为 297.87TgC，碳密度为 52.80MgC/hm^2。由于各个地区乔木林资源因地域面积规模、地理分

① 车琛，武曙红，朱建华，曾以禹：《REDD+ 非碳效益类型识别及激励方式研究》，《北京林业大学学报（社会科学版）》2015 年第 3 期。

② 曾维忠，杨帆：《森林碳汇扶贫：理论、实证与政策》，社会科学文献出版社，2019。

③ 本节数据来源为 Qiu，Z.X.，Feng，Z.K.，Song.Y.L，et al.，2020. Carbon sequestration potential of forest vegetation in China from 2003 to 2050：Predicting forest vegetation growth based on climate and the environment. Journal of Cleaner Production. 252.

布、气候条件、森林资源管理政策和经济社会发展情况存在差异，中国各地区的乔木林碳储量规模、碳密度的格局存在较为显著的差异性。总体而言，乔木林面积大小、单位面积蓄积量是该地区森林碳储量的主要决定因素，乔木林面积较高的地区对应的碳储量也相对丰富。其中，乔木林碳储量较丰富的地区分别为西藏、云南、黑龙江、四川，每个地区均能达到全国乔木林碳储量的10%以上，合计占到全国储量的48.79%。乔木林碳储量较小的几个地区包括上海、天津、宁夏、北京、青海和江苏，其乔木林碳储量均不足全国的1%。从密度上看，乔木林碳密度较高的地区包括西藏、新疆、吉林、四川、云南和青海，其碳密度均大于52.80MgC/hm^2，高于其他地区平均水平。乔木林碳密度较低的地区包括河北、北京、湖南、宁夏和天津，平均碳密度均低于30MgC/hm^2，小于全国平均水平的52.80MgC/hm^2。贵州省的碳储量和碳密度均低于全国平均水平，分别为189.67TgC、36.93MgC/hm^2。全国乔木林碳储量和碳密度见表8-1。

2. 中国乔木林分起源和龄组碳储量分布状况

在乔木林碳储量各组分中，天然林构成了中国乔木林碳储量的主要部分，达到总储量的77.06%。天然林各林龄组的碳密度均显著高于人工林，特别是在近熟林和过熟林阶段差异尤为突出。中国人工乔木林幼龄林和中龄林的面积占比较高，若加以适当的森林经营和管理，可预见未来人工乔木林在总碳储量中的比重会进一步增加，当其碳密度接近或略微超过天然林的碳密度时，碳储量将会有较大程度的提升。

此外，中国幼龄林、中龄林的面积总计达到了全国乔木林面积的64.66%，碳储量占总量的44.67%。与之相对的，成熟林、过熟林的面积仅占总面积的19.65%，碳储量却能达到总碳储量的33.52%，这一比例的对比可以预见中国乔木林碳储量存在巨大的提升空间。而各林龄组之间的碳密度差异也影响着未来碳储量的变化趋势，目前已有调查显示，中国乔木林各林龄组的碳密度高低

表 8-1　全国[①]碳储量及碳密度现状

地区	碳储量（TgC）	碳密度（MgC/hm²）	地区	碳储量（TgC）	碳密度（MgC/hm²）	地区	碳储量（TgC）	碳密度（MgC/hm²）	地区	碳储量（TgC）	碳密度（MgC/hm²）
全国	9233.89	52.80	黑龙江	1028.90	49.60	河南	105.62	32.91	贵州	189.67	36.93
北京	8.90	19.50	上海	1.22	25.00	湖北	179.72	29.43	云南	1042.79	65.19
天津	2.33	29.16	江苏	40.60	30.38	湖南	207.00	26.61	西藏	1383.51	156.74
河北	67.40	20.37	浙江	135.71	31.08	广东	223.05	29.35	陕西	242.67	36.41
山西	60.95	27.20	安徽	123.47	36.43	广西	322.10	33.12	甘肃	129.23	51.02
内蒙古	841.44	46.17	福建	380.09	58.91	海南	54.65	53.91	青海	27.07	67.23
辽宁	156.65	37.79	江西	255.39	30.39	重庆	95.08	40.84	宁夏	4.12	24.43
吉林	577.05	71.99	山东	55.79	32.48	四川	1050.71	83.44	新疆	241.01	126.43

资料来源：Qiu, Z.X., Feng, Z.K., Song.Y.L, et al., 2020. Carbon sequestration potential of forest vegetation in China from2003 to 2050: Predicting forest vegetation growth based on climate and the environment. Journal of Cleaner Production.252

顺序为过熟林、成熟林、近熟林、中龄林、幼龄林，其规律可总结为乔木林碳密度随林龄的增加而逐渐升高。

（二）毕节试验区森林资源碳汇现状

1. 毕节试验区地理及自然资源概况

毕节试验区涵盖全市七星关、大方、黔西、金沙、织金、纳雍、威宁、赫章等一区七县，国土面积 26853 平方千米。全区地处滇东高原向黔中山地过渡

① 数据不包括港澳台地区。

的斜坡地带，平均海拔1400多米，境内山峦密布，多地为喀斯特地貌类型，形成了山地、丘陵、谷地、洼地一体的典型高原山区地貌。市内植被以常绿阔叶针叶混交林为主，多为次生植被①。

自试验区建立以来，毕节依托得天独厚的气候与水文条件，积极推进天然林保护、退耕还林等各类林业工程，使全区森林覆盖率、森林蓄积量等显著提升（见表8-2），积累了丰富的森林资源。

表8-2 毕节市2016—2020年林业生态建设数据统计表

年份	森林面积（万亩）	森林覆盖率（%）	森林蓄积量（万立方米）	当年石漠化治理面积（平方千米）	当年造林面积（万亩）
2016	2025	50.28	2668	126.06	179.66
2017	2127	52.81	4936	165.716	220.79
2018	2261	56.13	5547	160.22	128.79
2019	2296	57	5879	169.82	125
2020	2416	60	6210	219.26	234.36

资料来源：2016—2020年《毕节市生态环境状况公报》

鉴于贵州省大部分地区属喀斯特岩溶地貌，面临着石漠化这一严重的生态问题，毕节试验区将石漠化治理作为十大重点民生工程之一。自2008年来投入10.61亿元，探索出了封山育林与人促修复主导型、植被恢复与特色产业主导型、岩溶景观资源开发与生态旅游主导型、水土保持与基本农田建设主导型、石漠化草地建设与生态畜牧业发展主导型5种技术模式。截至2020年累计治理

① 张槐安，糜小林，张禹，阮培龙，李正：《毕节试验区“十三五”林业生态文明建设研究》，第十九届中国科协年会——分6生态文明建设与绿色发展研讨会论文集，2017。

石漠化土地面积达 1878.64 平方千米[①]。

2. 毕节试验区造林或森林经营管理实践

（1）毕节试验区国家储备林项目[②]

2018 年 8 月，毕节试验区以保障国家木材安全、构建“两江”生态屏障为主要目的，在全省率先启动国家储备林（以下简称“国储林”）项目，整体计划建设林地 280 万亩，投资 242 亿元，成为目前全国最大地市级规模、投资额度最高、标准最严格的国家储备林项目，也是毕节试验区有史以来造林规模最大、投资额度最高、贷款政策最优的生态建设项目。截至 2021 年，毕节试验区国储林项目融资到账资金已达 44.29 亿元，一期项目完成造林 42.21 万亩（包括集约人工林栽培 21.95 万亩、现有林改培 11.71 万亩、中幼林抚育 80 亩、经济林建设 8.55 万亩），达到一期项目计划任务的 29.04%。

（2）毕节试验区林下经济

毕节试验区积极探索造林护林与林下经济相结合的生产模式，充分利用了山区资源优势，积极引导农民发展林药、林菌、林菜、林茶等林下种植业，林禽、林畜、林蜂等林下养殖业，在改善生态环境的同时，也生产出了高品质的绿色林农产品，提升了经济效益，实现了林业增效、农民增收的“兴林富民”目标。截至 2021 年，全试验区发展林下经济面积达 368.28 万亩，产值达 40.85 亿元，带动农村 35.41 万人增收[③]。

2021—2023 年，毕节试验区计划将扩大林下经济利用森林面积 104.8 万亩[④]，在维持森林生态安全的基础上，发展具有毕节特色和发展潜力较大的林下

① 刘燎，史开云：《“治石”与“治贫”同步 产业与生态共荣》，《毕节日报》，2021 年 8 月 30 日。

② 《全力推动绿色发展 ——毕节市加快推进国家储备林项目建设综述》，试验区之窗，2021-02-17。

③ 马丹：《毕节：步履铿锵踏上新征程》，《当代贵州》2021 年第 41 期。

④ 《关于印发〈毕节市林下经济发展三年行动实施方案（2021—2023）〉的通知》，毕节市人民政府网，2021-09-02。

特色种植、养殖，打造森林景观综合利用模式，推广质量认证，树立生态、健康的品牌形象，逐步形成集林下种、养、加工、旅游、循环经济、园区打造等多位一体的综合利用开发模式。

3. 毕节试验区森林碳储量、增汇量及价值估算

（1）毕节试验区森林碳储量及增汇量估算

根据近 5 年《毕节市生态环境状况公报》生态环境质量林业生态建设中统计的森林蓄积量结果，以及毕节乔木林的平均碳密度，估算出毕节试验区 2016—2020 年森林年均碳汇量。2016—2020 年，毕节试验区森林乔木林的年均碳汇量为 240 万吨，累计增汇量达 962 万吨。核算结果如表 8–3 所示。

表 8–3 2016—2020 年毕节试验区森林碳汇量核算表

年份	森林蓄积量（万立方米）	森林面积（万亩）	森林碳储量（万吨）	碳汇年增量（万吨）
2016	2668	2025	4986	—
2017	4936	2127	5310	324
2018	5549	2261	5567	257
2019	5879	2296	5653	86
2020	6210	2416	5948	295
合计	—			962
年均				240

资料来源：原始数据来自 2016—2020 年《毕节市生态环境状况公报》，森林碳储量、碳汇年增量基于森林蓄积量汇算得出

（2）毕节试验区森林碳汇交易价值估算

根据生态环境部 2021 年 2 月 1 日正式实施的《碳排放权交易管理办法（试

行）》第二十九条（即：重点排放单位每年可以使用国家核证自愿减排量抵销碳排放配额的清缴，抵销比例不得超过应清缴碳排放配额的5%）、第四十二条关于国家核证自愿减排量的规定（国家核证自愿减排量：是指对我国境内可再生能源、林业碳汇、甲烷利用等项目的温室气体减排效果进行量化核证，并在国家温室气体自愿减排交易注册登记系统中登记的温室气体减排量），参照CCER林业碳汇项目的开发条件和自全国碳市场2021年7月16日上线交易以来，全国碳市场碳排放配额收盘价（54元/吨），以及上述2016—2020年毕节试验区森林碳汇量估算结果，本报告预测毕节试验区森林碳汇资源在全国碳排放权交易市场中可获得的交易价值最多可达约5.2亿元。见表8-4。

表8-4　2016—2020年毕节试验区森林碳汇量价值评估

年份	森林碳储量（万吨）	碳汇年增量（万吨）	可交易价值（仅限CCER）（万元）
2016	4986	—	—
2017	5310	324	17496
2018	5567	257	13878
2019	5653	86	4644
2020	5948	295	15930

资料来源：作者汇算得出

（3）毕节试验区森林碳汇资产价值估算

毕节试验区的森林碳汇资源，除了上述满足CCER项目开发的条件，有进入全国碳排放权交易市场潜力的外，其他不满足CCER项目开发条件的，还可以作为碳汇资产，开发成其他碳金融产品，获得收益。根据毕节试验区现有森林面积和单位面积的蓄积量水平，本专题估算出2020年试验区的森林碳储量为5948万吨，按国内现有非履约企业开展的碳中和活动的均价32元/吨估计，目前，毕节试验区森林碳汇资产约19亿元。

三、毕节试验区开展林业碳汇交易潜在的困难分析

（一）制度障碍

林业碳汇项目计入期至少需要20年，在计入期内可能发生的国家或地方减排政策与法规变化将给项目带来极大的不确定性。同时，全国林地保护利用规划虽已全面完成林地落界工作，但在执行过程中存在与国土部门的土地利用规划冲突的问题，可能影响项目地块使用的持续性。此外，中国集体林权制度改革遗留问题同样可能给项目的持续运营带来风险，例如，林改到户地块分得太细不利于林农集中经营、个别地方林改到户率低难以实现自主经营、资源保护与开发利用的矛盾导致权属不清等。毕节试验区林权对林业碳汇交易的影响主要有以下几方面：

1. 林权结构复杂，项目协调周期长

根据林权的含义，林权的客体不仅仅是林木，还有森林、林地以及包括碳汇功能在内的生态服务。这些客体之间存在相互依赖、相互影响的复杂关系。森林包括林地、林木和整个生态系统，林木的变化直接影响到林地的价值和生态系统的稳定，从而影响到生态功能的提供。根据《温室气体自愿减排交易管理暂行办法》，中国境内注册的企业法人可以申请温室气体自愿减排项目及减排量备案，即符合开发林业碳汇项目的主体必须是企业法人。

目前，毕节试验区林地所有权属于国家或集体，林木所有者包括国有林场、村集体或个人，营造林活动又多来源于政府、国有林场或企业投资。这种格局

决定了项目业主企业需要同林地权属者、林木权属者达成协议，合作进行项目工作并分配收益。林业碳汇产权难以在多元的林权权利人中明确的问题，导致一个林业碳汇项目往往需要各参与方及林地或林木所有权人签订至少 20 年的项目开发协议。农牧民对气候变化和碳交易往往缺乏认识，因此涉及的宣传、培训和协议签订工作量极大，导致林业碳汇项目开发的前期准备工作相对于其他类型的项目而言，耗时相对较长。

2. 林地产权不明晰

林业碳汇成功交易的前提是实施项目的林地产权要清晰，毕节试验区部分集体林地勘界仍权属不清，且以往勘界工作不够精细，林权登记数据不准、地证不相符。此外，也存在一个林权证发给多户，没能具体到户别权属的情况。例如，全区发放林权证 48.96 万本，但实际部分林权证没能到农户手中，仍由管理部门积存。以上因素将导致社会资本投资林业碳汇项目时交易风险加大。

3. 林权损益预期的不确定性

森林资源有其自身生长规律和消长特点，这些特点在很大程度上影响了森林资源存量的保管与核算。森林资源有再生性特点，可以在自然力的单独作用下完成其生产过程，但是，森林资源同时还具有周期长的特点，容易受到水、火、虫、病等自然灾害的影响，使森林资源的流失及碳逆转，造成林木权、碳汇权的损益预期不确定。

（二）市场的不确定性

自从 2017 年我国国家核证自愿减排量（CCER）暂停项目和减排量备案的相关程序后，CCER 市场的管理部门一直未公布重启的时间。虽然《碳排放权交易管理办法（试行）》规定，重点排放单位可认购 CCER 或其他生态环境部公布的减排指标，抵消其不超过 5% 的经核查排放量。虽然林业碳汇项目可作为 CCER 进入全国碳排放权交易市场，但“抵消其不超过 5% 的经核查排放量”的规定以及未来 CCER 的抵消份额是否会增加，政策尚未明了。此外，中国 CCER 已被国际航空减排协议纳入合格的碳抵消产品，但是不包括碳汇项目。这些政策的限制和不确定性制约了毕节试验区林业碳汇项目开发的积极性。

（三）林业碳汇交易成本高

无论是国际碳市场还是国内碳市场，林业碳汇项目产生的碳信用要进入市场，实现碳汇的价值转化，均需要完成项目设计文件编制、基线和项目碳汇量的监测、项目审定、项目注册、监测报告编写、项目核查以及减排量签发等交易环节。相对于平原地区的林业碳汇项目开发而言，由于毕节试验区部分地区交通不便，在项目地开展基线调查、社区调查、样地调查等野外调查及监测林木碳汇量的难度较大，在毕节试验区开发林业碳汇项目除了需要支出与平原地区林业碳汇项目相同的项目设计文件编制、监测报告编制、项目审定等费用外，还需支付更高的监测费用和减排量核查费用，因此，毕节试验区开展林业碳汇项目的交易成本相对较高。

（四）项目和回报周期长

CCER 项目开发周期一般大于 5 个月，其中包含项目业主与咨询、认证机构前期初步形成项目设计的过程，项目送交审定与核证时文件及描述可能不符合审定与核证规范，进行阐明的过程。在此基础上，即便项目得以备案，在签发减排量之前仍要事先得到主管机构的批准，这一阶段通常要持续 60 ～ 120 个工作日。综合以上项目开发、审定核证、获得备案及最终减排量签发，一个 CCER 项目的最短周期至少 8 个月。而按照以往项目开发惯例，实际的项目签发减排量的预期时间会更久，这也与森林碳汇的本身属性密切相关，因为森林碳汇源自林木长期累积，这决定了项目的监测期必须等待林木成长蓄积到一定年限，例如以 5 ～ 10 年为监测周期。相较于新能源等减排项目一旦技术成熟可短期获得减排成效不同，林业碳汇减排量的签发周期通常更长。与全国平均水平相比，毕节森林的年生长量和碳密度较低，因此投入项目开发和监测的资金效率较低，回报周期长。

（五）技术障碍

从目前基于项目的碳交易市场来看，无论是 CDM、VCS 还是 CCER 机制，均采用方法学、项目及减排量备案管理的方式，因此，试验区拟开发的林业碳汇项目需满足拟进行市场或机制备案的方法学的适用条件。根据试验区现有的林地资源禀赋，如果采用现有的方法学，无论开发 CDM、VCS 还是 CCER 林业碳汇项目，均面临着额外性论证的挑战。如果拟根据试验区的林地或林木资源的特点开发林业碳汇项目，将面临开发新的方法学的挑战。

此外，毕节试验区现有的可实施造林活动的区域大部分属于喀斯特地貌分布区，土层较薄且偏碱性，生态环境存在较为严重的钙化与水土流失问题，且石漠化仍需要进一步控制，因此造林工作面临着整地技术、物种选择等多方面的障碍。目前在毕节试验区开展的喀斯特山地人工造林技术实践在一定程度上解决了喀斯特山区的植被恢复问题，但相对于其他平原地区而言，人工造林的成本更高，林木年平均生长量较低，因此在毕节试验区开展林业碳汇项目的投资回报率较低。

（六）参与意愿

在生产活动中，林农的受教育程度、家庭资源积累等个体化特征均会影响其参与林业碳汇项目的意愿及能力。由于毕节试验区的少地者、贫困户通常不了解或掌握造林、森林经营技术，此外这一部分人群承包的林地较为分散、规模较小，其参与林业碳汇项目活动的难度大。林业碳汇项目开发语言和程序专业性强，致使大部分农户对林业碳汇项目和市场交易的认知和理解十分有限，面对标准更严、难度更大、投资更大、风险更高的林业碳汇项目，其参与项目的意愿并不强烈，或者在参与项目后，违约退出项目的概率较高。另外，集约型造林的需求与社区农户的传统生产方式、传统观念、本地劳动力向周边城市流出等问题也存在着冲突，这些因素都会为农户参与林业碳汇项目的积极性制造挑战。

（七）其他

林业碳汇项目通常需要体量较大的集中生产，但我国长期以来实行的家庭联产承包责任制阻碍了个体农户进行大规模的林业碳汇供给，并且以当前主流的林业碳汇项目开发模式来看，单个农户参与林业碳汇项目的可行性较低且缺乏话语权。另外，单个农户即使拥有足够的话语权，参与林业碳汇项目还是要依托政府或企业的合力，当前我国的林业碳汇项目基本是靠政府主导，企业参与有限且缺乏龙头企业的带动，限制了农户参与项目的多元选择。

四、毕节试验区森林碳汇交易模式设计

自“双碳”目标提出以来，《中华人民共和国国民经济和社会发展第十四个五年规划和 2035 年远景目标纲要》《中共中央国务院关于完整准确全面贯彻新发展理念做好碳达峰碳中和工作的意见》《关于建立健全生态产品价值实现机制的意见》《国务院办公厅关于鼓励和支持社会资本参与生态保护修复的意见》这

些文件均对提升生态系统碳汇增量、实施森林质量精准提升工程、持续增加森林面积和蓄积量、完善市场化多元化生态补偿、探索碳汇权益交易试点、推动生态资源权益交易以及合法合规开展森林覆盖率等资源权益指标交易等提出了要求。为了落实上述文件的要求，根据毕节试验区的自然资源特点及《乡村振兴战略规划（2018—2022 年）》，针对毕节试验区开展森林碳汇交易面临的交易成本高、政策和市场不确定性大、项目周期长、回报率低、农户参与意愿低、方法学缺乏以及能力建设等方面的制度、技术及政策障碍，本专题提出了符合试验区“开发扶贫、生态建设”主题的毕节试验区碳汇交易模式。

（一）毕节试验区森林碳汇交易模式构建的原则

1. 可持续发展原则

毕节试验区作为以“开发扶贫、生态建设”为主题的试验区，其建设目标和指导思想离不开科学发展观和可持续发展战略思想。森林碳汇交易作为可实现减缓贫困、保护生物多样性、减缓气候变化等多重效益的有效机制和途径，应该为毕节试验区实现可持续发展目标提供一种新的思路和模式。试验区“开发扶贫、生态建设”的主题与联合国可持续发展目标（SDGs）的消除贫困，永续社区，应对气候变化，防治荒漠化、制止和扭转土地退化现象、遏制生物多样性的丧失等 4 项目标密切相关，森林碳汇交易是这一建设主题与上述可持续发展目标的关键连接点，因此森林碳汇交易的模式需要根据可持续发展的原则进行构建。

2. 因地制宜原则

试验区境内森林碳汇资源特点随森林所在的地理位置而不同。不同区域的造林和森林管理的投资模式、时间、实施主体、林地权属、森林的树种组成等都会有所不同，试验区的森林碳汇交易模式需要根据各区县的资源特点，设计适合各自区域的碳汇交易或碳金融产品。

3. 整体性原则

在国家实施应对气候变化的国家战略和乡村振兴战略的背景下，试验区森林的碳汇功能，不仅可以抵消所有生产经营、消费活动碳足迹，为试验区在“双碳”目标背景下的经济发展赢得更多的发展空间，还可增加试验区林农的收入，为乡村振兴做贡献。因此，开展森林碳汇交易初期，试验区森林碳汇资源应该由政府主导，有目的、有计划、分阶段开发，避免因信息不对称，导致林农手里的森林碳汇资源被廉价出让或试验区的森林碳资产在未被政府知晓的情况下随意交易，影响试验区碳中和路径规划的整体布局。

4. 多元化原则

毕节试验区石漠化治理、生态保护修复工作任务重，面积广，需要动员全社会力量参与，因此森林碳汇交易模式的构建需要在筹资渠道、交易主体、交易产品、交易方式等方面进行多元化的设计，才能确保试验区的森林碳汇在社会、经济和环境方面均实现最大的收益。

（二）毕节试验区森林碳汇交易的组织架构

在以上森林碳汇交易模式构建的原则下，试验区森林碳汇交易活动可概括如下：碳汇供给者向碳交易平台提供森林碳汇及相关衍生品，碳汇需求者在平台上通过公平竞争的价格购买所需产品，政府作为监管者保证交易的有序进行。据此，试验区森林碳汇交易的组织架构主要包括：交易载体，即森林碳汇项目；交易要素，即交易主体、客体与交易平台；交易环境，包括价格、供给与风险在内的市场运行机制，以及政策保障机制等。其组织结构见图 8-1。

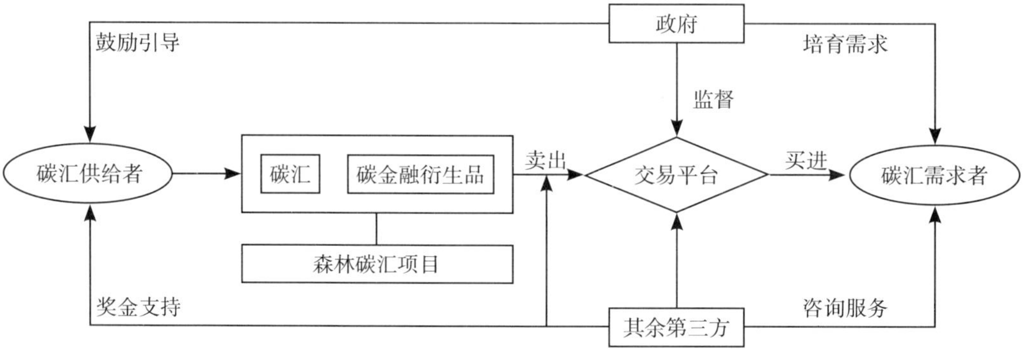

图 8-1　森林碳汇交易的组织结构

资料来源：作者自绘

（三）毕节试验区森林碳汇交易模式设计及路径

1. 摸清资源本底，明晰资源权属

林权制度改革成果直接关乎森林资源的权益分配，进而影响森林资源的整体结构和利用方式。因此，要进行与森林相关的碳汇项目开发，必须先深化林权制度改革，摸清森林资源本底，解决林地权属问题，降低林业生产障碍，才能开展规范、合法、高效的造林或森林经营项目建设，激励林农积极从事林业生产活动。

具体做法包括：

（1）开展森林资源本底调查、全面评估森林资源价值

遴选专业评估机构对毕节试验区森林资源进行本底调查，获取林地、林木地理位置、权属、面积、蓄积量、林分组成、生物多样性组成等方面的基本数据，评估核算森林生态系统经济、社会和环境价值。

（2）明晰林地资源权益界限、破除现代林业资源建设障碍

确保林业本底资源的合法性与稳固性。明晰林地、森林和林木等林业生态

要素所有者和使用者权益，落实各生态要素所有权主体权益，协调统一各种生态要素产权主体的权利与义务，形成有效激励机制；提升市场主体主动提供生态服务积极性，降低社会资本的投入和交易成本，助推具有公共物品价值的林业生态产品利用国家相关政策实现市场化。同时，合理调整林业生产税费，建立弹性林业生产税费调整机制，提升造林效益以激发群众造林护林积极性，提高林业生产效率。

2. 启动CCER林业碳汇项目开发

当前毕节林业碳汇项目和森林碳汇交易尚未开展，因此，亟待开发单项林业碳汇项目启动交易。我国履约市场中的碳排放权交易已经启动，涉及林业碳汇项目的CCER市场也在2021年启动，因此，毕节试验区可通过首先开发CCER造林或森林经营项目，在国内尝试进入全国碳排放权交易市场。

3. 国际层面碳汇产品开发及交易途径——开发VCS标准下的森林碳汇项目

由于我国《碳排放权交易管理办法（试行）》中规定，重点排放单位每年可以使用国家核证自愿减排量抵销碳排放配额的清缴，抵销比例不得超过应清缴碳排放配额的5%。而且产生国家核证自愿减排量的项目不仅限于林业碳汇项目，还有可再生能源、甲烷利用等项目。因此，林业碳信用的交易会受到一定的限制。为了拓展试验区森林碳信用的市场类型和规模，试验区可根据VCS等国际碳市场机制的条件，开发VCS林业碳汇项目。

目前，VCS是得到国际社会普遍认可的温室气体自愿减排标准。VCS标准拥有严格的项目审批和签发量减排认证标准，采用VCS标准进行森林碳汇项目开发具有以下两点优势：

（1）项目方法学体系完善，可充分实现多类型森林资源生态价值

国家发展改革委已经备案涉及林业的5个项目方法学中，仅有2项涉及森

林，并且自 CCER 停止新项目备案后方法学未进行修订，暂无天然次生林碳汇项目方法学，碳汇造林项目条件也较为严苛（需要满足 2005 年 2 月 16 日以来的无林地，土地不属于湿地和有机土的范畴，土壤扰动面积比例不超过地表面积的 10%，且 20 年内不重复扰动，不炼山造林等基本条件才可以申请），无法充分满足我国当前林业建设及森林碳汇项目开发的新形势需求。而 VCS 标准下有近 20 个国际公认的农林领域碳汇项目方法学，超过 70% 的农林碳汇项目减排量是通过 VCS 方法学开发产生的。截至 2021 年 6 月底，我国已有 60 个农林碳汇项目通过 VCS 标准注册，福建永安、内蒙古绰尔、青海省等地的造林与再造林部分项目已完成了减排量签发与交易，充分证明了 VCS 标准体系与我国林业生产的高度契合。

此外，VCS 标准下所有方法学均在根据世界各地的最新林业生产标准与实际情况进行实时修订与更新，可以充分涵盖毕节试验区当前的林业情况进行项目设计。

（2）VCS 标准对接广阔国际市场，交易潜力和口径巨大

2017 年，由于机构改革等多种原因，我国 CCER 方法学、减排量等申请工作宣布暂停，至今仍未启动，严重影响了国内林业碳汇交易的规模和数量。尽管全国碳排放权交易市场已于 2021 年 7 月启动并上线交易，但目前只有电力行业纳入强制减排市场，其他行业没有强制减排任务。此外，全国碳排放权交易市场只允许配额交易，尚未启动抵消机制，试点省市以外的碳汇市场很难拥有交易活力。

如若采用 VCS 标准进行碳汇项目开发，不但可以充分规避当前国内森林碳汇市场及制度的局限性和不确定性，使森林碳汇项目可以尽早完成开发与交易，还可以在较为成熟并且被国际市场广泛认可的标准下进行高效的项目设计建设与签发，吸引持续关注 VCS 标准下各地项目的买家达成交易。

基于以上情景，毕节试验区可充分利用现有的森林资源，选取森林本底资源调查翔实、林地产权明晰、有国储林建设规划等明确造林或森林经营规划目标的区县作为先行示范区，规划造林碳汇项目减排量，待中国核证减排量管理办法重新出台且方法学重新修订完成后为毕节试验区其他区县提供模式遵循，更加顺利地完成全试验区森林碳汇规划布局，从而在全国碳市场中打出地方品牌，占据市场优势。

采用 VCS 标准进行森林碳汇项目开发可遵循以下流程：

①建立林业碳汇交易主体：由毕节市林草局牵头成立毕节试验区林业碳汇服务中心，负责组织全试验区林业碳汇项目的开发，协调下辖区县各级林草局、林业生态建设公司、林场、村集体、农户、碳汇买家、咨询公司等，保障项目开发；

②开展森林碳汇项目规划研究与准备：结合毕节试验区森林资源和林地特点，研究“湿地以外土地的造林和再造林”方法学（AR-ACM0003/Version 2.0.0）以及“用材林转变为保护林的改进森林经营”方法学（VM0010）这两项我国最广泛采用的森林碳汇项目方法学要求，在森林资源本底调查的基础上进行合格性审查与适用性筛选，确定项目适宜区域和相应的建设主体（市林草局或区县一级林草局）；

③开展项目建设设计与审定：结合选定区域资源情况，收集造林作业设计、批复、施工合同以及验收文件等材料进行项目设计，同时邀请第三方审定机构对建设法人资格、营业执照、林地权属证明等材料进行审核，确保项目合理性与合法性。完成各项审定后即可将材料报给 VCS 秘书处进行项目注册；

④进行项目监测与碳汇量签发：按照 VCS 碳汇监测计量标准要求，在项目区域内监测样地内森林参数，根据相关树种的生物量方程计算项目碳汇量，并撰写项目监测报告等文件，经第三方机构核证后将材料提交至 VCS 申请碳汇量

签发；

⑤开展市场交易，兑现森林生态价值：同中国绿色碳汇基金会等与国际市场对接的机构合作，从乡村振兴、生产成本、人员组织、人员工资、项目实施后的生态效益、生物多样性等方面入手进行招标，向世界范围内的需求客户推广毕节试验区碳汇项目并吸引投资交易。同时，可优先将贵州省或毕节试验区内有减排目标的企业作为买方进行交易，助力实现地区的碳中和目标。

4. 国家层面非 CCER 碳汇产品开发及交易途径——探索“森林碳汇 + 林下经济”模式

作为毕节试验区当前着重规划的林业相关产业，林下经济的核心是不争农地、不占耕地，保护森林生态，是利用林地和林间各种资源潜力来创造经济效益，保障生态产品供给的重要途径。在具体活动中，林下经济更能做到优化林业生态经济系统、实现林业系统自然资源循环利用、减少化肥饲料投入和污染物排放，实现低碳发展。由此看来，发展林下经济和开发森林碳汇项目的原理非常相似，两者都在保护森林资源、不降低甚至可以提升森林质量的情况下，利用森林系统服务功能创造价值，通俗来讲就是“不砍树也能致富”。

近年来，毕节试验区的产业发展情况已经充分证明了本地具有林下经济蓬勃发展所需要的丰富而优质的森林资源。在碳中和背景下，毕节试验区可在发展林下经济的蓝图规划上进一步探索“森林碳汇 + 林下经济”的双重模式，让森林不仅仅充当林下经济的载体，更可以进一步提升森林的系统服务功能，发挥多重生态效益，提升林下经济作物的质量，同时用产生的碳汇减排量进行创收或实现地区碳中和目标。“森林碳汇 + 林下经济”模式可从以下 3 个方向进行探索：

（1）利用森林经营方法提升林下经济产品质量及价值

根据我国森林与竹林相关类型已开展的碳汇项目实施情况和相关研究，采用《森林经营碳汇项目方法学》和《竹林经营碳汇项目方法学》培育或改进的森林或竹林相比于传统的林地经营模式产出的木材、竹材、竹笋等林产品产量均有明显提升，且项目产生的碳减排量还可在碳市场中进行交易而得到传统林地经营方式无法收获的利润。

根据资源特点，毕节试验区可根据《森林经营碳汇项目方法学》要求，对当前已进行或未来将进行林下经济产业开发的林地进行补植补造、树种更替、树种组成调整、森林抚育采伐（包括透光伐、疏伐、生长伐、卫生伐）、复壮等适宜的森林经营措施提高林分质量，从而提升林下产品的生长效率与产品质量，获得产品溢价空间。

（2）开发森林经营碳汇项目用于交易或地区碳中和

在开发和经营林下经济的过程中，一系列森林经营活动可以实现森林碳储量的提升，满足碳汇项目开发条件，因此既可以在未来 CCER 项目申报工作重启的情况下作为森林经营碳汇项目进行申报，也可以邀请第三方监测机构对产生的减排量进行核算，通过自主开发方法学或利用现存相关平台或机制，寻求买方交易或用于地区碳中和。

（3）利用森林经营减排量抵消林下生产活动碳排放

近年来关于农业生产造成的碳排放研究日趋丰富，在未来国家日益推进碳达峰和碳中和的过程中，农业生产方面很可能会出台相应的减排政策并规定减排义务。毕节试验区标志性的林下农产品天麻、冬荪作为完全的异养植物不但无法通过光合作用吸收二氧化碳，并且栽种前期要进行的蜜环菌培养、堆肥腐熟等准备活动同样会释放出大量的温室气体，因此在未来林下农产品成为潜在碳源的情况下，可以引入森林经营的减排量进行农业生产碳排放的抵消，实现生产系统内部的碳中和。

5. 省级层面碳汇产品开发及交易途径——创新贵州单株碳汇价值实现机制

“十三五”期间，贵州省积极探索“互联网＋生态建设＋精准扶贫”新模式，于2018年创造性地开发了《贵州省单株碳汇方法学》，实施单株碳汇精准扶贫项目。项目利用大数据技术，开发贵州省单株碳汇精准扶贫大数据平台，对贫困农户退耕还林、自有用地还林等人工造林，以及封山育林活动中单株林木所产生的碳汇量核算，通过单株碳汇精准扶贫平台面向全社会进行销售，以“点对点”的方式将购买林木二氧化碳的资金直接汇入对应贫困户的账户，帮助贵州省深度贫困村的各贫困户增加收入，同时不影响贫困户对林地的使用和收入。截至2020年底，全省已累计完成33个县682个村11207户贫困户的单株碳汇项目开发，开发单株碳汇树木446.2万株，年可销售碳汇金额1338.6万元①。

目前，全国脱贫攻坚任务已圆满收官，贵州省单株碳汇项目在全省脱贫攻坚中发挥了特殊作用，有效解决了林地多、耕地少、劳动力不足、增收渠道有限等特殊群体增收问题。然而，在新的社会形势和时代任务中，具有相对健全的法规、完善的方法学和实践经验的贵州省单株碳汇应当继续进行创新机制探索，在实现地区碳中和、助力乡村振兴、巩固脱贫攻坚成果、宣传应对气候变化理念、培育绿色低碳生活方式等方面继续发挥积极作用。

截至2020年4月，毕节试验区纳雍县2个乡镇6个村464户贫困户、威宁县3个乡镇8个村（社区）300户参与到了单株碳汇项目中②。未来毕节试验区可在单株碳汇项目的基础上，借助大数据与平台优势，探索新型单株碳汇价值实现机制，推动全省的单株碳汇项目进行长效化转型。具体可从以下3个方面

① 申云帆：《单株碳汇让百姓富生态美》，《当代贵州》2021年第18期。

② 《毕节市“三强化”推动单株碳汇项目助力脱贫攻坚》，多彩贵州网，2020-04-23。

进行：

（1）提升参与对象范围与力度，完善经济支持政策

2020年以前，单株碳汇项目的参与对象均为建档立卡贫困户。现阶段，毕节试验区可考虑以助力乡村振兴和增强林业碳汇为目的，吸纳更多林农参与到项目中。在买方端，进一步加大对社会公众的宣传动员，以形式多样、内容丰富的方式吸引社会公众积极购买单株碳汇，允许碳排放企业通过购买林业碳汇实现碳减排，鼓励政府部门及事业单位发挥社会影响力积极认购并抵消部门的碳排放，对社会公众、团体及企业的公益性购买碳汇实行免税政策。

（2）建立单株碳汇惠农子平台，推广低碳农产品品牌

近年来消费者对天然农产品的需求与日俱增，具有低碳、绿色标识的农产品相较于普通的产品拥有更广阔的销售市场和溢价空间。单株碳汇项目的实施帮助公众培育绿色低碳理念，让“单株碳汇”这一主题在民众心中成为绿色品牌的代名词，因此单株碳汇服务平台可以在原先“精准扶贫”的基础上转型为“精准惠农”并建立子平台。除原先单一的“购碳扶贫”渠道上新增“购特产惠林农”途径，也可以众筹的形式帮助单株碳汇平台上的林农开展适宜的林下农产品种植，最终生产出的产品以优质低碳农产品溢价上市的同时，以低价惠利的形式回馈参与众筹的民众，由此不仅能进一步扩大毕节林下经济农产品的品牌效应和销售市场，也可以呼吁更多民众加入到绿色消费和环保生活的行列中，推动毕节试验区建立绿色生活示范区。

（3）探索单株碳汇碳票制，创新生态补偿与绿色融资新途径

随着绿色环保事业成为社会热门行业，越来越多的投资与金融机构开发出了绿色信贷、绿色债券等金融产品与工具。近年来，林权质押贷款、碳排放配额交易等制度的诞生表明生态系统服务价值存在着巨大的升值潜力，以至于银行与其他机构相信投资和贷款可以获得回报并愿意为之付出。因此，毕节试验

区可牵头对当前的单株碳汇项目方法学进行更新与完善，与贵州省内的银行等投资机构进行合作，将核算的固碳量以单株碳票的形式签发返还给林木所有权人，并允许碳票所有者进行交易，转让给有碳减排义务或希望建立绿色公益品牌的企业与团体，实现直接获利。另外，随着碳中和愿景的提出，全国对于碳交易的热情与日俱增，各碳交易试点成交均价也日益攀升。因此，毕节试验区可鼓励银行与投资机构将碳票直接回购，让林木所有者更快变现的同时，银行作为风险承受能力更强的交易方也可以在未来碳排放权持续升值的情况下获得更丰厚的利润。这一系列举措也将推动社会资本注入到毕节试验区林业发展中，调动林业经营主体造林育林的积极性，对于碳中和的加速实现也具有重要的意义。

专题九

林业可持续生计的利益相关方参与式发展——以毕节市大方县为例*

毕节市是国家级“开发扶贫、生态建设”试验区，同时也是“全国林业生态建设示范区”。大方县位于毕节市中部，是黔西北的重要交通枢纽和物资集散地，也是乌蒙山集中连片特殊困难地区脱贫攻坚的战场之一，对守好发展与生态两条底线的两山实践具有重要的辐射示范作用，在毕节市林业发展中具有典型性和代表性。以大方县作为范例，在林业可持续生计管理者视角下识别利益相关方，分析他们之间的相关性，制定策略提高他们的参与度，对进一步推动大方县及毕节试验区林业可持续发展和实现乡村振兴至关重要。

---

* 本专题作者为贵州师范大学自然保护与社区发展研究中心主任、教授任晓冬，贵州师范大学自然保护与社区发展研究中心研究员刘志。

一、项目区概况

（一）项目背景

作为喀斯特地区，贵州省山川秀丽、生态良好，但生态本底十分脆弱，极易受到损害，而且损害后几乎无法修复或者修复成本巨大。这一现状决定了贵州在处理好生态环境保护和发展的关系方面难度更大，处理好“绿水青山”与“金山银山”的关系成为贵州省进行可持续发展的最大挑战。贵州省委、省政府围绕统筹推进“五位一体”总体布局和协调推进“四个全面”战略布局，推动全省开展生态文明体制改革综合试验，以完善绿色制度、筑牢绿色屏障、发展绿色经济、建造绿色家园、培育绿色文化为基本路径，构建产权清晰、多元参与、激励约束并重、系统完整的生态文明制度体系，建设长江珠江上游绿色屏障建设示范区、西部地区绿色发展示范区、生态脱贫攻坚示范区、生态文明法治建设示范区、生态文明国际交流合作示范区。

30多年来，毕节市始终坚持“生态产业化、产业生态化”的发展理念，紧紧围绕“生态建设”主题，积极改善农村生态环境，着力调整林业产业结构，大力发展林下经济，实施兴林富民行动，实现了“山地增绿、林农增收、林业增效”的发展目标。森林覆盖率逐年上涨，形成了以林下经济、特色经果林、森林旅游为“三大支撑”的林业生态产业发展格局。

由于大方县位于毕节市中部，在毕节市林业发展中具有典型性和代表性，是黔西北的重要交通枢纽和物资集散中心，也是“十三五”时期的国家扶贫开发重点县，因此，本专题选取大方县作为毕节市的范例开展研究。

（二）区域概况[①]

大方县地处贵州省毕节市中部，位于东经 105° 15′ 47″ ~106° 08′ 04″、北纬 26° 50′ 02″ ~27° 36′ 04″之间，东西相距 86.2 千米，南北相距 85.2 千米。东邻金沙县，南连黔西市，西接七星关区，地处贵州金三角核心地带，县城距毕节市 46 千米、距省城贵阳 150 千米，地理位置优越。国土面积为 3500.11 平方千米，占毕节面积的 13.05%，贵州省总面积的 2%。土地利用类型以林地和耕地为主，其中林地面积为 1573 平方千米，占总面积的 44.9%；耕地面积为 1223 平方千米，占总面积的 34.9%；草地面积为 146 平方千米，占总面积的 4.2%；其他土地利用类型面积为 559 平方千米，占总面积的 16%。2020 年，大方县辖 16 个乡（其中 11 个民族乡）、9 个镇、4 个街道、161 个行政村、128 个社区，居住着汉族、彝族、苗族、白族、仡佬族等 23 个民族，2020 年末户籍人口为 96.82 万人，其中，城镇人口 35.24 万人，户籍人口城镇化率 36.4%。

1. 区位优势

从发展区位来看，毕节市“开发扶贫、生态建设”试验区位于贵州西北部，是贵州金三角之一，在川、滇、黔、渝四地结合区域占据中心位置，是西南地区区域性的重要综合交通枢纽，肩负珠三角连接西南地区、长三角连接东盟地区的重要通道责任。而大方县位于“黔中经济区”和“毕节试验区”叠加之处，具备“两区”开发的政策扶持优势。“于滇为咽喉，于蜀为门户”，大方县是黔西北的重要交通枢纽和物资集散地，被誉为黔西北的“旱码头”，具有连接省会城市贵阳、融入长江经济带的桥头堡作用。从脱贫区位来看，大方县是乌蒙山集中连片特殊困难地区脱贫攻坚的战场之一，对守好发展与生态两条底线的两山实践具有重要的辐射示范作用。从生态区位上看，大方县辖区内的赤水河

① 资料来源：大方县人民政府门户网。

与乌江水系的生态修复对于长江上游生态屏障建设起着重要的水土涵养作用。

2. 自然状况①

（1）地形地貌

大方县位于云贵高原向黔中山原丘陵过渡的斜坡地带，境内大部分海拔在1400～1900米，地势中部和东北高。境内山峦重叠、切割较深，地形多样，山地、坡地、丘陵、洼地、盆地（小坝子）、河谷交错分布。山脉多呈东北西南走向。地貌主要分为4个区域：西北部中山丘陵区、东北部中山缓坡谷地和丘陵洼地区、中西部高中山切割和缓坡丘陵谷区、东南部低中山浅切割谷区。

（2）气候

大方县属亚热带湿润季风气候，天气温和，雨量充沛，雨热同期，具有冬无严寒、夏无酷暑、雨雾日多的气候特点。年平均气温在11.8℃左右，最高气温32.7℃，最低气温零下9.3℃。其中，最冷月（1月）平均气温为1.6℃，最热月（7月）平均气温为20.7℃。阴雨天气多，雨季特别明显，雨量充沛，年平均降水量为1155毫米。全年平均雾日为159.2天，占全年日数的43.6%，日照时数为1311.2小时，占全年可照时数的30%，无霜期为254～325天，常年相对湿度84%。

（3）水文

境内河流属于长江上游的赤水河水系与乌江水系。中西隆起以九龙山、公鸡山、火烧箐、海马箐、龙昌坪等山脉为分水岭，北部属赤水河水系流域，南部、西部、中部为乌江水系六冲河流域。大方县长度在10千米以上的河流16条，干河20余条，总长495.2千米。河网密度大于贵州省17.1千米/百平方千米的平均数。年径流总量为14.723亿立方米。

---

① 本小节资料参考大方县百度百科。

（4）自然资源

境内植被属于亚热带常绿阔叶林带，大部分位于海拔 1500 ~ 1700 米的中山山地，植物资源有森林、草地、农作物、药用植物和经济林植物等，高等植物 50 科 84 属 120 种，其中被子植物 44 科 78 属 113 种，裸子植物 1 种，蕨类植物 5 科 5 属 6 种，还有丰富的菌类。野生动物种类繁多，常见的有鱼类、两栖类、爬行类、鸟类、兽类、昆虫类等，兽类有虎、豹、野山羊（麂）、狐、獐等 31 种。

全县矿产资源以无烟煤、硫铁矿、石灰石、水泥和砖瓦原料最具有优势，尤其无烟煤属优质煤，让大方县成为全国 200 个重点产煤县之一，已建成 4 × 300 兆瓦的大方火电厂。大理石有"晶墨玉"及"残雪"等名贵品种。

水资源年平均总量 41.79 亿立方米，其中地表水径流量 16.39 亿立方米，地下水储量 25.4 亿立方米。河道曲折迂回，滩多水急，天然落差大，水量大，适合水能资源开发，水能理论蕴藏量为 15.46 兆瓦，技术可开发量 5.32 兆瓦。

3. 经济

大方县是黔西北的重要交通枢纽和物资集散地，拥有中国天麻之乡、皱椒之乡、漆器之乡、民间绘画之乡、豆制品之乡、2020 中国夏季休闲百佳县市、2020 中国避暑名县、2018 年电子商务进农村综合示范县等多个地理标志和荣誉称号。

大方县的名优特产有大方天麻、大方辣椒、大方豆制品、大方漆器、大方农民画等。2016 年"大方冬荪"成功通过地理标志产品评审，2019 年大方冬荪、大方皱椒入选贵州 12 个项目获"地标产业"扶持。

大方县的烤烟品质优良，已建成全国重点烤烟生产基地，并且是英美烟草公司基地和贵州省进出口公司烟叶基地县之一。大方县的生漆产量居全国前列，漆器工艺品富有特色，古时属于上贡物品，目前是贵州省招牌艺术品之一。

二、项目区林业发展

（一）林业历史

大方县的林业发展有着悠久历史，在清代就分布有较大面积的阔叶林。当地农民在保护经营用材林以及茶、漆等经济林的同时，也开始发展人工栽培技术，由于当地气候和土壤适合人工栽培的树木生长，所产核桃、茶油、生漆等产品价值较高，并兼具乌江水上运输的便利，获利颇丰，逐渐形成较大规模的经济林。到民国时期，政府对全省森林的工作已由过去的文字描述逐渐转向注意森林资源的测量，但大多属于勘察和估计。全省林区被划分为清水江、榕江、乌江、盘江、赤水河 5 大区域。中华人民共和国成立后，贵州省全面进行了森林资源调查。由于贵州省委、省政府高度重视林区经济林的生产和发展，设立研究机构，选育优良品种，大力垦复老林，积极营造新林，不断扩大领地面积，控制水土流失，林业产品产量得以逐渐增加。

（二）林业权属变革

林权是林业政策的核心，指权利主体对森林、林木、林地的所有权，使用权，收益权，处置权等。林权制度是对林权所包括的权能的界定、主客体的确立和保护的一系列行为规范。整个林权变化历史大致可分为 9 个阶段（见表 9–1），中华人民共和国成立后，林权主要是通过林业政策即通过行政管理体制进行管理和规范，改革开放之后，逐步建立以《森林法》为基础的林业法规体系[①]。2003 年，《中共中央 国务院关于加快林业发展的决定》对集体林权制度改革做出了总体部署；2004 年，国家林业局将南方集体林产权制度改革列入国家林业四

① 韦惠兰，陈海云，任晓冬：《中国林权改革的回顾和思考》，《开发研究》2007 年第 4 期。

表 9–1 我国林权管理的变革过程

时期	权属变化	影响
明代以前	山林的所有权和使用权主要由村寨（氏族）集体掌握或者属于无主之地	由原始森林变为集体所有，森林作为重要的自然资源
明代、清代及中华人民共和国成立以前	山林的所有权和使用权演变为大地主、林主私人拥有	生产力低下，地主、林主和农户的矛盾突出
土地改革时期	大森林、荒地、荒山收归国有，农民按照平均分配的原则分得个体所有的山林	尽管权属明确，但改革工作粗糙，造成山林纠纷，冲突频繁
合作化时期	初级合作社时期，林地为私人所有；高级合作社时期，林地无代价转为集体所有	中央关于谁造谁有的政策，起到鼓励农户植树造林，发展林业的作用
人民公社时期及“四固定”	林地仅为国家和集体所有，实际上表现为共有，社区山林为公社集体经营	没有管护和生产的积极性。有的地方大量砍伐森林
“三定”改革时期	林地为国家、集体所有，林木可以为国家、集体和私人所有。划给私人的集体林部分具有显著的不一致性	多种经营形式的林地使用制度，但工作粗糙、不彻底和害怕政策的不稳定导致森林资源受到较大的破坏
林业分户经营时期	在“三定”的基础上，在生产资料归集体所有的前提下，将集体山林划分到户经营	工作方法的简单、粗糙，致使一山多主、一主多山的现象严重，山林界线没有明确标记。是山林权属最为复杂、最不明晰时期
重新组合时期	实行多种形式的联产承包责任制，鼓励采取承包集体荒山，责任山经营权占股份成，联合管护、折价分红等方式，兴办乡村林场、联户林场、家庭林场，并在投资等政策上给予大力扶持	森林资源管理混乱的局面得到有力控制。但森林经营不活，管理上没有动力
新一轮林改	林地所有权属于国家和集体，林木使用权多样化	交易和抵押成为可能，放活森林经营，从试点来看，取得较好的效果，但预期来说，还有很多不确定性

资料来源：根据 2017 年韦惠兰、陈海云、任晓冬的研究成果总结

大重要改革之一；2006 年，国家林业局在全国启动集体林区林业产权制度改革。

在保持集体林地所有权性质、林地用途不变的前提下，林权改革把森林、林木的所有权和林地的使用权落实到户，以林权证的形式确定下来，林地、林木的经营管理权得到法律保障。由于林地产权更加明晰、林业政策更加完善，农民能够从中看到或享受到利益，发展林业的热情空前高涨，造林绿化成效显著，林农收入明显增加，林业经营出现可持续增长趋势[①]。

（三）林业发展现状[②]

大方县人民政府高度重视林业，自 2009 年以来，实施了退耕还林、公益林补偿、天然林保护公益林建设、石漠化综合治理等重大工程，不断促进林业发展。根据 2019 年林地变更调查数据，全县林业用地面积 227.68 万亩，其中森林面积 220.66 万亩，森林覆盖率 55.78%。

大方县近年来采取的林业重点措施包括：

1. 退耕还林

退耕还林面积：2014 年启动新一轮退耕还林工程，对 25 度以上坡耕地，15~25 度重要水源地耕地实行退耕还林，下达任务 56.16 万亩，目前完成 37.56 万亩。其中，2014 年 2.5 万亩，2015 年 0.7 万亩，2016 年 16.96 万亩，2017 年 8 万亩，2019 年 6.4 万亩，2020 年 3 万亩。

退耕还林补助：对 2000 年启动的上一轮退耕还林工程发放 16 年的补助。对于自 2000 年启动的上一轮退耕还林农户，前 8 年每年每亩补助 242 元，后 8 年每年每亩补助 137 元。对于自 2014 年启动的新一轮退耕还林农户，2014—

① 任晓冬，杨秀美：《南方集体林区林权制度改革与农民增收的思考》，《农村经济》2008 年第 10 期。

② 本节资料来源：大方县林业局统计资料。

2016 年退耕还林的补助金额为每亩 1500 元，2017 年以后退耕还林的补助金额为每亩 1600 元。

2. 公益林补偿

补偿面积：国家公益林补偿于 2009 年启动，当年补偿面积 16.17 万亩，2010 年扩大面积为 78.13 万亩，2011 年面积为 83.4 万亩，2015 年面积为 80 万亩，2017 年面积为 66.61 万亩；地方公益林补偿于 2012 年启动，2012—2016 年地方公益林补偿面积 93.02 万亩，2017—2021 年补偿面积为 78.655 万亩。

补偿标准：国家公益林补偿于 2009 年启动，当年补偿标准为每亩 5 元，2010—2011 年补偿标准为每亩 10 元，2012—2018 年补偿标准为每亩 15 元，2019 年至今补偿标准为每亩 16 元。地方公益林补偿于 2012 年启动，2012—2013 年补偿标准为每亩 5 元，仅到位省级的每亩 2 元；2014—2016 年补偿标准为每亩 8 元，仅到位省级的每亩 3.2 元；2017—2019 年补偿标准为每亩 12 元，到位省级的每亩 4.8 元、市级的每亩 3.6 元；2020 年补偿标准为每亩 15 元，到位省级的每亩 6 元、市级的每亩 4.5 元；2021 年补偿标准为每亩 16 元，仅到位省级的每亩 6.4 元。

3. 天然林保护公益林建设

2012 年建设公益林 1 万亩，其中人工造林 0.5 万亩，封山育林 0.5 万亩。2013 年建设公益林 1 万亩，其中，人工造林 0.5 万亩，封山育林 0.5 万亩。2014 年封山育林 1 万亩。2016 年人工造林 0.5 万亩。2017 年封山育林 0.5 万亩。2018 年人工造林 1 万亩。2019 年建设公益林 1 万亩。

4. 石漠化综合治理

2012 年总投资 660 万元，治理石漠化面积 12.83 平方千米。2013 年总投资 770 万元，治理石漠化面积 22.67 平方千米。2014 年总投资 1100 万元，治理石漠化面积 40.96 平方千米。2015 年总投资 935 万元，治理石漠化面积 17.01 平方千米。2016 年总投资 1246 万元，治理石漠化面积 25.64 平方千米。2017 年总投资 770 万元，治理石漠化面积 20.32 平方千米。2018 年总投资 770 万元，治理石漠化面积 20.78 平方千米。2019 年总投资 1320 万元，治理石漠化面积 24.44 平方千米。2020 年总投资 1650 万元，治理石漠化面积 20.09 平方千米。

5. 生态护林员补助

按照中央提出的“生态补偿脱贫一批”政策要求，从贫困户中筛选具有护林能力且符合其他条件的农户担任生态护林员，每名生态护林员每年补助 1 万元，助推脱贫攻坚。2017 年 330 名，2018 年 1009 名，2019 年 1631 名，2020 年 4631 名，2021 年 4631 名。

（四）林业相关产业

根据《大方县统计年鉴》（2016—2020 年），从 2016 年至 2019 年，大方县林业相关产业不断发展壮大，林业产值在农林牧渔业总产值中的占比持续增长；然而，2020 年受新冠肺炎疫情影响，林业生产活动受到较大限制，产值有所下降（见表 9–2）。

表 9–2　大方县林业产值在农林牧渔业总产值中的占比（2016—2020 年）

年份	林业产值（万元）	农林牧渔业总产值（万元）	林业占比（%）
2016	26323	662916	3.97
2017	28665	711699	4.03
2018	31532	742175	4.25
2019	34693	740549	4.68
2020	32842	818194	4.01

资料来源：《大方县统计年鉴》，2016—2020 年

根据《贵州省生态系统生产总值（GEP）核算报告》（2021年）可知：2019年，大方县林业产品的总价值量达10.28亿元，其中，第一产业的产品价值量达3.69亿元，第二产业的产品价值量达1.51亿元，第三产业的产品价值量达5.08亿元（见表9-3）。所有林业产品中，林业旅游与休闲服务价值量最大，达5亿

表9-3 大方县林业产品价值量分布情况（2019年）

产业类别	林业产品	价值量（万元）
第一产业	1. 林木育种和育苗	2050
	2. 营造林	2550
	3. 木材和竹材采运	185
	4. 经济林产品的种植与采集	31883
	5. 花卉与其他观赏植物种植	115
	6. 陆生野生动物繁育与利用	133
	小计	36916
第二产业	1. 木材加工与木竹藤棕苇制品制造	1152
	2. 木竹藤家具制造	1981
	3. 木竹苇浆造纸和纸制品	330
	4. 林产化学产品制造	2030
	5. 木质工艺品和木质文教体育用品制造	164
	6. 非木质林产品加工制造业	9456
	小计	15113
第三产业	1. 林业生产服务	0
	2. 林业旅游与休闲服务	50000
	3. 林业生态服务	0
	4. 林业专业技术服务	50
	5. 林业公共管理及其他组织服务	705
	小计	50755
所有产业	总计	102784

资料来源：《贵州省生态系统生产总值（GEP）核算报告》，2021年

元，占比为 48.65%；其次是以水果、坚果和香料作物种植为主的经济林产品种植与采集，达 3.19 亿元，占比为 31.02%。产品价值量的估算采用市场价值法，即通过资料查询和实地调查确定每种产品的平均价格，再乘以产品的产量，然后扣除主要经济成本[①]。

三、林业可持续生计利益相关方

（一）可持续生计

可持续生计的概念由 Sen 在 20 世纪 80 年代提出，强调发展能力在贫困成因中的重要程度，英国国际发展部于 1999 年提出可持续生计分析框架来对贫困问题进行研究，框架综合考虑了个体可行能力和所处外部环境因素，包括脆弱性环境、生计资本、生计策略、结构与过程转变、生计结果 5 个部分[②]。

我国学术界基于该框架，从自然资本、人力资本、物质资本、金融资本、社会资本等 5 个方面对我国精准扶贫模式进行了深入分析，阐述了生计资本对贫困农户生计策略选择的影响，是减贫增收、可持续发展的关键因素，认为生计资本存量低且配置不合理、生计策略选择可行能力弱、生计途径单一或缺乏等是集中连片贫困地区的农户坠入贫困陷阱的根本原因[③]。

然而，可持续生计不仅受到外部性扶贫模式的经济属性制约，也与内生性农户自身的动力属性密切相关。对于贫困农户而言，内生动力与物质资本、金融资本及社会资本存在显著的替代效应；对于高收入农户而言，内生动力与自

---

① 《贵州省生态系统生产总值（GEP）核算报告》，2021 年。

② 罗丞，王粤：《摆脱农村贫困：可持续生计分析框架的解释与政策选择》，《人文杂志》2020 年第 4 期。

③ 何仁伟，李光勤，刘邵权等：《可持续生计视角下中国农村贫困治理研究综述》，《中国人口·资源与环境》2017 年第 11 期。

然资本、物质资本及金融资本存在显著的互补效应[①]。

（二）林业可持续生计利益相关方[②]

利益相关方理论最早由 Freeman 在 1984 年提出："利益相关方是可以对组织目标的实现施加影响，或者受组织目标实现反作用的异类个体或群体"[③]。经过国内外学者不断深入研究和发展后，其影响日渐扩大，其概念也更加广泛化。与传统的股东至上主义理论不同，利益相关方理论认为任何一个公司的发展都离不开各种利益相关方的投入或参与，比如，股东、债权人、雇员、消费者、供应商等。在本专题中，利益相关方指积极参与项目，或者其利益因项目的实施或完成而受到积极或消极影响，并能够对项目实施过程和结果施加影响的个人和组织。

在林业可持续生计管理者视角下，识别利益相关方，分析他们之间的相关性，制定策略促进他们在林业发展中的参与度，对进一步推动林业可持续发展和实现乡村振兴至关重要。通过实地调研和访谈，我们确定了大方县林业可持续生计涉及的利益相关方，即能影响林业可持续生计实施过程和结果，或被林业可持续生计目标实现所影响的个人或群体，包括政府部门、经济组织、劳动者和其他利益相关群体四大类别。

1. 政府部门

林业局：负责全县林业及其生态建设、森林资源保护发展、林业产品加工和综合利用的监督管理工作等。

---

① 管睿，王文略，余劲：《可持续生计框架下内生动力对农户家庭收入的影响》，《西北农林科技大学学报（社会科学版）》2019 年第 6 期。

② 本节资料来源：2021 年作者实地调研资料。

③ Freeman R E. Strategic Management：A Stakeholder Approach. Cambridge：Cambridge University Press，1984.

发展改革委：涉及有关林业项目建设，需要通过发展改革委立项，逐级上报后下达计划。

财政局：涉及林业项目建设，由财政逐级下达资金。

工信局：配合林业局做好林产品加工，申报有关补助等工作。

自然资源局：统一领导和管理林业局，涉及林业项目建设用地，需报经县自然资源局同意。

农业农村局：与林业关系密切，在发展林下经济的形势下，林业局负责牵头，农业农村局负责林下种植、林下养殖项目的组织实施，乡镇负责具体落实。

乡村振兴局：在发展林下经济工作中，整合部分扶贫资金支持林下经济发展。

文体广电旅游局：与林业关系密切，在发展林下经济的形势下，林业局负责牵头，文体广电旅游局负责旅游项目的组织实施。

市场监管局：配合林业局做好有关林业产品品牌创建工作，增强市场竞争力。

交通运输局：负责支持林业项目建设、发展林下经济有关产业路建设。

2. 经济组织

企业：从事林业相关产业的企业。

大方县林业相关龙头企业：

①贵州阳光集团（包括贵州阳光林业科技开发有限公司和贵州阳光食品有限公司）：集团主要由两家子公司构成，其中，林业公司从事核桃种植，食品公司从事核桃乳加工。主要产品包括核桃乳饮料、猕猴桃饮料和风味饮料。集团成员总数 11860 人，包括农户 3189 户，贫困户占比为 20%。核桃种植基地有 15000 亩。组织运营方式为“公司 + 合作社 + 农户”，林业公司与合作社组织农户进行种植，对种植产品进行统一收购。2020 年生产总量 5000 吨，销售额

4800万元，净利润478万元。投资者是广东樵宝饮料有限公司。主要市场在毕节市和深圳市，销售方式包括经销商、直营、电商。

②贵州金维宝生物技术有限公司：从事刺梨种植、加工与销售，主要产品包括刺梨饮料、刺梨果脯、刺梨浓缩液、刺梨原液、刺梨胶原蛋白肽。成员2800人左右，包括农户780人。刺梨种植基地有6500亩。组织运营方式为“公司+合作社+农户”，公司与合作社组织农户进行种植，公司与农户签订保底收购协议，对种植产品进行统一收购。2020年生产原液50吨、浓缩液25吨、果脯35吨、饮料400吨，销售额1793万元，产值2590万元。商业合作伙伴有广州王老吉药业股份有限公司、广东青云山药业有限公司、家有购物集团股份有限公司等，合作方式为提供刺梨原材料和代加工。主要市场在贵州省和广东省，销售方式包括线上电商和线下经销。

③贵州同威生物科技有限公司：从事天麻和石斛等中药材种植和加工，主要产品包括天麻冻干粉、铁皮石斛冻干粉、头花蓼提取物。成员70人左右，农户占比为80%，贫困户占比为5%。头花蓼种植基地有20000亩，天麻种植基地有1000多亩，石斛种植基地有200多亩。2020年生产头花蓼1000吨、天麻50吨、石斛10吨。投资者为贵州威门药业股份有限公司，下游经销商为贵州威门堂医药连锁有限责任公司。主要市场在贵州省和广东省，销售方式包括线上电商和线下代理。

④贵州乌蒙腾菌业有限公司：从事天麻和冬荪的育种、种植、加工和销售，主要产品包括天麻干、天麻片、天麻粉、冬荪等。成员45人，农户占比为60%，贫困户占比10%。组织运营方式为“公司+合作社+农户”，公司与合作社组织农户进行种植，公司与农户签订保底收购协议，对种植产品进行统一收购。2020年销售收入为1200万元，净利润32万元。主要市场在贵州省、广东省、福建省、浙江省、上海市和重庆市。销售方式采取线上电商和线下代销

结合，种源实行订单生产销售。

⑤大方县尚平经果林种植基地：从事水果种植，主要产品为樱桃、桃子、李子、梨子等鲜果。雇用工人 32 人，农户占比为 100%，贫困户占比为 80%。2020 年生产总量为 100 吨，销售额为 30 万元。主要市场在周边县市，销售方式采取顾客自助采摘和水果市场批发零售结合。

合作社：从事林业相关产业的农民专业合作社。

大方县林业相关典型合作社：

①大方县黄泥塘镇鸡场社区甜蜜园（土蜂）种养殖专业合作社：从事中华蜂（土蜂）养殖，主要产品为蜂蜜。成员 107 人，其中，农户 80 人，贫困户 27 人。组织运营方式为“合作社 + 农户”，合作社为农户提供蜂种、技术指导和经销信息，农户独立养殖销售。2020 年生产总量 7 吨，销售额为 140 万元，净利润 100 万元。主要市场在毕节。

②大方县羊场镇九里箐种植专业合作社：从事天麻、冬荪、羊肚菌的种植，主要产品包括天麻干、天麻片、天麻粉、冬荪、羊肚菌等。成员包括 39 户贫困户。天麻种植基地有 300 亩，冬荪种植基地有 700 亩。组织运营方式为“合作社 + 农户”，由合作社有偿提供菌种给农户并进行保底回收。近年来合作社年销售额达 300 万 ~400 万元。2020 年受疫情影响，生产天麻 10 吨、冬荪 3 吨、羊肚菌 500 千克，销售额为 200 万元，净利润为 25 万元。主要市场在毕节。

风景区：景区管理处为事业单位，投资方为旅游公司。

大方县重要风景区：

大方县油杉河风景区：从事旅游业，主要产品为森林旅游服务。成员包括 100 户贫困户。2020 年景区营业收入为 1200 万元，净利润 460 万元左右。投资者为大方县油杉河旅游区投资开发服务有限公司。主要市场在毕节。

3. 劳动者

企业员工：受林业相关企业雇佣，通过在企业进行生产活动，获得企业发放的劳动务工报酬。

合作社社员：加入农民专业合作社，种植出的农产品由合作社进行收购、加工和销售，销售利润按照社员占股比例或交易量进行分红，贫困户社员有额外保底收入。

生态护林员：由县林业局从贫困人口中选聘具有护林能力且符合其他条件的农户担任，负责巡护森林，加强对森林等自然环境的管理与保护。

其他林农：在上述 3 种劳动者之外从事林业的其他农户。

4. 其他利益相关方

上游供应商：为林业相关企业和合作社提供产品生产所需原材料和物资。

下游经销商：为林业相关企业和合作社销售产品。

消费者：购买林业产品，通过市场规律影响调节林业相关企业和合作社的业务活动。

研究机构和院校：研究林业可持续发展项目，常与经济组织进行合作，提供技术培训和农产品改良。

当地社区：通过林业产业发展带动自然环境、经济环境和公共设施的改善，并对当地环境产生影响。

媒体：通过报道林业相关政策的推行、经济组织的进展、劳动者意见、社区反馈等对产业发展产生影响。

金融机构：包括银行和保险公司，为产业发展和经济组织提供贷款等资金支持以及抗灾害保险。

四、林业利益相关方分类分析

（一）Clarkson 分类法

20 世纪 90 年代，Clarkson 在对利益相关方的研究中，提出两种具有代表性的分类方式：①根据利益相关方在企业经营活动中承担的风险种类，分为自愿利益相关方和非自愿利益相关方。其中，自愿利益相关方指企业中主动进行物质资本或人力资本投资并自愿承担风险的个人或群体，非自愿利益相关方指由于企业活动而被动地承担了风险的个人或群体；②根据利益相关方与企业的紧密联系程度，分为首要的利益相关方和次要的利益相关方，其中，前者是指如果没有其连续参与就会导致企业无法持续生存的个人和群体，后者是指能够间接影响企业的运作或者受到企业运作的间接影响，但并不与企业发生交易，对企业的生存也没有根本性影响的个人和群体[①]。

在本节中，我们按照第二种分类方式将林业可持续生计的利益相关方分为首要的利益相关方和次要的利益相关方。

1. 首要的利益相关方

政府部门：制定和实施能直接影响林业产业相关政策和规定的部门，包括林业局、发展改革委、财政局、工信局、自然资源局、农业农村局、乡村振兴局、文体广电旅游局、市场监管局。

经济组织（股东和投资者）：发展林业产业的经济实体，包括企业、合作社、风景区管委会。

劳动者：参与企业、合作社和风景区劳动活动的人员，包括企业员工、合作社社员、林农。

---

① Clarkson M. A stakeholder framework for analyzing and evaluating corporate social performance［J］. The Academy of Management Review，1995，20（1）：92-117.

其他利益相关方：上游供应商、下游经销商、消费者。

2. 次要的利益相关方

政府部门：对林业产业发展和经济组织活动产生间接影响的部门，包括交通运输局。

其他利益相关方：研究机构和院校、当地社区、媒体、金融机构。

（二）Mitchell 三分类评级法

1997 年，Mitchell 提出对利益相关方的具体分析可采取三分类评级法，根据权力性、合法性和紧急性这 3 个基本属性来判断不同利益相关方对企业管理者的重要性和影响力大小，而每个利益相关方拥有 3 种属性的程度是由管理者对这 3 个方面的认知所决定的[①]。这 3 个属性的具体定义是：①合法性，即该利益相关方是否在法律和道义上被赋予特定的对于企业的索取权；②权力性，即该利益相关方是否具有影响企业决策的能力和方法；③紧急性，即该利益相关方向企业提出的要求能否迅速获得企业管理层的关注。

在对这 3 个属性进行评级的基础上，再将利益相关方具体细分为 3 类：①确定型，即该利益相关方对企业决策同时拥有上述 3 个属性；②预期型，即该利益相关方与企业一直保持着比较紧密的联系，拥有 3 个属性中的 2 个；③潜在型，即该利益相关方只拥有 3 个属性中的 1 个。其中，确定型利益相关方是企业需要重点关注并尽量满足其需求的对象。预期型利益相关方可进一步分为 3 种情况：①对企业拥有合法性和权力性的群体，常常获得管理层的关注，有时会正式参与到企业决策中；②对企业拥有合法性和紧急性、但没有权力的群

① 纪星：《现代企业的利益相关者管理模式研究》，西北大学硕士学位论文，2008。原始资料参考：Mitchell R K，Agle B R，Wood D J. Toward a theory of takeholder identification and salience：Defining the principle of who and what really counts［J］. The Academy of Management Review，1997，22（4）：853-886.

体，需要另外的更强有力的利益相关方进行支持才能实现需求，采取的办法一般是结盟、参与政治活动等；③对企业拥有紧急性和权力性、但没有合法性的群体，在与企业的矛盾激化时，常常通过罢工、示威游行等比较激烈的措施来迫使企业听取他们的诉求并与他们的代表谈判。

潜在型利益相关方也分为3种情况：①只拥有合法性，但缺乏权力性和紧急性的群体，随企业的运作情况而决定是否发挥其利益相关方的作用；②只有权力性，但没有合法性和紧急性的群体，处于蛰伏状态，当他们实际使用权力，或者是威胁将要使用这种权力时被激活成一个值得关注的利益相关方；③只拥有紧急性，但缺乏合法性和权力性的群体，诉求较多但无须花太多精力关注，除非能够展现出其要求具有一定的合法性或者获得了某种权力，否则管理层不需要，也很少有积极性去关注他们[①]。

在Mitchell三分类评级法的基础上，本节对林业可持续生计的利益相关方进行了具体分析和评级（见表9–4）：①确定型利益相关方，包括参与林业政策和法规的制定与执行的政府部门以及从事林业相关产业的经济组织，它们在紧急性、权力性与合法性3方面的评级均为“高”，其中，政府机构包括林业局、发展改革委、财政局、工信局、自然资源局、农业农村局、乡村振兴局，经济组织包括企业、合作社和风景区。②预期型利益相关方，包括对林产品生产经营活动产生直接影响的政府部门、劳动者、上下游影响人员，他们在紧急性、权力性与合法性3方面中的两方面评级为“高”。其中，政府部门包括市场监管局，劳动者包括企业员工、合作社社员、生态护林员、其他林农，上下游影响人员包括上游供应商、下游经销商和消费者。③潜在型利益相关方，包括对林业活动产生间接影响的政府部门、组织和人员，他们在紧急性、权力

① 贾生华，陈宏辉：《利益相关方的界定方法述评》，《外国经济与管理》2002年第5期。

表 9-4 林业可持续生计的利益相关方评级

利益相关方	紧急性	权力性	合法性
一、确定型利益相关方			
1. 林业局	高	高	高
2. 农业农村局	高	高	高
3. 发展改革委	高	高	高
4. 财政局	高	高	高
5. 工信局	高	高	高
6. 自然资源局	高	高	高
7. 乡村振兴局	高	高	高
8. 文体广电旅游局	高	高	高
9. 企业	高	高	高
10. 合作社	高	高	高
11. 风景区	高	高	高
二、预期型利益相关方			
1. 市场监管局	中	高	高
2. 企业员工	高	中	高
3. 合作社社员	高	中	高
4. 生态护林员	高	中	高
5. 其他林农	高	中	高
6. 上游供应商	高	高	中
7. 下游经销商	高	高	中
8. 消费者	高	高	中
三、潜在型利益相关方			
1. 交通运输局	低	高	低
2. 研究所和院校	中	中	低
3. 金融机构	中	中	低
4. 媒体	低	中	低
5. 当地社区	低	中	低

资料来源：作者根据实地调查情况研究制作

性与合法性3方面中仅有一方面评级为“高”，或无评级为“高”但有评级为“中”的项目。其中，政府部门包括交通运输局，组织包括研究所和院校、金融机构（如银行和保险公司）、公共媒体，人员包括当地社区的居民。

（三）利益相关方权力/兴趣矩阵

根据各利益相关方在产业发展中能提供的资源、能施加的影响以及对项目产生的兴趣程度，可对利益相关方进行权力/兴趣矩阵的分析和排序（见图9-1）。具体策略为：①对于权力高（对项目影响力大）并且兴趣浓厚的群体，需要全力以赴对待他们并尽最大努力去达到他们的要求，保持紧密联系；②对权力高但兴趣不是很高的群体，需要做足够的工作来保持他们的满意度，但维持一定限度；③对权力低但感兴趣的群体，需要经常接触沟通，以免引起不必要的纠纷，并能保持他们的积极性在工作细节之处给予配合和帮助；④对权力低且只稍有兴趣的群体，需要继续予以关注，但无须花费太多精力在交往上。

本专题在对林业可持续生计发展过程中的利益相关方进行综合分析后，做出以下权力/兴趣矩阵的分类（见图9-2）：①建立紧密联系并需要全力以赴的群体，包括权力高且兴趣浓厚的政府部门以及权力稍低但兴趣同样浓厚的经济组织，其中，政府机构包括林业局、发展改革委、财政局、工信局、自然资源局、农业农村局、乡村振兴局等，经济组织包括企业、合作社以及风景区；②保持较紧密联系并保持满意度的群体，包括兴趣浓厚、权力较高的林业相关产业劳动者以及兴趣同样浓厚但权力较低的上下游影响人员，其中，劳动者包括企业员工、合作社社员、生态护林员、其他林农，上下游影响人员包括上游供应商、下游经销商和消费者；③经常接触并给予配合的群体，为兴趣较低但权力较高的政府部门，包括市场监管局和交通运输局；④予以一定关注但无须过于投入的群体，包括兴趣和权力均较低的组织和人员，其中，组织包括

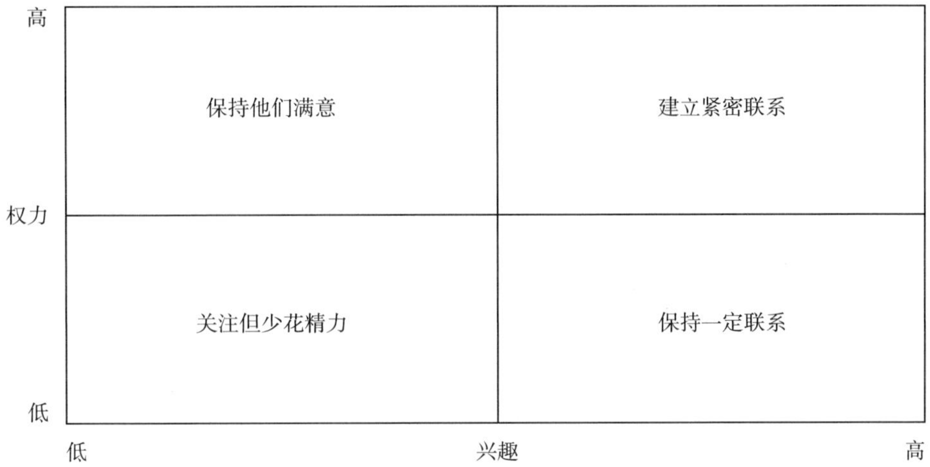

图 9-1 利益相关方的权力 / 兴趣矩阵模板

资料来源：作者根据实地调查情况研究制作

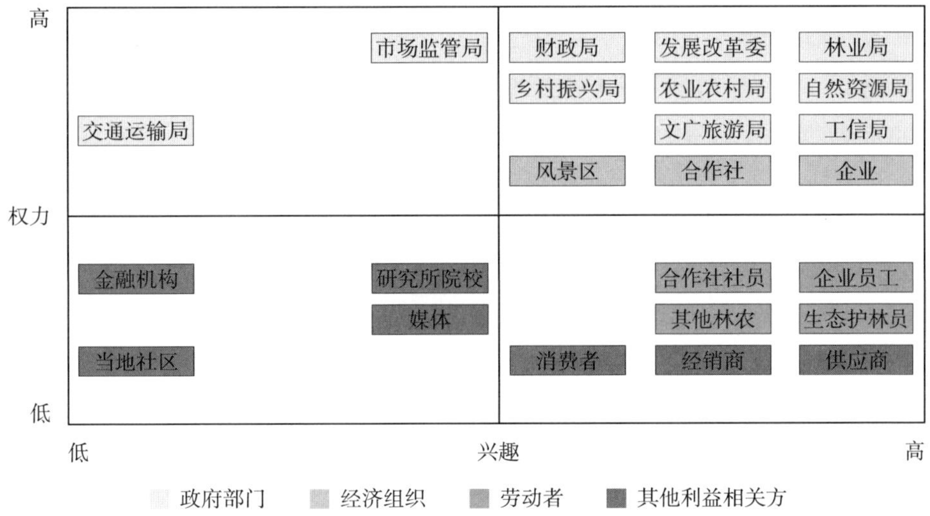

图 9-2 林业可持续生计利益相关方的权力 / 兴趣矩阵

资料来源：作者根据实地调查情况研究制作

研究所和院校、金融机构（如银行和保险公司）、公共媒体，人员包括当地社区的居民。

五、林业可持续生计参与式发展

（一）参与式发展

对参与式发展的研究起源于20世纪60年代国际机构在一些发展中国家进行援助时采取的策略，在基础设施修建等援助过程中，以社区为行动单位，号召居民参与活动，使社区群体与管理机构建立紧密联系。20世纪70年代，参与式发展作为促进当地居民参与发展实践的有效手段，成为发展研究的主流，同时多种参与式方法被应用到实践中，如参与式农村评估、参与式社区发展、参与式行动培训等。Pateman（1970）提出了参与式民主的理念，阐述了民主体制与公民参与的关系，提倡通过扩展公民参与社会各级决策的规模和深度来扩大民主[①]。到20世纪90年代初期，联合国和世界银行等国际组织将参与式方法作为发展重心，参与式研究在世界范围内开始兴盛。Peters（1996）认为，基层公务员和普通公民受到政策影响最大、掌握的相关信息最多，要使政府功能得到更好的发挥，最好的办法就是让被排除在决策范围外的成员获得更大的参与空间[②]。Fung和Wright（2001）提出赋权参与式治理，核心是参与和赋权，指政府将一定权力赋予与相关政策存在利益关系的组织或个人，让他们参与公共决策过程[③]。Ray（2005）认为参与式是政府治理的最好方式，能满足利益相关方

① Pateman C. Participation and Democratic Theory. Cambridge：Cambridge University Press，1970.

② Peters B G. The Future of Governing：Four Emerging Models. Kansas：University Press of Kansas，1996.

③ Fung A，Wright E O. Deepening Democracy：Innovations in Empowered Participatory Governance. Politics & Society，2001，29（1）.

的要求，而对于利益相关方，不仅要参与决策过程，也要参与政策执行，在行使权力的同时需要承担对应的责任[①]。

从20世纪90年代开始，参与式理念引起了中国学术界的关注。李小云（2001）认为，参与式发展带有多元化发展的含义，“参与”的定义包含多个重要因素，包括决策及选择过程中的介入、权力及民主的再分配、对资源的利用和控制、利益分享、能力建设、机制促进、乡土知识及创新等[②]。王敬尧（2006）提出，随着中国公民社会的形象日益清晰化，政府不再被认为是合法权力的唯一源泉，公民社会同样也是合法权力的来源，治理过程是民主行政的一种新的实现形式[③]。

参与式发展是发展主体在发展计划项目有关决策的过程中积极参与的方式，对传统的自上而下的发展方式进行了反思和改进，建立在“平等协商”基础上。黄磊等（2011）强调，参与式发展的核心是赋权，加强目标群体尤其是弱势群体的发言权和决策权，改进对目标群体的公正、公平对待，强调目标群体要全面参与到发展项目和发展活动的规划、实施、监测和评价过程中，增强发展的可持续性[④]。

参与式发展的概念中，发展的内涵不再只是以经济增长为中心，而是强调发展必须以人为中心、以可持续性为目标。在可持续生计的结构与过程转变中，各主体的全面参与和协同治理是实现可持续发展能力建设的根本路径。蔡小慎等（2021）认为，在政策法规和社会文化等因素影响下，参与主体之间形成复杂的联结方式和互动关系，建立多层次、多类型的协作机制，能够为贫困群体

① Ray A. Participatory Governance：Addressing the Problem of Rising Groundwater Level in Cit-ies［J］. Journal of Human Ecology，2005，18（2）.

② 李小云：《参与式发展概论》，中国农业大学出版社，2001。

③ 王敬尧：《参与式治理：中国社区建设实证研究》，中国社会科学出版社，2006。

④ 黄磊，胡彬，刘桂发：《参与式发展理论：一个文献综述》，《大众科技》2011年第11期。

提供多元生计策略选择，可按照其主观发展意愿和就业能力水平进行精准施策，反作用于生计资本的改善，增强目标群体应对脆弱性环境的能力，帮助其摆脱低收入累积循环发展的困境[①]。

（二）林业可持续生计的参与式发展策略

目前，毕节的林业发展仍然采取传统的自上而下模式，政府在制定相关政策时主要基于政府单方面的考虑，其他利益相关方在政策的制定和执行过程中参与程度较低，与政府部门交流较少，互相之间的沟通也不多，导致部分政策不能贴合实际需求，行业管理较为混乱，一些问题得不到有效解决，对林业发展的可持续性造成一定阻碍。

为了推动利益相关方的全面参与和协同治理、促进林业可持续健康发展，根据对林业利益相关方的 Clarkson 分类法、Mitchell 三分类评级法和权力 / 兴趣矩阵进行综合分析的结果，我们制定了以下参与式发展策略。

1. 政府部门

对于经济组织和劳动者群体：重点关注对象，保持紧密联系。在政府部门制定政策、规程、标准时，需要邀请经济组织管理者和劳动者代表参与讨论，通过召开座谈会、实地调研、电话访谈等方式，充分了解这些群体的实际情况和诉求，有针对性地制定并落实解决措施或改善方案，并请相关人员反馈对解决效果的评价。

对于研究机构和院校：保持一定联系，向研究机构和院校咨询产业发展趋势，或邀请研究机构或院校对部门进行系统培训，以便在制定政策时调整产业发展方向。

---

① 蔡小慎，王雪岚，王淑君：《可持续生计视角下我国就业扶贫模式及接续推进乡村振兴对策》，《学习与实践》2021 年第 5 期。

对于媒体：保持一定联系，通过媒体对政策的宣传报道向公众传达政策精神和宏观动态。

对于其他利益相关方：开设热线电话、网络反馈等交流渠道，了解各方诉求和建议。

2. 经济组织

对于政府部门：林业局、发展改革委、自然资源局、农业农村局、乡村振兴局和文体广电旅游局负责对林业产业制定和实施相关政策和规划，能够决定林业产业的发展方向，并对林业产业发展过程直接施加重大影响，是经济组织的重点关注对象，需要保持紧密联系，全力配合，同时积极沟通，让这些部门了解自己的诉求；财政局和工信局为林业产业发展提供资金支持，保障项目能够落实和持续，也是重点关注对象，需要保持紧密联系；市场监管局对林业产品市场进行综合监督管理并参与产品市场创建工作，交通运输局负责产业基础设施建设，对这两个部门需要开展相关工作满足他们要求，但维持在一定限度。

对于组织成员：股东和投资者，是重点关注对象，需要保持紧密联系，随时沟通组织发展状况和存在问题，以获得他们的支持；企业员工和合作社社员，是仅次于股东和投资者的关注对象，需要经常接触沟通，召开成员大会，充分了解成员的需求和意见，设立专人及时解决，避免内部纠纷和不必要的消耗，建立奖惩机制，激发成员参与组织事务的积极性，并定期进行专业技术培训，提高成员的能力建设水平；临时聘用的林农和租用林地的林农，需要予以一定关注，了解他们的需求，带动他们提高技术水平和经济收入。

对于供应商、经销商和消费者：时常联系和交流，根据上游的物资供应信息和下游的市场供需信息，灵活调整生产活动和市场策略。

对于研究机构和院校：进行一定交流，邀请研究机构进行技术开发合作，对生产过程和产品质量进行改进，并与院校合作培养定向专业人才或为员工提供技术培训。

对于金融机构：保持一定关系，积极寻求贷款等资金支持。

对于媒体：保持一定关系，邀请媒体参观和宣传报道。

对于当地社区：定期与社区居民进行交流，了解社区对经济组织的意见，改善与社区的关系，建立良好的发展环境。

3. 劳动者

对于政府部门：重点关注对象，了解政府部门公布的各项政策和规定，通过热线电话、网络反馈等渠道或在政府部门进行实地调研时，积极向政府部门反映自己的诉求和建议。

对于经济组织：重点关注对象，与管理者保持紧密联系，保持工作热情，满足工作要求，积极参与组织活动与技术培训，为组织发展建言献策，及时与管理者沟通自己的诉求和建议。

对于其他利益相关方：对各方动态保持一定关注和思考，扩展自己的知识面，提升自己的能力建设水平，积极参与当地社区活动。

4. 供应商和经销商

对于政府部门：重点关注对象，了解政府部门公布的各项政策和规定，通过热线电话、网络反馈等渠道积极向政府部门反映自己的诉求和建议。

对于经济组织：保持紧密联系，随时沟通物资供应信息和市场供需信息。

对于其他利益相关方：对各方动态保持一定关注和思考，提升自己能力建设水平，与当地社区进行一定交流，建立良好的发展环境。

5. 研究机构和院校

对于政府部门：重点关注和研究政府部门公布的各项政策和规定，通过热线电话、网络反馈等渠道积极向政府部门反映自己的诉求和建议。

对于经济组织：关注和研究经济组织的发展情况、发展环境、对林业可持续生计产生的影响，与经济组织进行深入交流，提供专业咨询和技术培训。

对于其他利益相关方：对各方动态保持一定关注和研究，与当地社区居民进行交流，了解社区居民的诉求和建议。

6. 金融机构

对于政府部门：重点关注对象，了解政府部门公布的各项政策和规定，通过热线电话、网络反馈等渠道积极向政府部门反映自己的诉求和建议。

对于经济组织：重点关注对象，了解和研究经济组织的发展情况，与经济组织保持紧密联系，为经济组织的生产活动提供资金支持。

对于其他利益相关方：对各方动态保持一定关注。

7. 媒体

对于政府部门：重点关注对象，了解政府部门公布的各项政策和规定，保持紧密联系，对政府政策进行宣传报道，并通过热线电话、网络反馈等渠道积极向政府部门反映自己的诉求和建议。

对于经济组织：重点关注对象，了解经济组织的发展情况，保持一定联系，对经济组织的发展情况、生产活动、诉求和建议进行宣传报道。

对于劳动者：重点关注对象，了解劳动者的待遇情况，保持一定联系，对劳动者的待遇、诉求和建议进行宣传报道。

对于当地社区：了解社区居民的诉求和建议，保持一定联系，对当地社区的活动、诉求和建议进行宣传报道。

对于其他利益相关方：对各方动态保持一定关注。

8. 当地社区

对于政府部门：重点关注对象，了解政府部门公布的各项政策和规定，通过热线电话、网络反馈等渠道积极向政府部门反映自己的诉求和建议。

对于经济组织：重点关注对象，了解经济组织的发展情况和对当地环境产生的影响，保持一定联系，向经济组织反映自己的诉求和建议。

对于媒体：关注媒体对各方的宣传报道，保持一定联系，向媒体反映自己的诉求和建议。

对于其他利益相关方：对各方动态保持一定关注。

六、典型案例分析①

（一）刺梨种植与加工产业

1. 龙头企业与协议方合作社情况

贵州金维宝生物技术有限公司主要从事刺梨的种植、加工与销售，产品包括以刺梨为材料制作的果脯、饮料、果酒和胶原蛋白肽。总体成员 2800 人左右，包括农民 780 人。目前，公司投资规模达 8000 余万元，拥有刺梨育苗种植基地，配备自动化生产线，拥有“黔益堂”“珍果阳光”“果岭黔香”等品牌。公司与本地农民专业合作社建立了合作关系，收购刺梨鲜果；同时，与外地的王老吉、青云山、家有购物等公司保持着长期贸易关系，向客户公司提供刺梨原材料和代加工服务。

胡显富是公司的行政主管。他介绍，公司员工目前以车间加工人员和销售人员为主。车间员工大多是来自周边村镇的农户，很多夫妻都在车间工作，收益稳定，车间不定期举办技术培训，提高车间员工的专业技术水平。公司与几个村的合作社开展了合作，签订了保价协议，向合作社统一发放种苗，组织农民代表进行培训。目前存在的问题主要包括：部分片区的土壤经检测污染较严重，无法进行收购，且由于公司的客户方王老吉等大型公司对刺梨果脯的要求

① 本节资料来源：2021 年作者实地调研资料。

十分严格，向合作社采购的刺梨有不少不能满足直径、虫眼等方面的要求，此外，技术人员和销售人员水平较低，缺乏研究人员。希望政府能加强对刺梨种植技术标准的推广宣传，并严禁除草药、农药的使用。

简白雪是公司的办公室文员。加入公司前是家庭主妇，孩子长大后想为家里增加收入，听人提到金维宝公司情况不错，于是经过招聘加入公司。目前在办公室的职责包括行政事务、资料整理、打印文件、寄送公司宣传杂志等。工资每月 3000 元左右。个人能力得到很大提升，学会基础的电脑办公软件操作等工作技能。公司除员工会议外，还经常举办团建活动，加强员工之间的交流联系。

黔新刺梨农民专业合作社与金维宝公司签订了合作协议，向公司提供刺梨鲜果。社员徐文江在加入合作社之前，家里以种植玉米为主，每年只有几千元收入。加入合作社之后，每年增加了 5 万 ~6 万元收入。在合作社的工作包括刺梨和魔芋的种植、管护和采摘，果实成熟后将鲜果卖给合作社。合作社每个月都会召开社员大会，经常对社员进行技术培训，年终分红按照社员的入股比例进行分配。合作社的收购渠道比较稳定，与金维宝公司和县里的魔芋加工厂建立了合作关系。全村几百户农民全加入了合作社。

2. 利益相关方参与式发展策略

在制定有关刺梨产业的政策前，可由县发展改革委、林业局、自然资源局、农业农村局、乡村振兴局等相关部门的政府官员组织多方咨询会，邀请从事刺梨产业的公司（包括金维宝生物技术有限公司）的高管与技术专家、合作社（包括黔新刺梨农民专业合作社）的社长与社员代表、相关领域的研究机构专家、公司加工厂与合作社种植基地所在社区的居民代表、当地银行代表和保险公司代表等利益相关方共同参与，充分交流行业信息、经验教训、存在问题和各自诉求。通过平等协商，共同确定刺梨种植范围、种植和加工的技术标准、污染控制措施、产量预估值、成本预算、人才培养计划、抵押贷款、灾害保险等事项。在政策制定后，向各方征求修改意见。政策执行过程中，邀请各方共同监督，设立专人巡查、热线电话、网络平台等渠道收集反馈意见并进行及时处理，对违规行为进行严厉处置并保持监管。对于一些需要政府部门进行评估的项目，邀请各方共同参与评估指标的选择和最终评估过程。同时，定期向公众媒体通报行业情况，并引导媒体对污染源的危害性、本地产品的优势等进行宣传，提升公众对环保的意识和对产品的支持。

作为当地刺梨产业的龙头企业，金维宝生物技术有限公司应保持与政府部门的密切联系，尤其是与林业局和农业农村局在刺梨产业活动实施方面的交流、与财政局和工信局在产业专项资金和补助的申请及发放方面的交流、与市场监管局在产品质量和品牌创建方面的交流、与交通运输局在产品运输方面的交流。公司应不断提高业务活动水平，达到各项政策和监管要求。同时，公司要加强与合作社的交流，定期与合作社社长及社员代表进行沟通，充分了解合作社的种植和采摘情况，与合作社协商刺梨种植和采摘的技术标准、化肥农药使用限制、收购量和收购价格等，并与合作社共同开展能力建设活动，定期派遣公司的技术人员到合作社提供技术培训与实地指导，邀请合作社社员到公司进行参观学习。对于公司内部，公司应聘请相关研究机构的专家顾问对公司员工进行能力培训，送符合条件的员工到技术学院等专业院校进行系统培训，积极为公司的可持续发展培养人才队伍；定期召开全体员工大会，通报公司重大事项，建立重大决策不记名投票表决制；加强公司运营过程的透明性和公平性，并成立专职部门负责收集员工意见并及时反馈。公司市场部需与下游经销商经常沟通了解消费者需求信息，以便公司对生产活动及时做出调整。公司采购部要与上游供应商保持联系，确保原材料能满足生产需要。公司金融部需与银行保持联系，争取低息贷款机会，扩大公司生产规模，并在保险公司选择切合实际需求的保险产品，防止意外事件带来的重大损失。公司公关部应关注媒体对行业的报道，邀请媒体进行实地参观、报道公司重大成绩、打造品牌效应。同时，不定期举办公众活动，如参加或组织展会、让公众免费品尝产品、对提出有价值建议的人进行奖励、邀请公众参观公司园区或合作社种植基地、为当地学校或贫困人群提供捐助支持等，塑造良好的公众形象。

与公司类似，黔新刺梨专业合作社应积极主动与政府部门保持密切联系，与供应商和经销商及时沟通，争取银行贷款机会和选择保险产品。同时，建立与公司的长期合作关系对合作社的生存发展至关重要，合作社需积极与金维宝生物技术有限公司开展会议交流和实地考察，充分了解公司对合作社产品质量的要求，并让公司了解合作社的实际情况，在通过协商确定刺梨种植和采摘技术规程后，严格按照规程进行生产活动，为社员统一购买高质量的有机肥料和低污染农药等生产物资，加强对社员的技术指导和监管，设立专人负责制。定期召开全体社员大会，公布合作社的运营情况，并设立宣传栏让社员随时了解合作社动态、市场信息和注意事项，积极收集社员意见并及时处理，重大决策由社员一人一票投票表决，建立公平公正的发展机制。聘请研究院所的专家对社员开展有针对性的、易于社员消化吸收的业务培训和实地指导，组织社员到公司及先进合作社进行参观学习，不断提高社员的知识水平。经全体社员协商后，可从每年收益和申请到的扶贫资金中留取部分作为专项扶持贫困人群基金，为贫困社员提供保底收入作为援助，也可为当地贫困学生提供经济支持。定期邀请媒体和公众到合作社种植基地进行参观，扩大合作社产品的知名度。

（二）林下蜜蜂养殖产业

1. 合作社情况

甜蜜园（土蜂）种养殖专业合作社主要业务为中华蜂（土蜂）养殖，主要产品为土蜂蜂种和成品蜂蜜。社员共有107人（24户），其中农户80人、贫困户27人。2020年生产总量7吨，销售额为140万元。合作社社员共享蜂种、平台、技术和经销信息，但独立进行养殖、销售和经济核算。

洪文宁是合作社的社长。合作社建立之前，家里以种植玉米、烤烟和养猪为主，每年收入2万~3万元。2014年底与另外4人联合成立合作社之后，收入增加到每年6万~7万元。每年7月和8月是蜂蜜丰产期，需要开车把蜂箱转移到70千米远的蜜源地进行采蜜，平时蜜蜂在附近进行小规模采蜜酿蜜，维持蜂群生长。目前合作社产品申请了小作坊证明，主要在当地市场销售给散户，靠口碑积累客户。合作社除为社员开展技术培训外，也经常为购买蜂种的客户提供技术培训，并常受其他地区邀请推广养蜂经验，帮扶其他地区农户。

合作社发展过程中的主要问题在于：①蜂种问题，由于中华蜂蜂蜜品质高但产量小，而意大利蜂品质差但成本低，所以目前市场上大多数养蜂人养殖的是意大利蜂。政府缺乏相应的管理和检疫制度，导致种源易被其他蜂种污染，并导致疫病传播；②管理问题，目前主管部门有林业局和农业农村局，交叉管理容易导致管理混乱，并且由于政府缺乏专业人才，没有制定专门的法规政策，难以解决一些具体问题；③销售问题，目前由于中国没有加入世界蜂产品联盟，九成市场都由出箱时尚不成熟、需要调色调味的意大利蜂蜂蜜占有，市场价格较低，而中华蜂蜂蜜不需添加任何额外成分、品质好，但由于消费者不了解，市场占有量少。

2. 利益相关方参与式发展策略

蜜蜂和林业发展存在密切联系，大方县林业资源丰富、工农业污染少，为蜜蜂采蜜提供了天然优势，同时蜜蜂对花粉的传播也促进林业生态系统健康发展。但是，养蜂产业存在比较特殊的问题。由于目前从事蜜蜂养殖产业的人数不多，当地政府部门尚无了解行业知识和市场信息的专业人才，难以对行业起到有效指导，行业发展情况比较混乱。

政府相关部门需要针对行业存在问题为行业制定专门措施：第一，聘请研究机构专家为部门人员进行专业培训，加强政府部门对行业知识的学习；第二，召开咨询会议，征求利益相关方对行业政策和规程的建议，邀请从事蜜蜂养殖以及蜂蜜销售的企业和合作社（包括甜蜜园养殖专业合作社）的负责人和专业人员、相关领域的研究机构专家、企业和合作社所在社区的居民代表、银行代表和保险公司代表等利益相关方共同参与咨询会，引导各方畅所欲言，充分了解行业发展实际情况以及各方诉求；第三，制定出政策和规程后，再次征集各方修改意见；第四，在政策和规程执行过程中，邀请各方共同参与监督，并及时向媒体和公众发布有关信息；第五，与动物卫生监督机构、海关部门等进行合作，要求从事养蜂行业的主体提供种源证明、检疫证明、运输证明等文件，严防蜂种污染和疫病扩散；第六，根据实际开展结果对下一部政策和规程的制定进行补充完善；第七，设立专职人员不定期对行业情况进行实地抽查，同时设置反馈平台收集各方意见并及时处理；第八，引导媒体大力宣传本地产品优势，为助力优质产品外销打下基础。

甜蜜园（土蜂）种养殖专业合作社采取的是松散型管理体系，采购物资、销售蜂蜜、处理收益等经济活动均由社员各自进行，社员之间仅分享市场信息、共同参与技术研究及花期转移蜂群活动。在与政府部门建立联系时，需要全体社员共同选举出合作社代表，收集每位社员的意见和诉求，与政府沟通后，通过及时有效的交流平台（如手机微信群）向全体社员进行反馈，以便各社员能根据自己实际情况及时调整运营活动。遇到能影响所有社员的重大事项时，需召开全体社员大会，通过一人一票制进行民主决策。合作社可实行会员制，定期向各社员收取一定费用作为能力建设基金，聘请研究机构专家和市场专业机构对社员进行技术、运营、销售各环节的培训，组织社员参观行业内的先进企业或合作社，开展同行交流活动。同时，与供应商和销售商保持信息交流，选择合适的银行和保险产品，邀请媒体和公众参观合作社，参加行业推广活动，积极对产品进行宣传，塑造良好口碑，争取社会各界支持，统一规范生产活动，逐步打造自有品牌。

（三）林下天麻种植产业

1. 合作社情况

九里箐种植专业合作社主要从事林下菌类的种植、初级加工和销售，产品包括天麻、冬荪、竹荪、羊肚菌、灵芝、香菇。向林农出资租借高仿野生天麻林下种植基地，其中，天麻300亩，冬荪700亩。社员共有60人，包括贫困户39人。合作社有偿提供菌种给农户并进行保底回收。合作社拥有“九里箐”的注册商标，近年来社年收入达300万~400万元。

陈明军是合作社的创办人。成立合作社之前，曾经种植玉米，后以采集野生天麻、竹荪和香菇为主，在销售过程中拓展了眼界，收集到市场信息，自己投资创建了合作社。目前家庭收入一年10万~20万元。合作社每个月开展3~4次技术培训。对贫困户社员每年发放保底收入1200元，普通社员通过合作社收购产品平均年收入4万~5万元。合作社与县城和贵阳市的农产品公司建立了长期合作社关系，并打开了超市渠道。

目前存在问题主要是：①规划问题，政府主导的退耕还林项目以生长快速的杉树为主，导致大多数林地为杉树林，无法直接种植天麻，必须从外地高价引入菌材林；②扶持问题，政府扶持项目时由于有补助资金，很多合作社一窝蜂上，但政府之后很少对合作社的经营活动进行规范，一遇到天灾很多合作社就倒闭了，补助资金不够修建冷库，收购的菌类不敢积压；③贷款问题，到收获季节为进行保底回收需要向银行进行贷款，每年需要贷款百万元，但贷款额度不够修建冷库，收购的材料不敢积压；④保险问题，由于农业保险赔付过程麻烦，多数未购买保险，只能通过增加品种来分散风险。

2. 退耕还林农户情况

退耕还林政策从改善生态环境出发，将易造成水土流失的坡耕地和易造成土地沙化的耕地，有计划、分步骤地停止耕种，因地制宜造林种草，恢复林草植被。大方县2014年开启新一轮退耕还林工程，同时，对2000年启动的上一轮退耕还林工程发放16年补助资金。

王连怀是2002年参与退耕还林工程的农户，共有8亩地进行退耕还林。目前已获得16年补助资金，前8年每年每亩补助242元，后8年每年每亩补助137元。同时，他在家附近小块田地上种植蔬菜、喂养生猪、编制竹条篾器以增加收入。在退耕还林的树种选择上，由于柳杉生长快、成本低、保水保土能力强，大方县政府以柳杉作为主导品种。目前，退耕还林效果显著，植被恢复迅速，生长茂盛。同时带来新的问题，由于柳杉生长过密，树间距很小，除杂草外，其他植物无法生存，也无法开展林下种植、养殖等产业活动。为解决这个问题，当地政府采取了森林监伐政策，允许具有资质的林业公司在取得镇上相关部门同意后，与农户协商，到县政务中心办理林权证委托手续和林木采伐许可证，在林农林地选取胸径20~30厘米的树木，不超过林地总体树木的20%，进行采伐，公司付给林农每棵树50元的补贴，采伐和运输费用由公司承担。

3. 生态护林员情况

“生态补偿脱贫一批”是中央精准扶贫、精准脱贫方略“五个一批”的重要组成部分，是解决河流上游以及保护区农户生计的重要手段之一。大方县立足森林资源富集优势，组织林区贫困农户投入种树护林，设立公益岗位，聘用生态护林员，在增加他们收入的同时免除了外出奔波之苦，取得“一人就业、全家脱贫”的效果。

何开荣曾经是外出务工的农民，收入不稳定，最多时一年达到 1 万元左右。从 2018 年开始，他成为大方县的生态护林员。每年收入约 2 万元。工作职责主要是每天巡逻林地，范围仅百亩，用时 3~4 小时，可自己安排时间，空闲时可同时做其他工作。在巡逻过程中如果发现盗砍林木的行为，先进行劝阻，如果对方不听劝发生纠纷，则联系相关部门由政府人员来处理。此外，当地林地发生火灾时需要赶到现场，帮助灭火，如果火势过大无法人工扑灭，需在林地周围挖出 2~3 米宽的隔离带让山火自己熄灭。每年政府对生态护林员组织 2~3 次培训。目前主要问题是有时工资存在拖欠情况，希望能够按时发放工资。

4. 利益相关方参与式发展策略

由于天麻产业涉及林下种植产业的生产活动、退耕还林工程的造林活动及对树林的巡护管理，因此，涉及的利益相关方范围更加广泛，需要制定更全面的发展策略。

在政府部门制定林业规划、退耕还林计划等相关政策时，需要将发展林下经济用到的菌材林纳入林木品种选择的考虑范围。可由林业局牵头，召集相关部门共同举办针对天麻产业的咨询会，邀请从事天麻产业的企业与合作社（包括九里箐种植专业合作社）的负责人与技术人员、研究机构专家、退耕还林农户代表、生态护林员代表、社区居民代表、银行代表、保险公司代表等利益相关方共同参与，讨论拟制定的内容，表达各方诉求，经过协商确定相关事宜。同时，政府引导退耕还林农户与天麻企业和合作社建立合作关系，将林地租借给企业和合作社，或直接参与企业和合作社的生产经营活动，解除农户在退耕还林补贴发放结束后的经济顾虑。在政策的执行、监督、评估、宣传过程中，邀请各利益相关方共同参与，积极吸纳各方反馈意见，不断完善相关机制、提高执政水平。

九里箐种植专业合作社应积极主动与政府部门保持密切联系，了解政策动向，争取政策优惠，向政府部门提供建议和反馈，规范生产活动，满足政策法规要求。加强对社员的指导，对生产活动进行严格监管，尽量减少污染，把控产品品质。定期举办全体社员大会，对重大事项实行民主决策，通过宣传栏、手机微信群等渠道及时向社员公布合作社运营情况。不定期组织社员活动，加强社员之间的交流互助，建立激励机制，鼓励社员提出建议和诉求。聘请研究机构专家举办针对社员需求的培训活动，组织社员外出参观学习。与供应商、经销商或消费者经常沟通原材料供应和市场销售情况，及时调整生产活动。关注银行贷款保险产品并扩大生产规模，引进先进生产技术，打造优质天麻品牌。与媒体和社区保持良好关系，参与公益活动，加强在公众中的宣传。

退耕还林农户应积极参加政府组织的活动，与政府人员充分交流，了解相关政策，主动告知诉求和意见。积极参与学习交流活动，增加知识和提高技术，增强自我发展能力。联系从事林下种植养殖业的企业和合作社，建立合作关系。或根据自有林地实际情况选择适合的产业，自行创业发展，对接好上游供应商和下游经销商，随时了解行业动态和市场信息。积极参与社区活动，献言献力。

生态护林员应与主管部门保持密切联系，及时报告护林情况。积极参与研讨会议，与同事交流经验知识，向上级提出建议和诉求。严格履行护林职责，监察森林情况。在遇到当地居民争执时，以平等友善的态度进行劝导。在遇到险情时，及时联系相关负责部门进行处理。积极参与培训活动，不断提高自己的专业水平。平时在社区主动宣传林业知识，增强公众的生态环保意识和风险防范意识，与其他居民互帮互助，共同创建良好的社区环境。

七、存在问题和改进建议

（一）退耕还林后续

存在问题：目前退耕还林补助资金按规定共发放16年，很多参与自2000年启动的退耕还林的农户已领完补助，而保留的耕地面积小，创收渠道狭窄，仍然依靠外出务工或少量的传统种植养殖维持生活，对之后如何通过林地解决长期生计问题感到迷茫。

改进建议：参照大方县监伐政策，在政府指导下，严格规范有资质的林业公司与林农协商，在退耕还林的林地里进行有序的选择性、间歇性砍伐，并制定林下经济发展政策，加大宣传力度，引导农户选择具有当地特色优势的农产品，或者与从事林下种植养殖业的企业和合作社建立合作关系，借助林地生态环境，利用林下土地资源和林荫空间优势，开展农、牧、草、药等多种项目的复合式林下种植养殖产业，增加林业附加值，巩固生态建设成果，实现多种产业资源共享、优势互补、循环相生、协调发展的林业可持续生计健康发展。

（二）政府部门管理

存在问题：政府部门缺乏对所监管行业专业技术的了解，单方面制定的政策和规程有时在实际中可行性不足，并在对行业行为的规范和管理上存在欠缺。在宣传扶持产业政策时，未对有序控制给予足够重视，导致很多经济组织为获得补助而“一窝蜂”齐上的乱象。同时，多个部门（如农业农村局和林业局）对同一行业进行交叉管理，管理上存在一定混乱，未能对经济组织遇到的一些具体问题进行有效解决。

改进建议：政府部门在制定行业规划和法规时，采用参与式策略，邀请相关企业、合作社、研究机构的专业人员或学术专家共同进行讨论和研究，积极听取意见和采纳建议，并鼓励经济组织和劳动者代表参与项目的实施、管理、监督和评估过程，不断完善对各行业行为的有序控制和严格规范。同时，政府对各部门职能进行统筹规划，明确各行业每个管理阶段中的具体权责，并发布到政府网站上，便于公众查询。此外，政府网站开设与公众互动渠道，由专人管理，负责收集公众意见并反馈处理情况。

（三）产业发展资金

存在问题：很多经济组织的项目获得政府支持资金，但资金划拨到县财政部门后，领取资金的手续过于繁复冗长，经济组织长期处于流转资金不足、欠款欠账的尴尬境地。在银行贷款方面，大多数村镇经济组织规模较小，向银行申请贷款有一定难度，银行提供的贷款额度也较小，仅能维持基本运转。此外，农产品生长周期长、易受冰雹和洪水等天灾影响，风险较高，但保险公司提供的农业保险产品很少，且赔付过程十分烦琐，最终获得的赔偿金额也小，难以弥补灾害带来的损失。

改进建议：财政部门简化资金发放手续和缩短发放时间，确保资金及时到位，专项转款要尽快直接发到经济组织的账户。政府制定税收、租金等方面的优惠政策，引导社会资金加大对林业相关产业的投入。银行加强对小微型农业经济组织提供贷款的服务，对于运转良好有发展潜力的经济组织，银行经核实后应加大贷款金额，支持林业经济主体的可持续发展。同时，保险公司为林业相关产业提供更多元化、更人性化的抗风险产品，简化赔付过程，确保赔付协议上明文规定的赔付资金得到落实，政府开设对保险公司的投诉渠道，将信誉不好、被多次投诉的保险公司列入政府重点监管名单，督促其改善服务。

（四）组织自我发展机制

存在问题：经济组织内部机制不够完善，设立的规章制度不一定能得到落实；管理层人员与普通成员之间的交流普遍比较少，领导层话语权过大，部分企业和合作社的领导存在滥用职权、徇私舞弊的现象；组织运营过程不透明，普通成员无法起到有效的监督作用，导致普通成员认为组织发展只是管理层的事，参与组织事务的积极性比较低。这些都不利于组织的可持续发展。

改进建议：经济组织通过企业网站、合作社宣传栏等渠道加强运营过程的透明化和公开化，设立奖励机制鼓励普通成员参与组织事务建言献策，并及时反馈采纳情况。对重大事务召开成员大会，实行一人一票等民主决策制，明确各职位的权责，建立有效的管理监督机制和追责机制。积极学习和引进先进的管理理念，时刻关注行业的新变化新动向，加强整个组织的能力水平建设，不断完善自我发展机制。

（五）专业人才储备

存在问题：由于林区主要位于边远地区，难以吸引高水平的专业技术人才和经营管理人才，且当地整体教育水平比较低，导致经济组织缺乏专业人才，难以提高产业发展过程中的技术水平，经营眼光也比较短浅，无法进行资源配置的整合优化。

改进建议：政府制定优惠政策、开通绿色通道，经济组织设立专项奖金，媒体加强宣传，通过各种渠道大力引进专业人才，给专业人才创造宽松的环境，落实配套措施，设定明确有效的晋升机制，让人才能安心留在本地，充分发挥才能。同时，经济组织在技术、管理、销售等方面对成员加强系统培训，多方聘请专家介绍先进的产业技术、经营理念、市场信息等，定期派遣成员到外地参观学习各种成功经验，为组织的长远发展储备人才队伍。

（六）产业链延伸

存在问题：林区农民文化水平较低，受传统习俗影响较深，产业总体仍以传统种植养殖为主，处于林业产业链的前端，产品比较单一，附加值低，市场竞争力弱，无法充分发挥自然环境和产品自身的优势。

改进建议：政府和媒体加强产业相关知识宣传，经济组织积极与研究机构开展合作，聘请专家进行专业技术培训，提高产品技术含量，改进优化产品品质，拓展产品线，延伸产业链，向精深加工方向发展，增加产品的附加值，打造绿色有机产品品牌，增强产品在市场上的竞争力。

参考文献

[1] 胡运宏，贺俊杰. 1949 年以来我国林业政策演变初探［J］. 北京林业大学学报（社会科学版），2012，11（3）：21-27.

[2] 李兰英，刘德弟，程云行，等. 林业政策系统运行问题探讨［J］. 浙江林学院学报，2004（1）：86-90.

[3] 涂成悦，刘金龙. 中国林业政策从“经济优先”向“生态优先”变迁——基于多源流框架的分析［J］. 世界林业研究，2020，33（5）：1-6.

[4] 曹子娟，罗诚. 我国林业政策变迁的制度背景分析［J］. 林业经济，2018，40（12）：95-100.

[5] 张海鹏. 绿色经济背景下的中国林业政策转型［J］. 生态经济，2015，31（12）：84-87.

[6] 宁攸凉，李岩，马一博，等. 我国林业产业发展面临的挑战与对策［J］. 世界林业研究，2021，34（4）：67-71.

[7] 秦瑜. 中国林业产业政策研究［J］. 价值工程，2010，29（27）：153.

[8] 吴秀丽，吴涛，刘羿. 国内外森林健康经营综述［J］. 世界林业研究，2011，24（4）：7-12.

[9] 赵爱云，卢琦. 20 世纪全球森林政策与国际合作的回顾与展望［J］. 世界林业研究，2000（1）：1-5.

[10] 王昆. 我国林业政策体系问题与对策方针［J］. 青海农林科技，2015（1）：47-48.

[11] 冯洁. 中国林业政策评价研究［D］. 福建农林大学，2007.

[12] 王心同. 中国林业发展的经济政策研究［D］. 北京林业大学，2008.

[13] 刘红梅，王克强，陈玲娣. 美国林业部门预算绩效评价及对我国的启示［J］. 林业经济，2007（12）：73-76.

[14] 李红勋，孙勋，董其英. 基于美国林务官制度对优化我国森林资源管理方式的思考［J］. 世界林业研究，2010，23（6）：66-69.

[15] 刘萍，曹玉昆. 美国国有林经营及对中国的启示［J］. 世界林业研究，2010，23（5）：49-52.

[16] 张煜星，胡培兴，何时珍. 美国的林业政策和制度［J］. 世界林业研究，2005，18（1）：65-67.

[17] 陈幸刚，寇晓东，李大力．论美国、加拿大森林可持续经营［J］．防护林科技，2003（2）：55–78.
[18] 舒洪岚，詹建文，刘国华．美国的湿地森林经营［J］．世界林业研究，2006，19（5）：67–70.
[19] 朱长岭．家具行业要关注美国雷斯法案对出口的影响［J］．轻工标准与质量，2011（2）：43–44.
[20] 解炜炜，陈嘉文，张蕾．美国林产品贸易政策概述——兼论我国林业如何应对国际热点问题［J］．林业经济，2008（10）：64–68.
[21] 李卫东．美国的森林资源及其利用现状［J］．世界林业研究，2006，19（4）：61–64.
[22] 杨馥宁，杨文辉，古文奇，等．美国的森林经营与森林认证现状及对我们的启示［J］．中南林业调查规划，2009，28（1）：43–47.
[23] 久玉林．中美林业发展比较研究［J］．世界林业研究，2004，17（1）：37–40.
[24] 柯水发，赵铁珍，李小勇．美国的林地产权状况及经营政策分析［J］．林业经济，2010（10）：21–28.
[25] 赵铁珍，柯水发，韩菲．美国林业管理及林业资源保护政策演进分析和启示［J］．林业资源管理，2011（3）：115–120.
[26] 宫丽彦，展洪德．我国森林采伐管理制度问题研究［J］．林业经济，2010（6）：105–109.
[27] 陈绍志，王登举，徐斌，等．当代世界林业（上）［M］．北京：中国林业出版社，2019：20–45.
[28] 李春波，文冰．基于 CDM 的国内外林业政策比较与分析［J］．林业调查规划，2009，34（6）：80–86.
[29] 陈绍志，王登举，徐斌，等．当代世界林业（下）［M］．北京：中国林业出版社，2019：13–30；427–449.
[30] 蔡登谷．德国林业考察［J］．世界林业研究，2008（3）：79–80.
[31] 张天阳，刘凡．国外森林可持续经营政策的实践与启示［J］．宿州学院学报，2014，29（10）：27–29+34.
[32] 印红，吴晓松，刘永范，等．不断改革探索现代林业发展之路——德国林业考察报告［J］．林业经济，2010（11）：121–126.
[33] 杜莉高，高振勇．金融混业经营及其监管：德国和英国的比较与借鉴［J］．经济体制改革，

2007（2）：152–155.

［34］陈柳钦．德国金融混业经营及其监管［J］．上海金融学院学报，2008（4）：58.

［35］刘勇，李智勇，叶兵，等．德国国有林经营管理体制改革及启示［J］．世界林业研究，2008（4）：53–56.

［36］马中，等．环境与自然资源经济学概论（第3版）［M］．北京：高等教育出版社，2019.

［37］周长波，李梓，刘菁钧，等．我国清洁生产发展现状、问题及对策［J］．环境保护，2016.

［38］宋国君，等．环境政策分析（第二版）［M］．北京：化学工业出版社，2019.

［39］张璐鑫，于宏兵，蔡梅，等．中国清洁生产［J］．生态经济，2012（8）：46–48.

［40］郑照宁，潘韬，刘德顺．清洁发展机制的项目融资方式［J］．商业研究，2005，02（2）：116–119.

［41］李怒云．中国林业碳汇［M］．北京：中国林业出版社，2007：6–7.

［42］李怒云，龚亚珍，章升东．林业碳汇项目的三重功能分析［J］．世界林业研究，2007，19（2）：137–141.

［43］胡玉可，田治威．中国林业碳汇交易发展范式及化解途径［J］．求索，2012（11）：23–25.

［44］王华，唐敏，王石，等．森林碳汇交易模式的构建——以陕西省为例［J］．西北农林科技大学学报（社会科学版），2019，19（1）：124–133.

［45］李峰，王文举，闫甜．中国试点碳市场抵消机制［J］．经济与管理研究，2018，39（12）：95–104.

［46］张伟伟，高锦杰．碳汇林供给的经济条件分析——兼论政府在碳汇交易机制中的作用［J］．东北师大学报（哲学社会科学版），2019，299（3）：182–188.

［47］白江迪，沈月琴，龙飞，等．森林碳汇抵消政策实施影响因素的实证研究［J］．林业科学，2017，53（7）：118–133.

［48］祁慧博，龙飞．基于贝叶斯网络的控排企业林业碳汇需求机理与仿真研究［J］．资源科学，2018（9）：1822–1830.

［49］王毅刚，葛兴安，邵诗洋，李亚东．碳排放交易制度的中国道路——国际实践与中国应用［M］．北京：经济管理出版社，2011.

［50］李怒云．解读“碳汇林业”［J］．中国发展，2009（2）：21–22.

［51］陈叙图，李怒云，高岚，等．美国林业碳汇市场现状及发展趋势［J］．林业经济，2009（7）：5.

［52］张五常．经济解释［M］．北京：商务印书馆，2001.
［53］斯韦托扎尔．平乔维奇．产权经济学［M］．蒋琳琦，译．北京：经济科学出版社，1999.
［54］林德荣，李智勇，支玲．森林碳汇市场的演进及展望［J］．世界林业研究，2005，18（1）：125.
［55］林德荣．森林碳汇服务市场交易成本问题研究［J］．北京林业大学学报：社会科学版，2005，4（4）：4.
［56］何英，张小全，刘云仙．中国森林碳汇交易市场现状与潜力［J］．林业科学，2007，43（7）：6.
［57］Slater，H. De Boer，D，钱国强，王庶.《2021 年中国碳价调查报告》，2021 年 12 月，ICF，北京。
［58］李怒云，冯晓明，陆霁．中国林业应对气候变化碳管理之路［J］．世界林业研究，2013，26（2）：7.
［59］陈泮勤，王效科，王礼茂．中国陆地生态系统碳收支与增汇对策［M］．北京：科学出版社，2008.
［60］徐晋涛．理解"碳达峰、碳中和"目标的三个维度［J］．今日科技，2021（6）：38-40.
［61］刘新光．发展林业碳汇项目恰逢其时［N］．金融时报，2021-05-27（12）.
［62］清华大学中国碳市场研究中心，北京中创碳投科技有限公司．地方政府参与全国碳市场工作手册［Z］．北京：能源基金会，2020.
［63］国际谈行动伙伴组织（ICAP）．全球碳市场进展：2021 年度报告执行摘要［R］．柏林：国际碳行动伙伴组织，2021.
［64］世界银行．碳定价机制发展现状与未来趋势［R］．2020.
［65］叶映橙，周妙妙．2060 年前实现碳中和，底气从何而来？这组数据告诉你答案［EB/OL］．https://baijiahao.baidu.com/s?id=1697710636650131313&wfr= spider&for=pc，2021-04-22/ 2022-04-19.
［66］新华每日电讯．继往开来，开启全球应对气候变化新征程——在气候雄心峰会上的讲话［EB/OL］．http://www.xinhuanet.com//mrdx/2020-12/13/c_139585521.htm，2020-12-12/ 2022-06-01.
［67］中国绿色碳汇基金会项目部．多方对话：绿色金融如何支持基于自然的解决方案，生态系统碳汇如何助力企业碳中和［EB/OL］．http://www.thjj.org/sf_3689A7836A2E4F94ABBF7416CAA553AB_227_EDA1756B456.html，2021-06-28/ 2022-06-01.
［68］国家统计局．中国统计年鉴 2005［M］．北京：中国统计出版社，2005.
［69］国家统计局．中国统计年鉴 2015［M］．北京：中国统计出版社，2015.
［70］李怒云，苏迪．我国林业碳汇的发展趋势与展望［J］．中华环境，2018（9）：28-31.

[71] 张怀水 . 全国碳市场启动在即，生态环境部答每经记者问：将引导市场预期，形成合理碳价[N]. 每日经济新闻，2021-07-14（01）.

[72] 赵彬彬 . 碳交易升温累计成交量超 4000 万吨[N]. 证券日报，2021-11-30.

[73] 胡四刚 . 回顾全国碳排放权交易市场（7.16-12.29）[EB/OL]. https://mp.weixin.qq.com/s/CtxZ6sNn5x0iiBh50nYK4Q，2021-12-31/ 2022-04-19.

[74] 上海环境能源交易所 . 全国碳市场累计成交额突破 10 亿元[EB/OL]. https://www.cneeex.com/c/2021-11-10/491608.shtml，2021-11-10/ 2021-11-19.

[75] 王倩 . 综研观察 | 王倩：厘清碳中和概念，重视非碳温室气体减排[EB/OL]. https://mp.weixin.qq.com/s/b0DliA7gixVnre6i3SZBkQ，2021-04-28/ 2022-06-01.

[76] 薛俊、蒋晨龙、陈至奕 . 碳中和专题研究报告：宏大叙事和投资细节[EB/OL]. https://mp.weixin.qq.com/s/ngUk5-x-WowSW2j7EDicOg，2021-05-25/ 2022-06-01.

[77] 中国碳论坛，ICF 国际咨询公司，北京中创碳投科技有限公司 . 2020 年中国碳价调查报告[R]. 北京：中国碳论坛，2020.

[78] 叶大平，陈操，戴圣寿，等 . 林业碳汇发展的现状及建议[J]. 中国林业经济，2018（5）：58-60.

[79] 陆霁 . 国内外林业碳汇产权比较研究[J]. 林业经济，2014，36（2）：43-47.

[80] 谢青 . 澳大利亚森林碳汇权立法及对我国的启示[D]. 华中科技大学，2016.

[81] 陈家德 . 加拿大应对气候变化的政策机制及其林业碳计量模型——赴加拿大太平洋林业中心考察报告[J]. 四川林业科技，2013，34（2）：102-105.

[82] 刘长松 . 碳中和的科学内涵、建设路径与政策措施[J]. 阅江学刊 . 2021（2）：48-60.

[83] 李威 . 从《京都议定书》到《巴黎协定》：气候国际法的改革与发展[J]. 上海对外经贸大学学报，2016，23（5）：62-73+84.

[84] 张利明，田晓晖，赵金成，等 . 美国林业碳汇政策及其森林碳汇趋势[N]. 中国绿色时报，2017-06-21（03）.

[85] 能源行情，碳中和专委会 . 我国碳市场开启后产生的影响，碳交易市场展望与林业碳汇前景解析[EB/OL]. https://www.xianjichina.com/news/ details_271810. html，2021-06-30/ 2021-11-25.

[86] 杨宇 . CCER 价值分析（上）：林业碳汇全方位剖析——碳中和系列报告[EB/OL]. https://

mp.weixin.qq.com/s/2h332xGdwGunPTf1b5Vn8w，2021-07-02/2021-11-20.

[87] 和林快讯.迪士尼公司考察和盛生态碳汇项目[EB/OL].https://mp.weixin.qq.com/s/o1AP2HaRMIba_4ugzE0NCQ，2014-12-19/2021-11-25.

[88] 哈丽琴.内蒙古的第一笔碳汇交易[EB/OL].http://inews.nmgnews.com.cn/system/2017/08/29/012390217.shtml，2017-08-29/2021-11-25.

[89] 南平生态环境局.南平生态文明建设四年巡礼：顺昌“一元碳汇”守护绿水青山 收获金山银山[EB/OL].https://mp.weixin.qq.com/s/FB5mDfNHPt6MIjp TOUErVw，2020-07-30/2021-11-25.

[90] 自然资源部办公厅.自然资源部办公厅关于印发《生态产品价值实现典型案例》(第二批)的通知.http://gi.mnr.gov.cn/202011/t20201103_2581696.html，2020-10-27/2022-04-20.

[91] 顾仲阳.“老牛冬奥碳汇林”项目启动[N].人民日报，2017-10-29.

[92] 林业碳汇检测中心.林业碳汇交易的主要误区和关键问题分析[EB/OL].https://mp.weixin.qq.com/s/Xi1gXCevjvEsujV-IpQruA，2021-08-18/2021-09-20.

[93] 碳学会.CCER林业碳汇项目开发与交易全流程、前景分析等专业资料分享[EB/OL].https://mp.weixin.qq.com/s/VjV2aDkNA2PbT58m_QT67A，2021-08-30/2021-09-20.

[94] 毕节市林业局.毕委办字〔2021〕5号-关于印发《毕节市林下经济发展三年行动实施方案(2021—2023)》的通知[EB/OL].https://www.bijie.gov.cn/bm/bjsslyj/zwgk/zcwjjd/202109/t20210902_74701112.html，2021-09-02/2022-04-20.

[95] 贵州省人民政府办公厅.省人民政府办公厅关于印发贵州省“十四五”林业草原保护发展规划的通知(黔府办函〔2021〕86号)[EB/OL].https://www.guizhou.gov.cn/zwgk/zcfg/szfwj/qfbh/202111/t20211119_71724609.html，2021-11-19/2022-4-20.

[96] 李研，张玉春.我国林业碳汇价值实现路径及对策研究[J].工业技术与职业教育，2018，16(2)：77-81.

[97] 赵猛.中国林业碳汇市场运行机制研究[D].河北农业大学，2012.

[98] 慕再大中华农险部.双碳目标下聚焦“林业碳汇”——保险“添绿”有可为[EB/OL].https://mp.weixin.qq.com/s/zNx1XEwdM2scne77I0aK5g，2021-06-18/2022-06-01.许靖.林业碳汇推动三北防护林工程建设的研究对策[J].现代农业研究，2021，27(6)：95-97.

[99] Coase R H.社会成本问题[J].法学与经济学，1960(3)：41-44.

[100] 環境省 . 1995. 生物多様性国家戦略 . http://www.biodic.go.jp/biodiversity/wakaru/initiatives 1/files/nbsap_1995.pdf[2013-04-09].

[101] 環境省 . 2007. 第三次生物多様性国家戦略 . http://www.biodic.go.jp/biodiversity/wakaru/initiatives 3/index.html[2013-05-08].

[102] 環境省 . 2010. 生物多様性国家戦略 2010. http://www.biodic.go.jp/biodiversity/wakaru/initiatives[2013-05-08].

[103] 環境省 . 2012. 生物多様性国家戦略 2012-2020. http://www.biodic.go.jp/biodiversity/wakaru/initiatives/files/2012-2020/01_honbun.pdf[2013-05-10].

[104] 環境省 . 2013. 日本の自然保護地域 . http://www.biodic.go.jp/jpark/jpark.html[2013-03-14].

[105] 環境省自然環境局 . 2012. 日本の自然遺産 . http://www.env.go.jp/nature/isan/worldheritage/leaflet_2012.pdf[2013-03-15].

[106] 林野庁 . 2000. 森林の公益的機能の評価額について . http://www.rinya.maff.go.jp/puresu/9gatu/kinou.html[2013-04-09].

[107] 林野庁 . 2011a. 国有林の歴史現状と今後の課題 . http://www.rinya.maff.go.jp/j/rinsei/singikai/pdf/110208k 1.pdf[2013-03-24].

[108] 林野庁 . 2011b. 森林・林業基本計画 . http://www.rinya.maff.go.jp/j/kikaku/plan/pdf/kihonkeikakuhontai.pdf[2013-03-15].

[109] 林野庁 . 2011c. 森林・林業再生プランについて . http://www.rinya.maff.go.jp/j/kikaku/saisei/index.html[2013-03-09].

[110] 林野庁 . 2012a. 森林・林業統計要覧 2012. http://www.rinya.maff.go.jp/j/kikaku/toukei/youran_mokuzi.html[2013-04-03].

[111] 林野庁 . 2012b. 森林・林業白書（2011 年版）. http://www.rinya.maff.go.jp/j/kikaku/hakusyo/23hakusyo/zenbun.html[2013-03-28].

[112] 林野庁 . 2012c. 林政年表 . http://www.rinya.maff.go.jp/j/kouhou/nenpyou.html[2013-03-23].

[113] 林野庁 . 2012d. 松くい虫被害 . http://www.rinya.maff.go.jp/j/hogo/higai/matukui.html[2013-04-07].

[114] 林野庁 . 2013a. 保護林 . http://www.rinya.maff.go.jp/j/kokuyu_rinya/sizen_kankyo/hogorin.html[2013-03-12].

［115］林野庁．2013b. 森林整備事業．http://www.rinya.maff.go.jp/j/seibi/sinrin_seibi/index.html［2013-03-23］.

［116］森林における生物多様性保全の推進方策検討会．2009. 森林における生物多様性の保全及び持続可能な利用の推進方策．http://www.rinya.maff.go.jp/j/press/kenho/pdf/090723-02.pdf［2013-04-09］.

［117］森林総合研究所．2013a. 決算報告書．http://www.ffpri.affrc.go.jp/koukaijouhou/zaimu/index.html［2013-04-03］.

［118］森林総合研究所．2013b. 独立行政法人森林総合研究所中期計画 2011-2015.

［119］Cassels，Andrew. A guide to sector-wide approaches for health development: concepts，issues and working arrangements［J］. Nihon Rinsho Geka Gakkai Zasshi，2004，65（4）：975-979.

［120］Peters，D.，Chao，S. The sector - wide approach in health: What is it? Where is it leading?［J］. The International journal of health planning and management，1998，13（2）：177-190.

［121］Goldman，I.，Carnegie，J.，Marumo，M.，et al. Institutional support for sustainable rural livelihoods in southern Africa: Results from Zimbabwe，Zambia and South Africa［J］. Natural Resource Perspectives，2000，50：1-4.

［122］Sen，A.. Development as Freedom［M］，Knopf，2019.

［123］Anand，S.，Sen，A.. Human development and economic sustainability［J］. World development，2000，28（12），2029-2049.

［124］Emas，R.. The concept of sustainable development: definition and defining principles［J］. Brief for GSDR，2015（2015）：10-13140.

［125］Brundtland，G. H.，Khalid，M.. Our common future［M］. Oxford University Press，1987.

［126］Grindle，M. S.. Good enough governance: poverty reduction and reform in developing countries［J］. Governance，2004，17（4），525-548.

［127］Brocklesby，M. A.，Fisher，E.. Community development in sustainable livelihoods approaches - an introduction［J］. Community development journal，2003，38（3），185-198.

［128］Ellis，F.. Rural livelihoods and diversity in developing countries［M］. Oxford university press，2000.

［129］Scoones，I.. Sustainable rural livelihoods: a framework for analysis［J］.subsidy or self，1988：72.

［130］Carney，D.. Sustainable rural livelihoods: what contribution can we make? Papers presented at the

Department for International Development's Natural Resources Advisers' Conference, July 1998. [C]// Sustainable Rural Livelihoods: What Contribution Can We Make? Papers Presented at the Department for International Developments Natural Resources Advisers Conference. 1998.

[131] Bebbington，A.. A framework for analysing peasant viability, rural livelihoods and poverty in the Andes [J] .International Institute for Environment and Development，1999, 59（1）: 18–40.

[132] Ashley，C.，Carney，D.. Sustainable livelihoods: Lessons from early experience [M] . London: Department for International Development, 1999.

[133] Bhandari B S ,Grant M . Analysis of livelihood security: A case study in the Kali–Khola watershed of Nepal [J] . Journal of Environmental Management, 2007, 85（1）:17–26.

[134] Scoones I . Back Matter – Sustainable Livelihoods and Rural Development [M] . 2015.

[135] Serrat O. The sustainable livelihoods approach [M] //Knowledge solutions. Springer, Singapore, 2017: 21–26.

[136] Dobbie S, Schreckenberg K, Dyke J, et al. Agent–based modelling to assess community food security and sustainable livelihoods [J] . Journal of Artificial Societies and Social Simulation, 2018, 21（1）: 1–23.

[137] Ashley C . The Impacts of Tourism on Rural Livelihoods: Namibia's Experience [J] . Odi Sustainable Livelihoods Working Papers Overseas Development Institute, 2000,（2）:128

[138] Mbaiwa J E, Sakuze L K. Cultural tourism and livelihood diversification: The case of Gcwihaba Caves and XaiXai village in the Okavango Delta, Botswana [J] . Journal of Tourism and Cultural Change, 2009, 7（1）: 61–75.

[139] Wang W, Liu J, Kozak R, et al. How do conservation and the tourism industry affect local livelihoods? A comparative study of two nature reserves in China [J] . Sustainability, 2018, 10（6）: 1925.

[140] Longley C, Maxwell D. Livelihoods, chronic conflict and humanitarian response: a synthesis of current practice [M] . London, UK: ODI, 2003.

[141] Emily H. Making friends with the sustainable livelihoods framework [J] . Community Development Journal, 2003（3）:243–254.

[142] Agriculture in urban planning: generating livelihoods and food security [M] . Routledge, 2012.

[143] Lloyd Jones Tony,Rakodi Carole. Urban Livelihoods:A People–centred Approach to Reducing

Poverty [M] .Taylor and Francis: 2014-10-14.

[144] Loevinsohn M, Gillespie S. HIV/AIDS, FOOD SECURITY AND RURAL LIVEHOODS: UNDERSTANDING AND RESPONDING[R]. 2003.

[145] Simpson M C. An integrated approach to assess the impacts of tourism on community development and sustainable livelihoods [J] . Community development journal, 2009, 44 (2) : 186-208.

[146] Munanura I E, Backman K F, Hallo J C, et al. Perceptions of tourism revenue sharing impacts on Volcanoes National Park, Rwanda: A Sustainable Livelihoods framework [J] . Journal of Sustainable Tourism, 2016, 24 (12) : 1709-1726.

[147] Egoh B N, O'Farrell P J, Charef A, et al. An African account of ecosystem service provision: use, threats and policy options for sustainable livelihoods [J] . Ecosystem services, 2012, 2: 71-81.

[148] Ferrol-Schulte D , Wolff M , Ferse S , et al. Sustainable Livelihoods Approach in tropical coastal and marine social-ecological systems: A review [J] . Marine policy, 2013, 42 (nov.) :253-258.

[149] Van Ginkel M, Sayer J, Sinclair F, et al. An integrated agro-ecosystem and livelihood systems approach for the poor and vulnerable in dry areas [J] . Food Security, 2013, 5 (6) : 751-767.

[150] De Haan L J. Globalization, localization and sustainable livelihood [J] . Sociologia Ruralis, 2000, 40 (3) : 339-365.

[151] Glencross B , Blyth D , Irvin S , et al. An evaluation of the complete replacement of both fishmeal and fish oil in diets for juvenile Asian seabass, Lates calcarifer [J] . Aquaculture, 2016, 451:298-309.

[152] Rawat J, Sanwal P, Saxena J. Potassium and its role in sustainable agriculture [M] //Potassium solubilizing microorganisms for sustainable agriculture. Springer, New Delhi, 2016: 235-253.

[153] Norton A, Foster M. The potential of using sustainable livelihoods approaches in poverty reduction strategy papers [M] . London: Overseas Development Institute, 2001.

[154] Arce, A. Value contestations in development interventions: Community development and sustainable livelihoods approaches [J] . Community Development Journal, 2003, 38 (3) :199-212 (14) .

[155] Small L A . The Sustainable Rural Livelihoods Approach: A Critical Review [J] . Revue canadienne d' é tudes du d é veloppement = Canadian journal of development studies, 2007, 28 (1) :27-38.

[156] Jiao X, Walelign S Z, Nielsen M R, et al. Protected areas, household environmental incomes and

well-being in the Greater Serengeti-Mara Ecosystem [J] . Forest Policy and Economics, 2019, 106: 101948.

[157] Brockington D, Igoe J. Eviction for conservation: a global overview [J] . Conservation and society, 2006,4 (3) : 424-470.

[158] Communities, livelihoods and natural resources: action research and policy change in Asia [M] . IDRC, 2006.

[159] Sharifi A. Fundamentals of the Integrated Coastal Area Management[C]//Proceeding of the Workshop on Integrated Coastal Area Management of the Southern Coastline of the Caspian Sea. Iranian National Center for Oceanography (INCO) . 2004: 16-71.

[160] Dyer J , Stringer L C , Dougill A J , et al. Assessing participatory practices in community-based natural resource management: Experiences in community engagement from southern Africa [J] . Journal of Environmental Management, 2014, 137 (may 1) : 137-145.

[161] Masud M M, Aldakhil A M, Nassani A A, et al. Community-based ecotourism management for sustainable development of marine protected areas in Malaysia [J] . Ocean & Coastal Management, 2017, 136: 104-112.

[162] Kontogeorgopoulos N , Churyen A , Duangsaeng V . Success Factors in Community-Based Tourism in Thailand: The Role of Luck, External Support, and Local Leadership [J] . Tourism Planning & Development, 2014, 11 (1) : 106-124.

[163] García-Amado L R, Pérez M R, García S B. Motivation for conservation: assessing integrated conservation and development projects and payments for environmental services in La Sepultura Biosphere Reserve, Chiapas, Mexico [J] . Ecological Economics, 2013, 89: 92-100.

[164] Li, Yiping. Exploring Community Tourism in China: The Case of Nanshan Cultural Tourism Zone [J] . Journal of Sustainable Tourism, 2004, 12 (3) : 175-193.

[165] Herrold-Menzies M. Integrating conservation and development: What we can learn from Caohai, China [J] . The Journal of Environment & Development, 2006, 15 (4) : 382-406.

[166] Chen J , Innes J L . The implications of new forest tenure reforms and forestry property markets for sustainable forest management and forest certification in China. [J] . Journal of Environmental Management, 2013, 129: 206-215.

[167] Toillier A, Serpantie G, Herv é D, et al. Livelihood strategies and land use changes in response to conservation: Pitfalls of community-based forest management in Madagascar [J] . Journal of Sustainable Forestry, 2011, 30 (1–2) : 20–56.

[168] Ye G, Chou L M, Yang S, et al. Is integrated coastal management an effective framework for promoting coastal sustainability in China' s coastal cities? [J] . Marine Policy, 2015, 56: 48–55.

[169] Ye G , Chou L M , Yang S , et al. Is integrated coastal management an effective framework for promoting coastal sustainability in China's coastal cities? [J] . Marine Policy, 2015, 56 (jun.) :48–55.

[170] Kumar R , Horwitz P , Milton G R , et al. Assessing wetland ecosystem services and poverty interlinkages: a general framework and case study [J] . International Association of Scientific Hydrology Bulletin, 2011, 56 (8) :1602–1621.

[171] Koziell I . Diversity not Adversity: Sustaining livelihoods with biodiversity [M] . 2001.

[172] Naughton–Treves L, Holland M B, Brandon K. The role of protected areas in conserving biodiversity and sustaining local livelihoods [J] . Annu. Rev. Environ. Resour., 2005, 30: 219–252.

[173] Allison E H, Horemans B. Putting the principles of the sustainable livelihoods approach into fisheries development policy and practice [J] . Marine policy, 2006, 30 (6) : 757–766.

[174] Rasmussen L V, Watkins C, Agrawal A. Forest contributions to livelihoods in changing agriculture–forest landscapes [J] . Forest policy and economics, 2017, 84: 1–8.

[175] Oldekop J A, Rasmussen L V, Agrawal A, et al. Forest–linked livelihoods in a globalized world [J] . Nature Plants, 2020, 6 (12) : 1400–1407.

[176] Shen F, Hughey K F D, Simmons D G. Connecting the sustainable livelihoods approach and tourism: A review of the literature [J] . Journal of Hospitality and Tourism Management, 2008, 15 (1) : 19–31.

[177] Lowe J , Tejada J . The role of livelihoods in collective engagement in sustainable integrated coastal management: Oslob Whale Sharks [J] . Ocean & Coastal Management, 2019, 170 (MAR.) :80–92.

[178] Padmanabha, Hota, Bhagirath, et al. Opencast coal mining and sustainable local livelihoods in Odisha, India [J] . Mineral Economics: Raw Materials Report, 2016, 29 (1) :1–13.

[179] Smith L E D. Assessment of the contribution of irrigation to poverty reduction and sustainable livelihoods [J]. International journal of water resources development, 2004, 20 (2) : 243–257.

[180] Abbott P, Mutesi L, Norris E. Gender analysis for sustainable livelihoods and participatory governance in Rwanda [J]. 2015, (3): 135

[181] Daskon C, Binns T. Culture, tradition and sustainable rural livelihoods: exploring the culture - development interface in Kandy, Sri Lanka [J]. Community Development Journal, 2010, 45 (4) : 494–517.

[182] Amerom M V, Hulme D, Murphree M. African Wildlife and Livelihoods: The Promise and Performance of Community Conservation [J]. Canadian Journal of African Studies, 2001, 74 (4) :709–710.

[183] Robbins P. Political ecology: A critical introduction [M]. John Wiley & Sons, 2019.

[184] Krueger L. Protected areas and human displacement: Improving the interface between policy and practice [J]. Conservation and Society, 2009, 7 (1) : 21–25.

[185] Neumann R. Competing Commons: Local Responses to Criminalization of Customary Use of Resources in Arusha National Park, Tanzania [J]. Designing Sustainability on the Commons, Duke University, Durham, NC, 1990, (9) :27–30

[186] Cernea M M. Population displacement inside protected areas: A redefinition of concepts in conservation politics [J]. Policy Matters, 2006, 14 (3) : 8–26.

[187] Wu M Y, Pearce P L. Host tourism aspirations as a point of departure for the sustainable livelihoods approach [J]. Journal of Sustainable Tourism, 2014, 22 (3) :440–460.

[188] Su Z, Aaron J R, Guan Y, et al. Sustainable Livelihood Capital and Strategy in Rural Tourism Households: A Seasonality Perspective [J]. Sustainability, 2019, 11 (18) :4833.

[189] Guo S, Lin L, Liu S, et al. Interactions between sustainable livelihood of rural household and agricultural land transfer in the mountainous and hilly regions of Sichuan, China [J]. Sustainable Development, 2019, 27 (4) : 725–742.

[190] Su M M, Wall G, Wang Y, et al. Livelihood sustainability in a rural tourism destination–Hetu Town, Anhui Province, China [J]. Tourism Management, 2019, 71: 272–281.

[191] Su M M, Wall G, Xu K. Heritage tourism and livelihood sustainability of a resettled rural community: Mount Sanqingshan World Heritage Site, China [J]. Journal of Sustainable Tourism, 2016, 24

（5）: 735–757.

[192] Tang Q, Bennett S J, Xu Y, et al. Agricultural practices and sustainable livelihoods: Rural transformation within the Loess Plateau, China [J]. Applied Geography, 2013, 41: 15–23.

[193] Ding W, Jimoh S, Hou Y, et al. Influence of Livelihood Capitals on Livelihood Strategies of Herdsmen in Inner Mongolia, China [J]. Sustainability, 2018, 10（9）.

[194] You H, Zhang X. Sustainable livelihoods and rural sustainability in China: Ecologically secure, economically efficient or socially equitable? [J]. Resources, Conservation and Recycling, 2017, 120: 1–13.

[195] Harvey C A, Komar O, Chazdon R, et al. Integrating agricultural landscapes with biodiversity conservation in the Mesoamerican hotspot [J]. Conservation biology, 2008, 22（1）: 8–15.

[196] Bennett N J, Dearden P. Why local people do not support conservation: Community perceptions of marine protected area livelihood impacts, governance and management in Thailand [J]. Marine policy, 2014, 44: 107–116.

[197] Bauchet J, Morduch J, Ravi S. Failure vs. displacement: Why an innovative anti–poverty program showed no net impact in South India [J]. Journal of Development Economics, 2015, 116: 1–16.

[198] Qin Q. Government Roles in Stimulating Tourism Development: A Case from Guangxi, China [J]. Asia Pacific Journal of Tourism Research, 2011, 16（5）: 471–487.

[199] Pugholm M L. Fishing and environmental regulation in the Caribbean: acts of freedom and control in a Jamaican Coastal Town [J]. Landscape Research, 2009, 34（2）: 241–256.

[200] Rahn E, Läderach P, Baca M, et al. Climate change adaptation, mitigation and livelihood benefits in coffee production: where are the synergies? [J]. Mitigation and Adaptation Strategies for Global Change, 2014, 19（8）: 1119–1137.

[201] Ferranti F, Beunen R, Speranza M. Natura 2000 network: a comparison of the Italian and Dutch implementation experiences [J]. Journal of Environmental Policy & Planning, 2010, 12（3）: 293–314.

[202] Newig J, Fritsch O. Environmental governance: participatory, multi - level - and effective? [J]. Environmental policy and governance, 2009, 19（3）: 197–214.

[203] Agrawal A, Gupta K. Decentralization and participation: the governance of common pool resources in Nepal's Terai [J]. World development, 2005, 33（7）: 1101–1114.

[204] Butchart S H M, Clarke M, Smith R J, et al. Shortfalls and solutions for meeting national and global conservation area targets [J] . Conservation Letters, 2015, 8 (5) : 329–337.

[205] Grassi G , House J , Dentener F , et al. The key role of forests in meeting climate targets requires science for credible mitigation [J] . Nature Climate Change, 2017, 7 (3) :220–226.

[206] Flannigan M D, Stocks B J, Wotton B M. Climate change and forest fires [J] . Science of the total environment, 2000, 262 (3) : 221–229.

[207] Thompson I, Mackey B, McNulty S, et al. Forest resilience, biodiversity, and climate change[C]// Secretariat of the Convention on Biological Diversity, Montreal. Technical Series no. 43. 1–67. 2009, 43: 1–67.

[208] Bastin J F, Finegold Y, Garcia C, et al. Response to Comments on "The global tree restoration potential" [J] . Science, 2019, 366 (6463) : eaay8108.

[209] Fang Y P , Jie F , Shen M Y , et al. Sensitivity of livelihood strategy to livelihood capital in mountain areas: Empirical analysis based on different settlements in the upper reaches of the Minjiang River, China [J] . Ecological Indicators, 2014, 38 (mar.) :225–235.

[210] Rasmussen L V, Watkins C, Agrawal A. Forest contributions to livelihoods in changing agriculture–forest landscapes [J] . Forest policy and economics, 2017, 84: 1–8.

[211] Clark M R, Kozar J S. Comparing sustainable forest management certifications standards: a meta–analysis [J] . Ecology and Society, 2011, 16 (1) .

[212] Niemeijer D, de Groot R S. A conceptual framework for selecting environmental indicator sets [J] . Ecological indicators, 2008, 8 (1) : 14–25.

[213] Wolfslehner B , Vacik H , Lexer M J . Application of the analytic network process in multi–criteria analysis of sustainable forest management [J] . Forest Ecology & Management, 2005, 207 (1–2) :157–170.

[214] Rammer W , Schauflinger C , Vacik H , et al. A web–based ToolBox approach to support adaptive forest management under climate change [J] . Scandinavian Journal of Forest Research, 2014, 29 (sup1) :96–107.

[215] Köhl M , Lasco R , Cifuentes M , et al. Changes in forest production, biomass and carbon: Results from the 2015 UN FAO Global Forest Resource Assessment [J] . Forest Ecology & Management, 2015, 352 (352) :21–34.

[216] Pearson T R H , Brown S , Casarim F M . Carbon emissions from tropical forest degradation caused by logging [J] . Environmental Research Letters, 2014, 9 (3) :206–222.

[217] North M P, Keeton W S. Emulating natural disturbance regimes: an emerging approach for sustainable forest management [M] //Patterns and processes in forest landscapes. Springer, Dordrecht, 2008: 341–372.

[218] Raison R J, Brown A G, Flinn D W (Eds.) .Criteria and indicators for sustainable forest management [M] . CABI, 2001.

[219] Franklin S E. Remote sensing for sustainable forest management [M] . CRC press, 2001.

[220] Agrawal A , Chhatre A , Hardin R . Changing Governance of the World's Forests [J] . Science, 2008, 320 (5882) :1460–1462.

[221] Somanathan E , Prabhakar R , Mehta B S . Decentralization for cost–effective conservation [J] . Proceedings of the National Academy of Sciences, 2009, 106 (11) :4143–4147.

[222] Agrawal A , Ostrom E . Collective Action, Property Rights, and Decentralization in Resource Use in India and Nepal [J] . Politics & Society, 2001, 29 (4) :485–514.

[223] Schlager E, Ostrom E. Property–rights regimes and natural resources: a conceptual analysis [J] . Land economics, 1992, 68 (3) :249–262.

[224] Todo Y, Takahashi R. Impact of farmer field schools on agricultural income and skills: evidence from an aid - funded project in rural Ethiopia [J] . Journal of International Development, 2013, 25 (3) : 362–381.

[225] Gobeze T, Bekele M, Lemenih M, et al. Participatory forest management and its impacts on livelihoods and forest status: the case of Bonga forest in Ethiopia [J] . International forestry review, 2009, 11 (3) : 346–358.

[226] Savari M , Damaneh H E , Damaneh H E . Factors influencing local people's participation in sustainable forest management [J] . Arabian Journal of Geosciences, 2020, 13 (13) .

[227] Carter J , Gronow J . Recent Experience in Collaborative Forest Management: A Review Paper [J] . Cifor, 2005.

[228] Jumbe C B L, Angelsen A. Forest dependence and participation in CPR management: Empirical evidence from forest co–management in Malawi [J] . Ecological Economics, 2007, 62 (3–4) : 661–672.

[229] Babulo B, Muys B, Nega F, et al. Household livelihood strategies and forest dependence in the highlands of Tigray, Northern Ethiopia [J] . Agricultural Systems, 2008, 98 (2) : 147–155.

[230] Shackleton C M, Shackleton S E, Buiten E, et al. The importance of dry woodlands and forests in rural livelihoods and poverty alleviation in South Africa [J] . Forest policy and economics, 2007, 9 (5) : 558–577.

[231] Persha L, Agrawal A, Chhatre A. Social and ecological synergy: local rulemaking, forest livelihoods, and biodiversity conservation [J] . science, 2011, 331 (6024) : 1606–1608.

[232] Nygren A , Lacuna–Richman C , Keinnen K , et al. Ecological, socio–cultural, economic and political factors influencing the contribution of non–timber forest products to local livelihoods: Case studies from honduras and the Philippines [J] . Small–scale Forest Economics, Management and Policy, 2006, 5 (2) :249–269.

[233] Zenteno M, Zuidema P A, de Jong W, et al. Livelihood strategies and forest dependence: New insights from Bolivian forest communities [J] . Forest Policy and Economics, 2013, 26: 12–21.

[234] Kaskoyo H, Mohammed A J, Inoue M. Impact of community forest program in protection forest on livelihood outcomes: A case study of Lampung Province, Indonesia [J] . Journal of Sustainable Forestry, 2017, 36 (3) : 250–263.

[235] Mendelsohn R. Property rights and tropical deforestation [J] . Oxford economic papers, 1994, 46: 750–756.

[236] Deacon R T. Deforestation and the rule of law in a cross–section of countries [J] . Land economics, 1994,4:414– 430.

[237] Yangyang, Li H , Liu Z , et al. Effect of Forestland Property Rights and Village Off–Farm Environment on Off–Farm Employment in Southern China [J] . Sustainability, 2020 (12) :2605.

[238] Bose P , Arts B , Dijk H V . 'Forest governmentality': A genealogy of subject–making of forest–dependent 'scheduled tribes' in India [J] . Land Use Policy, 2012, 29 (3) :664–673.

[239] Iversen V, Chhetry B, Francis P, et al. High value forests, hidden economies and elite capture: Evidence from forest user groups in Nepal's Terai [J] . Ecological economics, 2006, 58 (1) : 93–107.

[240] Thoms C A . Community control of resources and the challenge of improving local livelihoods: A critical examination of community forestry in Nepal [J] . Geoforum, 2008, 39 (3) :1452–1465.

[241] Haley D, Nelson H. Has the time come to rethink Canada's Crown forest tenure systems? [J] . The Forestry Chronicle, 2007, 83 (5) : 630–641.

[242] Zhang H, Kuuluvainen J, Ning Y, et al. Institutional regime, off–farm employment, and the interaction effect: what are the determinants of households' forestland transfer in China? [J] . Sustainability, 2017, 9 (10) : 1885.

[243] Zhang L, Wen C. Impacts of collective forest tenure reform on farmer households' livelihood – an empirical analysis Based on Jiangxi, Fujian, Liaoning and Yunnan Provinces [J] . Sci. Silvae Snicae, 2008, 44 (7) : 73–78.

[244] Vedeld P, Angelsen A, Bojö J, et al. Forest environmental incomes and the rural poor [J] . Forest Policy and Economics, 2007, 9 (7) : 869–879.

[245] Sundelin K , Roberg K , R Gr é nman, et al. Effects of cytokines on matrix metalloproteinase expression in oral squamous cell carcinoma in vitro [J] . Acta Oto–Laryngologica, 2005, 125 (7) :765–773.

[246] Ndoye O , Tieguhong J C . Forest products, livelihoods and conservation: case studies of non–timber forest product systems. volume 1 – Asia [J] . Scandinavian Journal of Forest Research, 2004, 19 (sup004) :36–44.

[247] Doppler W, Praneetvatakul S, Mungkung N, et al. Resources and livelihood in mountain areas of South East Asia: Farming and rural systems in a changing environment [M] . Margraf, 2006.

[248] Appiah M, Blay D, Damnyag L, et al. Dependence on forest resources and tropical deforestation in Ghana [J] . Environment, Development and Sustainability, 2009, 11 (3) : 471–487.

[249] Arnold J E M, P é rez M R. Can non–timber forest products match tropical forest conservation and development objectives? [J] . Ecological economics, 2001, 39 (3) : 437–447.

[250] MCSWEENEY, KENDRA. Forest Product Sale as Natural Insurance: The Effects of Household Characteristics and the Nature of Shock in Eastern Honduras [J] . Society and Natural Resources, 2004, 17 (1) :39–56.

[251] Pandit B H , Thapa G B . Poverty and Resource Degradation Under Different Common Forest Resource Management Systems in the Mountains of Nepal [J] . Society & Natural Resources, 2004, 17 (1) :1–16.

[252] Hogarth, NJ, Belcher, et al. The Role of Forest–Related Income in Household Economies and Rural

Livelihoods in the Border–Region of Southern China [J] . WORLD DEV, 2013,43:111–123.

[253] Belcher, B. M . What isn\"t an NTFP? [J] . International Forestry Review, 2003, 5 (2) :161–168.

[254] Mahapatra A , Albers H , Robinson E . The Impact of NTFP Sales on Rural Households' Cash Income in India's Dry Deciduous Forest [J] . Environmental Management, 2005, 35 (3) :258–265.

[255] Cocks M , V Møller. Use of indigenous and indigenised medicines to enhance personal well–being: a South African case study [J] . Social Science & Medicine, 2002, 54 (3) :387–397.

[256] Cocks M L , Wiersum K F . The significance of plant diversity to rural households in Eastern Cape province of South Africa [J] . International Tree Crops Journal, 2003, 13 (1) :39–58.

[257] Mukul S A, Rashid A Z M M, Uddin M B, et al. Role of non–timber forest products in sustaining forest–based livelihoods and rural households' resilience capacity in and around protected area: a Bangladesh study [J] . Journal of Environmental Planning and Management, 2016, 59 (4) : 628–642.

[258] Dove M R. Swidden agriculture in Indonesia [M] //Swidden Agriculture in Indonesia. De Gruyter Mouton, 2012.

[259] Homma A . The dynamics of extraction in Amazonia: a historical perspective. [J] . Advances in Economic Botany, 1992, 9:23–31.

[260] Wunder S. Poverty alleviation and tropical forests—what scope for synergies? [J] . World development, 2001, 29 (11) : 1817–1833.

[261] Peluso V . Territorialization and State Power in Thailand [J] . Theory & Society, 1995, 24 (3) :385–426.

[262] Potter L, Lee J. Tree planting in Indonesia: trends, impacts and directions[R]. Bogor, Indonesia: CIFOR, 1998.

[263] APB , BEAE , CMRG , et al. Community managed forests and forest protected areas: An assessment of their conservation effectiveness across the tropics [J] . Forest Ecology and Management, 2012, 268 (268) :6–17.

[264] Hans Gregersen, Aroldo Contreras –Hermosilla, Andy White, et al. Forest Governance in Federal Systems: An Overview of Experiences and Implications for Decentralization [J] . Politics of Decentralization Forests People & Power, 2005: 13– 31.

[265] Max Krott. Forest Policy Analysis [M] . Berlin: Springer. 2001.

[266] AXEL.M, FRANKJ. Transaction costs, institutional rigidities and the size of the clean

development mechanism［J］. Energy Policy，2005（33）: 511–523.

［267］CHRISTOPHE D G，OSCAR C. Tranction costs and carbon finance impact on Small2Scale CDM Projects［R］. Prototype Carbon Fund:PCFplus Report 14，2003.

［268］Stavins R N . Transaction Costs and Tradable Permits［J］. Journal of Environmental Economics and Management，1995，29（2）: 133–148.

［269］Dudek D J，Wiener J B.Joint implementation，transaction costs，and climate change，orgnization for economic co2 operation and development［R］. Pairs: OECPPGD，1996.

［270］Metz B，Davidson O，DeConinck H，et al. IPCC 2005 Special Report on Carbon Dioxide Capture and Storage Prepared by Working GroupⅢ of the Intergovernmental Panel on Climate Change［R］. Cambridge，UK: Cambridge University Press，2005.

［271］Conveyancing Act 1919 No. 6［R］. New South Wales，Australia，2011.

［272］Australia's Carbon Pollution Reduction Scheme Green Paper［R］. Australian government's Department of Climate Change，2008: 10.

［273］Queers Printer，Victoria，British Columbia，Canada. Greenhouse Gas Reduction Targets Act［EB/OL］. http://www.bclaws.ca/EPLibraries/bclaws_new/document/ID/ free-side/00_07042_01，2013-12-11/ 2021/11/19.

［274］Martijn Wilder AM，Ilona Millar. Policy Brief: Carbon Rights in Australia and New Zealand［J］. Environmental Market，2014，（3）14: 28–34.

［275］Ministry for the Environment New Zealand. Forestry's obligations: Deforestation and offsetting［Z］. 2021.

［276］Esteve Corbera，Manuel Estrada，Peter May，et al. . Rights to Land，Forests and Carbon in REDD+: Insights from Mexico Brazil and Costa Rica［J］. Forests，2011: 301–342.

［277］Fernanda Almeida，Alexandre Corriveau-Bourque，Jenna DiPaolo Colley，et al. . Status of Forest Carbon Rights and Implications for Communities，the Carbon Trade，and REDD+ Investments［R］. Ateneo De Manila University，2014.